Baedeker

Allianz (ii) Reiseführer

Türkische Mittelmeerküste

www.baedeker.com

Verlag Karl Baedeker

TOP-REISEZIELE ★★

Die Liste der Sehenswürdigkeiten an der türkischen Mittelmeerküste ist sehr lang. Wir haben für Sie zusammengestellt, was Sie auf keinen Fall versäumen sollten – imposante antike Ruinenstätten, orientalisch stark geprägte Städte, Naturschönheiten und sehenswerte und lebhafte Badeorte.

1 ★★ Alanya
Die von einer Seldschukenburg überragte Stadt zählt zu den bekanntesten Urlaubszielen in der Türkei und ist bei Deutschen sehr beliebt. ▶ Seite 152

2 ★★ Antakya
Antakya ist eine sehr arabisch geprägte Stadt. Und hin und wieder fühlt man sich an Frankreich erinnert. ▶ Seite 162

3 ★★ Antalya
Atatürk bezeichnete den Ort einmal als schönste Stadt der Welt. Auch Türkeiurlauber, die an der türkischen Küste Erholung suchen, wissen den Ort zu schätzen. ▶ Seite 167

4 ★★ Aphrodisias
Antike Ausgrabungsstätte, die nicht so überlaufen und daher recht angenehm zu erkunden ist. ▶ Seite 179

► Top-Reiseziele

5 ✶✶ Aspendos
Das römische Theater von Aspendos ist alljährlich Schauplatz von Opern, Ballett- und Theateraufführungen. ► Seite 183

6 ✶✶ Bodrum
Bodrum besitzt nicht nur ein interessantes Kreuzritterkastell, es hat seinen Besuchern auch ein turbulentes Nachtleben zu bieten. Nicht umsonst heißt der Ort »Saint-Tropez der Türkei«. ► Seite 187

7 ✶✶ Bosporus
Wer Istanbul besucht, sollte auf alle Fälle die Meerenge zwischen dem europäischen und asiatischen Teil der Türkei per Schiff erkunden. ► Seite 203

8 ✶✶ Bursa
Hier entstand das Osmanenreich, hier richteten die Osmanen ihre erste Hauptstadt ein. ► Seite 207

9 ✶✶ Didyma
Der Apollontempel von Didyma, die einst mächtigste Orakelstätte Kleinasiens, ist eine der größten Tempelanlagen der antiken Welt. ► Seite 222

10 ✶✶ Ephesus
Die antike Ausgrabungsstätte zählte einst zu den Metropolen des Römischen Reiches. ► Seite 231

11 ✶✶ Istanbul
In der Stadt am Goldenen Horn ist nicht nur der Orient zu entdecken, sondern auch weltstädtisches Flair. ► Seite 260

12 ✶✶ Iznik
Die Fayencenstadt spielte in der frühen Kirchengeschichte eine sehr wichtige Rolle. ► Seite 301

13 ✶✶ Milet
In der Antike war Milet einer der prächtigsten Stadtstaaten im östlichen Mittelmeer. ► Seite 326

14 ✶✶ Ölüdeniz
Die wunderschöne Lagune an der Südküste gehört zu den beliebtesten Fotomotiven der Türkei. ► Seite 250

15 ✶✶ Pamukkale
Ein Naturwunder im Hinterland, mühelos im Rahmen eines Tagesausflugs zu erreichen. ► Seite 331

16 ✶✶ Pergamon
Imposant ist das Ruinengelände von Pergamon, wenn auch die schönsten Kunstwerke der Ausgrabungsstätte im Pergamon-Museum von Berlin zu sehen sind. ► Seite 336

17 ✶✶ Perge
Perge ist eines der sehenswertesten antiken Ruinenfelder an der südlichen Mittelmeerküste. ► Seite 344

18 ✶✶ Sardes
Die Ruinenstätte besaß in der Antike ein bekanntes Artemisheiligtum, und in Sardes lebte König Krösus. ► Seite 352

19 ✶✶ Troia
Seit über hundert Jahren wird hier gegraben, und immer wieder lebt der Mythos Troia auf. ► Seite 371

Beeindruckend
Die Celsusbibliothek von Ephesus

DIE BESTEN BAEDEKER-TIPPS

Von allen Baedeker-Tipps in diesem Buch haben wir hier die interessantesten für Sie zusammengestellt. Erleben und genießen Sie die türkische Mittelmeerküste von ihrer schönsten Seite!

❗ »Feiner Sand«
Wunderschöne, noch nicht total überlaufene Strände bei Incekum. ▶ **Seite 158**

❗ Pikante Köstlichkeit
Außen süß, innen Käse ▶ **Seite 163**

❗ Nicht nur Bio
Tun Sie etwas für Ihre Gesundheit – auf dem Bio-Bauernhof mit Gesundheitsfarm bei Kemer. ▶ **Seite 178**

❗ Wunderschöner Reptilienpark
Schlangen, Frösche, Schildkröten, Riesenechsen sowie Heilpflanzen, Kakteenarten und exotische Bäume ▶ **Seite 179**

❗ Wasserspaß
Eine Alternative zum Strandleben in Bodrum ▶ **Seite 197**

Vielfalt
Im Reptilienpark gibt es zahlreiche Tierarten zu bewundern.

Wohltat für den Körper
Im türkischen Bad

❗ Kunstsammlung eines Milliardärs
Museum am Bosporus mit europäischen Möbeln des 18. und 19. Jh.s, Keramiken, Skulpturen u. v. a. ▶ **Seite 207**

❗ Türkisch baden
Am liebsten in Çekirge im Thermalbad Yeni Kaplıca (16. Jh.) mit seiner prächtigen Innenausstattung ▶ **Seite 212**

❗ Kostbare Handarbeiten
Şirince verführt zum Kauf von wunderschönen Spitzentüchern und gehäkelten Decken. ▶ **Seite 233**

❗ Ein Muss für Hobbyeisenbahner
Open-Air-Museum bei Ephesus mit alten, ausgedienten Loks ▶ **Seite 241**

Himmlisch
Paragliding über der traumhaften Lagune

❗ Nervenkitzel
Aufregende Flüge und Fahrten am Strand von Ölüdeniz ▸ **Seite 249**

❗ Forelle vom Feinsten
Gegrillt schmecken die Forellen am besten. ▸ **Seite 254**

❗ Viertel der Restaurants
Istanbuler Stadtteil, der zum Schlemmen einlädt. ▸ **Seite 269**

❗ Spielzeugwelt
In einem schön restaurierten Haus in der Altstadt Istanbuls lädt das liebevoll eingerichtete Spielzeugmuseum nicht nur Kinder zum Besuch ein. ▸ **Seite 284**

❗ Riesige Erlebnisbäder
Auch bei schlechtem Wetter kommen Badelustige in und um Kuşadası auf ihre Kosten. ▸ **Seite 314**

❗ Smaragdgrüne Stauseen
Herrliche Ausflugsziele nördlich von Manavgat ▸ **Seite 360**

❗ Strand der Superlative
Das idyllische Fleckchen am Meer müssen sich Menschen und Meeresschildkröten teilen. ▸ **Seite 387**

Schlemmerzone
Istanbul bietet jedem Gaumen etwas.

Naturschauspiel
Die Kalksinterterrassen von Pamukkale
▶ Seite 331

HINTERGRUND

- **12 Viel zu erleben**
- **16 Fakten**
- 17 Naturraum
- 18 *Special: 30 Sekunden für Istanbul*
- 25 Bevölkerung
- 27 Politik
- 29 Wirtschaft
- **32 Geschichte**
- 33 Erstes Großreich
- 33 Völker der Antike
- 36 Byzantiner und Seldschuken
- 37 Osmanisches Reich
- 41 Republik Türkei
- 42 Die moderne Türkei
- **46 Kunst und Kultur**
- 47 Kunstepochen
- 54 Folklore
- **56 Berühmte Persönlichkeiten**
- 58 *Special: Der Allgegenwärtige*

PRAKTISCHE INFORMATIONEN

- 68 Anreise · Vor der Reise
- 72 Auskunft
- 74 Badestrände
- 76 Mit Behinderung unterwegs
- 76 Elektrizität
- 76 Erleben · Urlaub aktiv

PREISKATEGORIEN

▶ **Hotels**
Luxus: über 120 €
Komfortabel: 35 – 120 €
Günstig: unter 35 €
Für eine Übernachtung im Doppelzimmer.

▶ **Restaurants**
Fein & teuer: ab 25 €
Erschwinglich: 10 – 25 €
Preiswert: unter 10 €
Für ein Drei-Gänge-Menü.

- 78 *Special: Reinigung und Entspannung pur*
- 81 Essen und Trinken
- 84 *Special: Von Nomaden und Palastköchen*
- 88 Feiertage, Feste und Events
- 92 Geld
- 94 Gesundheit
- 94 Mit Kindern unterwegs
- 95 Knigge
- 98 Literaturempfehlungen
- 100 Medien
- 100 Museen
- 101 Nationalparks
- 102 Notdienste
- 103 Post und Telekommunikation
- 104 Preise · Vergünstigungen
- 105 Reisezeit
- 107 Shopping
- 109 Sicherheit
- 109 Sport & Fun
- 112 Sprache
- 117 Übernachten
- 121 Verkehr
- 124 *Special: Reiseverkehrsmittel Nummer eins*
- 127 Zeit

TOUREN

- 130 Überblick
- 132 Unterwegs an der türkischen Mittelmeerküste
- 135 Das richtige Verkehrsmittel
- 136 Tourenvorschläge
- 136 Tour 1: Von Istanbul nach Izmir
- 138 Tour 2: Von Kuşadası nach Antalya
- 140 Tour 3: Durchs Landesinnere
- 142 Tour 4: Von Antalya nach Antakya

Okzident trifft auf Orient
Wirtschaftsmetropole Adana
▶ Seite 146

Klassisch
Kleinasien – ein Paradies für Freunde der Antike
▶ Seite 222

REISEZIELE VON A BIS Z

146 Adana
152 Alanya
160 Anamur
162 Antakya
167 Antalya
179 Aphrodisias
183 Aspendos
184 *3 D: Theater von Aspendos*
187 Bodrum
194 *3 D: Mausoleum von Halikarnassos*
200 *Special: Die »Blaue Reise«*
203 Bosporus
207 Bursa
215 Çanakkale
218 *Special: »Verdammt seien die Dardanellen!«*
222 Didyma
226 Edremit Körfezi
231 Ephesus
236 *3 D: Celsusbibliothek von Ephesus*
243 Erdek
245 Fethiye
252 Finike
255 Herakleia am Latmos
258 Iskenderun
260 Istanbul
272 *3 D: Hagia Sophia*
278 *Special: Intrigen im Harem*
286 Izmir
296 *Special: Kleine Genüsse*
299 Izmit
301 Iznik
305 Kaş
309 Knidos
311 Kuşadası
316 Manisa
319 Marmaris
325 Mersin
326 Milet

Modern
Studenteninnen und Studenten in Istanbul
▶ **Seite 260**

- 331 Pamukkale
- 336 Pergamon
- 344 Perge
- 347 Priene
- 352 Sardes
- 354 Side
- 361 Silifke
- **366 *Special: Tod in den Fluten***
- 368 Tarsus
- 371 Troia
- 382 Xanthos

- 388 Glossar
- 390 Register
- 393 Verzeichnis der Karten und grafischen Darstellungen
- 394 Bildnachweis
- 395 Impressum
- 395 atmosfair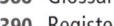

Badefreuden
Die meisten Besucher kommen wegen der herrlichen Badestrände an die türkische Mittelmeerküste.
▶ **Seite 176**

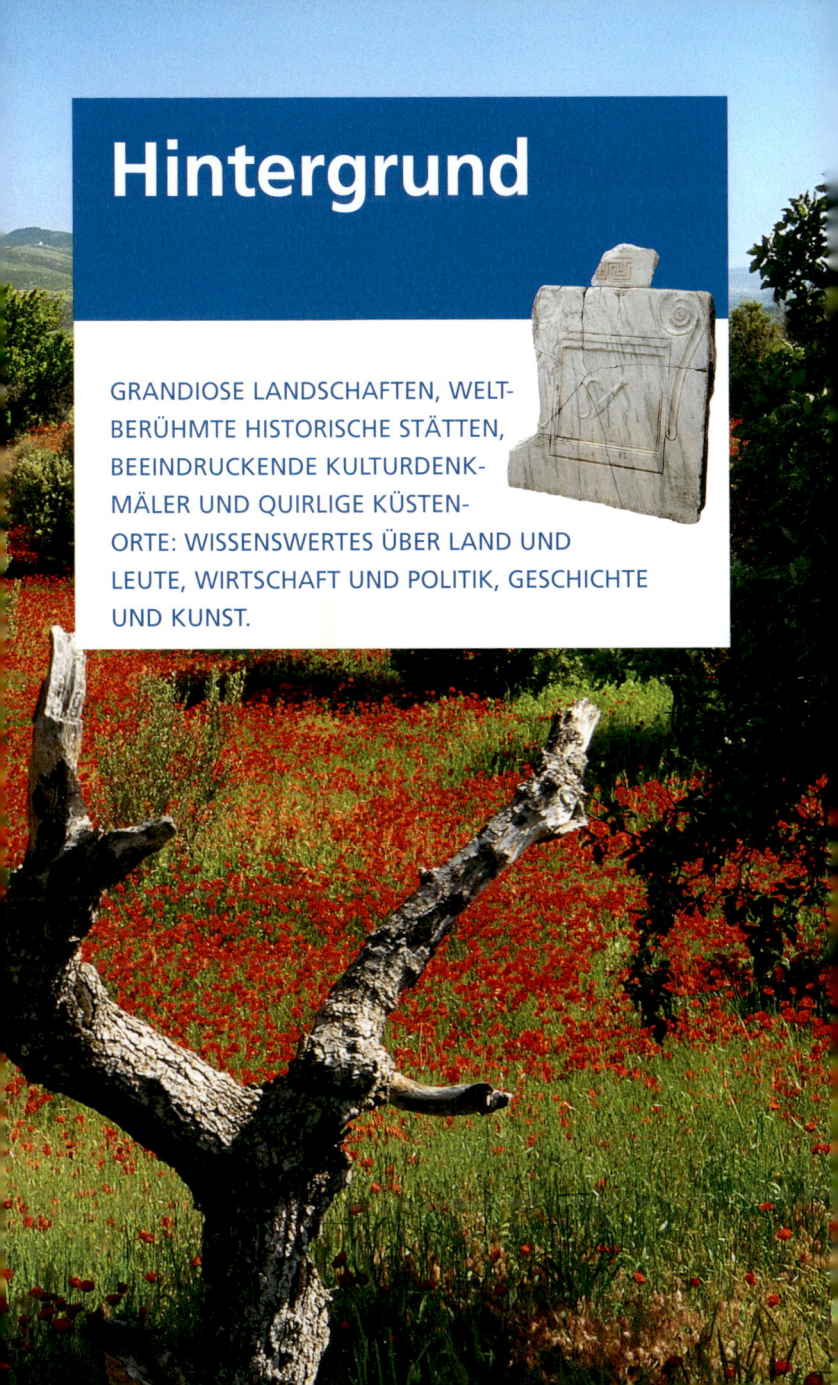

Hintergrund

GRANDIOSE LANDSCHAFTEN, WELT-
BERÜHMTE HISTORISCHE STÄTTEN,
BEEINDRUCKENDE KULTURDENK-
MÄLER UND QUIRLIGE KÜSTEN-
ORTE: WISSENSWERTES ÜBER LAND UND
LEUTE, WIRTSCHAFT UND POLITIK, GESCHICHTE
UND KUNST.

VIEL ZU ERLEBEN

Sonne und Strand, Kulturdenkmäler von hohem Rang und faszinierende Landschaften, orientalisches und europäisches Leben sowie eine exquisite Küche – die türkische Mittelmeerküste hat Besuchern viel zu bieten.

In atemberaubendem Tempo hat sich die Türkei zu einem boomenden Reiseland entwickelt. Was die Republik zwischen Orient und Okzident, das Mittlerland zwischen zwei Kontinenten, zu den beliebtesten Urlaubszielen der Deutschen in der Ferne macht, sind die erst seit knapp zwei Jahrzehnten touristisch erschlossenen Küsten im Westen und Süden des Landes. Vor allem die »Türkische Riviera« in der Bucht von Antalya an der Südküste genießt den Ruf eines wahren Urlauberparadieses, erwarten hier doch den Gast goldfarbene Strände vor imposanten Küstengebirgen sowie türkisblaues Wasser und meist gutes Wetter mit viel Sonne. Zu den mit Sonne verwöhnten Regionen der Türkei zählt auch die landschaftlich nicht minder beeindruckende, buchten- und inselreiche Ägäisküste im Westen des Landes, wo man sich ebenfalls auf die Bedürfnisse der Touristen eingestellt und zahlreiche Hotel- und Ferienanlagen errichtet hat, die allen Ansprüchen genügen.

Die West- und Südküste locken aber nicht allein mit mediterranem Klima, malerischen Hafenstädten und lebhaften Badeorten sowie einem breiten Freizeit- und Sportangebot. Ein einmaliges Naturschauspiel bietet das berühmte »Baumwollschloss« Pamukkale mit seinen fächerartigen Kalksinterterrassen. Auch der historisch und kulturell Interessierte findet hier ein Paradies vor, waren doch diese Küstenabschnitte seit über 4000 Jahren Heimat verschiedener großer Weltkulturen. Eine Attraktion unter den Ausflugszielen ist das von Heinrich Schliemann entdeckte legendäre Troia, das immer noch für Überraschungen sorgt. Eine Vorstellung von den altgriechischen Niederlassungen im westlichen Kleinasien erhält man besonders gut in den Ausgrabungsstätten von Pergamon, Priene oder Milet; und in Ephesus, Aphrodisias und Aspendos sind die am besten erhaltenen römischen Theater der Antike zu besichtigen. Für die großen Kulturepochen der Seldschuken und

Überblick
Aussicht vom Galataturm auf das Goldene Horn von Istanbul

▶ Viel zu erleben **FAKTEN** 13

Traumbucht
Eine der schönsten Buchten der Welt – Ölüdeniz bei Fethiye

Selbstbewusst
Studentinnen auf dem Taksimplatz von Istanbul – die Istanbulerinnen gelten in der Türkei als sehr selbstbewusst.

Grandios
Apollontempel von Didyma, die einst mächtigste Orakelstätte von Kleinasien

Fahrt ins Blaue
Zu den schönsten Aktivitäten an der Südküste zählt ein Segeltörn.

Traditionen
Vor allem bei der ländlichen Bevölkerung genießen die Traditionen noch einen hohen Stellenwert.

Naturschauspiel
Die Kalksinterterrassen von Pamukkale bieten das größte Naturspektakel an der türkischen Mittelmeerküste.

Osmanen stehen die prächtigen Moscheen mit ihren schlanken Minaretten, die festungsartigen Karawansereien, üppig ausgestattete Paläste sowie zahlreiche Koranschulen, Türben und Badehäuser, u. a. in Istanbul und in Bursa südlich des Marmarameeres. Wer das orientalische Leben in seiner bunten Fülle kennen lernen möchte, hat in vielen großen und kleinen Orten – insbesondere im östlichen Teil der Südküste – Gelegenheit dazu, und sei es bei einem Einkaufsbummel im Basar. Wen das Nebeneinander von Tradition und Moderne, von orientalischem Leben und weltstädtischem Ambiente reizt, der sollte Istanbul, die »heimliche Hauptstadt« der Türkei, besuchen. Erwähnt werden muss schließlich noch die köstliche Küche des Landes, die die Türken nicht zu Unrecht mit besonderem Stolz erfüllt. An der türkischen West- und Südküste kann man tatsächlich viel erleben.

Land zweier Kontinente

Die Türkei liegt überwiegend in Asien; doch ein kleiner Teil des Landes gehört auch zu Europa. Denn das Staatsgebiet, das einem in westöstlicher Richtung liegenden Rechteck gleicht, reicht vom südosteuropäischen Thrakien über das Marmaragebiet und die kleinasiatische Halbinsel bis weit ins Innere Vorderasiens. Damit ist die Türkische Republik neben Russland das einzige Land, das sich über zwei Kontinente erstreckt. Zwar entfallen von der Gesamtfläche des 1500 km von West nach Ost und 500 – 600 km von Nord nach Süd messenden Landes – Deutschland ist nur halb so groß – lediglich 3 % auf den europäischen Teil, d. h. der asiatische Teil ist über 30-mal größer; doch als Halbinsel weit an den Westrand der asiatischen Landmasse vorgeschoben, kommt der Türkei eine bedeutende Position als Mittlerland zwischen Europa und Asien zu. Insbesondere die Lage an der Meerenge verleiht ihr eine einmalige Brückenstellung zwischen Orient und Okzident. Nach der historisch schon immer engen Berührung mit dem Abendland orientiert sich das von Muslimen bewohnte Land heute politisch – und zu einem gewissen Teil auch kulturell – an Europa; das zeigt sich auch in der Zugehörigkeit der Türkei zum nordatlantischen Bündnis der Nato und der Assoziierung mit der Europäischen Union (EU) bzw. in den aktuellen Verhandlungsbemühungen um eine Vollmitgliedschaft in der EU.

Turbulent
Für viele junge Leute ist das Nachtleben in den Diskotheken die größte Attraktion von Bodrum.

Fakten

Wie sieht die türkische Mittelmeerküste landschaftlich aus? Warum werden bestimmte Regionen immer wieder von Erdbeben heimgesucht? Welche Völker leben im Land? Was ist Kemalismus? Was hat die Republik wirtschaftlich zu bieten?

Naturraum

Gesamttürkei

Rund 90 % der Türkei sind Gebirgsland. Während den europäischen Teil der Türkei eine bis zu 1000 m hohe hügelige Ebene kennzeichnet, wird der asiatische Teil auf seiner ganzen Breite von **zwei Kettengebirgsgürteln** – dem Pontischen Gebirge im Norden und dem Taurus-Gebirge im Süden – durchzogen; zwischen den beiden Gebirgsketten breitet sich auf durchschnittlich 1000 m Höhe das anatolische Hochland mit z. T. karger Steppenlandschaft aus. Aufgefaltet wurden die Bergketten im geologischen Zeitalter des Tertiärs, also vor 65 – 2,6 Mio. Jahren, infolge der Kollision von Erdplatten.

Gebirgsland

Auch heute noch schieben sich die afrikanische Kontinentalplatte und die arabische Platte nach Norden und treffen auf die eurasische Platte, so dass im türkischen Raum zahlreiche **Bruchzonen in der Erdkruste** verlaufen, die ständig in Bewegung sind. 95 % der türkischen Bevölkerung leben in Erdbebenzonen. Am meisten bedroht von diesen Naturkatastrophen sind der ägäische Raum, Nordanatolien und die Region um Antakya an der Grenze zu Syrien. In den letzten 100 Jahren gab es in der Türkei über 50 Erdbeben, bei denen ca. 80 000 Menschen den Tod fanden. Die schwersten Beben der jüngeren Zeit ereigneten sich 1999 im Nordwesten der Türkei, bei Izmit östlich von Istanbul und wenig später bei der Stadt Düzce, ca. 100 km östlich von Izmit. Über 17 000 Menschen kamen dabei ums Leben. Weitere Beben 2002 im Südwesten der Türkei und 2003 in Anatolien forderten mehr als 200 Menschenleben; im März 2010 starben bei einem Erdbeben in Ostanatolien über 50 Personen.

Erdbeben

Küstenregionen

Die West- und Südküste gilt als »Garten der Türkei«. Anders als im rauen, teilweise unwirtlichen gebirgigen Hinterland und auf dem kargen, weiten Hochland im Landesinnern gedeihen auf dem schmalen, klimatisch begünstigten Küstensaum Kulturpflanzen wie Zitrusfrüchte, Wein und Oliven vortrefflich. Über 40 Mio. Menschen, also zwei Drittel der türkischen Bevölkerung, leben hier und finden Beschäftigung in der Landwirtschaft, in der Industrie und – nicht zu vergessen – in der Tourismusbranche. Denn dieser Küstenstreifen, der stellenweise buchtenreiche Steilküsten und endlose Sandstrände aufweist, ist mit seinem angenehmen Klima, der landschaftlichen Vielfalt und den zahlreichen kulturellen Zeugnissen aus mehreren Jahrtausenden das beliebteste Urlaubsziel in- und ausländischer Gäste in der Türkei.

»Garten der Türkei« und Urlaubsziel Nummer eins

◀ weiter auf S. 21

← *Auf dem Weg ins Landesinnere – von Antalya nach Korkuteli*

30 SEKUNDEN FÜR ISTANBUL

Erdbeben sind in der Türkei nichts Ungewöhnliches, liegt doch das Land im Grenzbereich kontinentaler Platten. Zu befürchten ist in naher Zukunft ein katastrophales Beben von ungeahntem Ausmaß. Potsdamer Wissenschaftler arbeiten an einem Frühwarnsystem, das bei einem solchen Naturereignis viele Menschen retten soll.

Am 17. August 1999 um 3.01 Uhr erschütterte eines der stärksten Erdbeben des letzten Jahrhunderts das Gebiet um die westtürkische Stadt Izmit, ca. 90 Kilometer südöstlich von Istanbul. Der Hauptstoß, der eine Stärke von 7,5 bis 7,8 auf der nach oben offenen Richterskala hatte, riss die Erde zwischen den Orten Izmit-Gölcük und Düzce auf einer Länge von über 100 Kilometern auf. Dabei verschoben sich die Erdplatten entlang der **nordanatolischen Erdbebenzone** um durchschnittlich 2,60 m.

In Schutt und Asche

In nur 45 Sekunden hatte sich eines der am dichtesten besiedelten Gebiete der Türkei zwischen Istanbul und der Provinzhauptstadt Adapazarı in ein Trümmerfeld verwandelt. Die Katastrophe forderte über 17 000 Menschenleben und 23 000 Verletzte und hinterließ 200 000 Einwohner obdachlos. Ganze Stadtteile von Izmit sanken in Schutt und Asche. Fast jede Familie im Unglücksgebiet hatte Tote zu beklagen. Insgesamt wurden 130 000 Häuser total zerstört oder zumindest schwer beschädigt. Wichtige Fernverkehrsstraßen waren tagelang blockiert, und bei Izmit geriet eine der größten Erdölraffinerien des Landes in Brand. Die reinen Sachschäden beliefen sich auf rund 25 Mrd. US-Dollar.

Nichts Ungewöhnliches

Naturkatastrophen dieser Art sind für die Türkei nichts Ungewöhnliches. Grund ist die Lage des Landes im Grenzbereich kontinentaler (Gesteinsschicht-) Platten. Dabei driften die Platten von Afrika und der Arabischen Halbinsel mit einer Geschwindigkeit von einigen Zentimetern pro Jahr nach Norden auf die **Eurasische Platte** mit Europa und Asien zu. Sichtbarstes Zeichen dieses schon seit mehreren Millionen Jahren andauernden Kollisionskurses ist der Aufstieg mächtiger Gebirgsketten seit der mittleren Kreidezeit vor rund 100 Millionen Jahren. Zu ihnen zählen die Pyrenäen, die Alpen, die Balkaniden und die türkischen Faltengebirge

► Erdbeben **FAKTEN** 19

Das schwere Erdbeben am 17. August 1999 forderte tausende Todesopfer. Türkische Soldaten wurden zu Hilfe gerufen, um die Verschütteten zu bergen.

ebenso wie die östlich gelegenen Gebirgsmassive des Kaukasus und auch des Himalaya.

Regelrecht eingeklemmt

Der größte Teil der Türkei liegt auf der Anatolischen Platte, einem keilförmigen Bruchstück der Erdkruste, das zwischen Afrika und Europa regelrecht eingeklemmt ist. Nach Norden wird diese von der Nordanatolischen, im Südosten von der Ostanatolischen Verwerfung und im Süden durch die Kollisionszone mit Afrika begrenzt.

Fast vollständig gebrochen

Dem Druck von Afrika kann die Anatolische Platte nur nach Westen ausweichen. Dies geschieht hauptsächlich entlang der nördlichen Verwerfung mit einer Geschwindigkeit von etwa 2 bis 3 cm pro Jahr. Da die **Plattenränder** nicht glatt sind, sondern aus vielfach gebrochenen und gefalteten Gesteinen bestehen, verhaken sie sich immer wieder ineinander. Wird die Scherfestigkeit der Gesteine überschritten, entlädt sich die angestaute Energie ruckartig in Form heftiger Erdbeben. Dabei gilt: Je intensiver die Verhakungen sind und je länger die Gesteine den Verbiegungen der Erdkruste standhalten, desto stärker werden die Entlastungsbeben. Seit 1930 ist die 1000 km lange Nordanatolische Hauptverwerfung fast vollständig gebrochen worden. Dabei wanderten die Bebenherde systematisch von Westen nach Osten. Vorläufig letztes Glied in dieser Kette war das Beben von Izmit. Lediglich ein 160 Kilometer langes Teilstück unter dem Marmarameer südlich von Istanbul blieb bislang verschont. Experten sprechen in einem solchen Fall von einer seismischen Lücke.

Bald katastrophales Beben

Izmit wurde zuletzt vor 120 Jahren von einem ähnlich starken Beben wie 1999 erschüttert. Unter dem angrenzenden Marmarameer herrscht, abgesehen von einigen mittelschweren Erdstößen 1963, nun schon seit 100 bis 280 Jahren Ruhe. Und da sich der **Druck auf die Gesteinsplatten** am Meeresgrund durch das Izmit-Beben weiter erhöht hat, rechnen einige Seismologen schon in naher Zukunft mit dem Schlimmsten. Bereits in 10 bis 30 Jahren, so prophezeien sie, könnte sich der geologische Druck mit Macht entladen. Die über Jahrzehnte angestaute Bewegungsenergie würde die Schollen bei einem plötzlichen Bersten ruckartig um 2 bis 6 m versetzen. Ein katastrophales Beben der Stärke 7 – 8 wäre die Folge. Dabei ist zu beachten, dass die Zunahme der Bebenstärke um eine Einheit auf der logarithmischen Richterskala ei-

Ein türkisches Ehepaar in Adapazarı sucht nach dem Erdbeben vom 17. August 1999 nach persönlichen Überresten.

ner Zunahme der Zerstörungskraft um das 32-fache, bei zwei Einheiten um das 1000-fache entspricht.

Zeitpunkt nicht bestimmbar

Bislang können die Fachleute nur den ungefähren Ort, nicht aber den genauen Zeitpunkt eines Erdbebens bestimmen. Im Fall Istanbul liegt die errechnete Sollbruchstelle nur wenige Dutzend Kilometer vor der Stadt. Und genau das macht die Lage so bedrohlich. Die zerstörerischen Wellen träfen die Millionen-Metropole nahezu mit voller Wucht.

Rettung möglich?

Einen gewissen Schutz könnte ein Frühwarnsystem bringen, das Wissenschaftler am Geoforschungszentrum in Potsdam entwickelt haben. Schon seit Ende der 1990er-Jahre probt damit ein Team von Seismologen, Geodäten, Hydrologen und Bauingenieuren unter der Leitung von Prof. Jochen Zschau im Großraum Istanbul den Wettlauf mit dem Tod. Prof. Zschau: »Bei einem **Frühwarnsystem** für Erdbeben handelt es sich nicht um ein Vorhersagesystem. Bei einem Frühwarnsystem hat das Ereignis bereits stattgefunden.« Grundlage des Systems ist ein dichtes Netz von Messstationen, die in unmittelbarer Nähe der gefährlichen Spalte installiert wurden. Auftretende Erschütterungen werden von den empfindlichen Seismographen registriert und per Funk an die Erdbebenwarte im Kandilli Observatorium in Istanbul übermittelt. Oberhalb eines bestimmten Schwellenwertes wird dann von hier Alarm ausgelöst.

Dabei nutzen die Wissenschaftler die physikalische Tatsache, dass sich Funksignale schneller fortpflanzen (300 000 km/sec) als **Erdbebenwellen** (3 km/sec). Die Meldungen über einen erfolgten Erdstoß erreichen die Stadt also wesentlich früher als die tödlichen Schockwellen. Lebensrettende Sekunden könnten auf diese Weise gewonnen werden. Entscheidende Voraussetzung: Das Epizentrum des Bebens liegt tatsächlich, wie berechnet, 60 bis 90 km außerhalb der Stadt.

20 bis 30 Sekunden zur Vorwarnung

Im Ernstfall blieben der Stadt am Goldenen Horn dann 20 bis 30 Sekunden zur Vorwarnung. Genug Zeit, um Gas- und Stromleitungen zum Schutz vor Bränden zu kappen, Feuerwehr und Rettungsdienste zu alarmieren, Züge zu stoppen und das verwundbare Nadelöhr, die Bosporusbrücke, durch Ampelanlagen zu sperren. Abertausende von Menschenleben könnten auf diese Weise gerettet werden.

Das Marmaragebiet umfasst die Regionen rund um das 11 655 km² große Marmarameer, d. h. die Dardanellen, das östliche Thrakien bzw. den europäischen Teil der Türkei, den Bosporus und das Gebiet südlich des Marmarameeres inklusive der Biga-Halbinsel, bei der die Ägäische Küste ihren Anfang nimmt. Mit seinen städtischen Metropolen Istanbul, Izmit, Bursa und Adapazarı ist der türkische Nordwesten nicht nur **Hauptwirtschaftsraum der Türkei**, er fungiert auch als Brücke zwischen Orient und Okzident.

Präsentiert sich die Region zwischen Istanbul am Bosporus und dem östlich davon gelegenen Izmit als eine flache Plateaulandschaft, so gliedert sich das Gebiet südlich des Marmarameeres in meist westöstlich verlaufende, küstenparallele Höhen und Senken, wobei an der Küste nur wenige Buchten zu finden sind. Unregelmäßiger ist die Reliefgliederung weiter westlich in der Landschaft Troas. Hier, auf der Biga-Halbinsel, biegen die Gebirgsketten nach Südwesten ab und gipfeln im 1774 m hohen Kaz Dağı, der die Grenze zur Küste der Ägäis auch vor allem deshalb darstellt, weil er die meisten Winde aus dem Nordwesten vom ägäischen Küstenraum fern hält.

Das südliche Marmaragebiet zeigt bereits das günstige Klima des mediterranen Bereichs. Die Becken zwischen den mit Kiefern und Eichen bedeckten Bergzügen bieten reiche Fruchtlandschaften mit Oliven-, Feigen- und Obsthainen, Weinbau und Tabakpflanzungen, mit Getreidefeldern, aber auch mit großen Weideflächen für Rinder und Schafe. Die Becken sind folglich sehr dicht bevölkert.

Südliche Marmararegion

Südlich des Marmaragebietes erstreckt sich das Egegebiet, das von der Küste des Ägäischen Meeres bis zu der in einzelne Bergzüge aufgelockerten Westanatolischen Gebirgsschwelle, der Wasserscheide zum trockenen Inneren, zurückreicht. Auch hier gliedern westöstlich verlaufende Einbruchssenken das Land. Die von Nord nach Süd verlaufende, bis hinunter nach Marmaris reichende ägäische Küste hat kleinere und größere Buchten. Ihr sind zahlreiche große und kleine Inseln vorgelagert, von denen nur wenige zum türkischen Staatsgebiet gehören. Obwohl nur einige Kilometer vom türkischen Festland entfernt, sind u. a. die Inseln Lesbos westlich von Ayvalık, Chios westlich von Çeşme/Izmir, Samos westlich von Kuşadası, Kos südwestlich von Bodrum und Rhodos südlich von Marmaris griechisch. Große Flüsse (Gediz, Kleiner und Großer Menderes/Mäander) durchziehen die fruchtbaren Grabensenken. Feigenkulturen, Olivenpflanzungen, Weinbau, Baumwoll-, Getreide- und Tabakanbau prägen das Bild der Kulturflächen. Das durch das milde Mittelmeerklima begünstigte Gebiet mit seinen leicht überschreitbaren Gebirgsschwellen ist uralter Siedlungs- und Kulturraum.

Ägäische Region (Egegebiet)

Die türkische Südküste hat – nach dem buchtenreichen westlichen Abschnitt im Bereich der Ägäis – mit ihren fast nordsüdlich verlaufenden Ketten des Westlichen Taurus – nur zwei große, weit gespannte Buchten, die von Antalya und die von Mersin; d. h. die öst-

Mittelmeergebiet

Türkei Regionen

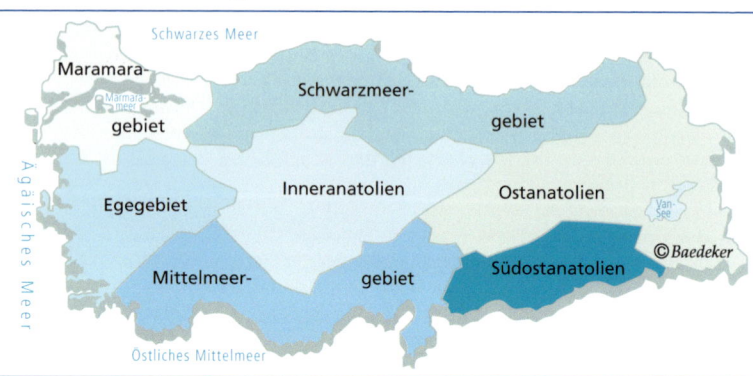

liche Mittelmeerküste ist vom Kontrast zwischen Buchten und Ebenen auf Meeresniveau einerseits und unmittelbar angrenzenden, bis auf 2000, teils über 3000 m ü. d. M. steil aufsteigenden Gebirgsketten andererseits beherrscht. Bereits ab Bodrum und Marmaris, also noch im ägäischen Raum, wird die Südküste von den Ausläufern des schroff wirkenden **Taurus** gesäumt. Der von felsigen Klippen beherrschte Küstenabschnitt zwischen Fethiye und Antalya, wo die Berge bis ans Wasser heranreichen und nur wenige Buchten zu finden sind, galt schon in der Vergangenheit als schwer zugänglich. Da sich nach Osten hin der Taurus vom Mittelmeer entfernt, ist der Küstenstreifen zwischen Antalya und Alanya wesentlich freundlicher als im Westen und wird wegen seiner endlosen und schönen Sandstrände auch **»Türkische Riviera«** genannt. Hierhin zieht es die meisten Gäste aus dem Ausland. Östlich vom Küstenort Alanya schiebt sich bis Mersin zwischen das Kalkgebirge des Zentralen Taurus und die Küste ein etwas niedrigeres, von vielen Tälern durchzogenes, waldiges Bergland, das steil zum Meer abbricht und nur an den Flussmündungen Raum für kleine Fruchtlandschaften lässt (Reisanbau, Bananenpflanzungen, Erdnussfelder und Gemüsekulturen in Gewächshäusern). An den Golf von Mersin schließt sich die große junge Aufschüttungsebene von Adana an, die zusammen mit den Hügeln des Hinterlandes die dicht besiedelte und fruchtbare, auch als **Obstgarten der Türkei** bezeichnete Landschaft Çukurova bildet und sich entlang der Küste bis zum Becken von Iskenderun erstreckt. Vor allem ist die Çukurova aber das wichtigste Gebiet des Baumwollanbaus.

Pflanzen und Tiere

Flora Die Süd- und Westküste der Türkei zeigt eine typische mediterrane
Macchia ▸ Vegetation. Das Landschaftsbild wird hier von der Macchia beherrscht, einem immergrünen dichten Buschwald, der im Wesentli-

chen aus Hartlaubgewächsen besteht. Man findet das gesamte für den Mittelmeerraum charakteristische Spektrum: v. a. die immergrüne Kermeseiche mit ihren kleinen stacheligen und glänzenden Blättern, den Erdbeerbaum, den Johannisbrotbaum, die Baumheide und die Myrte. Unterbrochen wird die Macchia stellenweise von lichten Hochwäldern oder von Anbauflächen. Zwar hat ein **jahrhundertelanger Raubbau** (Brandrodung) die Waldbestände bedenklich reduziert, doch sind im Vergleich zu anderen Mittelmeerländern an der türkischen Küste noch größere Landschaftsstriche bewaldet. Als Waldbaum dominiert die Brutische Kiefer, eine Variante der Aleppokiefer. Daneben sieht man häufiger die Pinie; ihre großen runden Zapfen liefern essbare Samen, die an Haselnüsse erinnern. Eine endemische Baumart ist der bis zu 20 m hohe Amberbaum, der um Marmaris und Fethiye gedeiht und dessen Harz zu Schmuck und Parfüm verarbeitet wird. In höheren Lagen folgt ein von Laubbäumen (Eichen, Platanen, Nussbäumen) durchsetzter Nadelwaldgürtel von Schwarzkiefern, in einer obersten Region bis zur 2200–2400 m hohen Waldgrenze wachsen Kiefern, Zedern und Baumwacholder. Ab 3000 m Höhe trifft man auf eine alpine Vegetation, die von Gräsern, niedrigen Wacholderbüschen, Moosen und Flechten bestimmt wird. Von den Kulturpflanzen kommt dem Ölbaum eine herausragende Bedeutung zu. Er gedeiht an der Westküste bis in Höhen von etwa 400 m, an der Südküste bis in Höhen von 700 m und an geschützten Stellen sogar bis 1000 m ü. d. M. In den fruchtbaren Ebenen werden daneben – teils mit, teils ohne künstliche Bewässerung – Zitrusfrüchte, Wein, Feigen, mediterranes Gemüse und in steigendem Maße auch Baumwolle sowie Bananen angebaut.

◄ Wälder

Sonnenblumenkerne werden auf der Straße getrocknet.

◄ Kulturpflanzen

Fauna
◄ Säugetiere

Die Tierwelt zeigt sich im gesamten türkischen Küstensaum zwar artenreich, doch wurden die Bestände in den letzten Jahrzehnten erheblich dezimiert. Waldbrände und unkontrollierte Jagd auf jegliches Wild führten dazu, dass man heute im Küstenraum Hirsche und Rehe, Wildziegen und Wildschafe nur mehr ganz vereinzelt antrifft. Im Gebirge leben noch Bären, Hirsche und Wildschweine, im

Taurus gelegentlich auch Wildkatzen. Südlich des Taurus gibt es Stachelschweine und Mungos, die der afrikanischen Fauna zuzurechnen sind. Aus den asiatischen Steppen eingewandert sind das – heute domestizierte – Trampeltier sowie Springmaus, Wolf, Fuchs und Schakal. Esel und Maultiere werden in allen Teilen des Landes nach wie vor als genügsame Lasttiere geschätzt.

Reptilien ▶

Zu den häufigsten Reptilien zählen die Eidechsen, die mit mehr als 20 Arten in der Türkei vertreten sind, sowie die harmlosen, Insekten jagenden Geckos, die sich auch in Häusern wohl fühlen. Auffallend viele Schildkröten bevölkern die türkische Süd- und Westküste. Eines der letzten Nistgebiete der Unechten Karettschildkröte befindet sich im Dalyan-Delta östlich von Marmaris. Auch Chamäleons sind in der Türkei beheimatet; diese Tiere, die ihre Hautfarbe der jeweiligen Umgebung anpassen können und in Bäumen leben, sieht man aber sehr selten. Rund 30 Schlangenarten gibt es im Land, von denen die meisten ungiftig sind. Eine der giftigsten ist die Levanteotter, die zwei Meter lang werden kann. In der Umgebung von Istanbul fällt die große Anzahl von Milanen auf; überhaupt faszinieren die vielen Greifvögel wie Adler, Bussarde, Geier und Falken. In vielen Feuchtgebieten ist der Weißstorch als Brutvogel verbreitet. Aber auch zahlreiche in Europa selten gewordene **Vögel** kann man an der türkischen Küste und in Feuchtgebieten antreffen, wie Flamingos, Pelikane, Kraniche, Löffler und unzählige Reiherarten.

Agamen-Eidechsen sind in der Türkei häufig zu sehen.

Obwohl der Fischfang nicht selten mit Sprengstoff und Bodenschleppnetzen betrieben wird, überrascht in einigen Küstengewässern noch die Artenvielfalt und Menge an **Fischen** und anderen Meerestieren. So gibt es im östlichen Mittelmeer u. a. Delfine, Barsche, Muränen, nahezu alle Brassenarten, Krustentiere und als Besonderheit die Papageifische (Seepapageien), die als einzige Vertreter dieser in tropischen Meeren beheimateten Familie Zugang zum Mittelmeer gefunden haben.

Bevölkerung

Mit rund 72,5 Mio. Einwohnern ist die Türkei der bevölkerungsreichste Staat in Vorderasien und Südosteuropa. Neben den Minderheiten von Kurden und Arabern leben in der Türkei Tscherkessen, Georgier, Lasen, Armenier, Abchasen, Tschetschenen, Yeziden, Ubychen, Griechen, Bulgaren, Albaner und Juden sowie verschiedene andere kleine Minoritäten.

◀ **Nationalitäten in der Türkei**

Die Kurden leben im gebirgigen »**Kurdistan**«, im Grenzraum von südöstlicher Türkei, Irak, Iran, Syrien und Armenien. Die Republik Türkei erkennt die Kurden nicht als nationale Minderheit an, sondern betrachtet sie als »Bergtürken« ohne Sonderrechte. Die rigorose Repression der kurdischen Eigenständigkeit hat zu einer Radikalisierung der Autonomiebestrebungen geführt. Die militante Arbeiterpartei Kurdistans (PKK) ist in der Türkei verboten; ihre Mitglieder und Sympathisanten werden von den türkischen Sicherheitsorganen gnadenlos verfolgt. Seit der Festnahme des PKK-Führers Abdullah Öcalan 1999 hat sich die kurdische Arbeiterpartei vom türkischen Staatsgebiet zurückgezogen. Infolge der Armut im Südosten der Türkei und der 15-jährigen, bis 1999 andauernden militärischen Auseinandersetzungen zwischen der türkischen Armee und der PKK haben in den letzten Jahren viele Kurden ihr angestammtes Gebiet verlassen und sich in der Westtürkei – vor allem in Istabul, Izmir und Adana – niedergelassen.

◀ Kurden

Kleine Gemeinden der römisch-katholischen Kirche bestehen in Izmir und Antakya. Nach der Auswanderung bzw. zwangsweisen Aussiedlung der ca. 1,5 Mio. kleinasiatischen Griechen im Jahr 1922 sind orthodoxe Christen nur noch in Istanbul sowie auf den Inseln Imroz und Bozcaada vertreten. Von den **Armeniern**, die bis zum Ersten Weltkrieg neben den Griechen die zahlenmäßig stärkste Minderheit in der Türkei bildeten, leben heute viele in Istanbul, Izmir und in Iskenderun. Die Arabisch sprechenden Türken stellen heute nach den Kurden die zweitgrößte Minderheit im Land dar. Sie leben hauptsächlich im Grenzgebiet zu Syrien, u. a. in den Provinzen Hatay und Adana.

◀ Weitere Minderheiten

Staats- und Amtssprache ist **Türkisch**, das von über 80 % der Bevölkerung gesprochen wird. Die Minderheiten haben ihre eigenen Umgangssprachen, die sie auf den Ämtern allerdings nicht sprechen dürfen.

Sprache

Über 99 % der Türken bekennen sich zum **Islam**. Den Rest stellen Christen (Orthodoxe, Katholiken, Protestanten) und Juden.

Religion

Infolge des hohen Geburtenüberschusses hat sich die Bevölkerungszahl der Türkei in den letzten sieben bis acht Jahrzehnten mehr als verfünffacht – von 13,6 Mio. im Jahre 1927 auf über 72 Mio. 2009.

Wachstum

Zahlen und Fakten *Türkei*

© Baedeker

Lage
- Südosteuropa / Vorderasien
- 35° 51' und 42° 06' nördliche Breite
- 25° 40' und 44° 48' östliche Länge

Fläche
- 814 578 km² (europäischer Teil: 23 764 km²)

Hauptstadt
- Ankara

Grenznachbarn
- Im Westen grenzt die Türkei an Griechenland, im Nordwesten an Bulgarien, im Nordosten an Georgien und Armenien, im Osten an den Iran, im Südosten an Syrien und an den Irak.

Nationalflagge der Türkei

Bevölkerung
- Einwohnerzahl: 72,5 Mio.
- Volksgruppen: 77 – 80 % Türken, 14 – 18 % Kurden sowie Araber, Tscherkessen, Georgier, Lasen, Armenier, Abchasen, Tschetschenen, Yeziden, Ubychen, Griechen, Bulgaren, Albaner, Juden und andere
- Religion: Etwa 99 % der Bevölkerung bekennt sich zum Islam (Sunniten ca. 70 %, Alawiten ca. 20 %).

Sprache
- Türkisch

Staatsform
- Parlamentarische Republik

Wirtschaft
- Dienstleistungen 64 %, Industrie 27 %, Landwirtschaft 9 %
- Arbeitslosenquote: über 9 % (2009)
- Außenhandel: Deutschland ist mit jeweils rund 13 % wichtigstes Hauptabnehmerland der Türkei (vor dem Vereinigten Königreich, Italien und den USA) und Hauptlieferant der Türkischen Republik (vor Russland, Italien und der Volksrepublik China).

Namensherkunft
- Anatolien, der Name des asiatischen Teils der Türkei, leitet sich vom griechischen »anatolikon« ab und bedeutet »Land des Sonnenaufgangs«. Der Name der Türkei stammt von den Turkvölkern, die im Mittelalter in Kleinasien eingewandert waren. Eines dieser Völker, die Oghusen, begründeten im ausgehenden 13. Jh. das nach einem ihrer Führer – Osman I. – benannte Osmanische Reich, das bis zum Jahr 1922, also sechs Jahrhunderte, Bestand hatte. Die heutige Republik Türkei ist der Nachfolgestaat des einst riesigen, über 5 Mio. km² großen Osmanischen Reiches.

Grundlegend geändert hat sich der Anteil der städtischen Bevölkerung in der Gesamttürkei: Er stieg von 18,8 % im Jahre 1927 auf 76 % Anfang des 21. Jahrhunderts.

Über 40 Mio. Menschen, also zwei Drittel der türkischen Bevölkerung, leben an der West- und Südküste des Landes. Die höchste Bevölkerungsdichte herrscht im Marmararaum, dem am stärksten entwickelten Handels- und Industriegebiet des Landes. Allein im Großraum Istanbul ist ein Fünftel der türkischen Gesamtbevölkerung zu Hause.

◂ Bevölkerungsdichte

Vor allem im ländlichen Bereich ist die Arbeitslosenquote als Folge von wachsender Lebenserwartung, Senkung der Sterberate, Überbevölkerung und Technisierung überdurchschnittlich hoch, was viele Bewohner von Zentral- und Ostanatolien zur Landflucht in die wirtschaftlich begünstigten Räume des Landes und insbesondere in die Großstädte Istanbul, Izmir und Ankara veranlasst, wo sich die ländlichen Zuwanderer zumeist in wild wachsenden Gecekondu-Vierteln (»gecekondu« = über Nacht gebautes Haus) am Stadtrand ansiedeln.

◂ Landflucht

Politik

Gemäß ihrer Verfassung definiert sich die Türkei als »nationale, demokratische, laizistische und soziale Republik«. Der offizielle Staatsname lautet »Türkiye Cumhuriyeti« (Republik Türkei). Die Legislative wird ausgeübt von der **Großen Nationalversammlung**, bestehend aus der eigentlichen Nationalversammlung (Parlament: 550 nach dem Verhältniswahlrecht auf fünf Jahre gewählte Abgeordnete) und dem Senat (150 direkt gewählte, 15 vom Staatsoberhaupt ernannte und mehrere Senatoren auf Lebenszeit).

◂ Staatsform und Staatsorgane

Staatsoberhaupt des Landes, das aus 81 zentralistisch verwalteten Provinzen besteht, ist der Staatspräsident, der von der Großen Nationalversammlung für eine einmalige Amtsperiode von sieben Jahren gewählt wird. Seit August 2007 hat diesen Posten Abdullah Gül inne. Derzeitiger Ministerpräsident ist Recep Tayyip Erdoğan (▸Berühmte Persönlichkeiten).

> **? WUSSTEN SIE SCHON …?**
>
> ■ Republikgründer Mustafa Kemal bekam den Beinamen »Atatürk« (Vater der Türken) vom Parlament zugesprochen – ein Name, der laut Gesetz ausschließlich ihm vorbehalten bleibt.

Die Türkei ist Mitglied der Vereinten Nationen und etlicher Sonderorganisationen der UNO, der Weltgesundheitsorganisation (WHO), des Allgemeinen Zoll- und Handelsabkommens (GATT), des International Monetary Fund (IMF), der Organisation für wirtschaftliche

◂ Mitgliedschaft in internationalen Organisationen

Junge Familie in Istanbul. Trotz strikter Trennung von Religion und Politik spielt der Islam in der türkischen Gesellschaft immer noch eine bestimmende Rolle.

Zusammenarbeit und Entwicklung (OECD) sowie der Nordatlantischen Allianz (NATO), der Organisation für Sicherheit und Zusammenarbeit in Europa (OSZE) und der EU-Zollunion; seit 1992 ist die Türkei assoziiertes Mitglied der WEU.

Kemalismus Nach der Niederlage des Osmanischen Reiches im Ersten Weltkrieg wurde den Türken ihr heutiges Staatsgebiet zuerkannt. Bis dahin hatten sich die Türken, die jahrhundertelang über ein riesiges, multikulturelles Reich verfügten, nie als Nation betrachtet. Erst Kemal Atatürk, der »Vater der Türken«, legte mit der Gründung der Republik Türkei 1923 das Fundament für einen einheitlichen Staat. Atatürks radikale Politik der Modernisierung nach westlichem Vorbild ist in der Verfassung von 1924 verankert. Die **sechs Prinzipien des Kemalismus** sind bis in unsere Tage bestimmend: Nationalismus (Doktrin der nationalen Einheit; »Nur Türken leben in der Türkei«), Laizismus (Trennung von Staat und Religion), Modernisierung, Republikanismus, Populismus (Volkssouveränität) und Etatismus (staatliche Lenkung der Wirtschaft). Diese Prinzipien garantierten zwar Stabilität und Sicherheit, allerdings entwickelte sich daraus auch ein übermächtiger Staat, der immer mehr den Kontakt mit der gesellschaftlichen Realität verlor. So konnte bis zum heutigen Tag das eigentliche Ziel des großen türkischen Staatsmannes, die tatsächliche Trennung von Staat und Religion, in der islamisch geprägten Gesellschaft nicht ganz verwirklicht werden. Immer wieder greifen traditionelle politische Kräfte zur Durchsetzung ihrer Ziele auf die islamische Kultur zurück und stoßen bei vielen Staatsbürgern dabei auf offene Ohren. Nicht nur bei der Abwehr solcher Tendenzen im Land beruft sich die westlich orientierte Elite – allen voran das **Militär**, das sich als Garant von Atatürks Erbe versteht – auf den Kemalismus (atatürkçülük); radikale Änderungen jeglicher Art sind so stets verhindert worden. 1997 musste der islamistische Ministerpräsident Necmettin Erbakan zurücktreten, und dessen islamische Wohlfahrtspartei (Refah) wurde verboten; drei Jahre später wurde Erbakan wegen Volksverhetzung zu einem Jahr Haft verurteilt, seither darf er keine politische Tätigkeit mehr ausüben.

Dank des Kemalismus hat nie die Gefahr bestanden, dass die Nation ins kommunistische Lager abdriftete oder dass die Regierenden eine faschistische Richtung einschlugen. Andererseits ist Atatürks Vermächtnis, an das sich die Mächtigen des Landes so sehr klammern, auch ein Hindernis für die Weiterentwicklung der Türkei, für die Herausbildung einer gut funktionierenden Demokratie und einer zivilen Gesellschaft.

Wirtschaft

In der Türkei, einem so genannten Schwellenland, d. h. einem Entwicklungsland auf dem Wege zum Industriestaat, ist zwar immer noch fast die Hälfte der Beschäftigten in der Landwirtschaft tätig, doch hat sich das Verhältnis der arbeitenden Bevölkerung in den einzelnen Wirtschaftssparten in den letzten 50 Jahren deutlich zugunsten von Industrie und Dienstleistungsgewerbe verändert.

Schwellenland

Zu leiden hat die türkische Wirtschaft vor allem unter dem **West-Ost-Gefälle**, unter dem Gegensatz zwischen reichen und armen Regionen im Land, der sich durch die Industrialisierung herausgebildet hat. Während im Großraum Istanbul, im Marmaragebiet, in einigen Küstenstädten im ägäischen Raum und am östlichen Mittelmeer die Wirtschaft floriert (Textilien, Fahrzeuge, Chemie, Maschinen, Elektrobranche), blieben die meisten Gebiete im Landesinnern – eine Ausnahme bildet der Großraum Ankara – und vor allem im Osten äußerst schwach industrialisiert. Verantwortlich hierfür sind einerseits Klima und Bodenbeschaffenheit; so können in den Küstengebieten wesentlich mehr landwirtschaftliche Produkte angebaut werden als im bergigen, trockenen Landesinnern. Andererseits waren staatliche Maßnahmen, den wirtschaftlichen Modernisierungsprozess auf das ganze Land auszudehnen, bisher nur mäßig erfolgreich, so dass man weiterhin lieber in den Küstenregionen investiert, wo infolge des höheren Lebensstandards ein größerer Konsumentenkreis existiert, qualifiziertere Arbeitskräfte vorhanden sind und auch eine bessere Infrastruktur vorherrscht als in den rückständigen Regionen in Zentral- und Ostanatolien.

Wirtschaftsprobleme und Wirtschaftsaufschwung

Jahrhundertealte, kunterbunte »Shoppingwelt« im Großen Basar von Istanbul

Seit die religiös-konservative Partei AKP regiert (seit Ende 2002), sind die Signale der türkischen Wirtschaft, die 2001 ihre größte Krise seit Bestehen der türkischen Republik erlebte, überwiegend positiv: u. a. anhaltendes Wachstum, Exportboom, fortgesetzter Inflationsabbau, Ende der Lira-Schwäche, schnelle Überwindung der Irak-Krise im Tourismussektor. Vom EU-Beitritt erhofft sich das Land einen weiteren Aufschwung und Abbau der Schuldenlast.

Landwirtschaft Infolge der günstigen klimatischen Bedingungen gedeihen in den Küstenrandlandschaften Oliven, Feigen und Weintrauben (Sultaninen), Zitrusfrüchte, Bananen, Erd- und Haselnüsse, Mais und Tabak. Die Türkei ist weltweit der fünftgrößte Produzent von **Tabak**. Auch bei Weintrauben, Oliven und Feigen gehört die Republik zu den größten Erzeugerländern der Erde. An der West- und Südküste liegen ferner die bedeutendsten Anbaugebiete von **Baumwolle**, wobei an der Südküste – vor allem in der Çukurova – mehr als doppelt so viel produziert wird wie an der Westküste. Baumwolle ist eine der wichtigsten Anbaupflanzen des Landes, das international zu den zehn wichtigsten Herstellerländern zählt. Typische Anbaupflanzen der Südküste sind ferner Zitrusfrüchte (Orangen, Zitronen, Mandarinen und Pampelmusen), die am besten bei Mersin und im Golf von Iskenderun gedeihen. An geschützten Stellen der östlichen Mittelmeerküste findet man auch Bananenpflanzungen, in Gewächshäusern und unter Folien reift Frühgemüse heran, u. a. Wassermelonen, Auberginen, Tomaten.

▶ Wirtschaft — FAKTEN — 31

Industrie

Die hochindustrialisierten Zonen der Türkei sind Istanbul, Bursa, Izmir im Westen und Adana im Südosten sowie Ankara im Landesinnern. Hier konzentrieren sich fast drei Viertel der Industriewerke, hier findet man die größten Betriebe des Maschinenbaus und der chemischen Verarbeitung. Istanbul ist auch der wichtigste Werftstandort der Türkei. In erster Linie gründet sich die türkische Industrie auf die Verarbeitung von im Lande vorkommenden landwirtschaftlichen und mineralischen Rohstoffen. Die Industrie umfasst vor allem die Textil- und Chemiebranche, Maschinenbau, Elektro-, Papier-, Nahrungsmittel-, Glas-, keramische, Zement- und Tabakindustrie sowie Eisen- und Stahlwerke.

Die türkische Erdölwirtschaft verfügt gegenwärtig über vier Großraffinerien, davon drei an der West- und Südküste: im Großhafen von Mersin, bei Aliağa (Izmir) und in Ipraz (Izmit). Kohlekraftwerke gibt es in Soma (Izmir), Manisa, Izmit und Silantar (Istanbul). Bei Fethiye, Denizli und Muğla lagern reiche Chromerzvorkommen, dank derer die Türkei zu den weltweit vier wichtigsten Exporteuren von Chromerz gehört. In Yarımca (Izmit) und bei Iskenderun konzentriert sich die türkische Schwerindustrie; hier werden Eisenerze verhüttet.

Ein Gemüsehändler wartet auf Kundschaft.

Hauptanziehungspunkte für ausländische Gäste sind Istanbul, die Ägäis und die Mittelmeerküste um Antalya. Die Zahl ausländischer Touristen ist in den 1990er-Jahren sprunghaft angestiegen, jedoch verzeichnete der Tourismus immer wieder einen vorübergehend spürbaren Rückgang: durch die Auswirkungen des Golfkriegs von 1991, nach der spektakulären Verhaftung des PKK-Anführers Abdullah Öcalan 1999 (damals drohte die PKK mit Bombenanschlägen in den Ferienorten der Südküste) und nach den schweren Erdbeben im Nordosten der Türkei im selben Jahr sowie durch wiederholte Anschläge der kurdischen Arbeiterpartei PKK in Touristenzentren (z. B. im Juli 2008 in Antalya und Istanbul). Auch der Irakkrieg 2003 sorgte in der ersten Jahreshälfte für Einbußen. Seit längerem aber **boomt der Tourismus** wieder. Er beschert dem Land Deviseneinnahmen von rund neun Milliarden Dollar pro Jahr und beschäftigt etwa 2,3 Mio. Menschen.

Geschichte

Die Geschichte der Türkei führt weit zurück und ist eng mit der Entwicklung der Menschheit verknüpft. Im Laufe der Zeit waren in Anatolien dreizehn große Zivilisationen beheimatet: Hattis, Hethiter, Phryger, Urartäer, Lyker, Lyder, Ionier, Perser, Mazedonier, Römer, Byzantiner, Seldschuken und Osmanen.

Erstes Großreich

7. Jt. v. Chr.	Çatalhüyük – erste Stadt auf türkischem Boden
2. Jt. v. Chr.	Großreich der Hethiter

Um die Mitte des 7. Jt.s v. Chr. wurde in **Çatalhüyük** südlich von Konya (Zentralanatolien) die erste Siedlung auf türkischem Boden und damit eine der ältesten bekannt gewordenen Städte der Welt gegründet. Ab ca. 3000 v. Chr. entstand in Kleinasien südlich der Mündung der Dardanellen ins Ägäische Meer das durch Homers »Ilias« berühmt gewordene **Troia**.

Erste Siedlungen

Seit 2000 v. Chr. drangen in mehreren Wellen verschiedene indogermanische Völker nach Anatolien ein, darunter die Hethiter, die sich in der Folgezeit gegenüber der einheimischen Bevölkerung durchsetzten. Die Hethiter gründeten ein kulturell hoch stehendes Reich, das schließlich von Mesopotamien bis zur Ägäis reichte und neben Ägypten und dem Assyrerreich eine Großmacht war. Hauptstadt des hethitischen Imperiums war das in Zentralanatolien ca. 200 km östlich von Ankara gelegene **Hattusa** (auch Hattuşaş, Hattuscha; heute Boğazkale). Mit dem Ansturm der sog. Seevölker, noch nicht identifizierter Volksgruppen, die um 1200 v. Chr. ganz Kleinasien überfluteten, löste sich das Großreich der Hethiter auf. Hinter diesen Volksgruppen vermutet die Wissenschaft mittlerweile griechische Eindringlinge (▶Reiseziele von A bis Z, Troia).

Hethiter

Völker der Antike

12. – 7. Jh. v. Chr.	Einwanderung griechischer und anderer Völker
6. Jh. v. Chr.	Perser erobern Kleinasien
4. Jh. v. Chr.	Beginnende Hellenisierung Kleinasiens
2. Jh. v. Chr.	Kleinasien wird römische Provinz

Die Westküste Kleinasiens, an der seit dem 2. Jt. v. Chr. wohl schon mykenische und kretisch-minoische Kolonisten lebten, wurde ab dem 12. Jh. v. Chr. im Zuge der Großen oder Ägäischen Wanderung von den **griechischen Stämmen** der Ionier, Äolier und Dorer besiedelt. Aus einer der rund 30 Siedlungen, die die Äolier gründe-

Ionier, Äolier; Dorer

← *Lange Zeit lagerte das türkische Heer unter Mehmet II. vor Konstantinopel, bevor es 1453 die Stadt eroberte.*

Die Hethiter hinterließen zahlreiche Zeugnisse ihrer Hochkultur.

ten, entwickelte sich das später ionische Smyrna, das heutige Izmir. Das zunächst von Kreta aus besiedelte Milet sowie die von Karern, den ältesten Bewohnern dieser Region, gegründeten Siedlungen Ephesus und Priene zählen zu den **ionischen Städten**, die vor allem in archaischer Zeit eine große kulturelle Rolle spielten. Die Dorer schließlich, die sich im südlichen Teil der Westküste niederließen, gründeten Halikarnassos, das heutige Bodrum.

Phryger, Kimmerier, Lyder, Lykier

Den ab ca. 800 v. Chr. aus Thrakien und Makedonien einwandernden indogermanischen Phrygern gelang es, die kleineren politischen Machtgebilde in Zentralanatolien zu einem großen Reich – mit der Hauptstadt Gordion – zusammenzufassen. Unter dem wegen seines legendären Goldreichtums bekannten **König Midas** (es hieß, was er berührte, würde zu Gold) unterlag das Reich schließlich im Jahr 696 / 697 v. Chr. den aus den innerasiatischen Steppen vordringenden Kimmeriern. Nach der Vertreibung der Kimmerier trat das Reich der Lyder an die Stelle Phrygiens als Großmacht in Kleinasien (ca. 680 – 546 v. Chr.). Auch die griechischen Städte an der Westküste (außer Milet) mussten sich der Herrschaft der Lyder beugen, in deren östlich des heutigen Izmir gelegener Hauptstadt **Sardes** die ersten Münzen des abendländischen Kulturkreises geprägt wurden. Zur gleichen Zeit bestand im Südwesten Kleinasiens das Reich der Lykier, eines nichtgriechischen Volkes unbekannten Ursprungs mit indogermanischer Sprache, dessen Hauptstadt **Xanthos** wurde.

Perser

König Kroisos (Krösus; 591 / 590 bis um 541 v. Chr.) – als so reich bekannt, dass sein Name heute noch als Begriff für einen überaus wohlhabenden Menschen dient – führte zwar Lydien auf den Gipfel seiner Macht, so dass das Imperium nahezu den ganzen Westen Anatoliens von der Ägäis bis zum antiken Halys (Kızılırmak) in Zentralanatolien beherrschte, doch war er auch für das Ende des Lyderreiches verantwortlich. Als er den Halys überschritt – obwohl ihm das Orakel von Delphi prophezeit hatte: »Wenn du den Halys überschreitest, wirst du ein großes Reich zerstören« – und das immer mächtiger werdende Perserreich angriff, unterlagen seine Truppen denen des persischen Königs Kyros II. 547 v. Chr., und das Lyderreich und bald auch Kleinasien wurden mitsamt den griechischen Städten an der Westküste dem **Perserreich** einverleibt.

Im Jahr 334 v. Chr. begann der Makedonierkönig Alexander der Große seinen zum »panhellenischen Rachekrieg« stilisierten Feldzug gegen die Perser. 333 v. Chr. schlug er König Darius III. bei Issos und zwei Jahre später nochmals bei Gaugamela, was das **Ende des Perserreiches** einleitete. Nach dem Tode Alexanders des Großen wurde die kleinasiatische Halbinsel Streitobjekt seiner Nachfolger (Diadochen). Die politische Zersplitterung Kleinasiens war die Folge. Zwar gelang es den **Seleukiden** – benannt nach Seleukos I. Nikator, einem von Alexanders Nachfolgern –, sich des Südens und Westens der kleinasiatischen Halbinsel zu bemächtigen, doch entstanden eine Reihe unabhängiger Staaten wie Pontos, Bithynien und Pergamon im Norden, Kappadokien im Landesinnern oder Armenien in der heutigen Südosttürkei. Auch **Kelten** nutzten das Machtvakuum aus und drangen 278 v. Chr. nach Anatolien vor.

Alexander der Große und die Diadochen

Trotz der politischen Zersplitterung Anatoliens setzte sich die schon ältere **Tendenz der Hellenisierung** fort, so dass Kleinasien bis zu den türkischen Eroberungen fast durchgängig griechisch geprägt war. Was als griechische Geschichte überliefert ist, spielte sich zu einem beachtlichen Teil in Kleinasien ab, wie nicht nur die Sagen vom Goldenen Vlies und von Troia belegen. Philosophie und Dichtkunst erlebten eine neue Blüte, in den Wissenschaften – v. a. in Mathematik, Astronomie und Medizin – gelangte man zu Erkenntnissen, die teilweise heute noch gültig sind. Architektonische und künstlerische Zeugnisse dieser Epoche sind u. a. in Selçuk (Ephesus) und Bergama (Pergamon) zu finden.

Die politische Zerstückelung Kleinasiens wurde erst durch die römische Expansion schrittweise aufgehoben. Im westlichen Teil Kleinasiens war das 280 v. Chr. gegründete **Pergamenische Reich**, das sich im Kampf gegen die Seleukiden mit Rom verbündet hatte, zur führenden Miitärmacht aufgestiegen. Als der letzte König von Pergamon sein Reich testamentarisch den Römern vermachte, wurde Rom in die kleinasiatischen Kriege hineingezogen. Es unterwarf nach und nach die Fürstentümer der Halbinsel und fügte Kleinasien, in mehrere Provinzen unterteilt, seinem Imperium hinzu. Den Anfang machten die Römer mit der Eingliederung Pergamons (133 v. Chr.) als Provinz Asia (129 v. Chr.), von der aus sich der Name allmählich auf den gesamten Kontinent Asien ausdehnte. Unter der römischen Herrschaft erfuhr der Westen Kleinasiens eine Zeit des kulturellen und wirtschaftlichen Aufschwungs. Die meisten

Römer

Türkei *Historische Landschaften*

architektonischen Zeugnisse der Antike, die sich heute an der türkischen Mittelmeerküste finden, stammen aus dieser Zeit. Die **»Pax Romana«** (latein. römischer Friede), während der der Apostel Paulus ab 47 n. Chr. an der kleinasiatischen West- und Südküste christliche Gemeinden gründete, endete in Anatolien erst mit den Kämpfen gegen die persischen Sassaniden und mit den Einfällen der Goten, die 253 n. Chr. Ephesus plünderten. Dafür erlangte Kleinasien zunehmend politische Bedeutung. Kaiser Diokletian (284–305) residierte vornehmlich in Nikomedeia (heute Izmit); Konstantin I. (um 285–337) machte 330 Byzantium (Byzanz) nach Umbenennung in Konstantinopel (heute Istanbul) zur Reichshauptstadt.

Byzantiner und Seldschuken

395 – 1453	Byzantinisches Reich
1204 – 1261	Lateinisches Kaiserreich
1071 – 1243	Reich der Seldschuken

Byzanz Nach der Teilung des Römischen Reiches (394/395) durch Theodosius den Großen wurde Kleinasien Kernland des Oströmischen (Byzantinischen) Reiches, das auch über die Gebiete südlich der Donau, Syrien, Palästina und Ägypten herrschte und bis 565 seine Herrschaft auf nahezu das gesamte Mittelmeer ausdehnen konnte. Damit kam Kleinasien eine zentrale Stellung zu, wie es sie erst wieder unter den Osmanen erreichte. Territoriale Verluste beschränkten das Byzantinische Reich zwar bald weitgehend auf Kleinasien, doch mehr als 1000 Jahre (bis 1453) währte dieses Imperium, das auf den staatlichen Traditionen Roms, der griechischen Kultur und Sprache sowie dem christlichen Glauben fußte. Die schlimmste Katastrophe in dieser Zeit erlebte das Reich im 13. Jh. Während des Vierten Kreuzzuges eroberten dessen Führer 1203/1204 Konstantinopel, verdrängten die byzantinischen Herrscher nach Nikaia (Iznik) und Trapezunt (Trabzon am Schwarzen Meer) und errichteten das **Lateinische Kaiserreich**, das Nordwestkleinasien umfasste. Erst 1261 gelang es den Byzantinern, das Gebiet wieder unter ihre Kontrolle zu bringen. Die gefährlichsten Gegner des byzantinischen Reiches aber waren die Seldschuken und schließlich die Osmanen, die Byzanz den Todesstoß versetzen sollten.

Im 6. Jh. n. Chr. entstand in Innerasien – vom Aralsee bis in die Mandschurei reichend – das **erste frühtürkische Reich**. Um 750 drängten Chinesen und Mongolen die Turkstämme nach Westen ab. Seit dem 10. Jh. begann sich östlich der Euphratgrenze das Reich der Seldschuken, eines nach einem seiner Herrscher benannten türkischen Volkes, zu formieren, das immer weiter in den Vorderen Orient vordrang. 1071 schlugen die Seldschuken unter ihrem Sultan Alp Arslan in der Schlacht von Mantzikert (heute das türkische Malazgirt im Ararathochland, nördlich vom Van-See) das byzantinische Heer entscheidend. Damit stand diesem Turkvolk der Weg nach Kleinasien offen. In der Folgezeit bemächtigten sich die Seldschuken großer Teile Anatoliens bzw. des byzantinischen Reiches und stießen sogar bis zum Mittelmeer vor. Mit den Seldschuken begann die Türkisierung und Islamisierung Anatoliens, das seit der Zeit Alexanders des Großen weit verbreitete Griechisch wurde immer mehr verdrängt. Das Reich der Seldschuken hatte jedoch nur einige Zeit Bestand: 1243 wurde das Turkvolk von einfallenden Mongolen militärisch geschlagen; 1318 starb die Dynastie aus.

Seldschuken

Osmanisches Reich

1290 – 1922	Osmanisches Reich
1453	Eroberung von Konstantinopel
16. Jh.	Osmanenreich auf dem Höhepunkt seiner Macht
ab 17. Jh.	Niedergang des Osmanenreiches
1918	Das Osmanenreich kapituliert im Ersten Weltkrieg.

Vom 13. Jh. an entstanden am Rand des Sultanats der Seldschuken kleine turkmenische Fürstentümer, darunter das Emirat des Oghusenführers Ertogrul und seines Sohnes **Osman I.** (1258/1259 – 1326). 1288 erkämpften sich die Oghusen die Unabhängigkeit von Mongolen, Seldschuken und Byzantinern. 1290 erklärte Osman I. Bithynien zum unabhängigen Fürstentum und nahm den Sultanstitel an.

Großmacht

Damit war der **Grundstein für das Osmanische Reich** gelegt. Die 1326 von Osmans Sohn Orchan I. den Byzantinern entrissene Stadt Bursa wurde die erste Hauptstadt des immer größer werdenden Reiches. Die Osmanen eroberten weite Teile Kleinasiens – 1366 verlegten sie die Hauptstadt nach Adrianopel, ins heutige Edirne – und machten sich Thrakien, Makedonien, Serbien, Bulgarien, Thessalien, Attika und den Peloponnes untertan. Im Jahr 1453 holten die Osmanen unter Mehmet II. (1432–1481) zum entscheidenden Schlag gegen ihren Hauptgegner Byzanz aus. Am 29. Mai 1453 eroberten sie Konstantinopel und setzen damit der Herrschaft des Byzantinischen Reiches ein Ende. Konstantinopel wurde neue Hauptstadt des Osmanischen Reiches und blieb es bis 1922.

Während der Regierungszeit Süleymans I. des Prächtigen (1520 bis 1566 ▶ Berühmte Persönlichkeiten) befand sich das Osmanenreich auf dem Höhepunkt seiner Macht. Zum Herrschaftsgebiet gehörte nicht nur die gesamte kleinasiatische Halbinsel, sondern es zählten dazu auch das Zweistromland um Euphrat und Tigris, Syrien, Ägypten sowie ein großer Teil Nordafrikas; im Norden waren Zentralungarn und Siebenbürgen Vasallenstaaten, auf weite Gebiete an der Nordküste des Schwarzen Meeres konnte direkt oder indirekt Einfluss genommen werden; im Osten reichte die Machtsphäre bis zum Kaspischen Meer. Von großer ideologischer Bedeutung war die Eroberung Kairos (1517), denn jetzt beanspruchte der osmanische

Murad IV. (1613 – 1640), der blutrünstigste Sultan des Osmanenreiches, lässt einen Großwesir mit einer Seidenschnur erdrosseln.

Sultan, der sich nun auch **Kalif** nennen durfte, die geistliche Autorität innerhalb des Islam. Als Zypern 1571 erobert wurde, musste die Hohe Pforte, wie die Sultanatsregierung hieß, jedoch in der **Seeschlacht von Lepanto** gegen die spanisch-venezianische Flotte eine schwere Niederlage hinnehmen. Dieses Debakel leitete nach Ansicht vieler Historiker die Krise des Osmanischen Reiches ein.

Die Entdeckung Amerikas 1492 und die damit eingeleitete Verlagerung der Handelsströme aus dem Mittelmeer zum Atlantik führte nicht nur zu einer wirtschaftlichen Verödung der Mittelmeerregion, sondern erschütterte auch die osmanische Vormachtstellung im Handel. Die ökonomische Stagnation und damit einhergehende innere Machtkämpfe ließen das Osmanische Reich gegenüber dem Westen zurückfallen, die Hohe Pforte verlor den organisatorischen und technischen Vorsprung gegenüber den expandierenden christlichen Reichen. Auch das Kriegsglück blieb aus. Als Katastrophe endete die zweite Belagerung Wiens von 1683 (die erste Belagerung im Jahr 1529 war erfolglos abgebrochen worden), die den Europäern die lähmende Angst vor den Türken nahm. Nach dem **Großen Türkenkrieg** Ende des 17. Jh.s musste das Osmanische Reich fast ganz Ungarn an die Heilige Liga unter Führung der Habsburger, des mächtigsten Rivalen der Hohen Pforte auf dem Balkan, abtreten. Mit Russland als einem weiteren großen Rivalen wurde das Osmanische Reich mehr und mehr von den westeuropäischen Großmächten abhängig, die ihm in steigendem Maße Schutz vor dem expandierenden und damit für ihre eigene Existenz immer gefährlicher werdenden Zarenreich boten. Seit dem ausgehenden 18. Jh. hatte das Osmanische Reich aufgehört, eine Großmacht zu sein. Dass es überhaupt noch bestand, war nur der Uneinigkeit der miteinander rivalisierenden europäischen Mächte zu verdanken, die seine politische Schwäche und wirtschaftliche Rückständigkeit für eigene Interessen ausnutzten. Im 19. Jh. sank der »kranke Mann am Bosporus« langsam auf einen halbkolonialen Status herab, interessant vor allem als Absatzmarkt für Industriewaren, als Rohstoffquelle (Erdöl seit dem späten 19. Jh. im nördlichen Irak) und mit seinen beiden Meerengen und der (unter deutscher Leitung gebauten) Bagdadbahn als strategisch immer wichtiger werdende Region.

Einsetzender Niedergang

Hatten die Osmanen im 18. Jh. schon Teile ihres Reiches an europäische Mächte abtreten müssen, so tauchte im 19. Jh. ein weiteres Problem auf, resultierend aus der ethnischen Zusammensetzung des Riesenreiches. Nach und nach forderten einzelne Volksgruppen im **Vielvölkerstaat** – wie die Serben 1804 oder die Griechen 1821 – die Unabhängigkeit ein, die sie mit militärischer Unterstützung europäischer Mächte schließlich auch erhielten. Alles in allem gingen der Hohen Pforte zwischen 1717 und 1914 Ägypten, Nordafrika, der Balkan (bis auf Thrakien) und Zypern verloren. Parallel zum außenpolitischen Machtverlust zeichnete sich auch ein innerer Zerfall ab.

Forderung nach Unabhängigkeit und innerer Zerfall

Die Sultane verzichteten immer mehr auf die tatsächliche Leitung der Regierungsgeschäfte, stattdessen wurden die örtlichen Machthaber in den Provinzen mächtiger. Natürlich gab es auch von staatlicher Seite Ansätze zu Reformen, Versuche, das marode Land zu modernisieren. Zweimal (1878 und 1908) wurde die konstitutionelle Monarchie ausgerufen – doch auch die **»Jungtürkische Bewegung«**, eine oppositionelle Gruppe, die sich gegen die Willkürherrschaft des Sultans und gegen ausländische Bevormundung richtete und 1909 den amtierenden Herrscher Abdülhamit II. entmachtete, setzte letztlich keine wirklichen Strukturreformen durch; sie errichtete lediglich eine schlecht verhüllte Militärdiktatur, von deren Gnaden der neue Sultan Mehmet V. (1844–1918) abhängig war. Modernisiert wurden eigentlich nur die Armee (mit Hilfe preußisch-deutscher Militärmissionen) und die Flotte (mit britischen Instrukteuren).

Unreformiert und unfähig zu Reformen trat das Osmanische Reich auf der Seite des Deutschen Reiches und Österreich-Ungarns in den **Ersten Weltkrieg** (1914 bis 1918) ein, in der Hoffnung, Gebiete auf dem Balkan und im Kaukasus sowie das von Großbritannien beherrschte Ägypten zurückzugewinnen. In der Anfangsphase konnten sich die Osmanen erfolgreich behaupten und 1915/1916 eine alliierte Besetzung der Dardanellen verhindern. In diesen beiden Kriegsjahren ließ sich die Regierung allerdings auch zu einem Verbrechen hinreißen: zum ersten generalstabsmäßig durchgeführten Völkermord des 20. Jh.s, bei dem etwa anderthalb Millionen armenischer Männer, Frauen und Kinder (von einer Gesamtbevölkerung von ca. 2,5 Mio.) regelrecht abgeschlachtet wurden bzw. bei Deportationen von Anatolien in den Nahen Osten ein gewaltsames Ende fanden. Die blutige **Verfolgung der Armenier**, gregorianisch-orthodoxer Christen, hatte bereits 1894 unter Sultan Abdülhamit II. begonnen, der damit christlichen und armenischen Freiheitsbestrebungen einen Riegel vorschieben wollte; während des Ersten Weltkrieges unterstellte dann die osmanische Regierung den Armeniern Kollaboration mit dem russischen Feind. Ende Mai 1918 wurde Armenien ein unabhängiger Staat, doch bereits zuvor waren osmanische Truppen über die russisch-osmanische Vorkriegsgrenze vorgedrungen und hatten den Völker-

WUSSTEN SIE SCHON …?

- Der Berliner Botschafter in Konstantinopel, Paul Graf Wolff Metternich, drängte 1915 die kaiserliche Regierung in Berlin, dem Völkermord an den Armeniern durch die Türken ein Ende zu setzen. Doch Kaiser Wilhelm II., der wichtigste Bündnispartner des Osmanischen Imperiums im Ersten Weltkrieg, schritt nicht ein – er wollte keinen Ärger mit seinem Verbündeten. Viele deutsche Konsule, Offiziere, Krankenschwestern und Techniker (der Bagdadbahn), die Zeugen der Gräueltaten in der Türkei wurden, prangerten das Morden an – wahr ist aber auch, dass sich deutsche Offiziere, als Teil der osmanischen Streitkräfte, an dem Genozid beteiligten. So ließ ein Major das Armenierviertel von Urfa in Südwestanatolien mit in Deutschland hergestellten Feldhaubitzen zusammenschießen.

mord fortgesetzt; bei den Kriegshandlungen (vor allem Massakern) und den darauf folgenden Hungersnöten und Seuchen starben fast 500 000 weitere Armenierinnen und Armenier. Der Genozid an den Armeniern wurde von türkischer Seite aus nie geahndet, Ankara reagiert auch heute noch überaus empfindlich und aggressiv, wenn das Ausland auf den Völkermord an den Christen zu sprechen kommt.

Republik Türkei

1920 – 1922	Griechisch-Türkischer Krieg
1923	Atatürk ruft die Republik Türkei aus.
1924 – 1938	Atatürk reformiert das Land.

Ab 1916 verließ die Osmanen das Kriegsglück, die Alliierten konnten nach und nach weite Teile des einst riesigen Osmanischen Reiches besetzen. Schließlich musste die Hohe Pforte kapitulieren. Im **Friedensvertrag von Sèvres (1920)** sollten alle osmanischen Gebiete außerhalb Kleinasiens bis auf einen kleinen Festlandbesitz in Thrakien abgetreten werden. Als Griechenland die innere und äußere Schwäche des Osmanischen Reiches zu dem Versuch ausnutzte, das westliche, zum Teil von Griechen bewohnte Kleinasien zu erobern, kam es zum **Griechisch-Türkischen Krieg**, in dem die Türken die Griechen 1922 besiegten. Den siegreichen Türken gelang es nun auch, die Revision des Friedens von Sèvres zu erzwingen und den für die Türkei günstigeren Friedensvertrag von Lausanne auszuhandeln, der im Wesentlichen die heutigen Grenzen der Türkei festlegte. Nach dem Griechisch-Türkischen Krieg mussten die großen Enklaven griechischer Bevölkerung an der westkleinasiatischen Küste und am Schwarzen Meer das Land verlassen, während Türken aus Griechenland nun in Kleinasien anzusiedeln waren. 1923, im Jahr des Friedensvertrags von Lausanne, wurde auch die **Republik Türkei** proklamiert, nachdem 1922 das Sultanat abgeschafft worden war. Erster Staatspräsident wurde Mustafa Kemal Pascha.

Entstehung

Mustafa Kemal Pascha, als Kemal Atatürk schon zu Lebzeiten eine Legende (▶ Berühmte Persönlichkeiten), schuf die moderne, westlich orientierte Türkei. Als Vorbild für sein umfassendes Reformwerk dienten ihm die westeuropäischen bürgerlichen Gesellschaften. Sozusagen mit einem Schlag wurde nun das Leben der türkischen Gesellschaft auf den Kopf gestellt. Der erste Schritt war die Trennung von Staat und Religion. 1924 beendete der erste Staatspräsident das Kalifat, das islamische Amt, dessen Inhaber als Nachfolger Mohammeds jahrhundertelang weltliches und geistliches Oberhaupt

Kemalistische Republik

Symbol der kemalistischen Türkei: das Atatürk-Mausoleum in Ankara

in der muslimischen Welt gewesen war. Die Vielehe wurde abgeschafft, die Männer durften nicht mehr Fes und Turban tragen, die klassische Kopfbedeckung der Osmanen; den Frauenschleier untersagte Mustafa Kemal nicht ausdrücklich, wies aber ständig darauf hin, dass westliche Kleidung erwünscht sei. 1925 wurde der gregorianische Kalender eingeführt. In den Jahren 1926 – 1929 trat an die Stelle der Scharia, der islamischen Rechtsprechung, durch Übernahme schweizerischen, italienischen und deutschen Rechts ein Gesetzbuch nach westlichem Vorbild. 1928 begann eine äußerst wichtige Reform, die auch eine allgemeine Alphabetisierungskampagne nach sich zog: die Ablösung der arabischen Schrift und die Übernahme des lateinischen Alphabets. Der Präsident selbst reiste durchs Land und gab auf öffentlichen Plätzen eine Art Einführungsunterricht in die neuen Zeichen. Doch trotz der Modernisierungsreformen nach westlichem Muster betrieb Atatürk, der bis zu seinem Tod 1938 das Land regierte, auch eine rigorose Türkisierungspolitik gegenüber den Armeniern und Kurden, die weder innere Autonomie noch die Anerkennung als nationale Minderheiten erhielten.

Die moderne Türkei

1960, 1971, 1980	Putsche des Militärs
1974	Türkische Truppen landen auf Zypern.
1980er- und 1990er-Jahre	Kurdenkonflikt
2002 und 2007	Die AKP erhält bei den Parlamentswahlen die absolute Mehrheit.

Innenpolitik Die türkische Innenpolitik nach dem Zweiten Weltkrieg erlebte nie längere Phasen politischer und wirtschaftlicher Kontinuität. 1960 putschte das kemalistisch orientierte Militär und ließ den amtierenden Ministerpräsidenten Menderes, der eine Politik der Re-Islamisierung des Landes betrieb, hinrichten. 1971 setzte das Militär ein weiteres Mal die gewählte Regierung ab, 1980 übernahmen Offiziere angesichts einer Woge des Terrorismus in einem unblutigen **Staatsstreich** sogar die Macht. Erst ab 1983 durften wieder politische Parteien gegründet werden, die heute im Wesentlichen die Parteienlandschaft kennzeichnen. Mit der 1993 zur neuen Vorsitzenden der »Partei des Rechten Weges« (DYP) gewählten Wirtschaftswissenschaftlerin Tansu Çiller (geb. 1946) wurde sogar erstmals eine Frau Regierungschefin der Republik Türkei; allerdings musste sie sich drei Jahre später gegen den Vorwurf der persönlichen Bereicherung wehren.

Auch die nachfolgenden Regierungen, die innerhalb kurzer Zeit mehrmals wechselten, gerieten durch eine Reihe von Korruptionsskandalen in die Kritik. Das größte innenpolitische Problem aber ist der Umgang bzw. Konflikt mit den Kurden. Seit den 1980er-Jahren bekämpft die Türkei die Kurden mit Waffengewalt. Nach unablässigen Überfällen kurdischer Kämpfer auf türkische Garnisonen und Polizeistationen 1992 griff die Luftwaffe sogar Kurdendörfer im türkisch-irakischen Grenzgebiet an. Wiederholte Anschläge der kurdischen Arbeiterpartei PKK in Touristenzentren an der Südküste (1994) führten schließlich zu einem drastischen Rückgang der Besucherzahlen. 1999 konnte der türkische Geheimdienst den geflüchteten PKK-Führer **Abdullah Öcalan** in Nairobi (Kenia) fassen. Noch im selben Jahr stellte die PKK nach 15-jährigem bewaffnetem Krieg die Kämpfe ein, rund 5000 kurdische Freischärler zogen sich in den Nordirak zurück. 2004 allerdings kündigte die PKK den einseitig ausgerufenen Waffenstillstand auf; es häuften sich wieder Bombenanschläge und Gefechte zwischen kurdischen Extremisten und der türkischen Armee im Süden und Südosten des Landes. Die den »Freiheitsfalken Kurdistans« (TAK), einer militanten Fraktion der PKK, zugerechneten Bombenanschläge in Kuşadası (30. April 2005; ein Toter) und Çeşme (10. Juli 2005; 20 Verletzte) signalisierten eine Verschärfung der Sicherheitslage auch im Westteil der Türkei. Am 16. Juli 2005 tötete ein weiterer Sprengsatz in Kuşadası fünf Menschen in einem Kleinbus, darunter zwei Urlauberinnen. Im August 2006 starben bei Anschlägen in Antalya und Marmaris und Istanbul drei Menschen, Dutzende wurden verletzt. Nach dem Verbot des PKK-nahen Fernsehsenders Roj-TV in Deutschland, entführten im August 2008 PKK-Kämpfer drei deutsche Bergsteiger am Berg Ararat, um u.a. eine Änderung der deutschen Kurdenpolitik durchzusetzen; nach 12 Tagen kamen die Geiseln ohne Gegenleistung und unverletzt wieder frei.

◄ Kurdenkonflikt

Im Jahr 2002 beschloss das türkische Parlament die Abschaffung der Todesstrafe in Friedenszeiten, die Zulassung von Kurdisch-Unterricht und kurdischem Fernsehen, eine stärkere Kontrolle der Polizei sowie eine Liberalisierung der Meinungs- und Presseparagrafen, um den angestrebten EU-Beitritt der Türkei zu erleichtern.

Die Parlamentswahlen am 3. November 2002 gewann die erst 2001 gegründete gemäßigt islamistische Partei für Gerechtigkeit und Entwicklung (AKP) unter Führung von Recep Tayyip Erdoğan (▶ Berühmte Persönlichkeiten) mit überwältigender Mehrheit. Die bisherigen Regierungsparteien scheiterten an der 10-Prozent-Hürde.

Im November 2003 wurde auch die Türkei vom Terror islamisch-fundamentalistischer Gruppierungen heimgesucht. Bei Sprengstoffanschlägen in Istanbul – auf zwei jüdische Synagogen sowie, sechs Tage später, auf britische Einrichtungen (Generalkonsulat und eine Bank) – kamen 55 Menschen ums Leben und wurden mehr als 750 verletzt. Am 24. Juni 2004 meldeten sich, wohl durch den wachsenden Islamismus erstarkt, angeblich längst besiegte Feinde der türkischen Republik zurück: In der Hauptstadt zündeten Terroristen aus der linken Szene einen Sprengsatz vor dem Hilton-Hotel, in dem sich für den 26. Juni US-Präsident George W. Bush auf dem Weg zum Nato-Gipfel in Istanbul angesagt hatte; in der Bosporus-Metropole forderte ein Bombe ebenfalls linker Zellen 4 Tote.

◀ Umstrittenes Strafgesetzbuch ▶

Am 1. Juni 2005 trat in der Türkei ein **neues Strafgesetzbuch** in Kraft. Dieses Gesetzespaket, das rechtsstaatliche Normen nach Vorgaben der EU bringen soll, gilt trotz einiger Verbesserungen als umstritten. Das neue Strafrecht verschärft zwar u. a. die Strafen für Folterer, doch gleichzeitig werden die Meinungs- und Pressefreiheit eingeschränkt. So kann Kritik an staatlichen Grundsatzpositionen mit bis zu zehn Jahren Haft bestraft werden. Als Beispiel nannte die Regierung die Forderung nach einer Anerkennung des Völkermordes an den Armeniern.

Außenpolitik Im Zweiten Weltkrieg blieb die Türkei zunächst neutral, schloss 1941 sogar einen Freundschaftsvertrag mit Hitler-Deutschland, musste aber im Februar 1945 auf alliierten Druck hin dem Deutschen Reich den Krieg erklären. Nach dem Krieg gab die Türkei ihre Neutralität endgültig auf. Mit Waffenkrediten von den USA unterstützt, für die die geostrategische Lage der Türkei als Grenznachbar der kommunistischen UdSSR im beginnenden Kalten Krieg von großer Bedeutung war, schloss sich Ankara dem westlichen Bündnissystem an. 1952 trat die Türkei dem Nordatlantischen Verteidigungsbündnis (Nato) bei.

Das Verhältnis zum Westen verschlechterte sich 1974, als türkische Truppen auf der von Griechen und Türken besiedelten Mittelmeerinsel **Zypern** landeten, um einen Anschluss der Insel an Griechenland zu verhindern. 1983 proklamierte das Parlament des türkischen Teils von Zypern die bis heute ausschließlich von der Türkei anerkannte »Unabhängige Türkische Republik Nordzypern«. Seither ist Zypern zweigeteilt, in einen griechischen Süden und einen türkischen Norden. Im Frühjahr 2004 bahnte sich eine Lösung der Zypernfrage an, als die Griechen und Türken der Insel aufgefordert wurden, über einen gemeinsamen Beitritt zur EU abzustimmen. Eine Einigung aber konnte nicht erzielt werden. Zwar votierten die

Inseltürken, unterstützt von Ankara, mehrheitlich für einen gemeinsamen EU-Beitritt, scheiterten jedoch am Veto der Inselgriechen, so dass seit dem 1. Mai 2004 nur der griechische Teil Zyperns der Europäischen Union angehört.

1987 beantragte die Republik Türkei – seit 1963 assoziiertes Mitglied der EWG, der Vorläuferin von EG und EU – offiziell ihre Aufnahme in die Europäische Gemeinschaft. Im Dezember 2004 erhielt Ankara von der EU den Termin für **Beitrittsgespräche** (ab 3. Oktober 2005), nachdem Ministerpräsident Erdoğan seit seinem Amtsantritt 2002 sein Land in atemberaubendem Tempo zu einer Annäherung an die Standards der EU gezwungen hatte. Anfang 2005 allerdings schienen die EU-Euphorie und der Reformeifer in der Türkei zu erlahmen. Am Internationalen Frauentag knüppelten türkische Polizisten Demonstrantinnen brutal nieder, der Literaturnobelpreisträger **Orhan Pamuk** (▶ Praktische Informationen, Literaturempfehlungen) erhielt Morddrohungen, weil er sich kritisch zum Völkermord an den Armeniern geäußert hatte (▶ S. 40); durch das Land schwappte eine Welle des Nationalismus, der Druck auf die Kurden nahm wieder zu.

◀ Wunsch nach EU-Beitritt

Einen Dämpfer erhielten Ankaras EU-Pläne Anfang Juni 2005 mit dem Nein der französischen und der niederländischen Bevölkerung zu einer EU-Verfassung.

Bei den Parlamentswahlen im Juli 2007 erhielt die AKP, die Partei von Ministerpräsident Recep Tayyip Erdoğan, 46,7 % der Stimmen und erreichte damit die absolute Mehrheit.

◀ Parlamentswahlen 2007

Seit dem 1. Januar 2009 gibt es zum ersten Mal in der Geschichte der Türkischen Republik einen staatlichen Sender, der rund um die Uhr in kurdischer Sprache sendet. Für das Jahr 2010 erhielt Istanbul den Titel **Kulturhauptstadt Europas**.

Kunst und Kultur

Frühgeschichte, Antike, Mittelalter, Neuzeit – die Türkei vereint mit grandiosen Kunstwerken und Bauten aus allen Epochen die europäische und orientalische Tradition. Die heutige Folklore ist überwiegend orientalisch geprägt.

Kunstepochen

Überblick

Von der Steinzeit bis in die Gegenwart haben die verschiedensten Völker und Kulturen ihre Spuren an der türkischen Mittelmeerküste hinterlassen. Vielerorts finden sich nebeneinander Zeugnisse von Griechen, Römern, Byzantinern, Seldschuken und Osmanen.

Prähistorische Zeit

Steinzeit

Die ältesten bisher bekannten künstlerischen Darstellungen aus dem kleinasiatischen Raum wurden in den Höhlen von Beldibi und Karain bei Antalya gefunden: u. a. stilisierte Wandmalereien sowie bemalte und geritzte Kiesel, die einer steinzeitlichen Ackerbaukultur um 8000 v. Chr. zuzuordnen sind. In der Kupfer- und Bronzezeit entwickelten sich in Kleinasien zahlreiche regionale Kulturzentren. Zu ihnen gehören auch die Siedlungsschichten von Troia I (ab 3000 v. Chr.) und Troia II (ab 2500 v. Chr.).

◄ Kupfer- und Bronzezeit

Beginn der geschichtlichen Periode

Hethiter

Die geschichtliche Periode Anatoliens begann mit den Hethitern, die gegen Ende des 3. Jt.s v. Chr. nach Kleinasien einwanderten. Die hethitische Kunst entstand aus dem Zusammenwirken der Kultur der eingewanderten Indo-Europäer mit der des einheimischen hattischen Volkes. Bereits im 18. Jh. v. Chr. entwickelte die hethitische Kunst ihre wesentlichen Züge und erlebte danach ihre Blüte von ca. 1450 bis 1200 v. Chr. In dieser Zeit wurden große Tempel und Paläste sowie **einzigartige Befestigungswerke** geschaffen. Wichtigstes Kennzeichen der hethitischen Architektur war die völlige Asymmetrie in der Planung. Säulen kannten die Hethiter nicht, als Stützen dienten stattdessen viereckige Pfeiler. An den Toren der Paläste, wie am Karatepe bei Adana, oder an Felswänden sind vielfach großplastische Reliefs angebracht.

Völker der Antike

Phryger

Im mittleren Kleinasien schufen die Phryger eine bemerkenswerte Kultur (750–500 v. Chr.), die in der Hauptsache der griechischen Sphäre angehörte, aber auch bedeutende Einflüsse der Späthethiter aufwies. Die Phryger waren ein ursprünglich thrakisches Volk, das wohl an der Zerstörung des hethitischen Reiches teilnahm. Die phrygische Kultur brachte im Zentrum des westlichen Anatolien großartige Grab- und Kultdenkmäler hervor, die zu den eindrucksvollsten Monumenten des heutigen Anatolien zählen.

← *Heinrich Schliemann glaubte bis zu seinem Tod, den »Schatz des Priamos« gefunden zu haben.*

Klassische Säulenordnungen

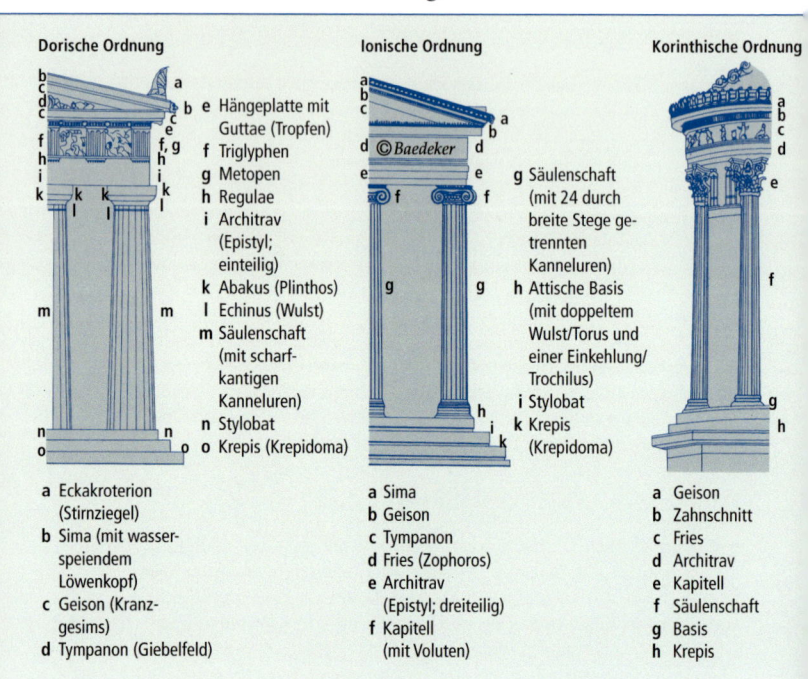

Dorische Ordnung

- b Hängeplatte mit Guttae (Tropfen)
- f Triglyphen
- g Metopen
- h Regulae
- i Architrav (Epistyl; einteilig)
- k Abakus (Plinthos)
- l Echinus (Wulst)
- m Säulenschaft (mit scharfkantigen Kannelüren)
- n Stylobat
- o Krepis (Krepidoma)

a Eckakroterion (Stirnziegel)
b Sima (mit wasserspeiendem Löwenkopf)
c Geison (Kranzgesims)
d Tympanon (Giebelfeld)

Ionische Ordnung

© Baedeker

- g Säulenschaft (mit 24 durch breite Stege getrennten Kannelüren)
- h Attische Basis (mit doppeltem Wulst/Torus und einer Einkehlung/Trochilus)
- i Stylobat
- k Krepis (Krepidoma)

a Sima
b Geison
c Tympanon
d Fries (Zophoros)
e Architrav (Epistyl; dreiteilig)
f Kapitell (mit Voluten)

Korinthische Ordnung

a Geison
b Zahnschnitt
c Fries
d Architrav
e Kapitell
f Säulenschaft
g Basis
h Krepis

Lykier, Lyder, Karer

Nach dem Verfall des hethitischen Reiches um 1190 v. Chr. trat eine Phase ein, über die man wenig weiß und die in den einzelnen Gebieten Kleinasiens von unterschiedlicher Dauer war. In Südwestanatolien erlangten ab dem 8. Jh. v. Chr. die Lykier, Lyder und Karer Geltung. Von den Kunst- und Bauwerken dieser Völker existieren nur noch wenige. Von der lydischen Kunst, die sehr von der griechischen beeinflusst war, blieben der Nachwelt Keramikgefäße erhalten, darunter das Lydion, ein vasenartiges Gefäß, in dem die berühmte lydische Salbe Bakkaris in andere Reiche exportiert wurde. Aus lykischer Zeit existieren noch prachtvolle Grabmonumente und **Felsgräber** mit reich geschmückten Fassaden. Charakteristisch für diese Gräber – zwischen Marmaris und Finike gibt es über 1000 der pfeilerartigen Bauten – ist der auf einem hoch aufragenden Fels stehende Sarkophag; die Lykier glaubten an ein Reich des Lichts, in das Vogeldämonen die Seelen der Verstorbenen geleiten würden, und versuchten deshalb mit der möglichst hoch gelegenen Grabkammer diesen Dämonen die Arbeit zu erleichtern. Ein karisches Bauwerk ist das Mausoleum im südwestanatolischen Milas, eine Nachbildung des Mausoleums von Halikarnassos. Spätestens seit

Mitte des 7. Jh.s v. Chr. gerieten die genannten Kulturen unter griechischen Einfluss; bis zur Zeit Alexanders des Großen konnten sie sich jedoch ihren eigenen Stil bewahren. Erst danach dominierte in Anatolien allgemein der Kunststil der Griechen.

Bei den frühgriechischen Niederlassungen an der Westküste Kleinasiens handelte es sich zunächst um primitive Siedlungen (1050 bis 750 v. Chr.). Auf dem Gebiet der Kunst standen sie unter dem Einfluss des Mutterlandes. In den folgenden Jahrhunderten erlebte die ostgriechische Welt jedoch einen politischen und parallel dazu auch einen kulturellen Aufstieg, bei dem die führende Rolle den Ioniern zukam. Ihre Kultur, die sich aus dem Zusammenleben des griechischen Volkes mit der einheimischen Bevölkerung entwickelte und unter vielfältigen orientalischen Einflüssen stand, erreichte ihren Höhepunkt in den Jahren 650–494 v. Chr. Die in diesem Zeitraum geschaffene **ionische Kunst** hob sich deutlich von der des griechischen Festlandes ab. Spezifische Charakteristika der Plastiken bildeten z. B. der strahlende Gesichtsausdruck der Figuren und der reiche Faltenwurf der Kleider. Doch weit bedeutender war der ionische Beitrag zur gesamtgriechischen Kunst auf dem Gebiet der Architektur. Durch ihre schlanken Proportionen milderte die ionische Formensprache den gedrungenen, schwer wirkenden Charakter der griechischen Baukunst, in dem sich die **dorische Ordnung** manifestierte. Von den großartigen Bauwerken Ioniens kann man sich heute kaum noch einen Eindruck verschaffen, lediglich Bruchstücke sind erhalten geblieben, die u. a. in den Museen von Istanbul, Izmir und Selçuk (Ephesus) aufbewahrt werden.

Griechen

Auch in der hellenistischen Periode, d. h. in den letzten drei vorchristlichen Jahrhunderten, zählten die Städte Westkleinasiens zu den führenden Kunst- und Kulturzentren. Der ionische Baustil blieb neben dem dorischen bestehen. Allerdings wurde in der hellenistischen Epoche im Gegensatz zu früheren Jahrhunderten das Einzelbauwerk nicht mehr isoliert, sondern als Bestandteil einer architektonischen Gesamtkonzeption gesehen; hiervon zeugt noch heute die Stadtanlage von Priene. Auch trat man funktionale Aspekt der verschiedenen Bauelemente hinter der ornamentalen Wirkung zurück; es entstand eine wahre **»Prunkarchitektur«**. Klassisches Beispiel hierfür ist Pergamon mit seinen ehemals überreich geschmückten Bauten.

Von den sieben Weltwundern des klassischen Altertums, die im dritten vorchristlichen Jahrhundert gezählt wurden, befanden sich zwei auf dem kleinasiatischen Festland: das **Mausoleum** (Grabbau für den karischen König Mausolos) im antiken Halikarnassos (heute ▶Bodrum) und der mächtige **Tempel der Artemis** in ▶Ephesus. Die weiteren Weltwunder waren das von dem Bildhauer Phidias geschaffene Kultbild des Zeus in Olympia auf dem griechischen Peloponnes, der Koloss von Rhodos, die Pyramiden von Giseh (bei Kai-

Sieben Weltwunder des Altertums

ro), der Leuchtturm auf der Insel Pharos vor der Mittelmeerhafenstadt Alexandria sowie die Hängenden Gärten der Semiramis in Babylon (Irak).

Römer Die kleinasiatisch-griechische Tradition setzte sich in römischer Zeit fast ununterbrochen fort, so dass die römische Kunst Kleinasiens keine ihr eigene Originalität aufwies. Aus dieser Periode der römischen Herrschaft stammen die schönsten und besterhaltenen Theatergebäude der Antike, z. B. in Aspendos, Aphrodisias, Milet oder Ephesus. Das Theater von Aspendos ist einer der am wenigsten verfallenen Theaterbauten und unterscheidet sich grundlegend von rein griechischen Theateranlagen. Während das griechische Theater an Hügeln errichtet wurde, von wo aus der Blick über das niedrige Bühnenhaus ins Weite schweifen konnte, baute man nun Anlagen mit bis zu drei Stockwerke hohen Bühnenhäusern, in denen eine Bühnenwand bis in die Höhe der oberen Sitzreihen emporreichte, so dass ein geschlossener Innenraum entstand.

Byzanz

1000 Jahre währende Kunst Aus der spätantiken römischen Kultur ging die byzantinische Kunst hervor. Sie entwickelte sich im Laufe des 5. Jh.s und erreichte ihren ersten Höhepunkt unter **Kaiser Justinian** (527–565). Es folgte eine Zeit des Stillstands und nach dem Ausbruch des **Bilderstreites** (730–843), in dem mehrere byzantinische Kaiser die in der östlichen Kirche sich ausbreitende andächtige Verehrung von Kultbildern unterdrücken und alle christlichen Bildnisse vernichten wollten, sogar eine Periode des Niedergangs. Zu einer erneuten Blüte byzantinischer Kunst kam es seit dem ausgehenden 9. Jh. unter der makedonischen Dynastie. Zwar stand das Kunstschaffen auch weiterhin in erster Linie im Dienst der Kirche, doch trat – als positive Auswirkung des Bilderstreites – der kirchlichen nun auch eine weltliche Kunst gegenüber. Die neue Glanzzeit von Byzanz reichte bis ins 12. Jh. hinein. Einen weiteren Höhepunkt erlebte die byzantinische Kultur dann noch einmal unter den Palaiologenkaisern (1261–1453). Die Eroberung Konstantinopels durch die Türken 1453 besiegelte das Ende der großen byzantinischen Kunstperiode.

Architektur Die einzelnen Phasen byzantinischer Kunst spiegeln sich vor allem in der Architektur und hier natürlich in der kirchlichen Baukunst wider. Die vor Justinian geläufigste Form des Gotteshauses war die Basilika, ein flach gedeckter, meist dreischiffiger Säulen- und Pfeilerbogenbau, der aus der hellenistischen Markt- und Gerichtshalle hervorging. Unter Justinian wurde der Typ der **Kuppelbasilika** geschaffen, die eine Verbindung zwischen Lang- und Rundbau darstellt. Der dritte Typus des byzantinischen Gotteshauses, die Kreuzkuppelkirche, entwickelte sich seit dem 6. Jh., erreichte seine vollkommene Ausbildung jedoch erst in der Makedonierzeit und setzte sich seit-

Mosaik über dem Kaisertor der Hagia Sophia in Istanbul: Christus, zu dessen Füßen Kaiser Leo VI. (886 – 992) kniet.

dem gegenüber allen früheren Formen durch. Der Kernbau der Kreuzkuppelkirche weist als Grundriss ein griechisches Kreuz auf. Den Schnittpunkt von Lang- und Querschiff krönt die Hauptkuppel, und weitere Kuppeln befinden sich an den Enden der Kreuzesarme.

Zu den Hauptleistungen der byzantinischen Kunst zählt auch die Malerei. In der Malerei überwogen Ikonen, Miniaturen und Wandmalereien; auch die Mosaiktechnik diente dem Flächenschmuck. An der übersteigerten Verehrung der **Ikonen** entzündete sich schließlich der Bilderstreit (s. oben), der zu einem tiefen Einschnitt in der Entwicklung der Bildkunst führte. Erst im späten 9. Jh. setzte wieder ein rapider Aufschwung in der christlichen Bildkunst ein, die nun nicht mehr nur einen dekorativen Zweck verfolgte, sondern die Gläubigen durch die bildlichen Darstellungen nachdrücklich auf die Heilswahrheiten hinzuweisen versuchte.

Malerei

Seldschuken

In dem kurzen Zeitraum von 50 Jahren entfalteten die Seldschuken eine reiche Bautätigkeit; es entstanden zahlreiche **Moscheen** und **Medresen** (Koranschulen) mit fayencengeschmückten Minaretten sowie festungsartige **Karawansereien**, **Kastelle** und **Kümbet** (Grabanlagen). Den Moscheenbau kennzeichnete eine überraschende Vielfalt. Neben den bereits im Islam vorgebildeten Moscheentypen, wie der Hofmoschee, kam in Kleinasien eine eigene Neuschöpfung auf: die Basilikamoschee. Anstelle der bisherigen Breithalle erschien hier ein Längsbau mit drei oder mehreren Schiffen. Kennzeichnend für diesen Typus war das Kuppelsystem und das nur in Kleinasien

Architektur

übliche Prunktor. Die **Prunktore**, die sich auch an den Medresen, Karawansereien und Türben finden, können als Wahrzeichen der seldschukischen Architektur angesehen werden. An ihren Arabesken, den Zierschriften und dem geometrischen Dekor lässt sich der gesamte seldschukische Ornamentenschatz ablesen. Erstaunlich ist das Vorhandensein von figürlichen Motiven, die der übrigen islamischen Sakralkunst fremd sind. Bei den Profanbauten kam dem Schlossbau (Saray) die herausragende Bedeutung zu. Es handelte sich hierbei jedoch nicht um Großpaläste, sondern um das Nebeneinander kleinerer pavillonartiger Anlagen (Kioske). Einzigartig innerhalb der islamischen Kunst sind die Karawansereien (Hane), die in regelmäßigen Abständen an den Handelsstraßen angelegt wurden. Diese wie Festungen mit massiven Türmen bewehrten Steinbauten ersetzten die früheren primitiven Rasthäuser. Auch hier beeindrucken die prunkvoll dekorierten Steintore am Haupt- und Halleneingang. An ihnen zeigt sich noch stärker als im Sakralbau die Figurenfreude der Seldschuken; großer Beliebtheit erfreuten sich vor allem Löwenreliefs. Wahre Meister waren die Seldschuken im Bau von **Festungsanlagen**. Einen besonders guten Eindruck einer turmbewehrten Seldschukenstadt bekommt man noch heute in Alanya.

Osmanen

Vielseitige Kunst Nach der Eroberung Konstantinopels (1453) stieg das Osmanische Reich zur Weltmacht auf. Damit einher ging eine großartige Kultur- und Kunstentwicklung. Verschiedene Kunstepochen lösten einander ab: Der Frühzeit des 14. und 15. Jh.s mit ihren vielseitigen Tendenzen folgten die klassische hochosmanische Periode des 16. und 17. Jh.s mit einem mehr einheitlichen Charakter und schließlich eine letzte Epoche, die bis zum Ende der Osmanendynastie stark unter europäischen Einflüssen stand.

Architektur Die Vielfältigkeit der frühosmanischen Periode drückt sich vor allem im Moscheenbau aus, für den eine völlige Neuorientierung begann. Anstelle des für die Seldschuken typischen basilikalen Bauplanes griff man nun das Breitraumschema wieder auf, das sowohl mit einem Hof als auch mit der jetzt erstmalig in Kleinasien verwendeten Vorhalle kombiniert wurde. Der Kuppel kam eine immer größere Bedeutung zu. Reihen von Kuppeln überdeckten jetzt auch die Hofarkaden von Moscheen und Medresen. Eine neue Note erhielt die Fassade. Sie wurde nicht mehr allein durch das seldschukische Prunktor, sondern auch durch Fensterzonen und farbigen Marmor belebt. Ein auffällig einheitlicher Reichsstil, der sich bis in die entferntesten Gebiete des riesigen Staatswesens hinein ausbreitete und in Istanbul, dem Macht- und Kulturzentrum, kulminierte, charakterisierte die klassische Zeit osmanischer Kunst (16. / 17. Jh.). Wahrzeichen des Moscheenbaus waren nun die imposanten Zentralkuppeln und die überschlanken, hohen **»Nadelminarette«**. Überall wur-

Istanbul *Prinzenmoschee*

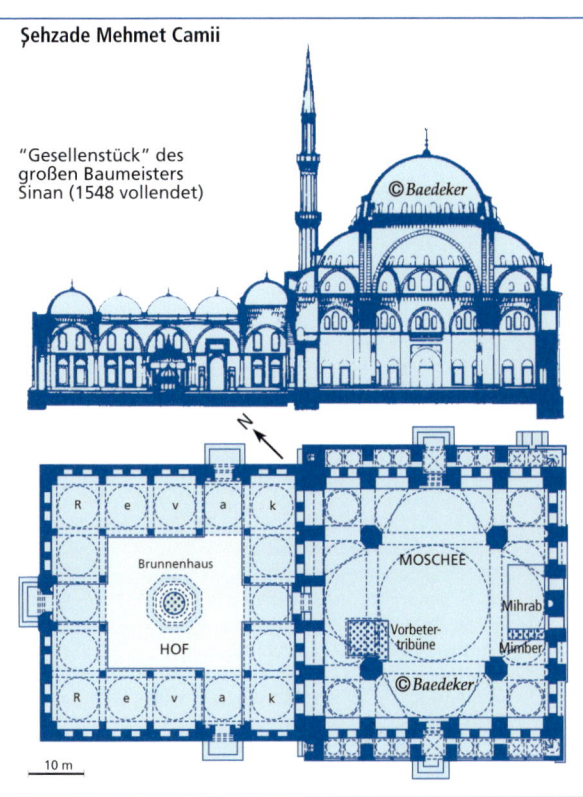

Şehzade Mehmet Camii

"Gesellenstück" des großen Baumeisters Sinan (1548 vollendet)

© Baedeker

R · e · v · a · k

Brunnenhaus

HOF

MOSCHEE

Vorbetertribüne

Mihrab

Minber

© Baedeker

R · e · v · a · k

10 m

de die Tendenz zu einer monumentalen Bauweise deutlich. Die neuen riesigen Anlagen waren fraglos von der Hagia Sophia her inspiriert. Den Höhepunkt des osmanischen Moscheenbaus bildeten die Schöpfungen des Baumeisters Sinan (▶Berühmte Persönlichkeiten), des »Michelangelo der Osmanen«, der in seinen Kuppelanlagen mit den verschiedensten Grundrisslösungen spielte. Nicht nur die Sakralbauten, sondern auch die profanen Bauwerke wurden nun von der Kuppel bestimmt. Diese beherrschte die großzügig geplanten, in einem dreiteiligen Schema angelegten **Bäder** (Hamam), die wie in der Antike einen Ankleide- und Ruheraum, einen Warmraum und einen Heißraum, jedoch kein Kaltbad hatten, sowie die Schlossbauten. In der lockeren Gruppierung ihrer Sarays folgten die Osmanen dem seldschukischen Vorbild, nur dass jetzt der Gesamtbezirk erheblich ausgedehnt wurde. Im Baudekor kam dem **Kachelschmuck** entscheidende Bedeutung zu, große Flächen des Außen-

und Innenbaus wurden mit Kacheln überzogen. Sie zeigten einen neuen Ornamentstil, der Impulse von Europa empfing und nun stärker realistisch geprägt war. Im Dekor spiegelte sich die ganze verschwenderische Blütenfülle des Landes wider. Die neuen Dekorformen fanden sich nicht nur in der Architekturausstattung. So zeugte beispielsweise auch das Luxusgeschirr von der neuen Dekorationskunst. Überhaupt nahm die Keramikproduktion in den berühmten Werkstätten von Iznik seit der ersten Hälfte des 16. Jh.s einen außergewöhnlichen Aufschwung und erlangte bis nach Europa hinein Geltung.

In einer letzten Blütezeit der Kunst entstand im frühen 18. Jh. mit der **»Tulpenperiode«** ein Stil ausgesprochen abendländischer Färbung. Europäisch barocke Züge wurden spürbar, am deutlichsten sichtbar in der Architektur mit geschweiften Dächern und Überkuppelungen. Das eigentliche Rokoko drang ab Mitte des 18. Jh.s von Frankreich her ins Osmanische Reich ein und fand begeisterte Aufnahme am Hof und bei den Künstlern. Diese wandelten die Formen jedoch zu einem eigenen **türkischen Rokoko** ab. Im 19. und schließlich im 20. Jh. wurde die Anlehnung an die abendländische Baukunst immer ausgeprägter; federführend waren hierbei ab Beginn des 20. Jh.s österreichische Architekten, später schuf der Deutsche Bruno Taut eine Synthese aus Moderne und Tradition. Einen orientalischen Charakter weist seither nur noch die Ausschmückung der Bauten auf.

> **WUSSTEN SIE SCHON …?**
>
> - Weder dem preußischen König Friedrich II. noch Napoleon gelang es, den Schachautomaten zu besiegen. Dieser Automat, eine lebensgroße, prachtvoll türkisch gekleidete Puppe, die fast alle Schachspiele gewann, zog ganz Europa in seinen Bann. Der Schach spielende Türke war einer der größten Tricks des 18. Jh. Denn im Innern des Apparats saß ein kleinwüchsiger Schachmeister versteckt, der über eine Hebelvorrichtung seine eigenen Figuren bewegte. Als dies bekannt wurde, entstand der Ausdruck »etwas türken« bzw. »einen Türken bauen«.

Folklore

Volkstänze Die türkischen Volkstänze werden noch heute gepflegt. Zu den bekanntesten gehören der nur von Männern in bunten Kostümen getanzte **Zeybek** an der ägäischen Küste, der Mut und Tapferkeit ausdrücken soll, sowie der in Bursa heimische Schwert- und Schildtanz **Kılıç Kalkan**, der die Eroberung der Stadt versinnbildlicht und gleichfalls ein reiner Männertanz ist. Ein weiterer Tanz ist der zwischen dem zentralanatolischen Konya und der Küstenstadt Silifke zu findende **Kaşık Oyunu** (Löffeltanz), den Männer und Frauen in farbenfrohen Trachten tanzen, wobei mit zwei Löffeln, die alle Tanzenden in jeder Hand kastagnettenähnlich aneinander schlagen, der Rhythmus betont wird.

Traditioneller Kamelkampf in Selçuk

Nationalsport der Türken ist der **Yağlı Güreş** (Öl-Ringkampf), bei dem sich die Kämpfer mit Öl einreiben, um dem Gegner das Zupacken zu erschweren. In den Dörfern der Ägäisküste finden im Frühjahr Kamelkämpfe statt, in denen die männlichen Tiere ihre Kräfte messen (▶Baedeker Special Guide).

Traditionelle Sportarten

Der oft als **»türkischer Eulenspiegel«** apostrophierte Nasreddin (Nasrettin) Hoca (auch Nasreddin Efendi; um 1208 bis um 1284), ein halblegendärer Volksweiser im osmanischen und turkistanischen Raum, hat vermutlich in Akşehir (Westanatolisches Bergland) als Geistlicher und Lehrer (Hodscha, türkisch Hoça) gelebt und soll dort auch begraben sein. Um seine schalkhafte Figur, die als Personifizierung des türkischen Volkscharakters angesehen wird, rankt sich eine Vielzahl mündlich überlieferter Anekdoten philosophisch-witziger Art (älteste Schrift von 1571). Seine außerordentlich volkstümlichen Geschichten sind vielfach in den türkischen Sprichwörterschatz eingegangen. Der mongolische Eroberer Timur Leng (Tamerlan) soll ihn als weisen Hofnarren betrachtet haben.

Nasreddin Hoca

Berühmte Persönlichkeiten

Wer gab dem Land eine demokratische Verfassung? Welche Ziele verfolgt der amtierende türkische Ministerpräsident? Wer war der blutrünstigste Sultan aller Zeiten? Welcher Schriftsteller erhielt 1997 den Friedenspreis des Deutschen Buchhandels? Wer stieg von der Sklavin zur Sultanin auf?

Mustafa Kemal Atatürk (1881–1938)

Mustafa Kemal Atatürk, der Schöpfer der modernen Türkei, ist die auch über sechs Jahrzehnte nach seinem Ableben immer noch meistverehrte Person im Land (▶Baedeker Special, S. 58).

Schöpfer der modernen Türkei

Im Jahr 1881 kam der **»Vater der Türken«** als Sohn eines kleinen Zollbeamten im osmanischen Saloniki, in der heutigen nordgriechischen Stadt Thessaloniki, zur Welt. Als junger Hauptmann gehörte er der jungtürkischen Bewegung (1908/1909) von Enver Paşa an, und im Ersten Weltkrieg (1914–1918) wurde er militärischer Befehlshaber an den Dardanellen, wo er sich großen Ruhm erwarb. Als nach der Niederlage des Osmanischen Reiches 1918 die westliche Türkei von Truppen der alliierten Siegermächte besetzt wurde, organisierte er 1919 den Widerstand gegen die Alliierten und die ins Land einfallenden Griechen. In einem verbissenen Kampf gelang es seinen Truppen, 1921/1922 die Griechen aus Kleinasien zu vertreiben. Im November 1922 schaffte Mustafa Kemal das Sultanat ab, und im darauf folgenden Jahr proklamierte er die Republik, zu derem ersten Präsidenten er am 29. Oktober 1923 gewählt wurde. Mit seinem Amtsantritt trat eine entscheidende Wende in der Geschichte Kleinasiens ein. Denn Mustafa Kemal leitete in seiner Regierungszeit eine Reihe von Reformen auf politischem, sozialem, rechtlichem und kulturellem Gebiet ein, um das Land aus der Vergangenheit in die Moderne zu führen und aus dem Überbleibsel des einst riesigen Osmanischen Reiches einen Nationalstaat auf laizistischer Basis zu schaffen (▶Geschichte, Republik Türkei). Bis zu seinem Tode am 10. November 1938 in Istanbul blieb Mustafa Kemal Atatürk Staatspräsident der Republik Türkei. Seine sterblichen Überreste befinden sich im Atatürk-Mausoleum in Ankara.

Recep Tayyip Erdoğan (geb. 1954)

Als einen »Staatsstreich der Zivilisten«, einen »Akt der politischen Liquidation« des bisherigen Politik-Establishments bezeichnete die Istanbuler Presse den Erdrutschsieg des gemäßigten Islamisten Recep Tayyip Erdoğan bei den türkischen Parlamentswahlen im November 2002, der mit seiner im August 2001 gegründeten religiös-konservativen Partei für Gerechtigkeit und Entwicklung (AKP) an die Macht gelangte. Bei den Parlamentswahlen im Juli 2007 erhielt Erdoğans AKP die absolute Mehrheit.

Politiker

Hochgearbeitet hatte sich der gebürtige Istanbuler in der Nationalen Heilspartei (MSP), einer stark islamistisch geprägten Partei, die gegen einen EU-Beitritt der Türkei wetterte und die Verschleierung von Frauen forderte. Wegen öffentlich vorgetragener Verse, die die Zeile enthielten: »Die Minarette sind unsere Bajonette«, musste

◀ weiter auf S. 60

◀ *Mustafa Kemal Atatürk, der »Vater der Türken«, der nach dem Ersten Weltkrieg die Türkische Republik proklamierte*

Republikgründer Kemal Mustafa Atatürk (1881–1938)

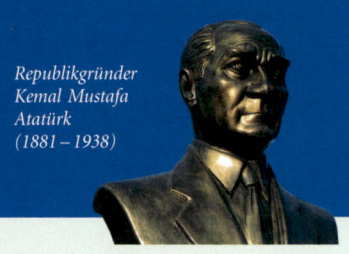

DER ALLGEGENWÄRTIGE

Atatürk begegnet man in der Türkei auf Schritt und Tritt. Denkmäler, Bilder und Fotos von ihm sind allgegenwärtig. Auch in Deutschland, dem er einmal einen Besuch abstattete, wird an ihn erinnert.

Er ist überall präsent. Man sieht ihn auf Geldscheinen, auf Fotos und Bildern, man erblickt ihn als Büste und als Denkmal, seinen Namen tragen Straßen, Plätze und Schulen. In keiner Amtsstube fehlt das Porträt von Mustafa Kemal Atatürk, dem Gründer und ersten Präsidenten der türkischen Republik, dem **Schöpfer der modernen Türkei**. Als Foto oder in Öl hängt sein Porträt auch in Büros, Teestuben und Gemüseläden, beim Friseur, Metzger oder Juwelier. In fast jeder anatolischen Gemeinde, ob Stadt oder Dorf, steht ein Denkmal oder zumindest eine Büste des »Helden der Nation«. Und Jahr für Jahr seit über sechs Jahrzehnten das gleiche Ritual: Am **10. November** legt die gesamte Nation um 9.05 Uhr eine Schweigeminute ein, um seines Todes zu gedenken Der Personenkult um Atatürk mag an einen Religionsersatz erinnern, doch der größte türkische Staatsmann aller Zeiten, wie ihn das Land versteht, ist auch ein Staatsheiliger zum Anfassen. Unzählig sind die Fotos, die ihn als Menschen zeigen, die auch auf seine menschlichen Schwächen hinweisen: Wie er vor einer Schiefertafel den Lehrer mimt, in der Badehose ins Meer steigt, wie er lacht, raucht, ein alkoholisches Getränk zu sich nimmt und sogar mit Damen flirtet. Aber wehe dem, der es wagt, den **»Vater der Türken«** zu beleidigen; seine »Beleidigung oder Beschimpfung« kann laut Gesetz mit einer Haftstrafe von bis zu drei Jahren geahndet werden, und negative Äußerungen über Mustafa Kemal Atatürk werden von den meisten Türken auch als persönliche Kränkung empfunden.

Deutsche Ehrungen

Auch in Deutschland wurde Atatürk geehrt. Als vom 19.–31. Dezember 1917 eine osmanische Delegation unter dem Thronfolger Mehmed Vahdeddin dem Deutschen Reich, mit dem Istanbul im Ersten Weltkrieg verbündet war, einen Besuch abstattete, gehörte der Gesandtschaft auch General Mustafa Kemal als Vertreter der türkischen Armee an. Bei diesem Staatsbesuch lernte der in den Kämpfen um die Dardanellen als »Retter Istanbuls« gefeierte Offizier nicht nur die Generäle Hindenburg

Atatürk wirbt auf dem Land für die lateinische Schrift.

und Ludendorff, sondern auch Kaiser Wilhelm II. persönlich kennen. Neben Bad Kreuznach, wo die Delegation für einige Tage im städtischen Kurhaus untergebracht wurde, waren die Villa Hügel in Essen sowie in Berlin das Hotel Adlon und Schloss Bellevue weitere Stationen. Für seine militärischen Verdienste wurde Mustafa Kemal in Berlin u. a. mit dem Eisernen Kreuz II. Ranges ausgezeichnet. Deutschland – nach den Worten Atatürks »eine außergewöhnlich dynamische, fleißige und disziplinierte Nation« – war das erste Land, das nach Ausrufung der türkischen Republik 1923 in Ankara ein Botschaftsgebäude errichtete. 1997 wurde zur Erinnerung an den Gründer der türkischen Republik im Bad Kreuznacher Parkhotel eine Gedenktafel enthüllt und ein Saal nach ihm benannt.

Der Patriarch

In seiner Regierungszeit (1923 bis 1938) war Atatürk ein beliebter Herrscher – ein charismatischer Führer, aber kein weltfremder fanatischer Ideologe, sondern ein **Pragmatiker der Macht**, der das Land patriarchalisch regierte. Unter seiner Herrschaft endeten Feudalismus und Mittelalter, und demokratische Formen bestimmten nun das politische und gesellschaftliche Bild der neu geschaffenen Nation. Aber obwohl Atatürk die demokratische Lebensform stets als Ideal propagierte, hielt er von Demokratie im eigentlichen Sinne nicht allzu viel. Gegnerische politische Strömungen und Personen ließ er schnell mundtot machen, denn nur sich selbst sah er berufen, das Land in die Moderne zu führen. »Für den Augenblick«, sagte er einmal, »soll sich das Volk nicht mit Politik beschäftigen, ich muss dieses Land noch zehn oder fünfzehn Jahre lang regieren. Dann erst werden wir sehen, ob es fähig ist, sich selbst zu regieren.« Huldigungen seiner Person genoss Atatürk in vollen Zügen. Als ihn einmal ein Politiker mit der heiligen Dreifaltigkeit (Gottvater, Sohn und heiliger Geist) verglich, soll er erwidert haben: »Das stimmt, aber sag es niemandem!« Dem Volk schrieb der sehr arbeitsame Staatsmann gerne vor, wie es das Leben zu gestalten habe, sein eigener Lebensstil war jedoch nicht immer ein tadelloses Vorbild für die Untertanen. Er war ein großer Bewunderer der Damenwelt und flirtete ungeniert mit Frauen, und er konnte trinken bis zum Umfallen. Der Alkohol wurde ihm schließlich auch zum Verhängnis; am 10. November 1938 morgens um 9.05 Uhr starb er im Alter von 57 Jahren an den Folgen einer Leberzirrhose.

► Berühmte Persönlichkeiten

Ministerpräsident Erdoğan betreibt eine prowestliche Politik.

Erdoğan, der zwischen 1994 und 1998 Oberbürgermeister von Istanbul war, für einige Monate ins Gefängnis. Trotz seiner Vergangenheit bemühte sich Erdoğan sofort nach dem Wahlsieg Ende 2002, jeden Anschein eines forcierten Islamismus zu vermeiden. Der Politiker, der sich 2001 von der fundamentalistischen MSP trennte und die AKP gründete, sprach sich sofort für eine Trennung von Staat und Religion aus, betrieb eine prowestliche Politik und strebte einen Beitritt der Türkei zur EU an. Er ließ ein EU-Gesetz nach dem anderen verabschieden, entschärfte den Kurdenkonflikt und beschnitt die Macht der Generäle. Allerdings ist Erdoğan auch dafür bekannt, dass er es immer allen recht zu machen versucht: den islamischen Fundamentalisten, den Liberalen, den Nationalisten, dem Militär, Syrien und dem Iran, den USA und Europa. Ein türkischer Karikaturist, der den Premier als Katze gezeichnet hatte, die sich in einem Wollknäuel verheddert, musste allerdings 3000 € Schmerzensgeld zahlen.

Colmar Freiherr von der Goltz (1843–1916)

Deutscher »Pascha« in türkischen Diensten

»Die hervorragenden Dienste, welche Freiherr von der Goltz im Generalstab geleistet, sowie seine gediegene schriftstellerische Thätigkeit, die Vielseitigkeit seiner Bildung, sein gewandtes weltmännisches Wesen gewannen diesem Offizier sehr bald das besondere Wohlwollen des Padischas und das lebhafte Interesse aller militärischen Kreise Konstantinopels«, schrieb wohlwollend ein hoher deutscher Militär Ende des 19. Jh.s über den aus Ostpreußen stammenden Offizier, der von 1883 bis 1895 das osmanische Heer reorganisierte. Als **Militärberater** war Colmar Freiherr von der Goltz, der sich auch als Verfasser bedeutender militärischer Werke und als Autor von Romanen einen Namen machte, so erfolgreich, dass ihn der Sultan zum osmanischen Marschall ernannte und ihm den Titel »Pascha« (Goltz Pascha) verlieh. Im Ersten Weltkrieg (1914–1918) wurde dem mittlerweile zum preußischen Generalfeldmarschall beförderten Freiherrn sogar die Führung der 1. Osmanischen Armee übertragen mit der Order, die Küste des Schwarzen Meeres und vor allem den Bosporus gegen englisch-französische Landungs- und Durchbruchsversuche zu verteidigen. 1915/1916 konnte diese Armee unter seinem Kommando die britischen Truppen bei Kut el-Amara in Mesopotamien einschließen. Kurz vor deren Kapitulation verstarb von der Goltz nach der Rückkehr aus dem Frontgebiet an Flecktyphus. Sein Grab befindet sich im Park der deutschen Botschaft im Istanbuler Vorort Tarabya.

Yaşar Kemal (geb. 1923)

Yaşar Kemal (▶ Praktische Informationen, Literaturempfehlungen), der bedeutendste lebende Autor der Türkei, beschrieb einmal das Gefängnis spöttisch »als Schule des Lebens«, als Schule der türkischen Gegenwartsliteratur. Wie auch sein Schriftstellerkollege ▶ Aziz Nesin kannte er Gefängnisse sehr genau aus eigener Erfahrung. Für die Machthaber in Ankara war und ist der in Südostanatolien aufgewachsene Autor ein unangenehmer und rebellischer Staatsbürger, der trotz vieler staatlicher Repressionen unerschrocken und mit großem Engagement die Missstände in seinem Land anprangert. In seinen rund zwei Dutzend Romanen und Erzählungen beschreibt er u. a. die Probleme in der anatolischen Provinz, das karge und entbehrungsreiche Leben und die veralteten feudalistischen Gesellschaftsstrukturen, und erzählt von dem immer trostloseren Umfeld der Menschen der ständig wachsenden Metropole Istanbul, wo er viele Jahre lebte; auch äußert er sich kritisch zur Meinungsfreiheit in der Türkei und verurteilte in einem »Spiegel«-Artikel die türkische Kurdenpolitik. Doch wie lautstark Yaşar Kemal, in dem viele Türken heute das Gewissen ihres Landes sehen, auch Missstände kritisieren und Machthaber geißeln mag, staatliche Verfolgungen bleiben dem Autor, der mehrmals ins Exil wechselte, dank seines internationalen Renommees erspart. 1997 erhielt der Schriftsteller den Friedenspreis des Deutschen Buchhandels und 2008 den Kulturpreis des türkischen Staatspräsidenten Abdullah Gül, den höchsten türkischen Kulturpreis.

Autor mit Mut zur Kritik

Der Schriftsteller Yaşar Kemal erhielt 1997 den Friedenspreis des Deutschen Buchhandels.

Murad IV. (1610 / 1611 – 1640)

Obwohl er auch viel Positives geleistet hatte, ging Sultan Murad IV. nicht als Retter des Osmanischen Reiches in die Geschichte ein, sondern als Herrscher von ungezügelter Grausamkeit, als **»Nero der Osmanen«** (Joseph von Hammer-Purgstall). Tatsächlich war Murad der blutrünstigste aller osmanischen Regenten. Wer im leisesten Verdacht stand, gegen ihn zu opponieren, oder auch nur wagte, an seiner Regierung Kritik zu üben, wurde hingerichtet. Er verbot Tabak- und Kaffeehäuser als Brutstätten des Aufruhrs und ließ Tau-

Blutrünstigster Sultan des Osmanenreiches

sende von Rauchern pfählen oder köpfen. Mit einem Diener soll er sogar inkognito durch die Gassen von Istanbul geschlichen sein und den Ertappten mit eigenem Säbel den Kopf abgeschlagen haben.

Es gab ein ungeschriebenes Gesetz, das einem Sultan erlaubte, jeden Tag zehn unschuldige Untertanen zu töten; von diesem Recht machte Murad IV. als erster Sultan des Osmanenreiches Gebrauch. Dazu stellte er sich auf einen Aussichtspunkt im Saray-Gelände und erschoss ahnungslose Passanten mit einer Arkebuse, oder er versenkte Ausflüglerboote auf dem Bosporus mit Kanonen. Obwohl er seinem Volk unter Androhung der Todesstrafe den Konsum von Kaffee, Tabak, Opium und Alkohol verbot, trank der nach außen unnachgiebige Sittenwächter selbst gern Wein. Vielleicht war es dem immensen Alkoholgenuss zu verdanken, dass der Sultan bereits mit ca. 29 Jahren verstarb. So blutrünstig und grausam Murads Herrschaft auch gewesen war, unter der Regierung des Psychopathen überwand das Land die wirtschaftliche Krise, in der es sich vor dessen Amtsantritt befunden hatte. Außerdem gelang es Murad, zu den europäischen Mächten friedliche Beziehungen zu unterhalten.

Aziz Nesin (1915 – 1995)

Satiriker Der in Istanbul geborene Aziz Nesin (▶ Praktische Informationen, Literaturempfehlungen), der populärste türkische Schriftsteller des 20. Jh.s, war bekannt für seine bissigen politischen Satiren. In seinen Romanen, Dramen, Gedichten, Reisebeschreibungen und Kurzgeschichten setzte er sich sarkastisch und gewitzt, aber immer kritisch mit der türkischen Gesellschaft und ihren staatlichen Einrichtungen auseinander. Er wandte sich gegen Korruption, Bürokratie, Diktatur und Intoleranz, plädierte für Gerechtigkeit und rechnete gnadenlos mit den Vertretern der Macht ab. »Jeder anständige Schriftsteller unseres Landes war im Gefängnis«, sagte Aziz Nesin einmal, der 1948 zum ersten Mal eine Haftstrafe verbüßt hatte. Er erhielt auch Morddrohungen von politischen Gegnern, und der Oberste Staatsanwalt der Türkei drohte ihm 1994 die Todesstrafe an. Im Jahr 1993, als islamische Fundamentalisten im zentralanatolischen Sivas das Hotel anzündeten, in dem sich Intellektuelle zu einer Tagung getroffen hatten, entging er nur knapp einem Attentat, während 37 Tagungsgäste ums Leben kamen. Nesin erhielt 1993 die Carl-von-Ossietzky-Medaille und war Ehrenmitglied im deutschen und britischen PEN.

Roxelane (um 1507 – 1558)

Geliebte Süleymans des Prächtigen »Meine Geliebte, du bist das Licht und ich der Falter deiner Liebe«, schrieb Sultan ▶Süleyman I., als er wieder einmal einen Feldzug unternahm, an seine Gemahlin, die frühere **Sklavin** Roxelane. Über die Herkunft der Frau, die der Sultan über alle Maßen liebte, weiß man kaum Bescheid. Vermutlich wurde Roxelane in Russland oder in

▶ Berühmte Persönlichkeiten

Polen geboren. Im Alter von 13 Jahren jedenfalls kam sie als Sklavin in den Harem des osmanischen Herrschers, dessen Herz die zierliche Frau mit dem flammend roten Haar im Nu eroberte. Roxelane war sehr intelligent und lebhaft, sie lachte und scherzte gerne, und sie war die einzige der rund 300 Sklavinnen im Harem, mit der Süleyman Gedichte austauschen und hochpolitische Gespräche führen konnte; auch verstand sie es meisterhaft, den oft melancholischen Sultan mit ihrer Heiterkeit zu erfreuen. Die Liebesbeziehung zwischen den beiden wurde so innig, dass Süleyman nur noch Geschlechtsverkehr mit Roxelane hatte und seine große Liebe, die ihm insgesamt fünf Kinder (vier Söhne und eine Tochter) schenkte, schließlich ehelichte. In der Politik übte Roxelane großen Einfluss auf Süleyman aus, und sie setzte alle möglichen Gerüchte in Umlauf, nur um ihre Kinder zu schützen

Die französiche Schauspielerin Elisa Rachel (1821 – 1858) als Roxelane in einer Tragödie von Jean Racine

bzw. ihrem Erstgeborenen als Thronfolger zu etablieren, was ihr schließlich auch gelang (▶Baedeker Special, S. 278). Nach dem Tod von Roxelane rührte Süleyman keine Frau mehr an, doch stand er nun unter dem Einfluss der Tochter, die ihm Roxelane geschenkt hatte.

Heinrich Schliemann (1822 – 1890)

Die Gelehrtenwelt hielt Heinrich Schliemann für einen Träumer. Doch Schliemann, ein glühender Homer-Verehrer, war – anders als die damalige Gelehrtenwelt – felsenfest davon überzeugt, dass das von diesem Dichter besungene Troia auf historischen Tatsachen beruhte. 1871 begann der Pfarrersohn aus dem mecklenburgischen Neubukow, der ein vermögender Kaufmann geworden war, mit Grabungen bei dem Dorf Hisarlık auf der türkischen Biga-Halbinsel. Mehr als 150 Türken halfen ihm, das Erdreich abzutragen. Die ersten drei Jahre blieben die Ausgrabungen ohne Erfolg. Als die Arbeiten schon aufgegeben werden sollten, wurde man endlich fündig: Troia hatte doch existiert! Heinrich Schliemann hatte nicht nur die sagenumwobene Stadt wiederentdeckt, mit seiner Vorgehensweise bei den Ausgrabungen wurde er auch zum **Mitbegründer der mo-**

Entdecker Troias

Schliemann war kein Fantast.

dernen Archäologie. Anders als die Archäologen seiner Zeit suchte Schliemann, der auch Ausgrabungen u. a. in Mykene unternahm, nicht nur nach Schätzen, sondern erforschte systematisch die Grabungsorte, wodurch er Erkenntnisse über die chronologisch unterschiedlichen Schichten der Stadt Troia gewinnen konnte. Jedoch, und das begriff er erst kurz vor seinem Tod, hatte er auf der Suche nach dem »Schatz des Priamos« viel zu tief gegraben und dabei große Teile von Homers Troia für immer zerstört.

Sinan (um 1490 – 1588)

Er gilt als der berühmteste Architekt des Osmanischen Reiches; die künstlerischen Konzeptionen des **»Michelangelo der Osmanen«**, wie Sinan genannt wird, dienten ganzen muslimischen Architekturgenerationen jahrhundertelang als Vorbild. Anhand seiner Entwürfe wurden nicht nur die gewaltigsten und vollkommensten osmanischen Moscheen, sondern auch eine schier unfassbare Zahl bedeutender öffentlicher Bauten errichtet. Laut verschiedener Quellen sollen unter seiner Regie zwischen 1528 und 1588 über 350 Bauwerke entstanden sein, darunter 84 große Moscheen, 52 kleine Moscheen, 57 Medresen (islamische Schulen), 35 Paläste und Villen, 20 Karawansereien, 22 Türben (Mausoleen), außerdem zahlreiche Schulgebäude, Badehäuser, Armenküchen, Krankenhäuser und Derwischklöster sowie etliche Brücken und Aquädukte. Über die Hälfte von Sinans Bauten wurden in der damals glänzenden Reichsmetropole Istanbul und ihrer Umgebung errichtet. Zu seinen herausragenden Werken zählen die Prinzenmoschee und die Moschee Süleymans des Prächtigen in Istanbul sowie die Moschee Selims II. in Edirne. Der altehrwürdige Baumeister ging noch seinem Beruf nach, als er schon über 90 war. 1588, im Alter von 98 Jahren, starb er in Istanbul.

Süleyman I., der Prächtige (1494 / 1495 – 1566)

Größter Sultan aller Zeiten

»Man sagt von ihm, dass er ein weiser Herrscher ist, sehr den Wissenschaften ergeben, und Menschen aller Art erhoffen von seiner Regierungszeit viel Gutes«, hielt ein Venezianer fest, als Süleyman I. 1520 im Alter von 25 Jahren den Sultansthron bestieg. Andere Zeitgenossen schilderten den Sultan später als verschlossen, sehr schweigsam, zur Melancholie neigend, nach außen kalt und nach innen vollkommen unsicher, auch als einen Herrscher, der seiner Geliebten ▶Roxelane völlig verfallen war. Mit Entsetzen musste das Abendland jedoch bald erkennen, dass Süleyman der expansionsfreudigste aller osmanischen Regenten war. Innerhalb kurzer Zeit gelang es dem mächtigen Mann am Bosporus, sein Reich beträchtlich zu erweitern: 1521 eroberte er Belgrad, 1522 die Insel Rhodos, 1526 besiegte er den ungarischen König Ludwig II. in der vernichtenden Schlacht bei Mohács, 1529 nahm er Ofen (Budapest) ein und belagerte Wien von 27. September bis zum 15. Oktober 1529, allerdings vergeblich; 1534 eroberte er Bagdad, 1562 brachte er Siebenbürgen in seinen Besitz. Sein Machtbereich erstreckte sich ostwärts weit bis nach Persien (Iran) hinein, und seine Flotte beherrschte neben dem Roten Meer praktisch das gesamte Mittelmeer, von wo aus er heftige Seekriege gegen die Küsten Nordafrikas, Spaniens, Italiens, Dalmatiens und Griechenlands führte. Süleyman war aber nicht nur ein brillanter Feldherr, sondern auch ein hervorragender Staatsmann. Im Rechtswesen führte er so viele Reformen durch, dass er in der Erinnerung des türkischen Volkes bis heute als **»Kanuni«, der Gesetzgeber**, lebt. Der größte Sultan aller Zeiten war sicher der größte Feind des christlichen Abendlandes in der beginnenden Neuzeit, doch gab es eine Gruppe von Christen, die ihr Überleben auch der Angriffslust Süleymans verdankt: die Protestanten. Denn immer wenn sich der bedrohliche Schatten des Osmanenherrschers an den Grenzen zeigte, griffen auf Seiten der Katholiken auch die Protestanten zu den Waffen, und die Rechnung »Waffenbeistand gegen Religionsfreiheit« ging auf. 1555 verkündete der Reichstag von Augsburg den deutschen Religionsfrieden, womit der Protestantismus zur anerkannten Konfession wurde.

Süleyman der Prächtige war der expansionsfreudigste osmanische Sultan.

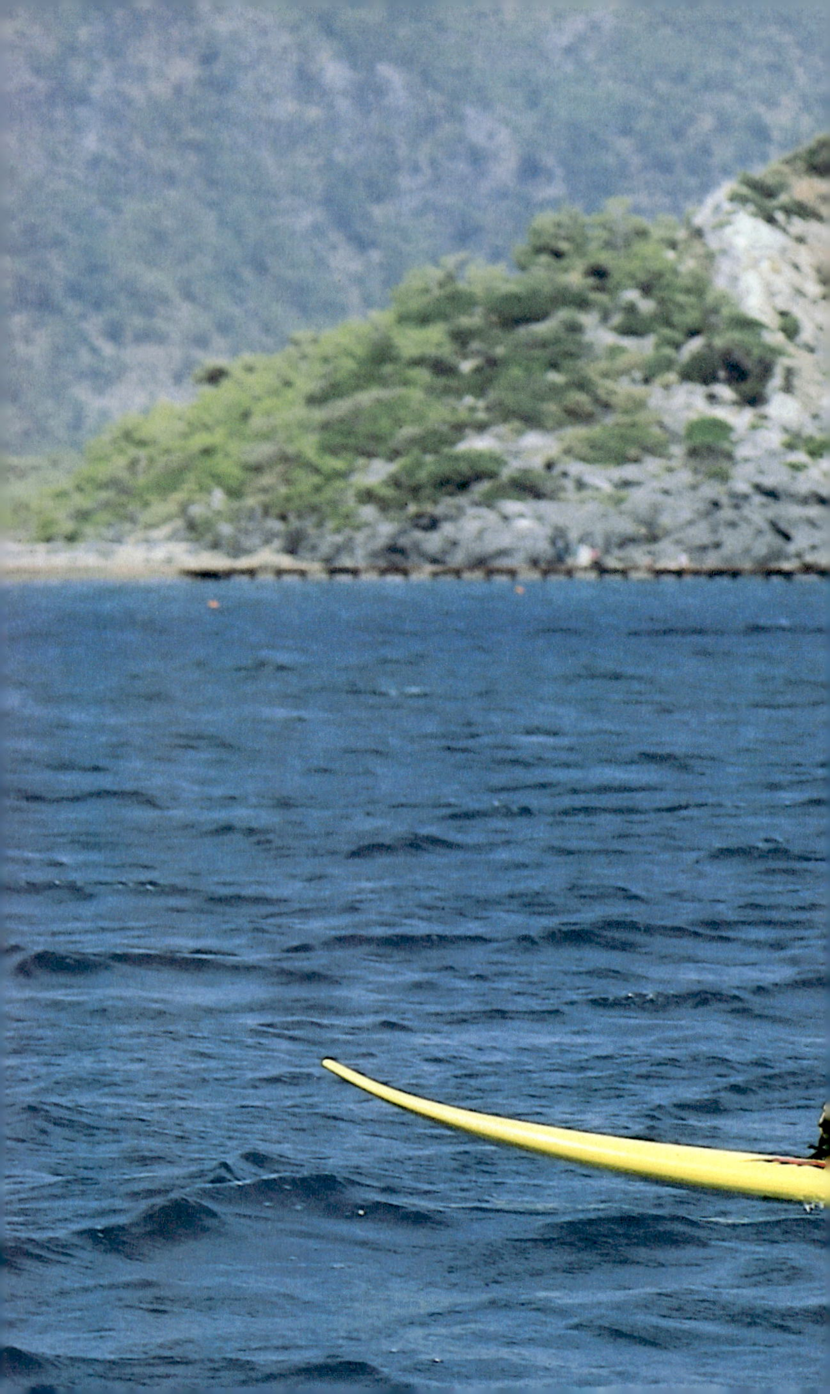

Praktische Informationen

WARUM SIND DIE TÜRKEN SO STOLZ AUF IHRE KÜCHE? MIT WELCHEN FREIZEITAKTIVITÄTEN LOCKT DIE TÜRKISCHE MITTELMEERKÜSTE? WELCHES VERKEHRSMITTEL IST GÜNSTIG, KOMFORTABEL UND ZUVERLÄSSIG?

Anreise · Vor der Reise

Anreisemöglichkeiten

Mit dem Flugzeug

Für die Anreise von Mitteleuropa an die türkische Mittelmeerküste bietet sich in erster Linie – insbesondere bei Kurzreisen – das Flugzeug an. Direktverbindungen im Linien- und Charterverkehr bestehen von Deutschland, Österreich und der Schweiz nach Istanbul, Izmir und Antalya, während der Saison werden auch Dalaman (zwischen Marmaris und Fethiye gelegen), Bodrum und Adana (Buchung über türkische Reisebüros) angeflogen.

Mit dem Schiff
Kreuzfahrten ▶

Häufig werden Kreuzfahrten ins östliche Mittelmeer veranstaltet, in deren Verlauf die touristisch bedeutenden Stätten der türkischen West- und Südküste angelaufen werden. Zu den meistfrequentierten Zielen gehören Alanya, Antalya, Bodrum, Çanakkale, Çeşme, Dikili, Iskenderun, Istanbul, Izmir, Kuşadasi, Marmaris und Mersin; Auskünfte erteilen Reisebüros.

Auf dem **Landweg** gibt es zwei Routen in die Türkei: durch das Gebiet des ehemaligen Jugoslawien und Bulgarien oder ein Umweg über die Länder Ungarn, Rumänien und dann Bulgarien. Empfehlenswert sind beide Routen nicht, da nicht nur lange Wartezeiten an den Grenzen und Tankstellen, Treibstoffmangel und schlechter Straßenzustand (z. T. bis zu 30 cm tiefe Schlaglöcher) in Kauf genommen werden müssen; schwerwiegender ist, dass mit technischer oder ärztlicher Hilfe nach Pannen bzw. Unfällen in der Regel nicht gerechnet werden kann. In jedem Fall sollte vor Reiseantritt die aktuelle Situation bei einem Automobilclub geklärt werden.

Wer auf das eigene Auto nicht verzichten möchte und über genügend Zeit verfügt, kann von Italien aus mit dem **Fährschiff** in die Türkei übersetzen. Ganzjährig verkehren einmal in der Woche Autofähren der Turkish Maritime

Manch einer reist mit der eigenen Segeljacht an.

Lines zwischen Venedig oder Brindisi nach Izmir oder Çeşme. Während der Saison fahren unterschiedliche Schifffahrtsgesellschaften von Venedig, Ancona, Brindisi bzw. Bari nach Istanbul, Izmir, Çeşme, Kuşadası, Marmaris und Antalya. Buchungen können im Reisebüro vorgenommen werden.

Verschiedene Reiseveranstalter haben Türkei-Busreisen im Programm. Die Deutsche Touring GmbH bietet wöchentlich Verbindungen von deutschen und österreichischen Städten nach Istanbul an (Infos unter Tel. 069 79 03 501, www.touring.de). **Busreisen**

Es besteht eine Expresszugverbindung (Balkan-Express) zwischen München und Istanbul – über Salzburg, Wien, Budapest (Ungarn) und Sofia (Bulgarien). Die Fahrt dauert allerdings rund 40 Stunden. Die Transitvisa für Bulgarien und für Serbien müssen unbedingt vor Reiseantritt erworben werden. Auskünfte erhält man bei den Reisediensten der nationalen Bahngesellschaften. **Mit der Bahn**

Ein- und Ausreisebestimmungen

Deutsche und Schweizer Staatsbürger können bei einem Aufenthalt bis zu drei Monaten (Verlängerung des Aufenthaltes auf sechs Monate möglich) und bei Direktflug mit einem gültigen Reisepass oder Personalausweis in die Türkei einreisen. Erfolgt die Einreise auf dem See- oder Landweg, so sind ein gültiger Reisepass sowie für die Durchreise (z. B. Rumänien, Bulgarien) entsprechende Transitvisa erforderlich. Kinder unter 16 Jahren reisen mit Kinderausweis (ab zehn Jahren mit Lichtbild) oder werden in den Elternpass eingetragen. Die Verwendung von Familienpässen empfiehlt sich nur dann, wenn alle darin eingetragenen Personen gemeinsam ein- oder ausreisen. Österreicher müssen bei der Einreise ein Visum erwerben. **Personalausweis, Reisepass**

Führerschein und Kraftfahrzeugschein sind mitzuführen. Kraftfahrzeuge müssen das ovale Nationalitätskennzeichen haben bzw. das Nationalitätskennzeichen auf dem Nummernschild führen. Bei der Einreise in die Türkei wird das Kraftfahrzeug (auch Kleinbusse, Wohnwagen, Mopeds, Motorräder, gegebenenfalls Gepäckanhänger und Wasserfahrzeuge) in den Reisepass eingetragen. Bei der Wiederausreise achte man darauf, dass der Eintrag von den türkischen Behörden wieder rückgängig gemacht wird; bei Diebstahl oder Totalverlust sollte die Eintragung sofort gelöscht werden. Wenn ein Kraftfahrzeug länger als drei Monate in der Türkei verbleiben soll, ist ein 1 Jahr gültiges »Carnet de Passage« erforderlich, das von einem Automobilklub des Heimatlandes ausgestellt wird. **Kfz-Formalitäten**

Für Kraftfahrzeuge besteht in der Türkei grundsätzlich Haftpflichtversicherungszwang. Die grüne Internationale Versicherungskarte für Kraftverkehr ist vorgeschrieben und muss ausdrücklich für die **Kfz-Versicherung**

Beim Tauchen entdeckt man häufig Amphoren auf dem Meeresgrund. Die Mitnahme der antiken Behältnisse ist allerdings verboten.

gesamte Türkei gültig geschrieben sein; anderenfalls ist an der Grenze eine befristete Verkehrsversicherung abzuschließen.

Wegen der unzureichenden Leistungen türkischer Versicherungen ist es ratsam, zur Vermeidung materieller Nachteile bei Unfällen im Lande für das eigene Fahrzeug eine zusätzliche Kurzkasko- und eine Insassenunfallversicherung abzuschließen, die für die gesamte Türkei gültig geschrieben sein muss. Dringend empfohlen wird die Mitnahme einer schriftlichen Bestätigung der heimischen Kfz-Versicherung, dass die Deckungssumme des Vertrages auch für den asiatischen Teil der Türkei gilt. Für die Schadensregulierung ist ein Polizeiprotokoll unerlässlich.

Tiere Für Haustiere (Hund, Katze) sind folgende Unterlagen erforderlich und müssen im Internationalen Impfpass eingetragen sein: Nachweis über den bisherigen Gesundheitszustand des Tieres (Certificate of Origine), ein amtstierärztliches Gesundheitszeugnis (Veterinary Health Certificate), das mindestens 15 Tage und höchstens 12 Monate alt sein darf, und eine Tollwutimpfbescheinigung (mindestens 15 Tage alt, aber nicht älter als zwölf Monate).

Zollbestimmungen Bei der Einreise in die Türkei beschränken sich die Zollformalitäten auf eine mündliche Erklärung. Wertvolle Gegenstände (Schmuck ab 15 000 US-Dollar) werden bei Grenzübertritt im Reisepass vermerkt;

bei der Ausreise wird kontrolliert, ob die betreffenden Gegenstände auch wieder ausgeführt werden. Die Einfuhr von Devisen ist unbegrenzt gestattet; die Devisenausfuhr ist bis zu einem Gesamtbetrag von 5000 US Dollar oder Gegenwert in TL erlaubt. Nachstehend aufgeführte Dinge dürfen zollfrei eingeführt werden: 200 Zigaretten, 50 Zigarren, 200 g Tabak, 5 l Spirituosen, 5 Flaschen Parfüm (120 ml), Geschenke im Wert von 256 Euro, Artikel für den persönlichen Gebrauch wie 1 Fotoapparat und 5 Filme, 1 Taschenrechner, 1 Reisewecker, 1 Videokamera sowie 1 tragbares Radio. Eine vollständige Liste erhält man über die jeweiligen Generalkonsulate von Deutschland, Österreich und der Schweiz in der Türkei.

Waffen jeglicher Art und Messer (einschließlich Campingmesser) dürfen ohne besondere Erlaubnis nicht eingeführt werden. Streng verboten ist die Einfuhr von Rauschmitteln sowie deren Handel und deren Genuss.

◄ Ausreise aus der Türkei

Reiseandenken können aus der Türkei zollfrei bis zu einem Gesamtwert von 512 € ausgeführt werden. Wertgegenstände (auch persönliche) können nur dann ausgeführt werden, wenn sie im Reisepass vermerkt sind oder mit offiziell umgetauschtem Geld gekauft wurden. Für neue Teppiche ist die Rechnung, für alte Teppiche, alte Kupfergegenstände und alte Pistolen außerdem eine besondere Genehmigung in Form einer Bescheinigung von einer Museumsdirektion erforderlich. Die Ausfuhr von Antiquitäten und Waffen ist nicht gestattet. Mineralien dürfen nur mit einer entsprechenden Bescheinigung der Generaldirektion für Bergbauforschung (MTA-Institut) ausgeführt werden.

◄ Wiedereinreise nach Deutschland bzw. Österreich

Bei der Wiedereinreise nach Deutschland bzw. Österreich direkt aus der Türkei oder Staaten, die nicht der Europäischen Union (EU) angehören, sind 1,5 kg Kaffee oder 1,5 kg Pulverkaffee und 500 g Tee sowie bis zu 5 Flaschen Kölnisch Wasser (à 120 ml), Lavendelwasser, Parfüm oder Essenz (höchstens 600 ml Gesamtmenge) zollfrei. Personen über 18 Jahre dürfen ferner 1 Flasche Alkohol (à 100 cl) oder 2 Flaschen à 70 bzw. 75 cl und 400 Zigaretten oder 150 Zigarillos oder 10 Zigarren oder 200 g Tabak zollfrei einführen..

Schutzimpfungen

Impfungen sind nicht vorgeschrieben; man informiere sich jedoch vor der Abreise aus dem Heimatland über Vorsorgemaßnahmen. Impfschutz gegen Tetanus, Diphtherie, Polio und Hepatitis A, bei Langzeitaufenthalt über 4 Wochen oder besonderer Exposition auch gegen Hepatitis B, Tollwut und Typhus wird bei Reisen ins Landesinnere empfohlen. Für Reisen in die Gegend von Adana empfiehlt sich eine Malariaprophylaxe.

Reiseversicherungen

Krankenversicherung

Die Türkei hat mit Deutschland, Österreich und der Schweiz ein Sozialversicherungsabkommen abgeschlossen. Über den Anspruch auf Sachleistungen im Einzelnen informieren die heimatlichen

Krankenkassen; sie stellen auch entsprechende für die Türkei gültige Krankenscheine aus. Empfehlenswert ist der Abschluss einer privaten Auslandskrankenversicherung. In manchen Fällen – beispielsweise für Krankenrückholdienste (Luftrettungsdienste ▶Notdienste) – ist der gesonderte Abschluss einer Kurzzeit-Zusatz- und Unfallversicherung ratsam.

Auskunft

▶ WICHTIGE ADRESSEN

TÜRKISCHE FREMDENVERKEHRSÄMTER

▶ **In Deutschland**
Baseler Str. 35
D-60329 Frankfurt am Main
Tel. (069) 23 30 81
Fax 23 27 51
info@reiseland-tuerkei-info.de
www.reiseland-tuerkei-info.de

Tauentzienstr. 7
D-10789 Berlin
Tel. (030) 214 37 52
Fax 2 14 39 52
www.reiseland-tuerkei-info.de

Karlsplatz 3
D-80335 München
Tel. (089) 59 49 02
Fax 550 41 38
www.reiseland-tuerkei-info.de

▶ **In Österreich**
Singerstr. 2 / 8
A-1010 Wien
Tel. (01) 5 12 21 28
Fax 5 13 83 26
office@turkinfo.at
www.turkinfo.at

▶ **In der Schweiz**
Stockerstr. 55
CH-8002 Zürich
Tel. (044) 2 21 08 10
Fax 212 17 49
www.tuerkei-info.ch

TÜRKISCHE BOTSCHAFTEN

▶ **In Deutschland**
Botschaft der
Türkischen Republik
Rungestraße 9
D-10179 Berlin
Tel. (0 30) 27 58 50
Fax 27 59 09 15
www.tuerkischebotschaft.de

▶ **In Österreich**
Botschaft der
Türkischen Republik
Prinz-Eugen-Straße 40
A-1040 Wien
Tel. (01) 50 57 33 80
Fax 505 36 60
tuerkische-botschaft@chello.at

▶ **In der Schweiz**
Botschaft der
Türkischen Republik
Lombachweg 33
CH-3006 Bern
Tel. (031) 359 70 70
Fax 352 88 19
www.tr-botschaft.ch

DIPLOMATISCHE VERTRETUNGEN IN DER TÜRKEI

▶ **Botschaft der Bundesrepublik Deutschland**
Atatürk Bulv. 114
06540 Kavaklidere, Ankara
Tel. (0312) 455 51 00
Fax 455 53 37
www.ankara.diplo.de

Generalkonsulat Istanbul
Inönü Cad. 16 – 18
Gümüşsuyu-Taksim
34431 Istanbul
Tel. (0212) 334 61 00
Fax 249 99 20
www.istanbul.diplo.de

Generalkonsulat Izmir
Atatürk Caddesi 260
35220 Izmir
Tel. (0232) 488 88 88
Fax 488 88 74
www.izmir.diplo.de

▶ **Österreichische Botschaft**
Atatürk Bulv. 189
06680 Ankara
Tel. (0312) 419 52 23
Fax 418 94 54
www.aussenministerium.at/ankara

Generalkonsulat Istanbul
Köybaşı Caddesi 46
34464 Yeniköy, Istanbul
Tel. (0212) 363 84 10
Fax 262 26 22
www.aussenministerium.at/istanbulgk

▶ **Schweizer Botschaft**
Atatürk Bulv. 247
06692 Kavaklidere, Ankara
Tel. (0312) 457 31 00
Fax 467 11 99
www.eda.admin.ch/turkey

Generalkonsulat Istanbul
1. Levent Plaza, A-Blok Kat. 3
Büyükdere Cad. 173
34394 Levent, Istanbul
Tel. (0212) 283 12 82
www.eda.admin.ch/istanbul

INTERNET

▶ **www.antalya.de**
Umfangreiche Website über Antalya und die Türkische Riviera mit Infos über Hotels, Sport und Aktivitäten, deutschsprachige Ärzte etc.

▶ **www.exploreturkey.com**
Ausführliches Reiseportal über die Küstenregion der Türkei (engl.).

▶ **www.mymerhaba.com**
Großes deutschsprachiges Webportal der Türkei mit Veranstaltungskalender und vielen Tipps und Adressen.

▶ **www.ratgeber-tuerkei.de**
Umfassende Informationen über Land und Leute, Sprache, Wirtschaft, Geschichte und Kultur der Türkei.

▶ **www.tuerkei4u.de**
Website des Kulturkreises für internationalen Tourismus in Frankfurt / Main mit ausführlichen praktischen Informationen sowie Beiträgen zu Sitten und Gebräuchen, zur Wirtschaft und zu einzelnen Reisezielen.

▶ **www.turizm.gov.tr**
Website des Kultur- und Tourismus-Ministeriums mit umfangreichen Infos zur Archäologie, Musik, Literatur und Kunst des Landes; u. a. werden die bedeutendsten Museen der Türkei vorgestellt.

Badestrände

Große Auswahl an Badestränden

Insbesondere die vielen buchtenreichen Küsten der Türkei garantieren einen herrlichen Badeurlaub. Groß ist die Auswahl an Badesträngen (feinsandig, grobsandig; Kiesstrände), die meist in einer landschaftlich sehr eindrucksvollen Umgebung liegen.

Badesaison herrscht an der südägäischen Küste und am Mittelmeer von Anfang April bis Ende Oktober, am Marmarameer und an der nordägäischen Küste von Juni bis September. Antalya, Alanya und Dalaman sowie Side und Kemer in der Südtürkei werden auch im Winter als Badeziele aufgesucht.

FKK

Freikörperkultur würde gegen die strengen moralischen Grundsätze der Muslime verstoßen und ist nicht erlaubt. Für Frauen ist auch Baden oder Sonnen »oben ohne« nicht üblich.

Der Hillside Beach Club bei Fethiye an der Südküste

Badeplätze

Zu den schönsten Badeplätzen an der Südküste des Marmarameeres zählen der Sandstrand von Yalova, der etwas steinige Strand von Gemlik, das inmitten einer überaus reizvollen Landschaft liegt, ferner Tirilye, Eşkel mit geschütztem feinsandigem Strand, die kleine Hafenstadt Bandırma mit flachem, allerdings nicht windgeschütztem Sandstrand, sowie das hübsch auf einer Halbinsel gelegene Städtchen Erdek und Tatlısu mit windgeschütztem Sandstrand. Auch auf dem Eiland Büyük Ada (Prinzeninseln) sowie auf den Inseln Avşar und Marmara gibt es schöne Strände. An der Nordküste des Marmarameeres sind Tekirdağ und der Ort Silivri mit seinem langen Sandstrand zu erwähnen.

Marmarameer

> ### *i* Die schönsten Strände
>
> - **Kalamaki-Strände**
>   Zu den schönsten Stränden in der Ägäis zählen die Kalamaki-Kiesstrände im Nationalpark Samsun Dağı südlich von Kuşadası (s. Kuşadası/Umgebung).
> - **Ölüdeniz**
>   Die Traumlagune der Türkei – wunderschön, aber stets hoffnungslos überlaufen (s. Fethiye, Umgebung).
> - **Patara**
>   Ein 8 km langer Dünenstrand in der Nähe von Xanthos, der nachts wegen der Schildkröten geschlossen wird (s. Baedeker Tipp, S. 387).
> - **Incekum**
>   Einer der schönsten Strände an der Türkischen Riviera, 19 km westlich von Alanya (s. Baedeker Tipp, S. 158).

Reizvolle Badeplätze finden sich auch in der **ägäischen Küste**. Dazu gehören Çanakkale an der engsten Stelle der Dardanellen mit Badesträndern in Çamlık Intepe, ferner die Inseln Gökçeada und Bozcaada südlich der Dardanellen, schließlich der Küstenabschnitt entlang dem Golf von Edremit an der Nordseite, Ören bei Burhaniye im Inneren sowie Ayvalık an der Südseite mit zahlreichen vorgelagerten Inselchen und Kiefernwald in Strandnähe. Die besten Strände in der weiteren Umgebung von Izmir findet man am Westende der Halbinsel Çeşme, besonders bei Ilıca. Ausgedehnte Strandpartien bietet Kuşadası mit etlichen Feriendörfern; dann Altınkum (südlich von Didyma), die Bodrum-Halbinsel mit mehreren schönen Strandbuchten und vorzüglichen Tauchrevieren, die geschützte Bucht von Marmaris sowie Fethiye mit Stränden an den nahen Küsten, auf den Buchtinseln und an der traumhaften Lagune Ölüdeniz.

An der Mittelmeerküste hat vor allem der von einer prächtigen Bergkulisse umrahmte Golf von Antalya wegen der langen Strände an der Westseite zwischen Çamyuva bzw. Kemer und Antalya sowie bei Antalya selbst touristisch an Bedeutung gewonnen. Weiter östlich bilden Manavgat (Side) und Alanya mit ausgedehnten Stränden Schwerpunkte für Badeurlauber, während der Abschnitt jenseits von Alanya bis Silifke, wo nicht mehr Sand-, sondern Kiesstrände vorherrschen, noch nicht so intensiv erschlossen, jedoch bis Mersin durchaus attraktiv ist.

Südküste

Mit Behinderung unterwegs

⏵ BEHINDERTENREISEN

▶ **BSK-Reise-Service**
Reisedienst des Bundesverbands Selbsthilfe Körperbehinderter
Altkrautheimer Str. 20
D-74238 Krautheim
Tel. (062 94) 42 81 50
E-Mail: reiseservice@bsk-ev.org
www.bsk-ev.org

▶ **Verband aller Körperbehinderten Österreichs**
Schottenfeldgasse 29, 2. Stock
A-1070 Wien
Tel. (01) 914 55 62
E-mail: info@vakoe.at

▶ **Bundesarbeitsgemeinschaft der Clubs Behinderter und ihrer Freunde e.V.**
Langenmarckweg 21
D-51465 Bergisch Gladbach
Tel. (022 02) 989 98 11
www.bagcbf.de

▶ **Mobility International Schweiz**
Froburgstr. 4
CH-4600 Olten
Tel. (062) 206 88 35
Fax 206 88 39
www.mis-ch.ch

Elektrizität

Das Stromnetz führt überwiegend 220 Volt, in einigen Gegenden 110 Volt Wechselspannung mit einer Frequenz von 50 Hertz. Spannungsabfall tritt häufig auf. Gebräuchlich sind die auch in Deutschland und Österreich verwendeten zweipoligen, runden Stecker.

Erleben · Urlaub aktiv

Langeweile kommt nicht auf
Die Türkei wird in erster Linie wegen ihrer Strände sowie ihrer antiken Stätten und orientalischen Prachtbauten besucht. Doch nicht nur Badehungrige und Bildungsbeflissene kommen in der türkischen Republik auf ihre Kosten, das Land kann auch denen viel bieten, die Sport, Spaß und Erlebnisse suchen.

Zuschauersportarten
Es finden Segelwettkämpfe in Marmaris und Triathlon in Alanya statt, man hat aber auch die Möglichkeit, bei der Austragung typisch türkischer Sportarten zuzusehen, wie beim Kameleringen in Selçuk und der Gulet-Regatta in Bodrum (▶Feiertage, Feste und Events).

Zunehmender Beliebtheit erfreuen sich **Jachtreisen** entlang den buchten- und inselreichen türkischen Küsten der Ägäis und des Mittelmeeres. Hierzu dienen meist in der Türkei neu gebaute Motorsegeljachten in der traditionellen Bauweise der Holzschiffe von Bodrum und Marmaris, die von einer einheimischen Crew geführt werden und bis zu 16 Personen an Bord nehmen und verpflegen. An der Küste zwischen Çeşme und Antalya lohnt zwischen April und Oktober die beliebte einwöchige »**Blaue Reise**« (Mavi Yolculuk ▶ Baedeker Special, S. 200). Auf den Motorseglern – »gulets«, traditionellen türkischen Segeljachten aus Holz – finden Reisegruppen mit 8 bis 12 Personen Platz. Eine beson-

i Erbauliches fürs Auge

- Vogelbeobachtung
  Wunderschön lassen sich Vögel im Nationalpark Kuceneti bei Bandırma beobachten (s. Nationalparks und s. Erdek, Umgebung)
- Jeepsafaris
  Immer beliebter Jeepsafaris werden ein- oder mehrtägige Jeepsafaris ins bergige Hinterland der Tourismuszentren (u. a. Bodrum, Marmaris, Kemer). Man kann einen Jeep mit Fahrer mieten, oder man fährt selbst. Auch Gruppentouren werden angeboten.
- Varietees
  Sehr beliebt sind Varietee- und Kabarett-Shows, die auch traditionelle Musik und Bauchtanz enthalten können. Gute Shows findet man in den Großstädten. Abendessen und Show kosten ab 50 € aufwärts.

ders breitgefächerte Palette an Jachten aller Art steht in Marmaris zur Verfügung; äußerst lohnend ist eine Fahrt von Marmaris in Richtung Bodrum, wo die »Blaue Reise« entstanden ist.

Angeboten werden ferner Bahnfahrten mit Dampflokomotiven (▶ Verkehr, Mit der Bahn). **Dampflokomotiven**

Ein Genuss für Leib und Seele ist ein Bad in einem Hamam, einem türkischen Bad (▶Baedeker Special, S. 78). **Türkisches Bad**

Zunehmend beliebt in der Türkei sind naturkundliche Ausflüge. In einigen der zahlreichen Höhlen Anatoliens – z. B. in der Kocain Mağarası, einer der weltweit größten natürlichen Grotten (▶ Antalya, Umgebung) – haben Höhlenwanderer ihre helle Freude; und in Naturschutzgebieten und Nationalparks (▶S. 101) finden Hobbyvogelkundler ein Eldorado vor. **Naturkundliche Ausflüge**

In vielen Küstenorten werden z. T. riesige Erlebnis- und Spaßbäder betrieben. Das größten Erlebnisbad der Türkei, der Aquapark Dedeman, wartet in Bodrum auf große und kleine Wasserratten (▶Baedeker Tipp, S. 197). **Erlebnis- und Spaßbäder**

Ferienorte und größere Städte verfügen über Diskotheken, türkische Nachtclubs verwöhnen die Gäste mit bunten Programmen, vor allem in Istanbul u. a. mit Bauchtanz. Aber auch Freunde westlicher klassischer Musik kommen auf ihre Kosten, wenn das Staatliche Symphonieorchester, Staatsoper und Ballett unter Leitung namhaf- **Nightlife**

◀ weiter auf S. 81

REINIGUNG UND ENTSPANNUNG PUR

Der Hamam, das türkische Bad, verkörpert eine uralte Tradition in der Türkei. Der Besuch dieser Badeanstalt bedeutet Erlebnis und Entspannung für Körper und Geist.

Obwohl das private Badezimmer inzwischen seinen Siegeszug durch den Vorderen Orient angetreten hat, ist der Hamam, das türkische oder orientalische Bad, für viele Türken, egal welcher Schicht sie angehören, ein wichtiger Bestandteil ihres Lebens: Schmutz und Gift ausschwitzen, sich die Haut schrubben lassen und dann, heiß gebadet, in ein Tuch eingewickelt, dem Plätschern des Wassers in kleinen Springbrunnen lauschen und schwarzen Tee genießen. Man erfüllt damit nicht nur die Reinigungsvorschriften des Islam, hier findet man auch Ruhe und Entspannung, was Männer am Feierabend nach getaner Arbeit mögen, oder man pflegt Kontakte bzw. plaudert über Gott und die Welt, wie es Frauen lieben, die meist zu mehreren das Bad aufsuchen und hier oft den ganzen Tag verbringen.

Historische Hamams

Der Hamam geht auf das römische Thermalbad und ähnliche Einrichtungen der byzantinischen Zeit zurück. Die ersten Hamams entstanden im 8. Jh. am Jordan und tauchten dann in Jordanien, Syrien und vor allem in der Türkei auf. Die traditionellen Badeanstalten gehörten in der Regel zu einem Komplex, der sich in osmanischer Zeit aus Moscheen, Medresen und Bibliotheken zusammensetzte, weshalb sie sich häufig in kuppelgeschmückten alten Gebäuden befinden. Mehr als 150 solcher öffentlichen Bäder gab es im 18. Jh. in Istanbul. Da nach Atatürks Staatsgründung kaum neue Hamams gebaut wurden, stammen die meisten für den Publikumsverkehr geöffneten Badehäuser aus historischer Zeit, wie unschwer an den – bedingt durch den häufigen Gebrauch – stumpf gewordenen Marmorfußböden und -wänden bzw. teilweise abgeplatzten blauen Kacheln zu erkennen ist.

Getrennt und nie völlig entblößt

Der Hamam ist entweder zu unterschiedlichen Zeiten für Männer oder Frauen geöffnet – die Vormittage sind in der Regel den Frauen und die Nachmittage den Männern vorbehalten, bzw. die Frauen besuchen das Bad tagsüber, und die Männer

Das tut richtig gut: eine Massage im Hamam.

kommen abends – , oder er verfügt über zwei nach Geschlechtern getrennte Abteilungen mit jeweils eigenen Eingängen, wobei »Kadınlar« für Frauen und »Erkeler« für Männer steht. Trotz der Geschlechtertrennung zeigt man sich im Hamam nie völlig entblößt. Frauen entkleiden sich bis auf den Slip, der dann nass wird (also Wechselwäsche mitbringen), Männer wickeln ein Baumwolltuch um die Hüften – selbst beim Waschen wird der Schambereich nie entblößt. In den touristischen Ballungszentren an der türkischen West- und Südküste gibt es auch Hamams in Hotels oder Fitnessstudios, wo gemischtes Publikum akzeptiert wird. Dieses Angebot nehmen allerdings nur Touristen wahr; schon allein deswegen erlebt man hier nicht das orientalische Leben in seiner ganzen Exotik, wie es im echten Hamam typisch ist.

Porentief rein

Beim Besuch eines Hamam durchläuft man mehrere Räume, deren jeweilige Temperatur langsam gesteigert wird, um den Kreislauf des Gastes nicht zu sehr zu belasten. Betritt nun der Badegast einen Hamam, so kommt er zunächst in den Çamekân, den Vorraum. Hier befinden sich die Kasse sowie der Umkleide- und Ruhebereich, hier wird er von den Helfern in Empfang genommen und in die Geheimnisse des Bades eingewiesen. Die Kleider werden in einem kleinen Korb oder Fach abgelegt; Wertgegenstände sollte man an der Kasse zur Aufbewahrung geben. Badehelfer reichen die Takunya (Badeschuhe) sowie zwei weiße oder rot-weiß gemusterte Peştemal (Lendenschurz oder Badetuch). Man wickelt sich einen Peştemal um die Hüften und nimmt das zweite Tuch mit sich. Dann betritt man den Soğukluk, jenen Durchgangsraum, in dem sich die Toiletten befinden und Gelegenheit zur Rasur besteht (Türken rasieren im Hamam auch Achsel- und Schamhaare). In dem recht warmen Raum gewöhnt man sich langsam an die im Hamam herrschenden Temperaturen. Durch ein hölzernes Tor gelangt man in den Hararet, den Hauptraum des Badehauses. Dieser ist meist recht groß, mehreckig oder rund und von einer hohen Kuppel mit kreis- und sternförmigen Luftschlitzen überwölbt, durch die gebündelte Lichtstrahlen in den dunstverhangenen Raum einfallen. Wände und Böden sind mit Marmor belegt, auch der mitten im Raum und unter der Kuppel stehende Göbektaşı (Bauchstein) ist aus einem Marmorblock gearbeitet. Auf diesem von unten beheizten, kniehohen Podest streckt sich der Gast mit dem Peştemal um die Hüfte zum Schwit-

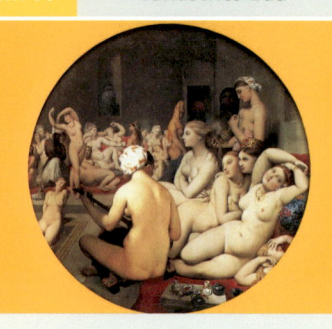

Europäische Fantasien über den Orient:
Jean Auguste Dominique Ingres´ 1862 entstandenes Gemälde »Das Türkische Bad«, das sich heute im Louvre in Paris befindet.

zen aus, und hier verrichtet auch der Masseur seine Arbeit. Ein Schwimmbassin sucht man im Türkischen Bad meist vergeblich, denn die islamischen Reinigungsvorschriften verlangen fließendes Wasser. An den Wänden befinden sich Kammern zum intensiven Schwitzen sowie Nischen, in denen das Bedienungspersonal, der Tellak für männliche Kunden und die Natır für weibliche Gäste, zur Verfügung steht. Der Gast lässt sich in einer solchen Nische nieder und beginnt sich zu waschen, indem er mit Hilfe einer Schöpfkelle aus Metall (tas) abwechselnd warmes und kaltes Wasser aus den Wasserhähnen bzw. stets übersprudelnden Becken auffängt, sich damit begießt und sich anschließend einseift (Schöpfkelle und Seife erhält man gegen eine kleine Gebühr meist bereits am Eingang). Man kann sich aber auch vom Bedienungspersonal von Kopf bis Fuß schrubben lassen, wobei der Schambereich des / der Anvertrauten nicht angetastet wird. Der Badehelfer benutzt einen Kese, einen rauen Frottierhandschuh, mit dem die alte Haut abgerubbelt wird, und sehr viel Seife. Er geht in der Regel recht forsch ans Werk, bis sämtliche Poren von Schmutz und Schweiß gereinigt sind. Immer wieder gießt er mit einer Schöpfkelle Wasser – von anregend kühl bis wohlig warm, was die Durchblutung des Körpers anregt – über seinen Gast und spült sorgfältig den Seifenschaum ab.

Wohlige Massage

Auf Wunsch des Badegastes kann eine Massage auf dem Göbektaşı folgen, wo der Bademeister zwar mit viel Kraft, aber dennoch behutsam den gesamten Körper seines Kunden bearbeitet – und dieser sich hernach wie ein neuer Mensch fühlt. Nach der wohlig-schmerzhaften Massage entspannt sich der Gast noch einige Zeit auf dem Marmorblock, um dann mit dem zweiten Peştemal in seine Ruhekabine zu gehen. Dort wird er auf Wunsch abgetrocknet, bekommt Tücher um Kopf und Schultern gelegt und ein Gläschen Çay (schwarzer Tee) gereicht. Auf einer Liege ruht man sich anschließend vom anstrengenden Schwitzbad und von der Massage mindestens eine halbe Stunde aus.

Trinkgeld nicht vergessen!

Im Çamekân, wo sich der Gast wieder ankleidet, stellen sich der Bademeister und seine Gehilfen in Reih und Glied auf, erkundigen sich nach der Zufriedenheit des Gastes und wünschen – nach Erhalt des Bahşiş (Trinkgeld) – mit vielen Gesten ein »Sihhatlar olsun« (Wohl bekomm's) zum Abschied.

Essen und Trinken

ter türkischer und ausländischer Dirigenten und Regisseure die Werke berühmter in- und ausländischer Komponisten in Istanbul und Izmir aufführen.

Essen und Trinken

Türkische Küche

Geehrt fühlen darf sich, wer auf dem Lande »Glocken des Glücks«, gegrillte Hammelhoden, oder Marzipan aus dem Fett von Schafsschwänzen, Helva, serviert bekommt. Die Türken lieben Schaffleisch; zuweilen kommen selbst die Köpfe, gesotten mit bleckenden Zähnen, auf den Tisch. Doch solche Gerichte werden ausländischen Gästen in den seltensten Fällen vorgesetzt. Ansonsten vermag die türkische Küche Feinschmecker aus den westlichen Ländern durchaus zufrieden zu stellen, scheinen doch manche Köstlichkeiten direkt aus der Palastküche zu kommen; aber auch die landestypischen Gerichte sind für Mitteleuropäer gut verträglich und selten übermäßig gewürzt. In der Türkei werden vorwiegend Hammel- und Lammfleisch sowie Geflügel serviert, aber erstaunlich vielfältig ist die Zubereitungsarten einzelner Nahrungsprodukte. Für die Aubergine, das **»Fleisch des armen Mannes«**, gibt es über 40 Zubereitungsarten. Überhaupt Gemüse: Die Türken sehen sich selbst als Weltmeister im Gemüseverbrauch! Die Komposition von Fleisch und Gemüse wird aber meist nicht durch Soßen ergänzt, sondern in der Regel durch Tomaten, Zwiebeln und frische Petersilie oder Paprika. Es werden also kaum tierische Fette benutzt, auch Kräuter und Gewürze verwendet man eher sparsam, um zu verhindern, dass der Eigengeschmack der Zutaten unter exotischen Würzmischungen verschwindet. Im Allgemeinen isst man in der Türkei auch nicht sehr scharf. Zubereitet werden viele türkische Gerichte mit Olivenöl. Doch das heißt noch lange nicht, dass alle Speisen in Öl schwämmen – zumindest nicht in der guten türkischen Küche. Auch ist die türkische Küche keine Knoblauch-Küche! Zwar spielt das Zwiebelgewächs durchaus eine wichtige Rolle und wird vor allem wegen seiner gesundheitlichen Bedeutung in der Türkei hoch geschätzt, doch verwendet man es beim Würzen eher sparsam und auch nur in einigen Gerichten; man weiß um seine Wirkung auf die Umwelt. Vom Propheten Mohammed ist überliefert, dass er aus Rücksicht auf seine Mitmenschen auf Knoblauch und Zwiebeln ganz verzichtete.

Weltmeister im Gemüseverbrauch

In der Regel besteht das Frühstück (kahvalti) aus Weißbrot, Butter, Käse, Tomaten, Gurken, Oliven, Marmelade, Honig, Tee und / oder (Pulver-)Kaffee. In den Hotels der höheren Kategorien bietet ein Frühstücksbuffet eine reichhaltigere Auswahl.

Frühstück

Leckerer Straßensnack für zwischendurch

Vorspeisen (Meze) Ein wichtiger Bestandteil der türkischen Küche sind die Vorspeisen (Meze). In der klassischen türkischen Küche waren 20 bis 30 solcher Appetitanreger durchaus normal – von Sultan Mahmut (Baedeker Special, S. 96) heißt es, er habe des Öfteren 72 Meze auftischen lassen. Bekannte Vorspeisen, die erst kalt und dann warm serviert werden, sind die verschiedenen Arten der Dolma (»gefüllt«), z. B. die Biber Dolması (gefüllte Paprika), Kabak Dolması (gefüllter Kürbis), Yaprak Dolması (gefüllte Weinblätter) und Domates Dolması (gefüllte Tomaten). Andere Vorspeisen sind Zeytin (Oliven), Beyaz Peynir (Ziegenkäse), Kabak Kızartması (in dünne Scheiben geschnittene, in Öl gebratene, mit Joghurt und Essig angemachte Zucchini), Patlıcan Kızartması (gebratene Auberginenscheiben) sowie Suppen, u. a. die Düğün Çorbası (»Hochzeitssuppe«, eine mit Ei legierte und mit Zitronensaft abgeschmeckte Fleischklößchensuppe).

Suppen (Çorbalar) Zu den beliebten Suppen zählen die Işkembe-Suppe (Kuttelsuppe), die Yayla-Suppe (gebundene Reissuppe mit verrührtem Joghurt und Eigelb sowie Pfefferminzblättern) oder die Tarhana-Suppe, eine dicke Suppe aus Joghurt, Tomaten, Peperoni und Zwiebeln.

Hauptgerichte Die Hauptmahlzeit besteht meist aus Lamm- oder Hammelfleisch und in den Küstengebieten auch aus Fisch. Schweinefleisch wird aus Glaubensgründen abgelehnt, und Rindfleisch ist wegen der geringen Großviehhaltung ziemlich selten und daher teuer. Dagegen wird reichlich Geflügel angeboten.
Die bekanntesten türkischen Bratenspezialitäten sind das Şiş Kebabı (mit Zwiebeln und Tomaten am Spieß gebratene Stückchen Fleisch)

sowie das Döner Kebabı (auf senkrecht gestelltem Spieß gebratenes Lamm- oder Hammelfleisch, von dem der gare Teil jeweils in feinen Scheiben abgeschnitten wird), das Güveç (gedünstetes Fleisch mit Reis, Gemüse, Tomaten und Paprika), das Kuzu Kapama (geschmortes Lammfleisch mit Zwiebeln), das Kuzu Dolması (Lammbraten mit Reis, Rosinen und Pinienkernen gefüllt), das Çömlek Kebabı (in Gemüse gedünstetes Hammelfleisch) und das Kuzu bzw. Koyun Külbastısı (auf dem Rost am Stück gebratenes Lamm- bzw. Hammelfleisch). Unter den Geflügelgerichten ist das Çerkez Tavuğu (ein auf Tscherkessenart, d. h. in einer dicken Paprika- und Walnussbrühe serviertes Huhn) zu nennen.

? WUSSTEN SIE SCHON ...?

- Die Gabel, heute ein nicht wegzudenkendes Esswerkzeug, stammt aus Konstantinopel. In der Spätrenaissance gelangte sie nach Italien, konnte sich aber hier, wie auch später im übrigen Europa, zunächst nicht wirklich durchsetzen. Die einen betrachteten den Gebrauch der Gabel als affektiertes Getue und meinten, die Nahrung solle man mit den Fingern zu sich nehmen bzw. Messer und Löffel würden bei Tisch genügen. Von der Kirche wurde die Gabel, deren Zinken sehr stark an den Dreizack schwingenden Luzifer erinnerten, sogar als Teufelswerkzeug gebrandmarkt (Martin Luther 1518: »Gott behüte mich vor Gäbelchen.«). Erst Anfang des 18. Jh.s kam die Gabel in Adelskreisen in Mode und wurde zu einem Symbol höfischer Tischetikette.

Zu den erwähnten Hauptgerichten gibt es entweder Salat und Reis, Bulgur (grob geschroteter Weizen) oder Kartoffeln. Sehr geschätzte **Beilagen** sind u. a. Cacık (mit Joghurt, Olivenöl und Knoblauch zubereiteter Gurkensalat), Piyaz (Salat aus weißen Bohnen mit Zwiebeln), Taze Fasulya (grüne Bohnen) und Zeytinyağlı Fasulya (Bohnen in Olivenöl).

In der Türkei liebt man Süßes. Von der Wiege bis zum Grab verlangen die Türken Süßspeisen, um alle möglichen Anlässe zu feiern; so gehört, wenn man einem Freund ein Geschenk macht, immer eine Dose mit Süßigkeiten dazu. Dementsprechend reich ist die türkische Küche an Desserts und Süßspeisen. Vor allem diese Gerichte tragen – sozusagen als eine Liebeserklärung an die Frauen – oft Namen wie Dilber Dudağı (Lippen der schönen Frau bzw. Kussmündchen) und Hanım Göbeği (Frauennabel), oder sie heißen Kız Memsi (Mädchenbrüste) – nichts anderes als runde und halbmondförmige Küchlein, die in Sirup schwimmen.

Nachspeisen

Die als Nachspeise (deser) gereichten Kompotte und kuchenartigen Gebäckstücke werden häufig mit sehr viel Zucker zubereitet und sind daher weit süßer als in Mitteleuropa. Bekannte Desserts sind Kabak Tatlısı (ein mit Zucker gekochter und mit geriebenen Nüssen bestreuter Kürbis) sowie Baklava (eine mit Mandeln, Nüssen und Pistazien gefüllte und mit Zuckerwasser übergossene Pastete) und Güllaç (in Milch getauchte, mit geriebenen Mandeln gefüllte Waffeln aus Stärkemehl).

◄ weiter auf S. 87

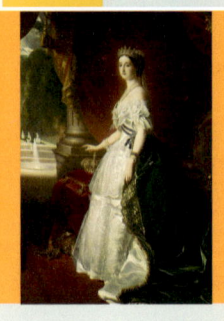

Kaiserin Eugénie (1826–1920), die Frau Napoleons III. Gemälde von Franz Xaver Winterhalter (1806–1873). Dijon, Musée des Beaux-Arts

VON NOMADEN UND PALASTKÖCHEN

Die türkische Küche ist sehr vielseitig. Im Osmanischen Reich übernahm man Rezepte aus den unterworfenen Ländern; viele Essgewohnheiten stammen auch aus der Zeit, als die Türken noch Nomaden waren. Am Hof der Sultane wurden die Speisen verfeinert, mit dem Nachkochen konnte es allerdings Probleme geben; Kaiserin Eugénie musste ohne das Rezept einer Speise, die es ihr sehr angetan hatte, nach Frankreich zurückkehren.

Von Archäologen wurde eine sumerische Tontafel, eine Art Kochbuch, entziffert. Diese listet fast alle Speisen und Gewürze auf, die in der heutigen türkischen Küche bekannt sind.

Relikte aus der Nomadenzeit

Die türkische Küche gehört zu den vielseitigsten, phantasiereichsten und köstlichsten Küchen der Welt, schließlich spiegelt sie die Ausdehnung des Osmanischen Reiches wider, das sich einst von Mittelasien bis Marokko und vom Jemen bis fast nach Wien erstreckte.

In der Küche der frühen Sultane kochte man vorwiegend nach persischem Vorbild und orientierte sich an den Kochkünsten der bis ins 13. Jh. von Bagdad aus regierenden Abbasiden. Ein Erbe aus der Nomadenzeit, als Fleisch keineswegs stets im Überfluss vorhanden war, ist der sparsame Umgang mit kostbaren Lebensmitteln. So wird Fleisch oft in kleine Würfel geschnitten, wie es die Nomadenstämme vor über tausend Jahren praktizierten. Kebap, von dem es unzählige Zubereitungsweisen gibt, heißt dieses mundgerechte Fleischgericht. Auch die Vorliebe für Innereien ist ein Relikt aus der Zeit, als die Türken noch Nomaden waren. Auf dem Land werden Gäste heute noch damit geehrt, indem man ihnen »Glocken des Glücks«, gegrillte Hammelhoden, vorsetzt; lange Nächte beendet man in Städten gern mit einem Teller Işkembe Çorbası, einer Kuttelsuppe, die auch nach dem Genuss von zu viel Rakı, dem in der Türkei allseits beliebten Anisschnaps, als bewährtes Katermittel gilt. Schließlich stammt noch Joghurt, der als Trinkjoghurt Ayran genossen wird oder zur Verfeinerung pikanter Gerichte dient, aus der längst vergangenen Nomadenzeit. Nicht aus dieser, aber aus vorislamischer Zeit stammt der Brauch, vor dem Hauptgang verschiedene Vorspeisen (meze) zu verzehren. Damals tranken Hand-

Allein der guten Küche wegen lohnt eine Reise in die Türkei.

lungsreisende vor dem Essen viel Alkohol, der mit diesen Vorspeisen neutralisiert werden sollte. Mit dem Islam verschwand im 11. Jh. – vorübergehend – der Alkohol, an den Meze aber hielt man weiter fest.

Verfeinerung am Hofe

Im Zeitalter des Osmanischen Reiches (1290 bis 1923) wurde die türkische Küche immer mehr verfeinert. Palastköche pflegten um die Gunst des Sultans zu wetteifern, und es bildeten sich in der Hauptstadt Istanbul verschiedene Kochzünfte. Während der Regierungszeit von Mehmet II., dem Eroberer von Konstantinopel, umfasste das Küchenpersonal u. a. Bäcker, Dessertköche, Köche für eingelegte Gemüse und den obersten Joghurtbereiter. Meisterköche am Hof wurden mit Ehrentiteln ausgezeichnet, Kochrezepte hütete man wie Staatsgeheimnisse. Im 16. Jh. schrieben die Hofdichter Liebesgedichte an die Küche. Es waren vor allem die Sultane, die sich oft als große Genießer zeigten. Mahmut I. (1730 – 1754) z. B. ließ, wie es heißt, nicht selten 72 Gänge auftischen. Dann wurden in den Großküchen des Topkapı-Palastes 100 Ochsen und 500 Schafe geschlachtet, rund 600 Konditoren kümmerten sich um die Desserts, und Beamte ließen Istanbuler Bäcker mit einem Ohr an die Ladentür nageln, wenn deren Brot gewogen und zu leicht befunden worden war.

Die Kaiserin war angetan

Von Hünkar Beğendi (»Der Sultan war entzückt«) zeigte sich auch einmal eine bedeutende Persönlichkeit aus dem Westen Europas begeistert. Dieses Lamm- oder Rindsgulasch, vor allem das dazu gereichte Auberginenpüree, versetzte Kaiserin Eugenie, die Frau von Napoleon III. (1808 – 1873), in Entzücken, als sie Sultan Abdülaziz in Istanbul einen Besuch abstattete. So sehr war sie von dem Püree angetan, dass sie fragte, ob man ihrem Leibkoch die Zubereitung nicht beibringen könne. Der Sultan zeigte sich einverstanden. Am nächsten Tag jedoch bat der französische Koch darum, von dieser Aufgabe befreit zu werden. Er erzählte: »Ich kam mit meinem Buch und meiner Waage zum türkischen Chefkoch, und er warf sie zum Fenster hinaus.« »Ein kaiserlicher Koch«, habe dieser gesagt, »kocht mit seinem Gefühl, seinen Augen und seiner Nase.« Tatsächlich werden in der türkischen Küche in der Regel keine Messinstrumente verwendet; entscheidend sind Gaumen, Fingerspitzengefühl und Erfahrung. Die Kaiserin jedenfalls musste ohne Rezept nach Frankreich zurückkehren.

Die türkische Küche bietet eine Vielzahl von Vorspeisen.

Löffel genügt

Bis zur Regierungszeit von Sultan Murat II. (1421 – 1451) waren Messer und Gabel fester Bestandteil des Essbestecks, seither wird oft nur der Löffel benutzt; die Speisen sind dann so klein geschnitten, dass sie allein damit bequem gegessen werden können. Kommen zu einem Gastmahl viele Leute zusammen, bringen sie häufig ihre Löffel selbst mit, falls diejenigen des Gastgebers nicht ausreichen. Deswegen wird jemand, der des Öfteren zu Gast ist, scherzhaft **»Der mit dem Löffel am Gürtel«** genannt. Mancherorts hat der Löffel auch eine besondere Bedeutung. So war es in vielen Teilen Anatoliens nicht üblich, dass junge Männer, die den Wunsch hatten zu heiraten, dies ihren Eltern offen sagten. Wenn ein junger Mann bei einer Mahlzeit eines Tages seinen Löffel mitten in die gemeinsame Speise steckte, aufstand und den Tisch verließ, dann gab er durch diese Geste seiner Familie zu verstehen, dass er heiraten, die Familie verlassen und einen eigenen Hausstand gründen wollte.

Außer Löffeln benutzt man in türkischen Haushalten höchstens eine Gabel. In größeren Restaurants wird aber selbstverständlich ein Messer mit aufgelegt. Ob Löffel oder Gabel – die Speisen werden immer mit der rechten Hand zum Mund geführt, die linke Hand bleibt mehr oder weniger beschäftigungslos. Denn Letztere gilt als unrein; mit ihr reinigt man sich auf der Toilette (dabei benutzt man kein Toilettenpapier, sondern, was viel hygienischer ist, Wasser).

Apropos Tischmanieren: Schlürfen und Schmatzen (allerdings in Maßen) ist nicht verpönt, wohl aber das Naseputzen bei Tisch. Das macht man am besten im stillen Kämmerlein, will man den Türken nicht den Appetit verderben.

Stolz, und das zu Recht, sind die Türken auf ihre Küche.

Der Nachtisch wird bereichert durch vorzügliches Obst. Bekannt sind die Erdbeeren vom Bosporus, die Feigen und Trauben aus Izmir, die Pfirsiche aus Bursa, Zitrusfrüchte von der türkischen Mittelmeerküste sowie die im ganzen Land gedeihenden Zucker- und Wassermelonen.

Getränke

An der türkischen Tafel fehlt selten der Trinkjoghurt, der unverdünnt oder mit Wasser vermischt – aber immer leicht gesalzen – als »Ayran« genossen wird und außerdem einen Bestandteil zahlreicher Gerichte bildet. Mineral- und Tafelwasser (madensuyu) sind preisgünstig und empfehlenswert, während man auf gewöhnliches Wasser und auch auf die von Straßenhändlern angebotenen offenen Limonaden besser verzichten sollte. Sehr reich ist die Auswahl an Fruchtsäften (meyva suyu); aus praktisch allen Obstsorten des Landes werden Säfte gepresst. Auch in der Dose werden überall Fruchtsäfte verkauft.

Erfrischungsgetränke

Zu den Genussmitteln unter den Getränken (►Baedeker Special, S. 296) zählen Tee, das Nationalgetränk, sowie Kaffee, Bier und im Land angebauter Wein. Unter den Touristen ist der Apfeltee (elma çayı) sehr beliebt. Neben türkischem Bier – das bekannteste im Land ist die Marke Efes – gibt es auch Biere verschiedener mitteleuropäischer Marken, die in der Türkei in Lizenz gebraut werden, darunter das dänische Tuborg. Unter den Spirituosen (alkollü içkiler) sind neben dem Anisschnaps Rakı einheimischer Kognak, Wodka und Gin zu nennen.

Genussmittel

Restaurants, Gaststätten und Straßenstände

Abgesehen von den Restaurants der besseren Hotels (in der Regel mit türkischer und internationaler Küche) findet man in den größeren Städten und an den Brennpunkten des Fremdenverkehrs eine hinreichende Auswahl von Gaststätten, in denen vorwiegend türkische Speisen angeboten werden. In den Küstenorten gibt es zahlreiche kleinere Lokale in Hafen-, Strand- oder Wassernähe, wo während der Sommersaison das Essen im Freien serviert wird. In den **Lokantas**, einfachen, über das ganze Land verstreuten Lokalen mit einheimischer Küche, kann man sich bisweilen sein Essen direkt am Herd auswählen. In den Lokantas isst die arbeitende Bevölkerung mal schnell zu Mittag oder nimmt ein frühes Abendessen ein. Hier kommen vor allem verschiedene Kebabs, lokale Pizzagerichte oder vorgekochte Speisen auf den Tisch. In diesen Lokalen wird kein Alkohol serviert. Auch in der Türkei stößt man zunehmend auf Fastfood-Ketten wie McDonalds und Burger King; Qualität und Preise liegen auf europäischem Niveau. Aromatische Düfte verbreiten die zahlreichen mobilen Straßengrillstationen. Dort werden kleine

Selbst is(s)t der Gast!

Fleischspießchen oder Spieße mit gegrillter Leber feilgeboten. Besonders in der heißen Jahreszeit sollte der Versuchung widerstanden werden, dort einen Imbiss einzunehmen. Die hygienischen Voraussetzungen sind untragbar, vielfach wird zum Waschen der Salatblätter Brunnen- oder das stark gechlorte und zum Trinken nicht geeignete Leitungswasser verwendet. Selbst vielen Einheimischen sind diese Straßenverkäufer suspekt, meist werden die Grillstationen von der ärmeren Bevölkerungsschicht frequentiert.

Feiertage, Feste und Events

Feiertage

Wöchentlicher Ruhetag Seit den Reformen Atatürks gilt in der Türkei der Sonntag und nicht mehr – wie im Islam üblich – der Freitag als Feiertag.

Offizielle Feiertage
1. Januar (Neujahr)
23. April (Unabhängigkeitstag und Tag der Kinder)
1. Mai (Tag der Arbeit und Solidarität)
19. Mai (Tag der Jugend und des Sports, Atatürk-Gedenktag; meist auf zwei bis drei Tage ausgedehnt)
30. August (Nationalfeiertag: Sieg im türkisch-griechischen Unabhängigkeitskrieg 1922)
29. Oktober (Gründungstag der Türkischen Republik 1923)

Besondere Feiertage

Der Ramadan (türk.: Ramazan) ist der Fastenmonat der Muslime, in dem 30 Tage lang von Sonnenaufgang bis Sonnenuntergang nicht gegessen, getrunken oder geraucht werden darf. Jedes Jahr verschiebt sich der Ramadan um zehn bis elf Tage nach vorn gemäß dem islamischen Kalender (Mondkalender). Der 24. Tag des Fastenmonats ist ein Feiertag. Im Jahr 2011 beginnt der Ramadan am 1. August; im Jahr 2012 am 21. Juli.

Ramadan

Mit dem dreitägigen Zuckerfest, dem Fest des Fastenbrechens, (türk.: Ramazan Bayramı), bei dem man den Kindern Süßigkeiten schenkt, endet der Ramadan. Im Jahr 2011 beginnt das Zuckerfest am 30. August; im Jahr 2012 am 19. August.

Ramazan Bayramı

Das Opferfest (Kurban Bayramı), das bedeutendste religiöse Ereignis in der Türkei und in etwa vergleichbar mit dem christlichen Oster- oder Weihnachtsfest, ist ein viertägiges Fest (Tag der Geburt Mohammeds), an dem in Erinnerung an das Opfer des propheten Ibrahim (Abraham) Schafe geschlachtet und Teile davon an Freunde, Nachbarn und Arme verteilt werden. Auch das Opferfest verschiebt sich jedes Jahr um elf Tage nach vorn. Im Jahr 2011 beginnt es am 6. November, 2012 am 25. Oktober.

Kurban Bayramı

Die Geschäfte und Museen bleiben an den drei Tagen des Zuckerfestes sowie an den vier Tagen des Opferfestes geschlossen. Die Ausflugsziele sind an diesen Tagen überfüllt.

Hinweis

FESTKALENDER

JANUAR

▶ **Kameleringen in Selçuk**
In den Ruinen des Stadions von Ephesus abgehaltene Kämpfe zwischen Kamelbullen, die sich nun in der Brunftzeit befinden. Für die männlichen Kamele, die um die Gunst einer Kamelstute kämpfen, enden die Rangeleien nur mit blauen Flecken.

MÄRZ

▶ **Dardanellen-Siegesfeiern in Çanakkale**
Feiern anlässlich des türkischen Sieges über die Alliierten (1915) mit Musik, Tanz und Paraden.

MÄRZ/APRIL

▶ **Internationales Filmfestival in Istanbul**
Veranstaltet werden die Filmwochen in den Lichtspielhäusern von Beyoğlu.

APRIL

▶ **Mesir-Fest in Manisa**
Vor der Sultan Camii werden Bonbons aus einer nach einem Rezept des 16. Jh.s hergestellten Paste (mezir) in die Menge geworfen. Diese Paste heilte damals die Stifterin der Sultan-Moschee, die Frau des amtierenden Sultans, von einer Krankheit

und soll heute vor allen möglichen Krankheiten sowie Insekten- und Schlangenbissen schützen.

▶ Internationales Efes Kültür Festivali in Selçuk
Theater- und Folkloreaufführungen unter freiem Himmel im antiken Theater.

MAI

▶ »Goldener Granatapfel« in Kemer
Wettkampf im türkischen Traditionssport Ringen. Im Rahmenprogramm gibt es auch Volksmusik-Einlagen (s. auch Juni).

▶ Tyatro Bienali in Istanbul
Theater-Biennale mit klassischem, aber auch Tanz- und Straßentheater. Deutsche Regisseure und Choreografen zeigen hier ebenfalls ihr Können. Alle zwei Jahre in der zweiten Maihälfte.

▶ Internationales Jachtfestival in Marmaris
Regatten und Kulturprogramm im Jachthafen vom 8. bis 14. Mai; zugleich Eröffnung der Saison..

▶ Festivali in Silifke
Internationales Musik- und Folklorefestival.

▶ Musikfestival von Kuşadası
Pop-, Jazz- und Folksänger aus aller Welt.

MAI/JUNI

▶ Bergama-Festival
Ende Mai / Anfang Juni gibt's neben archäologischen Fachtagungen u. a. Aufführungen von Folkloregruppen aus der ganzen Türkei, Paraden und ein Schlagerfestival.

JUNI

▶ Oper- und Ballettfestival in Aspendos
Von Juni bis August: Klassisches Musikfestival in der neu errichteten »Aspendos Arena«, einem Freilufttheater für 4500 Zuschauer nahe dem antiken römischen Theater.

▶ »Goldener Granatapfel« in Kemer
Unter demselben Namen wie im Mai findet im Juni ein Internationales Festival mit Konzerten und zahlreichen Wettbewerben – von der Gastronomie bis zum Schachspiel – statt.

▶ Triathlon in Alanya
Wettbewerb für harte Sportler in den Disziplinen Schwimmen, Laufen und Radfahren.

▶ Festival von Marmaris
Kulturfestival mit Konzerten, Theater und Wassersport

▶ Müzik Festival in Foça
Musik-, Folklore- und Wassersportfestival.

JUNI – JULI

▶ Internationale Kultur- und Kunstfestspiele in Istanbul
Künstler von Weltrang aus Oper, Theater und Ballett treten auf den zahlreichen Bühnen der Stadt auf.

JULI

▶ Tag der Marine
Der Feiertag am 1. Juli hat mehr symbolischen Charakter. Er erinnert an das Ende der Handelskonzessionen, die europäischen Mächten während der Osmanenzeit ab dem 16. Jh. gewährt wurden.

▶ Internationales Kultur- und Kunstfestival in Bursa
Insbesondere Folkloreveranstaltungen im Kulturpark, darunter die berühmten Säbel- und Schildtänze.

▶ Meerfeierlichkeiten und Internationales Musikfestival in Çeşme
Musikalische Aufführungen und Theaterdarbietungen im Amphitheater.

Mädchen-Musikkorps in Bodrum

▶ Tourismus- und Kulturfestival in Iskenderun
Internationale Festspiele mit Folkloreveranstaltungen.

▶ Uluslararası in Istanbul
Jazzfestival, das in Clubs des Stadtteils Beyoğlu über die Bühne geht, und bei dem schon viele Größen des Jazz, Pop und Rock aus aller Welt aufgetreten sind.

AUGUST

▶ Troia-Festspiele in Çanakkale
Folklore in Troia mit musikalischen Darbietungen und Theateraufführungen sowie einem Schönheitswettbewerb nach homerischem Vorbild (Urteil des Paris).

AUGUST – SEPTEMBER

▶ Internationale Messe in Izmir
Industriemesse in den Messehallen des Kültür Parkı (größte Wirtschaftsmesse der Türkei) mit vielen Kulturevents. Zahlreiche türkische Sänger und Sängerinnen treten auf.

SEPTEMBER

▶ Internationales Festival Bodrum
Größtes kulturelles Ereignis an der Ägäisküste mit Kunst, Musik und Folklore (erste Septemberwoche).

▶ Altın Portakal in Antalya
Internationaler Filmwettbewerb »Goldene Orange« von Mitte bis Ende September.

▶ Kultur- und Kunstfestival Mersin
Festspiele, die für jeden Museumsfreund etwas bieten.

▶ Tangofestival in Marmaris
Bei dem sechstägigen Festival in der zweiten Septemberwoche tanzen Paare unter Anleitung von Profis.

SEPTEMBER – OKTOBER

▶ Kunst-Biennale in Istanbul
Eine der bedeutendsten Gegenwartskunstausstellungen in Europa, die nur alle zwei Jahre stattfindet (2011, 2013...).

▶ Akdeniz Müzik Festivali Antalya
Internationales Musikfestival in Antalya.

▶ Altın Koza Adana
Filmfestival, auch mit internationalen Beiträgen, in Adana.

OKTOBER

▶ Internationales Gulet-Festival

Die einzige internationale Regatta der typisch türkischen Holzjachten, der »gulets«, findet jedes Jahr vom 26. bis 28. Oktober in dem nahe Marmaris gelegenen Hafenstädtchen Bozburun statt.

NOVEMBER

▶ Internationale Woche der Jacht-Wettrennen in Marmaris

Hunderte von Seglern aus aller Welt geben sich in der ersten Novemberwoche in Marmaris ein Stelldichein.

▶ Efes Pilsen Bluesfestival in Istanbul

Bei dem Bluesfestival, das die Brauerei Efes veranstaltet, treten vor allem US-Künstler auf.

DEZEMBER

▶ Internationales St.-Nikolaus-Symposium in Demre

Von Theologen und Amateurhistorikern abgehaltenes, weltweit einziges Symposium über den heiligen Nikolaus. Im Rahmenprogramm gibt es Tänze, Konzerte und andere kulturelle Veranstaltungen sowie christliche Gottesdienste.

Geld

Währungsreform Im Jahr 2005 wurde die **Neue Türkische Lira** (Yeni Türk Lirası; TRY) eingeführt, um sich von der inflationsgeplagten alten Türkischen Lira zu lösen. Obwohl keine Auf- oder Abwertung der Währung stattfand, hat sich der Kurs der Neuen Türkischen Lira stabilisiert. Zugleich war die Währungsreform auch Ausdruck der Reformbemühungen der Türkei, um die Kriterien einer möglichen EU-Mitgliedschaft zu erfüllen.

Ab dem 1. Januar 2009 wurde wieder die **Türkische Lira** eingeführt, wobei bei den Scheinen und Münzen lediglich das Wort »neue« (türk.: yeni) fehlt.

2009 waren sowohl die Türkische Lira als auch die Neue Türkische Lira gültig, Letztere aber nur bis Ende 2009, die allerdings bis Ende 2019 bei allen türkischen Banken in die Türkische Lira umgetauscht werden kann. Im Umlauf befinden sich Banknoten zu 1, 5, 10, 20, 50 und 100 TRY sowie Geldmünzen zu 1 Lira und 1, 5, 10, 25, 50 Yeni Kuruş (Neue Kuruş). 1 Lira entspricht 100 Kuruş.

Entlang der »touristischen« Küste kann oft auch mit **Euro** bezahlt werden.

WECHSELKURSE

- ▶ 1 TRY = 0,51 €
- ▶ 1 €   = 1,94 TRY
- ▶ 1 TRY = 0,72 CHF
- ▶ 1 CHF = 1,38 TRY

Bankenviertel in Istanbul

Banken haben in der Regel Mo. – Fr. 8.30 – 12.00 und 13.30 – 17.30 Uhr geöffnet; an Wochenenden und Feiertagen ist Geldwechsel auf den internationalen Flughäfen und am Bahnhof Sirkeci in Istanbul möglich. **Öffnungszeiten der Banken**

Ausländische Zahlungsmittel dürfen in unbegrenzter Höhe ein- und ausgeführt werden. Die Einfuhr türkischer Währung ist nicht begrenzt, ihre Ausfuhr jedoch auf den Gegenwert von 5000 US-Dollar beschränkt. **Devisenbestimmungen**

Den Umtausch von Devisen sollte man nur bei Banken oder autorisierten Wechselstuben (döviz bürosu) bzw. in großen Hotels vornehmen. **Geldwechsel**

Die Bezahlung mit den gängigen Kreditkarten (American Express, Eurocard, Visa, Diners Club etc.) ist in den großen Städten und Fremdenverkehrsorten möglich. Reiseschecks werden in den Hauptstellen der Banken, die in größeren Städten und in Fremdenverkehrszentren vertreten sind, eingelöst. **Kreditkarten, Reiseschecks**

An vielen Geldautomaten in den Urlaubszentren und großen Städten kann man mit Bank-Karten oder Kreditkarten Bargeld abheben. **Geldautomaten**

Bei Diebstahl oder Verlust von Bank- oder Kreditkarten kann man diese unter der (gebührenpflichtigen) Service-Nummer Tel. (00 49) 116 116 sperren lassen (Infos unter www.sperr-notruf.de). **Verlustmeldung**

Gesundheit

Krankenhäuser In allen Provinzhauptstädten gibt es Krankenhäuser (hastahane). Viele türkische Ärzte haben im Ausland studiert und sprechen daher mindestens eine Fremdsprache. Anschriften von Ärzten, die die deutsche Sprache beherrschen, sind u. a. beim ADAC-Ambulanz-Dienst in München in Erfahrung zu bringen.

Apotheken Apotheken (eczane) sind mit dem roten Halbmond gekennzeichnet; Medikamente werden in der Türkei vielfach günstiger als im Heimatland verkauft. Apotheken- und Ärztedienst: Tel. 118.

Notrufe ▶Notdienste

Krankenversicherung ▶Anreise, Reiseversicherungen

Mit Kindern unterwegs

Keine Langeweile für Kinder Worauf sich Kinder am meisten freuen, sind die herrlichen Strände an der türkischen Küste – die endlosen Sandstrände mit versteckten Felsbuchten laden allesamt zum Spielen und Austoben ein. Dem Be-

An der türkischen Mittelmeerküste wird Kindern nie langweilig.

wegungsdrang der Kinder tragen auch die Feriendörfer Rechnung sowie viele Hotels und Campingplätze, zu deren Ausstattung Swimmingpools und andere Sportanlagen gehören. Die meisten großen Hotel- und Ferienanlagen, aber auch viele kleinere Hotels offerieren darüber hinaus Animationsprogramme für die Kleinen – eine bunte Mixtur aus Spannung, Sport und Unterhaltung – und übernehmen damit für einige Zeit die Aufsicht über den Nachwuchs. Weitere Attraktionen für Kinder sind neben zahlreichen Sportaktivitäten (▶ Sport) und dem Besuch von historischen Stätten bzw. von Museen die »Lunaparks« (Rummelplätze mit Autoscooter, Riesenrad, Karussell, Riesenschaukel und Süßigkeitenständen), die es in vielen größeren Städten gibt, sowie die Wasserparks bzw. Erlebnisbäder u. a. in Antalya, Bodrum, Kemer und Kuşadası (▶ Baedeker Tipp, S. 314), wobei der Aquapark Dedeman in Bodrum der größte Wasserpark der Türkei ist (▶ Baedeker Tipp, S. 197). Lohnenswert ist auch ein Besuch des Naturland Eco Park in Kemer (▶ Baedeker Tipp, S. 178).

Von den Museen hat bisher nur das Archäologische Museum von Antalya eine Kinderabteilung eingerichtet (▶ Baedeker Tipp, S. 174). Fahrten mit Dampfeisenbahnen und Höhlenwanderungen (▶ Erleben – Urlaub aktiv) können ein weiterer Anreiz für Kinder sein.

> ### Die tollsten Tipps für Kinder
>
> - **Kanufahrt**
>   Lustig kann eine Kanufahrt auf dem Esen-Fluss sein, der am Strand von Patara (s. Fethiye, Umgebung) mündet.
> - **Kreuzritterkastell in Bodrum**
>   Hier wird die Phantasie beflügelt. Im Museum für Unterwasser-Archäologie im Kreuzritterkastell von Bodrum (s. dort) sind viele Wrackfunde gesunkener Piraten- und Kreuzfahrerschiffe zu bewundern.
> - **Industriemuseum**
>   Im imposanten Rahmi M. Koç Müzesi, einem Industriemuseum in Istanbul (Hasköy Cad. 5, Hasköy / Istanbul), können Kinder Kapitän spielen und ein echtes U-Boot besichtigen (Öffnungszeiten: Di. – Fr. 10.00 bis 17.00, Sa. / So. 10.00 – 19.00 Uhr).

Knigge

»Kommen Sie zu Freunden« verspricht der Werbeslogan der Türkei. **Einladungen**
Und wirklich, wenn Sie den zahlreichen Touristenhochburgen ab und zu den Rücken kehren – was übrigens unbedingt zu empfehlen ist – können Sie noch echte türkische Gastfreundschaft erleben. Doch es gibt einiges zu beachten, um den Stolz und die Ehre Ihres Gastgebers auf keinen Fall zu verletzen.

Bei einer Einladung in das Haus der Familie bringen Sie ein Geschenk mit, das Sie dem Hausherrn, und nicht seiner Ehefrau, überreichen. Begrüßen Sie zuerst die älteren Familienmitglieder, dann die jüngeren. Ziehen Sie bitte am Eingang Ihre Schuhe aus. Warten Sie, bis Sie zum Sitzen aufgefordert werden. Als besonders ehrenvoll

Handeln beim Teppichkauf ist nicht nur erlaubt, sondern erwünscht.

gelten die Plätze, die am weitesten von der Eingangstür entfernt sind. Dürfen Sie direkt neben dem Gastgeber Platz nehmen, wird Ihnen die größte Ehre zuteil. Falls als Sitzgelegenheit ein für uns sehr ungewohntes (und für manchen sicherlich nicht besonders bequemes) Bodenkissen zur Verfügung steht, setzen Sie sich (»Türkensitz«) so darauf, dass Ihre Fußsohlen nicht in Richtung der anderen Gäste zeigen. Die größte Freude können Sie Ihrem Gastgeber machen, wenn Sie möglichst viel vertilgen. Es bleibt Ihnen vermutlich auch nichts anderes übrig, denn Sie werden immer wieder zum Nachfassen aufgefordert. Wenn Sie nichts mehr essen möchten (oder können) legen Sie Ihr Besteck deutlich beiseite und rücken etwas vom Tisch weg. Machen Sie nun bloß nicht den Fehler, das Essen zu loben, denn – ruck-zuck – landen wieder diverse Köstlichkeiten auf Ihrem Teller. Hocherfreut ist die Köchin, wenn Sie ihr jetzt folgendes Kompliment machen: Legen Sie Ihre rechte Hand (ja nicht die linke, die gilt als unrein!) auf Ihr Herz und rufen begeistert »Elinize sağlik« (Gesundheit Ihren Händen) aus. Wundern Sie sich bitte nicht, wenn während Ihres Besuches in der ganzen Wohnung alle Lampen brennen und der Fernseher läuft. Ihr stolzer Gastgeber will Ihnen damit seinen Wohlstand demonstrieren. Reichtum hat in der Türkei nichts mit der Herkunft zu tun, sondern wird vielmehr als Resultat harter Arbeit verstanden.

Alleinreisende und unverheiratete Pärchen

Wer als allein reisende Frau die Einladung eines Einheimischen zum Essen annimmt, muss sich nicht wundern, wenn die Nachspeise, das süße »Baklava« (Blätterteiggebäck mit Honigsirup und Nüssen und Symbol der Liebe), etwas zu wörtlich genommen werden will. Und noch ein Tipp für Frauen: Eine Sonnenbrille bietet der Single-Frau nicht nur Schutz vor aufdringlichen Männerblicken, sondern ermöglicht ihr eine unauffällige Beobachtung des Umfeldes, was auf keinen Fall schaden kann!

Als allein reisender Mann müssen Sie in öffentlichen Verkehrsmitteln fest der Versuchung widerstehen, den noch freien Platz neben einer jungen Dame einzunehmen. Das könnte ihr tief verwurzeltes Anstandsgefühl verletzen. Und für unverheiratete Pärchen, die in ländlichen Gegenden unterwegs sind, ist es empfehlenswert, sich als verheiratet auszugeben, um niemanden in Verlegenheit zu bringen.

In einfacheren Restaurants sind auch die Toiletten einfach, nämlich simple Stehklos. Toilettenpapier werden Sie dort vergeblich suchen, denn zur Reinigung dient traditionell die linke Hand und viel laufendes Wasser. Pensionen und Hotels in den Touristenzentren sind mit WCs nach europäischem Standard ausgestattet; dort wirft man das Papier nicht in die Spülung, sondern wegen der Verstopfungsgefahr in einen Abfalleimer. In jedem Ort findet man mindestens bei der Moschee eine öffentliche Toilette (Bay = Herren; Bayan = Damen). **Toiletten in einfachen Restaurants**

Freizügige Bekleidung ist in der türkischen Öffentlichkeit nicht erwünscht, besonders dann nicht, wenn man die Touristikzentren verlässt. Männer sollten keine Shorts, sondern lange Hosen tragen und keine nackten Oberkörper zeigen. Frauen sollten Röcke anziehen, die ihrem Namen auch Ehre machen, und transparente Oberbekleidung vermeiden. Für den Besuch einer Moschee, also eines »reinen« Ortes, gelten ganz klare Regeln: Ziehen Sie bitte vor dem Eingang die Schuhe aus. Besichtigen Sie das Gotteshaus nie während der Gebetszeiten. Fotografieren Sie auf keinen Fall betende Muslime (das gilt auch außerhalb der Moscheen). Frauen müssen Kopf und Schultern bedecken, Männer sollten lange Hosen tragen. Verhalten Sie sich einem geheiligten Ort gemäß ruhig und unauffällig. **Kleidung**

Handeln liegt den Türken im Blut. Es gehört zu ihren liebsten Beschäftigungen. Ein Geschäft wird dann erst als wirklich gelungen empfunden, wenn ausreichend hin- und hergefeilscht wurde. Daher ist Handeln wirklich erwünscht! Aber bilden Sie sich bloß nicht ein, dass der sensationell günstige Endpreis das Resultat Ihrer geschickten Verhandlungen ist. Wer sich seit Generationen jeden Tag in der hohen Kunst des Handelns übt, ist Ihnen absolut überlegen, egal wie fit Sie sind. Kleiner Trost für Sie: Ein professioneller Händler wird Sie das jedoch nicht merken lassen. **Handeln**

▶ Badestrände **FKK**

In Hotels und beim Friseur gibt man bis zu 10 % des Rechnungsbetrages, in Restaurants bis zu 15 % Bedienungsgeld. Taxifahrer erwarten eine großzügige Aufrundung des geforderten Betrages. Gepäckträger, Platzanweiser und sonstige Dienstleistende sollten, je nach erbrachter Leistung, im Gegenwert von 0,5 bis 1 € in türkischer Währung honoriert werden. **Trinkgeld**

Literaturempfehlungen

Sachbuch **Manfred Ferner**, KulturSchock Türkei (Reise Know-How Verlag Peter Rump, Bielefeld 2007). In dem Buch aus der Reihe »Kultur-Schock« wird auf 264 Seiten die kulturelle Identität der Türkei präzise wiedergegeben. Manfred Ferner analysiert mit großer Sachkenntnis das Land zwischen Tradition und Moderne, zeigt die geschichtliche Entwicklung auf, beschreibt die Religion, die Alltagskultur, äußert sich zur Gastfreundschaft und gibt wertvolle Tipps zu Alltagsfragen.

Studienkreis für Tourismus und Entwicklung, Türkei verstehen. Zur Einstimmung und Vorbereitung auf eine Reise in die Türkei empfiehlt sich das vom Studienkreis für Tourismus und Entwicklung herausgegebene Sympathie-Magazin »Türkei verstehen« das nicht nur über das Leben, die Zustände und die Probleme in der Türkei berichtet, sondern auch wichtige Verhaltensregeln und nützliche praktische Informationen für den Türkeibesucher vermittelt. Herausgegeben wird das Magazin vom Studienkreis für Tourismus und Entwicklung, Kapellenweg 3, D-82541 Ammerland/Starnberger See; Tel. (0 81 77) 17 83, Fax 13 49, Internet: www.studienkreis.org

> ! *Baedeker* TIPP
>
> **Unbedingt lesen!**
>
> Vor dem Reiseantritt sollte man unbedingt die »Gebrauchsanweisung für die Türkei« von Iris Alanyali (Piper, München 2009) lesen. Charmant und witzig schreibt die in Berlin arbeitende Redakteurin über die Feinheiten türkischer Umgangsformen, die Küche, den Aberglauben und den Sündenpfuhl an der türkischen Mittelmeerküste und macht so den Leser mit der Mentalität ihrer Landsleute auf eine sehr sympathische Art vertraut.

Helmuth Graf von Moltke, Unter dem Halbmond 1835–1839 (Edition Erdmann, Stuttgart 2008). In seinen literarisch wertvollen »Briefen aus der Türkei« berichtete der spätere Generalfeldmarschall während seiner Dienstjahre als Berater in der Armee des Sultans über Reisen und kriegerische Erlebnisse sowie über Menschen und Kulturen im Osmanischen Reich.

Bildband **Heide Marie Karin Geiss / Ernst Wrba**, Türkisches Mittelmeer (DuMont Reiseverlag, Ostfildern 2010). Wunderschöne Bilderreise entlang der türkischen Ägäisküste mit erläuternden Texten, Reise-Infos und Reise-Tipps.

Romane **Duygu Asena**, Die Frau hat keinen Namen (Piper, München 1999). Eine Türkin entdeckt die Folgen des kleinen Unterschieds – »eines der ersten Dokumente eines beginnenden neuen Bewusstseins der Frauen in der Türkei« (Michael Stöwer). Auch wenn die Handlung 1950–1970 spielt, hat der Roman nichts an Aktualität eingebüßt.

Der Literaturnobelpreisträger Orhan Pamuk erhält im Mai 2007 die Ehrendoktorwürde der Istanbuler Bosporus-Universität.

Yaşar Kemal (▶ Berühmte Persönlichkeiten), Memed mein Falke (Unionsverlag, Zürich 2005). Der Roman, der Kemals internationalen Erfolg begründete und 1982 von Peter Ustinov verfilmt wurde, handelt von einem Hirtenjungen im anatolischen Taurusgebirge, der sich gegen einen brutalen Großgrundbesitzer auflehnt und dabei zum Räuber, Rebellen und Rächer des Volkes wird.

Aziz Nesin (▶ Berühmte Persönlichkeiten), Surname. Man bittet zum Galgen (Unionsverlag, Zürich 1996). Amüsant und realistisch geschriebene Erzählung von einem Barbier, der zur Zeit des Osmanischen Reiches wegen Mordes ins Gefängnis kommt, dort zu einem mächtigen Mann aufsteigt und schließlich doch gehängt wird – ein »republikanisches Galgenspektakel«, so ein Rezensent.

Emine Sevgi Özdamar, Das Leben ist eine Karawanserei, hat zwei Türen, aus einer kam ich rein, aus der anderen ging ich raus (Kiepenheuer & Witsch, Köln 1994). Roman der türkischen Schauspielerin Emine Sevgi Özdamar (geb. 1946) über die Kindheit und Jugend eines Mädchens in der Türkei. Gleichzeitig wird ein Land porträtiert, das sich zwischen Tradition und Moderne befindet.

Orhan Pamuk, Die weiße Festung (Fischer, Frankfurt / M. 2008).
Parabel des in Deutschland sehr gefeierten und derzeit wohl berühmtesten zeitgenössischen türkischen Erzählers Pamuk (geb. 1952; Friedenspreis des Deutschen Buchhandels 2005) über die Konflikte zwischen westlicher Moderne und Tradition. In der Hochblüte des Osmanischen Reiches fällt ein Venezianer, der Ich-Erzähler, in türkische Hände und landet als Sklave bei einem Hodscha, der ihm verblüffend ähnlich sieht, womit eine abenteuerliche Beziehung zwischen dem Herrn und dem Abhängigen entsteht.

Orhan Pamuk, Rot ist mein Name (Fischer, Frankfurt / M. 2006). Historischer Roman, der auf 560 Seiten in Form einer im Jahr 1591 in Istanbul spielenden Kriminalgeschichte das Verhältnis zwischen Orient und Okzident beleuchtet.

Yüksel Pazarkaya / Güney Dal (Hrsg.), Geschichten aus der Geschichte der Türkei (Luchterhand, Frankfurt / M. 1996). 26 Autoren erzählen aus der jungen Geschichte der Türkei.

Medien

Radiosendungen in deutscher Sprache Der Feriensender von TRT (Türkiye'nin Sesi Radyosu – Stimme der Türkei) bringt täglich um 8.30, 10.30, 12.30, 18.30 und 21.30 Uhr Nachrichten in Englisch, Französisch und Deutsch. Im Dritten Programm des Türkischen Rundfunks (TRT-3) werden täglich um 9.03, 12.03, 14.03, 17.03, 19.03 und 22.03 auf Ultrakurzwelle (UKW) Kurznachrichten in englischer, französischer und deutscher Sprache (jeweils 3 Min.) sowie sonntags um 20.15 Uhr ein Touristikprogramm in deutscher Sprache ausgestrahlt. TRT-Kanal II sendet jeden Abend nach den türkischen Nachrichten um 22.00 Uhr Nachrichten auch in deutscher Sprache, TRT INT um 23.00 Uhr.

Deutsche Welle In der gesamten Türkei ist das deutschsprachige Programm der Deutschen Welle auf Kurzwelle im Rahmen der Bereiche »Europa«, »Nahost« und »Nordafrika« zu empfangen, wobei die besten Zeiten nachmittags und besonders abends liegen. Das Sendeprogramm der Deutschen Welle erfährt man unter: www.dw-world.de

Fernsehen Da die meisten größeren Hotels und Feriensiedlungen Satellitenanlagen besitzen, hat man hier problemlos Zugang zu internationalen Fernsehkanälen.

Deutschsprachige Zeitungen In den Touristenzentren sind die wichtigsten deutschsprachigen Tageszeitungen (meist einen Tag später), Zeitschriften, Magazine und Illustrierten erhältlich.

Museen

Museen Museen sind in der Regel Di. – So. 9.00 – 18.00 Uhr geöffnet; eine Ausnahme bildet das Topkapı Sarayı in Istanbul, das immer dienstags geschlossen ist. Die Öffnungszeiten insbesondere der kleinen Museen variieren sehr stark. An einigen religiösen Festen (z. B. während des dreitägigen Zuckerfestes und während des viertägigen Opferfestes) sind die Museen geschlossen.

Nationalparks

Allgemeines
In der Türkei wurden seit 1958 zahlreiche Nationalparks angelegt, mit dem Ziel, die heimischen Pflanzen und Tiere zu schützen, Ausgrabungsstätten und Kulturdenkmäler zu erhalten, Kriegsgefallene zu ehren sowie Erholungsgebiete zu schaffen.

Gelibolu Yarımadası
Nordwestlich vor Çanakkale gelegener Geschichtspark zur Erinnerung an die Gefallenen aus dem Ersten Weltkrieg (Briten, Franzosen, Australier, Neuseeländer, Türken). Informationsstände an den Eingängen Kilitbahir und Kabatepe. Camping, Strand, Hotel, Motel, Restaurant.

Güllük Dağı – Termessos
Güllük Dağı – Termessos ist ein in der Provinz Antalya gelegener Park (an der E 87) mit wilder Natur, reicher Flora und Fauna. Freilichtmuseum, Picknickplatz, Restaurant, Camping. Saison: April bis Oktober.

Karatepe – Aslantaş
Im Ceyhan-Tal, Provinz Adana, an der E 90 bzw. Nationalstraße 825. Hethitische und römische Überreste. Picknickplätze und Campingplätze. Saison: April – November.

Köprülü Kanyon
In der Provinz Antalya an der E 87. Tiefe Bergschlucht, imposante Brücke, Wälder. Stätte des antiken Selge (Freilichtmuseum). Picknick- und Campingplätze, Angeln. Saison: Sommer.

Olimpos Beydağları
In der Provinz Antalya an der südlichen Mittelmeerküste. Ruinenstätten Phaselis und Olympos, Heimat der »Chimäre«, des feuerschnaubenden Ungeheuers aus der antiken Mythologie. Bewaldete Berge. Museum, Restaurant, Picknick- und Campingplatz, Motels, Strand. Saison: April – Dezember.

Sipil Dağı
In der Provinz Manisa. Thermalquellen, reiche Flora und Fauna. Picknick- und Campingplatz, Wandern und Klettern. Saison: April – November.

LANDSCHAFTLICH REIZVOLLE NATIONALPARKS

▶ **Dilek Yarımadası**
Halbinsel mit dem ins Meer übergehenden Berg Samsundağ 28 km östlich von Kuşadası. Die Täler, Buchten und Strände sind der Lebensraum u. a. von Mittelmeerrobben und Meeresschildkröten sowie Wildpferden. Der Park ist ideal zum Wandern und Klettern sowie für Wassersport. Campingplatz. Saison: April – Dezember.

▶ **Kaz Dağı**
Der nördlich vom Golf von Edremit gelegene Kaz Dağı zählt

▶ **Notdienste**

Königs und Bewunderer weiblicher Schönheit, Aphrodite vor Athene und Hera zur schönsten Frau der antiken Welt erkoren haben. Zur Erinnerung an die mythologische Begebenheit finden alljährlich am Berg ein Schönheitswettbewerb und ein Festspiel statt.

▶ **Kuscenneti**
Reservat mit über 230 Vogelarten im Gebiet des 18 km von Bandırma entfernten Manyas-Sees (mit Beobachtungsturm und Museum). Beste Zeit, um sich auf die Lauer zu legen: März – Oktober.

▶ **Uludağ**
Ca. 30 km südlich von Bursa erhebt sich der 2543 m hohe Uludağ, ein erloschener Vulkan mit einigen warmen Quellen und mannigfaltiger Flora und Fauna. U. a. gibt es dort ein Wintersportzentrum mit Skiliften. Saison: Dezember – April.

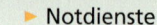

Küstenstreifen des Olimpos-Nationalparks bei Mavikent

mit dem gleichnamigen Berg (1767 m ü. d. M.), dem herrlichen Baumbestand und den vielen Quellen zu den schönsten Nationalparks der Türkei. Hier soll Paris, Sohn des trojanischen

Notdienste

▶ WICHTIGE NOTRUFNUMMERN

IN DER TÜRKEI

▶ **Notruf / Polizei**
Tel. 155

▶ **Notarzt**
Tel. 112

▶ **Feuerwehr**
Tel. 110

▶ **Verkehrspolizei**
Tel. 154

▶ **Touristenpolizei**
Antalya Tel. (0242) 243 10 61
Istanbul Tel. (0212) 528 53 69
Izmir Tel. (0232) 417 37 85

▶ **ADAC-Notruf Istanbul**
(0212) 288 71 90 (deutschspr.)

NOTRUFDIENSTE IN DEN HEIMATLÄNDERN

▶ **ACE-Notrufzentrale Stuttgart**
Rückholdienst von Kranken und Fahrzeugen
Tel. (00 49 / 1802) 34 35 36

▶ **ADAC-Notrufzentrale München**
Tel. (00 49 / 89) 22 22 22
(24-h, Beratung nach Unfällen)
Tel. (00 49 / 89) 76 76 76
(Ambulanzrückholdienst und Telefonarzt)

▶ **DRK-Flugdienst Bonn**
Tel. (00 49 / 228) 23 00 23

▶ **Deutsche Rettungsflugwacht Stuttgart**
Tel. (00 49 / 711) 70 10 70

▶ **ÖAMTC-Notrufzentrale Wien**
Tel. (00 43 / 1) 2 51 20 00

▶ **Schweizerische Rettungsflugwacht Zürich**
Tel. (00 41) 333 333 333

Post · Telekommunikation

Post

Ein türkisches Postamt (postane) erkennt man an einem gelben Schild mit der Aufschrift »PTT«. Briefkästen gibt es im Land nicht mehr; Briefe (mektup) und Postkarten (kartpostal) werden im Hotel oder in Postämtern aufgegeben. Das **Porto** für einen Brief oder eine Postkarte beträgt ca. 0,60 €. Fast alle Postämter haben auch einen Telefaxdienst.   *Postämter*

Die großen Hauptpostämter sind Mo. – Sa. 8.00 – 24.00 Uhr und So. 8.00 – 19.00 Uhr geöffnet. Die Schalterstunden der kleineren Postämter entsprechen im Allgemeinen den Arbeitszeiten der Behörden: Mo. – Fr. 8.00 – 12.00 und 13.00 – 17.00 Uhr.   *Öffnungszeiten*

Auch Geldwechsel ist in Postämtern möglich. Postschecks und alle Arten von Reiseschecks werden eingelöst (▶Geld).   *Geldwechsel*

Telefon

In der Türkei gelten elfstellige (mit vierstelliger Vorwahl) bzw. siebenstellige Telefonnummern. Innerhalb eines telefonischen Ortsbereichs muss die Vorwahl nicht gewählt werden.
Die einfachste und preiswerteste Art des Telefonierens ist die Benutzung öffentlicher Telefone. An größeren Plätzen und Kreuzungen stehen die Telefonzellen der Türk Telekom. Die Apparate funktionieren mit Telefonkarten (Telefon kartı) oder Telefonmünzen (Jetons), die in allen Postämtern und an den meisten Zeitungsständen erhältlich sind.   *Telefonieren*

Mobilfunk	Die meisten Mobiltelefone sind in der Türkei problemlos einsetzbar. Für Gespräche innerhalb der Türkei ist nur die Inlandsvorwahl zu wählen, für Gespräche nach Deutschland die internationale Vorwahl. Vom Handy aus zu telefonieren ist fast genauso teuer wie vom Hotel aus; Gebühren werden auch fällig, wenn man angerufen wird. Es lohnt sich daher, sich eine **Prepaid-Karte** (hazır kart) zu kaufen; damit kann man auch angerufen werden, ohne selbst zahlen zu müssen. Die größten Mobilfunkanbieter in der Türkei sind Turkcell, Telsim und Aria, wobei Turkcell das bessere Netz hat.
Internetanschluss und -cafés	Gute Hotels haben oft auf dem Zimmer oder in der Lobby Internetanschluss. Fast überall in der Türkei findet man Internetcafés; je schicker das Café, desto teurer das Surfen. Im Durchschnitt kostet ein Ausflug in den Cyberspace ab 2 € pro Stunde.

WICHTIGE VORWAHLNUMMERN

▶ **Von Deutschland, Österreich und der Schweiz in die Türkei**
Tel. 00 90

▶ **Aus der Türkei**
nach Deutschland: Tel. 00 49
nach Österreich: Tel. 00 43
in die Schweiz: Tel. 00 41

Wichtig!
Für alle Auslandstelefonate (auch in die Türkei) gilt: Die 0 der nachfolgenden Ortsnetzkennzahl entfällt.

Preise · Vergünstigungen

Verglichen mit mittel- und westeuropäischen Ländern ist die Türkei ein **günstiges Reiseland**. In den Touristikhochburgen – vor allem an der Türkischen Riviera – liegen die Preise allerdings nicht selten

WAS KOSTET WIE VIEL?

1 l Benzin	Döner	3-Gänge-Menü	1 Glas Tee	1 Flasche
ca. 1,70 €	ab 2 €	ab 10 €	50 Cent	2 €

um ein Vielfaches über dem Landesdurchschnitt. Doch auch an der Südküste kann man preiswerte Ferien machen, wenn man sich für einen Pauschalurlaub (inkl. Flug und Unterkunft) entscheidet. Noch billiger ist es in der Nebensaison; dann bieten Hotels, die über zu wenig Ausklastung klagen, deutlich niedrigere Zimmerpreise an.

Reisezeit

Klima

Ein wichtiger Punkt bei der Wahl des Urlaubsziels ist das Wetter. Und da hat die türkische Mittelmeerküste mit viel Sonnenschein einiges zu bieten. Spitzenreiter ist die Region Antalya mit traumhaften 3200 Stunden im Jahr. Sogar im November gibt es hier noch 200 Stunden (6,5 Std. / Tag), fast soviel wie im deutschen Sommer. Auf rund 3000 Stunden bringt es die Ägäis, während die Region Istanbul 2400 bis 2700 Stunden zu bieten hat.

Viel Sonnenschein

Reisewetter

Am Mittelmeer und an der Ägäis sowie in Westanatolien trifft man auf ein typisches Mediterranklima mit trocken-heißen Sommern und feucht-milden Wintern (z. B. Izmir und Antalya).

Nach einem milden und regenreichen Winter ist der März noch recht kühl und wechselhaft. Im April wird das Wetter stabiler und der Mai hat schon sehr viel Sonne und Wärme zu bieten. Ab Juni geht es mit den Temperaturen zur Sache: Tagestemperaturen von 31 °C bis 34 °C sind bis Mitte September normal und um 40 °C nicht selten. Dazu ist es häufig schwül. Weder das Meer (bis 30 °C im August) noch die Nächte mit Tiefstwerten um 23 °C sind dann noch erfrischend. Mehr Wind, weniger Schwüle und kühleres Wasser (23 °C bis 25 °C) machen die Sommerhitze an der Ägäis etwas erträglicher. Im Herbst gehen die Luft- und Wassertemperaturen nur langsam zurück, und bis weit in den November hinein ist Regen kaum ein Thema.

Mittelmeer- und Ägäisküste

Am Marmarameer und in Istanbul erreichen die Sommerwerte durchschnittlich 25 °C bis 28 °C. Wegen der hohen Luftfeuchtigkeit sind Juli und August recht schwül. Einzelne Hitzegewitter bringen immer mal wieder eine erfrischende Dusche. Schon Mitte Oktober wird es herbstlich mit mehr Niederschlag und kaum noch 20 °C. Kaltlufteinbrüche vom Balkan können im Januar und Februar auch der Bosporusstadt Istanbul Schneestürme und klirrende Kälte bis unter -12 °C bringen.

Marmarameer-Gebiet

106 INFOS ▶ Reisezeit

Türkische Mittelmeerküste Regionaltypische Klimastation

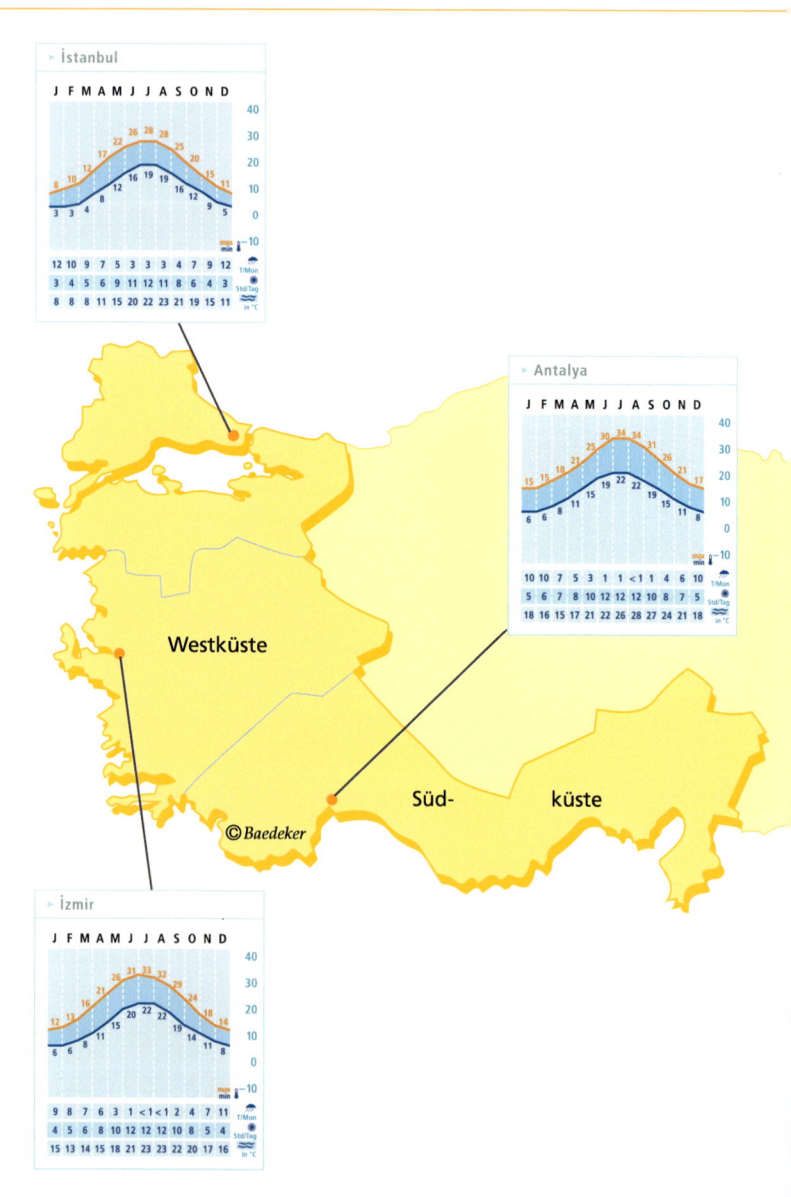

▶ İstanbul

	J	F	M	A	M	J	J	A	S	O	N	D
max	8	10	12	17	22	26	28	28	25	20	15	11
min	3	3	4	8	12	16	19	19	16	12	9	5
T/Mon	12	10	9	7	5	3	3	3	4	7	9	12
Std/Tag	3	4	5	6	9	11	12	11	8	6	4	3
in °C	8	8	8	11	15	20	22	23	21	19	15	11

▶ Antalya

	J	F	M	A	M	J	J	A	S	O	N	D
max	15	15	18	21	25	30	34	34	31	26	21	17
min	6	6	8	11	15	19	22	22	19	15	11	8
T/Mon	10	10	7	5	3	1	1	<1	1	4	6	10
Std/Tag	5	6	7	8	10	12	12	12	10	8	7	5
in °C	18	16	15	17	21	22	26	28	27	24	21	18

Westküste

Süd- küste

© Baedeker

▶ İzmir

	J	F	M	A	M	J	J	A	S	O	N	D
max	12	13	16	21	26	31	33	32	29	24	18	14
min	6	6	8	11	15	20	22	22	19	14	11	8
T/Mon	9	8	7	6	3	1	<1	<1	2	4	7	11
Std/Tag	4	5	6	8	10	12	12	12	10	8	5	4
in °C	15	13	14	15	18	21	23	25	22	20	17	16

― Tageshöchsttemperatur ― nächtliche Tiefsttemperatur
🌧 Regentage ☀ Sonnenstunden / Tag 〜 Wassertemperatur in °C

Wettertipps

Bestes Reisewetter ist im Mai bzw. September bis in die erste Novemberhälfte. Frühjahrsurlauber sollten die ersten Warmluftschübe aus Afrika (max. 25 °C) Ende März ausnutzen. Achtung: Im März ist das Meer mit ca. 16 °C am kühlsten. Bei Herbstreisen sind – abgesehen von einzelnen Gewittern – ungetrübte Urlaubsfreuden bis Ende Oktober garantiert. Den Sommer sollte man wegen extremer Hitze und hoher Luftfeuchtigkeit meiden.
Mittelmeer und Ägäisküste

Beste Wetterbedingungen für Istanbul herrschen von Mai bis Mitte Juni und im September.
Marmarameer-Gebiet

Die höchsten Wassertemperaturen werden Anfang August gemessen. Am Mittelmeer sind es maximal 28 °C bis 30 °C, an allen übrigen Stränden 23 °C bis 25 °C. Die 20 °C-Marke wird Anfang Juni über- und Ende Oktober, am Mittelmeer Ende November, wieder unterschritten.
Wassertemperaturen

Shopping

Die üblichen Geschäftszeiten sind normalerweise Mo. – Sa. 9.00 – 13.00 und 14.00 – 19.00 oder 20.00 Uhr. Basarläden und kleinere Einzelhandelsgeschäfte (besonders Lebensmittelläden) haben oft auch über die Mittagszeit und bis in die späten Abendstunden geöffnet. An den ersten Tagen einiger religiöser Feste (darunter das Ramadanfest drei Tage und das Opferfest vier Tage lang) sind die meisten Geschäfte geschlossen.
Öffnungszeiten

Souvenirs

Aus dem vielfältigen Angebot von landestypischen Souvenirs sind besonders die handgefertigten Teppiche und Kelims (gewebte Wandbehänge mit geometrischem Muster) zu nennen. Eine weitere landestypische Spezialität ist die Wasserpfeife (nargile), die es in vielfältigen Ausführungen gibt. Verbreitet sind auch Treibarbeiten aus Buntmetallen, wie Krüge und Karaffen aus gehämmertem Kupfer oder Messing. Einige dieser Gefäße, etwa der Suppenkessel »Kazan« oder die Holzkohlenfeuerschale »Mangal«, die heute noch nach alter Tradition hergestellt werden, eignen sich als dekorative Blumenbehälter. Als Mitbringsel bieten sich auch Lederwaren (Jacken, Taschen, Hosen, Mäntel, Röcke, Gürtel, Schuhe, Geldbörsen u.a.) und Textilien aus Seide, Baumwolle und Schurwolle an, die nicht selten hochmodischen Trends entsprechen. Überraschend ist das große Angebot an Gold- und Silberschmuck (Halsketten, Armrei-
Landestypische handwerkliche Produkte

Beliebte Mitbringsel: Keramikwaren

fen, Ringen, Ohrringen, Krawattennadeln), doch sollte man auf einem verbindlichen Echtheitszertifikat für das verwendete Edelmetall bestehen. Weitere Souvenirs sind Porzellan, Glaswaren, mit schönen Handmalereien verzierte Keramiken und aus lindgrünem oder beigem Onyx angefertigte Vasen, Schalen, Aschenbecher und Schachbrettfiguren sowie Tischdecken und andere Stickereien, wohlriechende Parfüms und Öle oder gar ein türkischer Samowar nebst Teegläsern und türkischem Tee (Çay). Zentren für Porzellan, Glaswaren und Keramik sind u. a. Istanbul und Iznik.

Ess- und Trinkbares Kandierte oder in Honig eingelegte Früchte gibt es in reicher Auswahl (u. a. kandierte Edelkastanien); die potenzierte Süße des türkischen Konfekts ist allerdings ungewohnt. Auch der als Aperitif geschätzte Rakı, der landesübliche Anisschnaps, und türkischer Wein sind willkommene Reisemitbringsel. Eine Spezialität ist ferner der rote Kaviar, der, preiswerter als der russische Kaviar, nicht in Dosen, sondern in einer festen roten Form aus Wachs verpackt wird.

Basare Für gewöhnlich erwartet man von den Basaren ein besonders buntes Angebot an landestypischen Waren; und in der Tat bieten die Basare in Istanbul – der Große Basar (Kapalı Çarşı) und der Ägyptische Basar (Mısır Çarşısı) – ein solches exotisches Bild. Zwar besitzt jeder größere Ort in der Türkei einen Basar, doch schon der von Izmir fällt gegenüber den Istanbuler Basaren deutlich ab. Die kleineren Basare im Lande sind weitgehend auf die Bedürfnisse der einheimischen Bevölkerung zugeschnitten und bieten daher für den Sammler wertvoller Andenken nur relativ wenig Außergewöhnliches.

In den größeren Städten laden moderne Geschäftszentren mit unzähligen Boutiquen zum Einkaufsbummel ein, wie in Istanbul die »Galleria« und »Perpa«.

Geschäftszentren
Boutiquen

Deutlich von orientalischer Mentalität geprägt sind die Werbe- und Verkaufsmethoden der türkischen Händler, die nicht selten gut Deutsch sprechen. Mit viel Geschick versuchen sie, den Touristen in ein zunächst unverfänglich erscheinendes Gespräch etwa über seine Eindrücke von der Türkei oder über die eigenen Erfahrungen als Gastarbeiter in Deutschland zu ziehen, um dann zielstrebig zum Angebot »unvergleichlich« qualitätvoller und preiswerter Waren zu kommen. Sofern man nicht entschlossen ist, etwas zu kaufen, wehre man die zuweilen aufdringlichen Einladungen freundlich ab.

Händlermentalität

Allenthalben im Lande, insbesondere aber an den Schwerpunkten des Tourismus, werden in großem Umfang und reicher Auswahl täuschend ähnliche Imitationen von international bekannten Markenartikeln angeboten. Die Palette reicht von Textilien über Lederwaren bis hin zu Kosmetika und Parfum.

Warnung vor Imitaten

Der Kauf von Antiquitäten ist nicht sinnvoll, denn wirklich echte Stücke dürfen nicht aus der Türkei ausgeführt werden, und bei Nichtbeachtung dieser Vorschrift drohen drastische Strafen. Für die Ausfuhr von Teppichen und Edelmetallen wird der Nachweis verlangt, dass zur Bezahlung in der Türkei offiziell eingewechseltes Geld verwendet wurde (Bankquittungen).

Hinweis

Sicherheit

Diebstahl ist in der Türkei ein relativ seltenes Delikt. Allerdings gilt auch hier, dass man sich auf dem Lande sicherer fühlen kann als in den Städten. Vorsichtig sollte man immer dort sein, wo sich viele Menschen drängen, also im Basar und an Busstationen. In Acht nehmen sollten sich ausländische Besucher vor allem in den Touristenzentren vor Trickdieben und Betrügern. Vielfach wird auch versucht, Touristen im Basar oder bei Taxifahrten zu betrügen.

Kriminalität und Abzocke

Sport & Fun

In zugelassenen Gebieten dürfen Touristen ohne besondere Erlaubnis fischen (mit Angel oder Netz bis 5 kg Gewicht). Kommerzieller Fischfang ist Ausländern strikt verboten.

Angeln

WICHTIGE ADRESSEN

FLUGSPORT
▶ **Türk Hava Kurumu (THK)**
www.thk.org.tr

GOLF
www.golfturkei.com

PARAGLIDING
www.skysports-turkey.com

SEGELN
▶ **Budget Sailing**
www.budgetsailingturkey.com

Golf Ein wahres Golferparadies findet man in dem aufstrebenden Badeort Belek östlich von Antalya vor, der derzeit über fünf sehr gepflegte Plätze sowie mehrere große Golfhotels verfügt. Golfplätze gibt es auch in und bei Istanbul (z. B. ca. 65 km südlich von Istanbul am Marmarameer) sowie bei Kemer und Side an der Mittelmeerküste. Weitere Anlagen sind im Bau. Informationen erteilen die türkischen Fremdenverkehrsämter (▶Auskunft).

Paragliding Paragliding – allein oder im Tandem mit einem erfahrenen Begleiter – erfreut sich an der türkischen Küste immer größerer Beliebtheit: Zentren der Paraglider sind der 1969 m hohe Baba Dağı in Ölüdeniz südlich von Fethiye und der 640 m hohe Kocadağ östlich von Bodrum bei Ören.

Radfahren In vielen Urlaubszentren können Fahrräder gemietet werden, auch etliche Hotels verleihen Räder. Aber Vorsicht: Die türkischen Straßen sind nicht für Drahtesel geplant.

Rafting Einige der wasserreichen Flüsse des Taurusgebirges oberhalb der Mittelmeersüdküste eignen sich ideal für Rafting. Zu den bekanntesten Wildwasserrevieren zählen der Dim Çayı östlich von Alanya (für Einsteiger geeignet), der Oberlauf des Köprü Çayı bei Selge (mittlerer Schwierigkeitsgrad) sowie – für Anspruchsvolle! – u. a. der Dalaman Çayı, der Manavgat Çayı oberhalb des Wasserfalls (▶ Side) und der obere Göksu Nehri bei Silifke. Spezialisierte Anbieter findet man in Antalya und Side.

Reiten In Istanbul und Izmir gibt es Reitsportanlagen; Reitmöglichkeiten sind auch in großen Ferienzentren wie Marmaris, Kemer und Çeşme vorhanden. Mit zu den schönsten Reiterlebnissen in der Türkei zählt der Ausritt am fast 20 km langen, menschenleeren Strand von Patara bei Fethiye.

Segeln Die südliche Ägäisküste und die westliche Mittelmeerküste der Türkei gehören zu den beliebtesten Segelrevieren in Europa. Große Marinas findet man in Kuşadası, Bodrum, Marmaris, Fethiye und Antalya. Fast alle großen europäischen Charterfirmen sind an der türkischen Küste vertreten. Informationen über Segeltörns erteilt auch der Deutsche Seglerverband.

Surfen

Beste Surfbedingungen herrschen in den Buchten der Ägäis bei Çeşme, Bodrum und an der Halbinsel Datça sowie an der Mittelmeerküste bei Antalya. In mehreren Badeorten kann man Surfbretter ausleihen und Surfunterricht nehmen.

Tauchen

Ausgezeichnete Tauchreviere findet man an der Küste vor Çeşme, rund um die Urlaubsorte Bodrum, Marmaris und Antalya sowie an weiteren kleinen Küstenabschnitten. An den Dardanellen (um die Gelibolu-Halbinsel) kann man über 200 Schiffswracks auf dem Meeresgrund entdecken. Das Tauchen mit Amateurausrüstung (Sauerstoff-Flasche, Tauchanzug, Maske) ist allerdings nur in Begleitung eines autorisierten einheimischen Führers oder mit einem im Tourismusbüro erhältlichen Permit erlaubt. Wegen der sehr differenzierten Bestimmungen für Sporttauchen und Unterwasserjagd ist es unbedingt anzuraten, sich vor Reiseantritt bei den touristischen Informationsbüros der Türkei (▶Auskunft) eingehend zu unterrichten und auch am Urlaubsort zunächst die zuständigen amtlichen Stellen (Hafenverwaltung o. ä.) aufzusuchen. In fast allen Urlaubsorten an der Küste gibt es Tauchschulen.

Paraglider über der Traumbucht von Ölüdeniz

Wandern An der türkischen Mittelmeerküste gibt es zahlreiche Wanderregionen. Dazu zählen die Wildwasserschlucht von Saklıkent bei Fethiye, das von Millionen von Schmetterlingen bevölkerte und als Bootsausflugsziel beliebte Schmetterlingstal (Kelebek Vadisi; ebenfalls bei Fethiye) sowie die ▶Nationalparks. Reizvoll sind ferner das Uludağ-Gebirge bei Bursa und die Landschaft bei Marmaris.

Wintersport Der Uludağ, südöstlich von Bursa, ist das bekannteste Skigebiet (1900 m ü. d. M.) der Türkei. Der Uludağ wird überwiegend von betuchten Bewohnern aus Istanbul, Izmir und Ankara besucht, doch ist dieses Gebiet auch für europäische Gäste eine erschwingliche Alternative zum Skiurlaub in den Alpen. Eine weitere bekannte Skiregion ist die von Saklıkent (2000 – 2500 m ü. d. M.) westlich von Antalya an der Mittelmeerküste.

Sprache

Türkisch Amts- und Umgangssprache ist das Türkische, der westlichste Ausläufer der türkisch-tatarischen Sprachfamilie. Man nimmt an, dass die türkische Sprache mit den ural-altaischen Sprachen urverwandt ist, die nicht zur Gruppe der indoeuropäischen Sprachen gehören. Die Ursprünge des Türkischen lassen sich bis in das 12. Jh. n. Chr. zurückverfolgen; in den folgenden Jahrhunderten nahm die Sprache in Form von Lehnwörtern und grammatikalischen Details Elemente aus dem persischen und arabischen Bereich auf, von denen sie erst seit dem 19. Jh. wieder planvoll gereinigt wurde. Dagegen wurden vor allem im technischen Bereich viele Wörter europäischen, besonders französischen Ursprungs eingeführt.

Zur Erleichterung der türkischen Aussprache

ı	nur angedeutetes »e« wie in bitt**e**n, dank**e**n, Bsp.: ırmak
c	wie in In**ge**nieur, Bsp.: cam
ç	wie in **Tsch**eche, deu**tsch**, Bsp.: çan
h	wie in Ba**ch**, no**ch**, Bsp.: hamam
ğ	Dehnungs-g, nicht ausgesprochen. Entspricht deutschem Dehnungs-h in Za**h**n, Bsp.: yağmur
j	wie in Gara**g**e, Lo**g**e, Bsp.: jilet
ş	wie in **sch**ön, Ti**sch**, Bsp.: şeker
v	wie in **W**asser, **V**ioline, Bsp.: vermek
y	wie in **j**eder, Bsp.: yok
z	wie in le**s**en, rei**s**en, Bsp.: deniz

Schrift Die im Jahre 1928 eingeführte lateinische Schrift hat die bis dahin geltende arabische Schrift abgelöst. Um dem Lautbestand des Türkischen gerecht zu werden, wurden einige diakritische Zeichen ergänzend hinzugefügt. Am auffallendsten ist das `ı' (als Großbuchstabe I). Das große i (Aussprache etwa wie im Deutschen) ist İ.

## SPRACHFÜHRER TÜRKISCH

AUF EINEN BLICK

Ja. / Nein.	Evet. / Hayır.
Bitte. / Danke.	Lütfen. / Teşekkür ederim.
Gern geschehen.	Rica ederim.
Entschuldigung!	Afedersiniz!/Özür dilerim.
Wie bitte?	Efendim?/Nasıl?
Ich verstehe Sie / dich nicht.	Sizi / Seni anlayamıyorum.
Ich spreche nur wenig ...	Biraz ... konuşuyorum.
Können Sie mir bitte helfen?	Lütfen bana yardım eder misiniz?
Ich möchte ...	... istiyorum.
Das gefällt mir (nicht).	Bu hoşuma gidiyor (gitmiyor).
Haben Sie ... ?	Sizde ... var mı?
Wie viel kostet es?	Bu kaça?
Wie viel Uhr ist es?	Saat kaç?

KENNENLERNEN

Guten Morgen!	Günaydın!
Guten Tag!	Iyi günler! / Merhaba!
Guten Abend!	Iyi akşamlar!
Hallo! Grüß dich!	Merhaba!/Selâm!
Wie ist Ihr Name, bitte?	Isminiz nedir? / Adınız nedir?
Mein Name ist ...	Ismim ...
Wie geht es Ihnen / dir?	Nasılsınız? / Nasılsın?
Danke. Und Ihnen / dir?	Teşekkür ederim. Siz nasılsınız?/ Sen nasılsın?
Auf Wiedersehen!	Allaha ısmarladık!
Tschüss!	Eyvallah!/Hoşça kal!
Bis bald!	Yakında görüşmek üzere!
Bis morgen!	Yarın görüşmek üzere!

UNTERWEGS

Auskunft

links / rechts	sol / sağ
geradeaus	doğru
nah / weit	yakın/uzak
Wie weit ist das?	ne kadar uzaklıkta?
Ich möchte für zwei Tage ... mieten.	Iki günlüğüne ... kiralamak istiyorum.
... einen Wagen ...	... bir araba ...
... ein Fahrrad ...	... bir bisiklet ...
Bitte, wo ist ... ?	Affedersiniz, ... nerede?

... der Hauptbahnhof	... merkez istasyonu, ana gar ...
... die U-Bahn	... metro ...
... der Flughafen	... hava alanı / limanı ...
Zum ... Hotel	... oteline.

Panne

Ich habe eine Panne / einen Platten.	Bir arıza / patlak lastik var.
Würden Sie mir bitte einen Mechaniker / einen Abschleppwagen schicken?	Lütfen, bana bir tamirci / bir çekme arabası gönderir misiniz?
Wo ist hier in der Nähe eine Werkstatt?	Yakında nerede bir tamirhane var?

Tankstelle

Wo ist bitte die nächste Tankstelle?	En yakın benzinci nerede acaba?
Ich möchte ... Liter ...	... litre istiyorum
... Normalbenzin.	... normal benzin.
... Super. / ... Diesel.	... süper. / motorin.
... bleifrei / ... verbleit.	... kurşunsuz / kurşunlu.
Voll tanken, bitte.	Doldurun / Ful, lütfen.

Unfall

Hilfe!	Imdat!
Achtung! / Vorsicht!	Dikkat!
Rufen Sie bitte schnell	Acele ... çağırın, lütfen.
... einen Krankenwagen	.. ambulans ...
... die Polizei	... polisi ...
... die Feuerwehr	... itfaiyeyi ...
Haben Sie Verbandszeug?	Sargı malzemeniz var mı?
Es war meine / Ihre Schuld.	Benim suçumdu. / Sizin suçunuzdu.
Ich möchte den Schaden durch meine Versicherung regeln lassen.	Hasarı sigortam aracılığıyla düzelttirmek istiyorum.
Geben Sie mir bitte Ihren Namen und Ihre Anschrift.	Lütfen bana isim ve adresinizi verin.

ESSEN/UNTERHALTUNG

Wo gibt es hier ...	Burada nerede ... var?
... ein gutes Restaurant?	... iyi bir lokanta ...

▶ Sprache INFOS 115

... ein typisches Restaurant?	... tipik bir lokanta ...
Gibt es hier eine gemütliche Kneipe?	Burada rahat bir meyhane var mı?
Reservieren Sie uns bitte für heute Abend einen Tisch für vier Personen.	Bu akşama dört kişilik bir masa ayırın lütfen.
Auf Ihr Wohl!	Şerefe!
Bezahlen, bitte.	Hesabı lütfen.
Hat es geschmeckt?	Hoşunuza gitti mi?
Das Essen war ausgezeichnet.	Yemek çok güzeldi.
Wo werden Bauchtänze aufgeführt?	Göbek dansı nerede gösteriliyor?

EINKAUFEN

Wo finde ich ... ?	Nerede ... bulabilirim?
... eine Apotheke	... eczane ...
... eine Bäckerei	... fırın, ekmekçi ...
... Fotoartikel	... fotoğraf malzemesi ...
... ein Kaufhaus	... büyük mağaza, süpermarket ...
... ein Lebensmittelgeschäft	... bakkal, gıda satış mağazası ...
... den Markt	... pazar / çarşi ...

ÜBERNACHTUNG

Können Sie mir bitte ... empfehlen?	Bana ... tavsiye edebilir misiniz, lütfen?
... ein gutes Hotel ...	... iyi bir otel ...
... eine Pension ...	... bir pansiyon ...
Ich habe bei Ihnen ein Zimmer reserviert.	Ben bir oda ayırttım.
Haben Sie noch Zimmer frei?	Boş odanız var mı?
ein Einzelzimmer	tek kişilik bir oda
ein Zweibettzimmer	çift yataklı bir oda
mit Dusche / Bad	duşlu / banyolu
für eine Nacht	bir gecelik
für eine Woche	bir haftalık
Was kostet das Zimmer mit ...	Bu oda ... kaça?
... Frühstück?	... kahvaltılı ...
... Halbpension?	... akşam / öğlen yemekli (yarım pansiyon) ...

GESUNDHEIT

Können Sie mir einen	Bana iyi bir doktor tavsiye

guten Arzt empfehlen?	edebilir misiniz?
Ich habe Kopfschmerzen.	Benim başım ağrıyor.
Ich habe Fieber.	Ateşim var.
Ich habe hier Schmerzen.	Buram ağrıyor.

BANK

Wo ist hier bitte eine Bank?	Nerede banka var?
Ich möchte ... Euro (Schweizer Franken) in türkische Lira umwechseln.	Euro (Isviçre Frankı) karşılığında Türk Lirası istiyorum.

POST

Was kostet ...	Bir ... kaça gidiyor?
... ein Brief ...	... mektup ...
... eine Postkarte ...	... posta kartı ...
... nach Deutschland?	... Almanyá ya?

ZAHLEN

1	bir	13	on üç	50	elli
2	iki	14	on dört	60	altmış
3	üç	15	on beş	70	yetmiş
4	dört	16	on altı	80	seksen
5	beş	17	on yedi	90	doksan
6	altı	18	on sekiz	100	yüz
7	yedi	19	on dokuz	200	iki yüz
8	sekiz	20	yirmi	1000	bin
9	dokuz	21	yirmi bir	2000	iki bin
10	on	22	yirmi iki	10 000	on bin
11	on bir	30	otuz	1/2	yarım
12	on iki	40	kırk	1/4	çeyrek

TÜRKISCHE SPEISEN

Aşure	eine Art Pudding aus Trockenfeigen, gekochten Weizenkörnern, Rosinen, Hasel- und Walnüssen, Bohnen u.a.
Ayran	mit Wasser vermischter Joghurt
Baklava	süßes, pastetenartiges Gebäck
Balık Füme	Räucherfisch
Biber Dolması	gefüllte Paprikaschoten

Burma Sarık	süße Nachspeise (»gedrehter Turban«)
Cacık	Jogurtsoße (entspricht dem griechischen Zsatziki)
Çerkez Tavuğu	Huhn auf Tscherkessenart
Döner Kebabı	gebratenes Lamm- oder Hammelfleisch
Düğün Çorbası	Hochzeitssuppe
Hamsı Tava	gebratene Sardellen
Hünkâr Beğendi	Fleischgulasch mit Püree aus Auberginen (»Seiner Majestät hat es geschmeckt«)
Hurma Tatlısı	süße Nachspeise
Imam Bayıldı	Auberginen mit Zwiebeln und Tomaten, mit Olivenöl zubereitet und kalt serviert (»Der Imam fiel in Ohnmacht«)
Işkembe Çorbası	mit Ei legierte Suppe aus fein geschnittenen Kutteln
Kadın Budu	mit Ei panierte, gebackene Hackfleischklöße (»Frauenschenkel«)
Kadın Göbeği	süße Nachspeise (»Frauennabel«)
Kuzu Dolması	Lammbraten mit gewürztem Reis
Midye Dolması	mit gewürztem Reis gefüllte Muscheln
Revani	mit Sirup getränkte Grießspeise
Piyaz	Salat aus Bohnenkernen mit hart gekochten Eiern und Zwiebel
Şiş Kebabı	Fleischspießchen (Schaschlik)
Su Böreği	Pastete aus Strudelteigblättern, gefüllt mit gehacktem Fleisch oder geriebenem Käse
Tarama	Fischrogen
Vezir Parmağı	gebackene süße Nachspeise (»Wesirfinger«)

Übernachten

Hotels

Infolge des Baubooms in den letzten Jahren stehen den Touristen an der türkischen Mittelmeerküste hochklassige, dem internationalen Standard entsprechende Unterkünfte zur Verfügung.

Reiten am Strand erfreut sich immer größerer Beliebtheit.

Klassi- An türkische Hotels (oteli) werden in der Regel Sterne vergeben,
fizierungen wobei die Bewertungsskala vom Luxushotel (5 Sterne) bis zum Hotel für bescheidene Ansprüche (1 Stern) reicht.

Feriendörfer Großer Beliebtheit erfreuen sich – insbesondere wegen ihres breit gefächerten Sportangebotes – die Feriendörfer, wie diejenigen von Club Aldiana, Club Méditerranée und Robinson Club. Die größeren Feriendörfer verfügen über Nachtclubs oder ähnliche Einrichtungen (u. a. mit Bauchtanzvorführungen oder sonstigen folkloristischen Darbietungen); ferner existieren Diskotheken und Bars. In vielen Ferienzentren gibt es Spielkasinos; hier besteht Ausweispflicht.

Viele Feriendörfer und Großhotels bieten den Gästen All-inclusive an, d. h im Reisepreis sind die meisten Getränke und viele Freizeitangebote bereits enthalten. Hier sollte man sich genau erkundigen, denn jeder Anbieter legt den Begriff auf seine Weise aus. So sind in der einen Clubanlage alle alkoholischen Getränke gratis, in der anderen kostet jeder Drink extra; in anderen Feriendörfern sind nur bestimmte Freizeitangebote kostenlos, oder aber für die Ausübung sportlicher Aktivitäten zahlt man nichts, jedoch für die hierfür notwendige Ausrüstung.

An der türkischen Riviera sind Themenhotels in Mode gekommen. Am Lara-Strand – östlich von Antalya – ragt seit 2003 das »Titanic«-Hotel empor, die architektonisch originelle Umsetzung eines Ozeanriesen auf dem Strand. Auch im Hotelinneren sollen sich die Gäste wie auf dem Luxusliner fühlen, der im Jahr 1912 unter dramatischen Umständen im Atlantik sank: Die Zimmer sind wie Kabinen auf einem Kreuzfahrtschiff ausgestattet – und auf einem Bildschirm läuft James Camerons Film »Titanic« als Endlosschleife den ganzen Tag über. Ein paar Kilometer weiter kopiert der »Venezia Palace« den Markusdom von Venedig. Gleich nebenan folgt der »Topkapı-Palast« mit seinen über 900 Zimmern, einer Poollandschaft mit Aquapark und Hallenbad sowie mit den verschiedensten Sportplätzen. Nicht weit vom »Topkapı-Palast« entfernt breitet sich auf einer Fläche von 75000 m² der »Kremlin Palace« aus, eine Kopie des Roten Platzes in Moskau, ebenfalls mit zahlreichen Fitness-, Wellness- und Sportbereichen.

Der letzte Schrei: Themenhotels

Jugendunterkünfte

Jugendherbergen gibt es nur in Istanbul und Marmaris. Jugendliche, die mit kleinem Budget reisen, können aber in einfacheren Hotels oder Pensionen preisgünstig übernachten. Mit einem ISIC-Studentenausweis oder einem internationalen Jugendherbergsausweis bekommt man Ermäßigungen in den beiden Jugendherbergen.

Jugendherbergen

Camping und Caravaning

Mit derzeit rund 200 Plätzen sind Camping und Caravaning in der Türkei weniger stark entwickelt als etwa in Mittel- und Südeuropa. Die beste Auswahl an Campingplätzen hat man entlang der türkischen Ägäis- und Mittelmeerküste sowie in der Marmararegion.

Allgemeines

▶ WICHTIGE ADRESSEN

HOTELAUSKUNFT
▶ **www.weg.de**
Infos über türkische Hotels auf Deutsch mit Last-Minute-Angeboten

▶ **www.hotelguide.com**
Hotelverzeichnis mit Unterkünften der Türkei auch auf Deutsch

JUGENDHERBERGEN
▶ **Yücelt Interyouth Hostel**
Caferiye Sok 6 / 1
Sultanahmet
3440 Istanbul
Tel. (02 12) 513 61 50
Fax 512 76 28
www.yucelthostel.com

CAMPINGAUSKUNFT
▶ **Türkiye Kamp ve Karavan**
Derneği, Nenehatun Cad. 96
Gasiosmanpaşa
Ankara
Tel. (0212) 513 61 50
Fax 266 45 65

An der Küste von Marmaris reihen sich die Hotels aneinander.

Der erklärte Campingfreund findet noch viel Ursprünglichkeit, besonders bei den vom Staat eingerichteten Campingplätzen im Bereich von ▶Nationalparks oder Naturschutzgebieten.

Informationen Informationen über Campinganlagen erteilen die unter ▶Auskunft erwähnten Fremdenverkehrsstellen. Detaillierte Auskunft erhält man auch beim türkischen Zelt- und Wohnwagenverband.

Öffnungszeiten Üblicherweise sind die Campingplätze (meist an Hauptstraßen, in der Nähe von Städten und Ferienzentren gelegen) von April / Mai bis Oktober, einzelne auch das ganze Jahr über geöffnet.

Einrichtungen Die offiziellen, der Kontrolle des Ministeriums für Kultur und Fremdenverkehr unterstehenden Campingplätze entsprechen hinsichtlich der Ausstattung europäischem Standard. Auf manchen Campinganlagen (einige mit Privatstrand) existieren auch Gästehäuser. Etliche nicht lizenzierte Plätze eignen sich jedoch generell kaum für einen längeren Aufenthalt, da es vielfach Probleme mit schlechten Zufahrtsstraßen, Staub, fehlendem Trinkwasser und ungenügenden Sanitäreinrichtungen gibt.

Freies Campen und das Übernachten auf Rast- oder Parkplätzen sind in der Türkei verboten, auch aus Sicherheitsgründen muss davon abgeraten werden.

Wildes Zelten

Verkehr

Mit dem Flugzeug

Das Streckennetz der türkischen Luftfahrtgesellschaft Türk Hava Yolları (THY) verbindet die internationalen Flughäfen von Istanbul, Izmir, Bodrum, Dalaman, Antalya und Adana mit allen größeren Städten der Türkei. Allerdings bietet THY so gut wie keine Querverbindungen; wer z. B. von Antalya nach Adana fliegen möchte, muss über Ankara reisen. THY-Busse für den Transfer vom Flughafen ins Stadtzentrum und umgekehrt stehen überall zur Verfügung.

Innertürkischer Flugverkehr

Die Fluggesellschaft THY – früher staatlich hoch subventioniert – unterliegt heute marktwirtschaftlichen Bedingungen. Dies führte zu erheblichen Verteuerungen der Flugtickets. Viele Türken wählen deshalb heute die günstigeren, wenn auch zeitintensiveren Fahrten mit modernen Überlandbussen.

▶ WICHTIGE ADRESSEN

FLUGGESELLSCHAFT

▶ **Turkish Airlines**
Türk Hava Yolları
Turkish Airlines Deutschland
Baseler Str. 35
D-60329 Frankfurt/M.
Service-Tel. (018 05) 84 92 66
(0,14 €/Min. aus dem Festnetz)
Fax 69 05 80 81
www.turkishairlines.com
Zweigstellen in Berlin, Düsseldorf, Frankfurt am Main, Hamburg, Hannover, Köln, München, Nürnberg und Stuttgart

Turkish Airlines Österreich
Operngasse 3
A-1010 Wien
Tel. (01) 586 20 240
www.turkishairlines.com
Zweigstelle in Wien

Turkish Airlines Schweiz
Talstr. 58, CH-8001 Zürich,
Tel. (01) 2 25 23 23
www.turkishairlines.com
Zweigstellen in Basel, Genf und Zürich

FLUGHÄFEN

▶ **Istanbul**
Atatürk International Airport
Es herrscht ein regelmäßiger Busverkehr (alle 15 Minuten) zwischen dem rund 23 km westlich des Stadtzentrums von Istanbul gelegenen Atatürk Airport und dem THY-Terminal in der Stadtmitte von Istanbul (Şişhane, Meşrutiyet Caddesi 26).
Sabiha Gökçen International Airport. Ein regelmäßig verkehrender Shuttle-Bus verbindet den auf der

Antalya
Zwischen dem 10 km östlich von Antalya liegenden Flughafen und dem Zentrum der Stadt verkehren Minibusse und Taxis.

Bodrum
Vom Flughafen ins 18 km entfernte Stadtzentrum verkehren nur Taxis.

asiatischen Seite der Bosporus-Metropole gelegenen Flughafen sowohl mit der Innenstadt als auch mit dem Atatürk International Airport.

Dalaman
Busverbindungen gibt es erst ab dem 5,5 km entfernten Ort Dalaman (zwischen Marmaris und Fethiye) – vom Flughafen aus per Taxi zu erreichen.

Izmir
Adnan Menderes Flughafen
Der 25 km südlich von Izmir gelegene Adnan-Menderes-Flughafen ist mit dem Bahnhof Izmir-Alsancak durch eine Flughafenbahn (Stundentakt) verbunden. Der Bahnpreis beträgt nur einen Bruchteil des Taxitarifes. Auch verkehren THY-Busse zwischen dem Flughafen und Izmir.

Mit dem Schiff

Marmaragebiet Im Bereich des Marmarameeres verkehren Autofähren zwischen Istanbul und Mudanya sowie Bandırma, ferner ab Kartal (20 Min. östl. außerhalb von Istanbul, auf der asiatischen Seite) und Darıca (noch weiter südöstl. von Kartal) nach Yalova. Eine Autofähre besteht auch über den Golf von Izmit zwischen Eskihisar und Topçular. Marmara- und Bosporusschiffe legen in Istanbul am Kai von Eminönü ab, Minikreuzfahrten starten in Kabataş.

Seebusse ▶ Seebusse (Deniz Otobüsleri; Katamarane) sind zwar schnelle, aber etwas teuere Beförderungsmittel ab Istanbul in das Marmaragebiet nach Yalova, Çınarcık und zu den Prinzeninseln, nach Marmara und Avşa (verkehren nur im Sommer; Infos unter www.ido.com.tr).

Dardanellenfähren ▶ Autofähren über die Dardanellen verkehren stündlich zwischen 6.00 und 24.00 Uhr zwischen Eceabat und Çanakkale sowie zwischen Gelibolu und Lâpseki.

Ägäisküste Zwischen Izmir und Istanbul gibt es eine Direktverbindung. Außerdem verkehren Autofähren ab Kabatepe zur Insel Gökçeada und von Odunluk zur Insel Bozcaada. An der ägäischen Südwestküste verbindet eine weitere Autofähre den Hafen von Bodrum mit der Fährstation Körmen (unweit von Datça) auf der Reşadiye-Halbinsel.

Fährverbindungen zu griechischen Inseln ▶ Von Bodrum fährt eine Auto- und Passagierfähre zur griechischen Insel Kos, weitere Fähren verkehren zwischen Kuşadası und Samos, zwischen Ayvalık und Lesbos, zwischen Çeşme und Chios, zwischen Marmaris und Rhodos, zwischen Datça und Symi sowie zwischen Kaş und Kastellórizo.

Entlang der südlichen Mittelmeerküste gibt es seit Jahren keinen regulären Fährverkehr mehr.

Südliche Mittelmeerküste

Von drei Hafenstädten an der südlichen Mittelmeerküste bestehen Fährverbindungen zum nördlichen bzw. türkischen Teil Zyperns: von Mersin nach Gazimağusa, von Taşucu nach Girne und von Alanya nach Girne.

Fährverbindungen nach Nordzypern

Mit der Bahn

Das Streckennetz der türkischen Eisenbahnen, die von dem Staatsunternehmen »Türkiye Cumhuriyeti Devlet Demiryolları« (TCDD) betrieben werden, ist sehr weitmaschig, so dass sich die Bahn als Verkehrsmittel für Touristen kaum eignet; nur etwa 10 % des gesamten innertürkischen Personenverkehrs nutzen die Schienenwege. Nicht einmal auf den wenigen Hauptstrecken des Landes verkehren genügend Züge. Die Fahrpreise allerdings sind äußerst niedrig.

TCDD

Die Küstengebiete an der Ägäis und am östlichen Mittelmeer kann man mit der Bahn nur punktuell auf den Strecken Istanbul – Eskişehir (umsteigen) – Izmir und Istanbul – Eskişehir – Ankara – Adana (Bagdadbahn) erreichen. An der West- und Südküste zwischen Izmir und Mersin gibt es keine Bahnlinien.

Mittelmeerküste

Auf einer Touristenstrecke in der Westtürkei verkehren Dampfeisenbahnen (zwischen Izmir und Aydın). Informationen sind bei den unter ▶Auskunft erwähnten Fremdenverkehrsstellen erhältlich.

Dampfeisenbahnen

Mit dem Bus

▶Baedeker Special, S. 124

Mit dem Taxi und dem Dolmuş

In allen größeren Städten bzw. Ortschaften in der Türkei verkehren zahlreiche Taxis. Sie sind an der gelben Karosserie und dem Schild »Taksi« auf dem Autodach zu erkennen. In der Regel sind die Taxis mit Taxametern ausgerüstet. Vor Fahrtbeginn wird auch empfohlen, sich nach dem Preis zu erkundigen. Taxifahren in der Türkei ist verhältnismäßig preisgünstig.

Taxi

Eine noch preisgünstigere Alternative zu den üblichen Taxis sind die »Dolmuş« genannten, am gelben Streifen erkennbaren Sammeltaxis, die auf festgelegten Strecken bestimmte Haltestellen anfahren und festgesetzte Preise haben (die Gebühren werden von der jeweiligen Stadtverwaltung bestimmt). Sie verkehren auf innerstädtischen Routen und auf kurzen Überlandstrecken. Man kann ein Dolmuş auch per Handzeichen stoppen und unterwegs zusteigen.

Dolmuş (Sammeltaxi)

Am Busbahnhof von Adana können sich die Fahrgäste mit Obst versorgen.

REISEVEHIKEL NUMMER EINS

Überlandbusse sind das innertürkische Personenverkehrsmittel schlechthin, und Busfahren ist die billigste Art der Fortbewegung in der Türkei.

Praktisch alle größeren türkischen Orte sind durch Buslinien miteinander verbunden; 550 Busunternehmen bieten ihre Dienste im ganzen Land an. Für die Überlandbusse gibt es in den Städten einen oder mehrere Busbahnhöfe (»otogar«, »terminal« oder »garaj«), die in großen Städten oft am Stadtrand liegen und in der Ausstattung (Wartesäle, Toiletten, Geschäfte etc.) deutschen Zugbahnhöfen entsprechen.

Bequem, sicher und preiswert

Die nobelsten Unternehmen sind Ulusoy, Varan oder Kamil Koç, die die größten, modernsten und komfortabelsten Busse besitzen. Groß, modern, komfortabel, kühl und sauber sind jedoch fast alle türkischen Überlandbusse (»otobüs«), zu deren Grundausstattung eine Klimaanlage (zur Sicherheit einen Pulli mitnehmen!), türkische Videos, oft auch eine Toilette gehören und in denen Rauchverbot herrscht. Begleitet wird der Fahrer von mindestens einer Person, einem Herrn mit weißem Hemd und Krawatte, der die Reiseutensilien im Gepäckraum verstaut und während der Fahrt Erfrischungsgetränke, Wasser, Kaffee oder Tee, zuweilen auch Kekse, aber immer »kolonya«, eine Art Kölnisch Wasser, für Hände, Hals und Wangen verteilt. Die Preise für die Bustickets sind bei allen Unternehmen ungefähr gleich und außerordentlich günstig.

Vorsicht ist nur geboten, wenn ein Ticket noch günstiger als die anderen scheint, denn dann fährt der Bus wahrscheinlich auf Nebenstrecken durch unzählige Dörfer und braucht ein paar Stunden länger.

Die Tickets erhält man in der Bahnhofsfiliale des gewählten Unternehmens oder direkt im Bus; mit dem Ticket ist immer eine Platzreservierung verbunden, allein reisende Frauen werden grundsätzlich neben anderen Frauen platziert. Türkische Busse fahren stets pünktlich ab (zuweilen auch fünf Minuten früher!). Spätestens alle vier Stunden muss der Fahrer eine Pause einlegen und er darf nicht schneller als 80 km/h fahren – beides wird von einem Fahrtenschreiber kontrolliert: Ist das Tempo zu hoch, ertönt ein Piepsen; der vierte Piepston wird registriert und der Chauffeur hat dann eine Geldstrafe zu zahlen.

Mit dem Auto

Entlang der gesamten türkischen Ägäisküste und Mittelmeerküste gibt es eine durchgehend befahrbare Hauptstraße. Als Schnellstraßen autobahnartig ausgebaut sind allerdings nur relativ kurze Strecken, vor allem in den Großräumen von Istanbul, Izmir und Adana. Mit Großbaustellen, die vielfach lange Umleitungen erfordern, ist zu rechnen. Wer das Land mit dem Auto abseits der Durchgangsstraßen bereisen will, dem sei ein robustes Fahrzeug angeraten. Die türkischen Landstraßen sind zwar nummeriert, doch mangelt es nicht selten an systematischer Beschilderung.

Straßennetz Straßenzustand

Kraftfahrer, auch Motorradfahrer, müssen zwei Warndreiecke mitführen, die bei einer Panne vor und hinter dem Fahrzeug aufzustellen sind. Auch einen Feuerlöscher muss man mitführen. Ferner ist eine Reserve von Autoglühlampen vorgeschrieben. Es besteht Anschnallpflicht. Die Alkoholgrenze liegt bei 0,5 Promille. Mobiltelefone dürfen während der Fahrt nur mit Freisprechanlage benutzt werden.

Verkehrsvorschriften

Innerorts: 50 km/h (Pkw mit Anhänger 40 km/h); außerhalb geschlossener Ortschaften: Pkw und Pkw mit Anhänger 90 km/h, Motorrad: 70 km/h, Bus 80 km/h; auf Autobahnen: Pkw und Pkw mit Anhänger 120 km/h, Motorrad 80 km/h, Bus 100 km/h.

Höchstgeschwindigkeiten

Im Wesentlichen gelten die international üblichen Verkehrszeichen (gelbe Schilder bezeichnen archäologische oder historische Stätten); folgende Hinweisaufschriften auf Türkisch sieht man häufig:

Hinweisschilder

Bozuk yol – Schlechte Wegstrecke
Dikkat – Achtung!
Dur – Halt!
Düşüt banket – Schlechter Fahrbahnrand
Park yapılmaz – Parken verboten
Şehir merkezi – Stadtzentrum
Tamirat – Straßenarbeiten (im Gange)
Viraj – Kurve
Yavaş – Langsam (fahren)

In der Türkei ist generell defensive Fahrweise angebracht. Die Polizei achtet weitaus mehr als noch vor einigen Jahren auf Einhaltung der Geschwindigkeit, (Radarkontrollen auch auf Überlandstrecken), der Verkehrsregeln sowie auf Alkohol am Steuer. Dennoch besteht die Gefahr, durch Unachtsamkeit eines Verkehrsteilnehmers in einen Unfall verwickelt zu werden, was langwierigen, bürokratischen Aufwand nach sich ziehen kann. Bei einem Unfall ist unbedingt darauf zu achten, den Standort des oder der beteiligten Fahrzeuge bis zum Eintreffen der Polizei nicht zu verändern, da dies sonst zu einer

Defensiv fahren

Preisgünstiges Taxi: der Dolmuş

höheren oder totalen Schuldzuweisung führen kann. Gemäß den türkischen Gesetzen kann auch einem unschuldig am Unfall Beteiligten ein Schuldanteil zugewiesen werden. Schon allein deswegen ist eine Vollkaskoversicherung unbedingt empfehlenswert.

Vorsicht: Mit waghalsigen Überholmanövern türkischer Fahrer – sogar in einer scharfen Kurve oder vor einer Bergkuppe – ist zu rechnen. Schließlich führt Alkohol am Steuer insbesondere nach dem rituellen Landpicknick an Sonntagen nicht selten zu Unfällen. Eine defensive Fahrweise ist ferner auch wegen der zahlreichen Tiere und landwirtschaftlichen Fahrzeuge auf den Straßen angeraten.

Unfall Bei Verkehrsunfällen aller Art, auch solchen ohne Personenschaden, ist stets die Polizei hinzuzuziehen, um den Vorfall zu Protokoll nehmen zu lassen. Im Falle eines Totalschadens oder wenn ein Fahrzeug zwecks Reparatur länger als drei Monate in der Türkei verbleiben muss, ist dies dem zuständigen Zollamt zu melden und der Eintrag im Reisepass entsprechend ändern zu lassen.

Diebstahl Wird das Kraftfahrzeug gestohlen, so muss man vom zuständigen Gouverneur (Valı) eine entsprechende Bescheinigung einholen, woraufhin bei der Ausreise der Eintrag im Reisepass rückgängig gemacht wird.

Kraftstoff An den Hauptverkehrsstraßen befinden sich in regelmäßigen Abständen Tankstellen, die durchgehend geöffnet haben und denen in der Regel eine Reparaturwerkstatt sowie ein Restaurant angeschlossen sind. Es gibt bleifreies Superbenzin (super kurşunsuz; 95 Oktan) und Dieselkraftstoff (motorin).

Werkstätten Reparaturwerkstätten befinden sich an den Hauptverkehrsachsen und in den Vorstädten. Da durch die Besorgung von Ersatzteilen u. U. lange Wartezeiten entstehen können, wird dem Autofahrer dringend angeraten, einen Vorrat an besonders anfälligen Teilen selbst mitzuführen.

Pannenhilfe Im Falle einer Panne wende man sich an den Türkischen Automobilverband (Türkiye Turing ve Otomobil Kurumu; TTOK), der in allen größeren Städten und Urlaubsorten sowie an den meisten Grenzübergängen eine Filiale hat, oder an den ADAC, der in Istanbul einen Stützpunkt unterhält.

WICHTIGE ADRESSEN

PANNENHILFE

▶ **Türkischer Touring- und Automobilclub**
Türkiye Turing ve Otomobil Kurumu (TTOK)
1. Oto Sanayi Sitesi Yanı
4. Levent
Istanbul
Tel. (0212) 282 81 40
Fax 282 80 42
www.turing.org.tr

Niederlassungen des TTOK:
Antalya Tel. (02 42) 247 06 99
Izmir Tel. (02 32) 421 35 14

▶ **ADAC Istanbul**
Tel. (02 12) 288 71 90
(deutschsprachig)
Mo. – Fr. 8.00 – 18.30 Uhr
(während der Hochsaison)

MIETWAGEN-RESERVIERUNGEN IN DEUTSCHLAND

▶ **Avis**
Tel. (01805) 21 77 02
www.avis.de

▶ **Budget**
Tel. (01805) 21 77 11
www.budget.de

▶ **Europcar**
Tel. (0180) 58 000
www.europcar.de

▶ **Hertz**
Tel. (01805) 33 35 35
www.hertz.de

▶ **Sixt**
Tel. (0180) 5 25 25 25
www.sixt.de

Mit dem Mietwagen

Büros bzw. Schalter der großen Mietwagenfirmen finden sich in allen Fremdenverkehrsorten der Türkei bzw. an den Flughäfen (Buchungen auch an den Hotelrezeptionen). Darüber hinaus bieten einheimische Unternehmen Mietfahrzeuge (zuweilen auch Jeeps, Cabrios sowie Motorräder) zu günstigeren Konditionen als die renommierten Mietwagenverleiher an; die Fahrzeuge weisen jedoch oft nicht den erwarteten Qualitätsstandard auf. Insbesondere in der Hauptsaison empfiehlt sich Vorausbuchung im Heimatland.

Zeit

In der Türkei gilt im Winterhalbjahr die Osteuropäische Zeit (OEZ = MEZ + 1 Std.), von Ende März bis Ende Oktober die türkische Sommerzeit (OEZ + 1 Std.); man muss also im Winterhalbjahr und während der Sommerzeit die Uhr jeweils eine Stunde vorstellen.

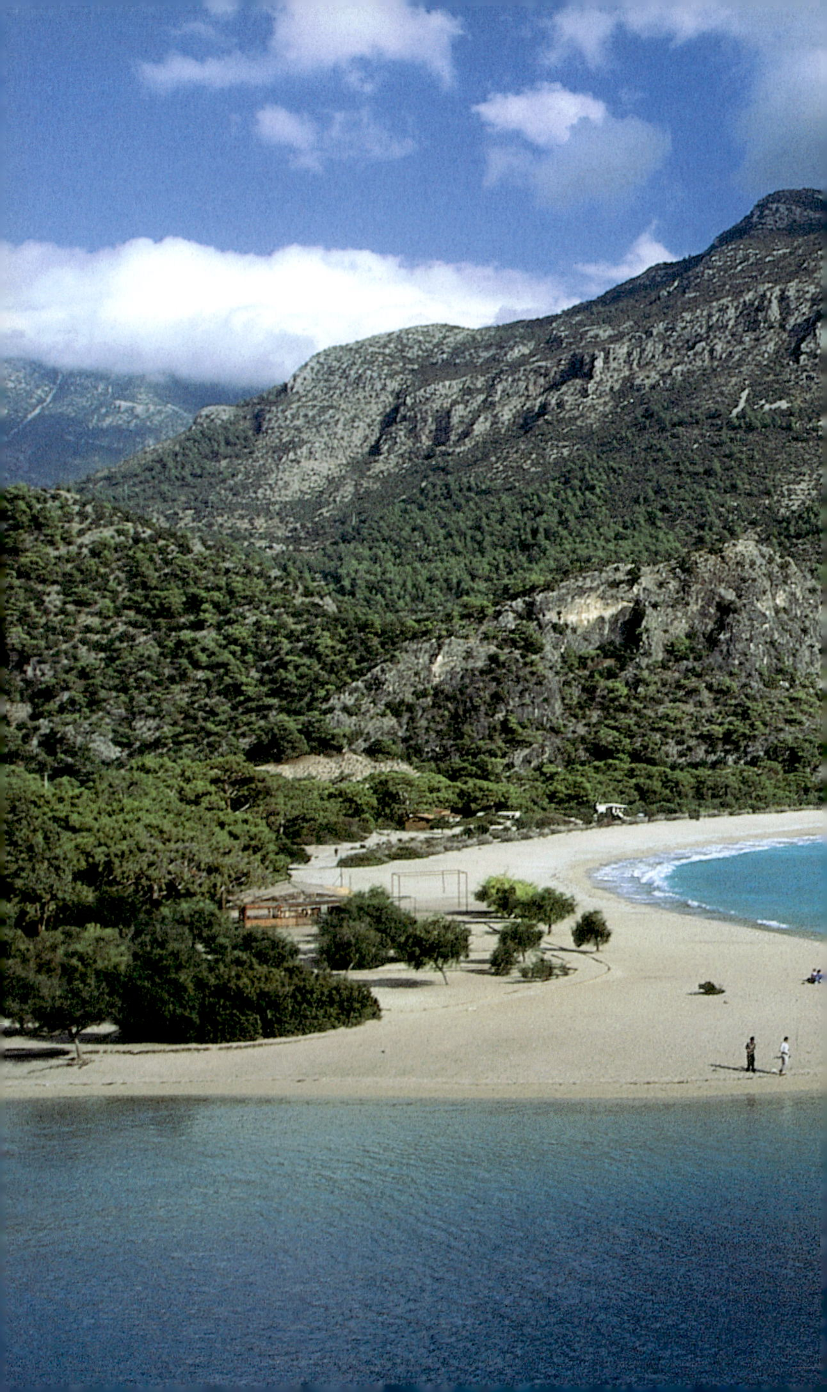

Touren

KULTURGENUSS, NATURSCHAUSPIELE ODER BADE-FREUDEN, WIE HIER IN DER TRAUMBUCHT ÖLÜDENIZ? AUF DEN VON UNS VORGESTELLTEN ROUTEN LERNEN SIE VIELE SEITEN DER TÜRKISCHEN MITTELMEERKÜSTE KENNEN.

TOUREN DURCH DIE TÜRKEI

Die folgenden Routen führen über besonders schöne Strecken an der türkischen Mittelmeerküste und enthalten auch Tipps für die besten Standorte.

TOUR 1 **Von Istanbul nach Izmir**
An der nördlichen Ägäisküste liegen die berühmten antiken Ausgrabungsstätten Troia und Pergamon. Doch auch Sonnenhungrige und Badelustige finden hier ein Paradies vor. ▶ **Seite 136**

TOUR 2 **Von Kuşadası nach Antalya**
An diesem wunderschönen Küstenstreifen erwarten den Besucher zahlreiche antike Stätten, traumhafte Badestrände und Orte mit einem turbulenten Nachtleben. ▶ **Seite 138**

TOUR 3 **Durchs Landesinnere**
Die Route durch das Landesinnere von der ägäischen Küste bis zur Bucht von Antalya lockt mit landschaftlichen Schönheiten und beeindruckenden Naturschauspielen. ▶ **Seite 140**

TOUR 4 **Von Antalya nach Antakya**
Wer die südliche Mittelmeerküste von West nach Ost bereist, beginnt seine Tour in Tourismushochburgen, die einen vergessen lassen, dass man sich in der Türkei aufhält, um sich am Ende der Reise mitten in Arabien zu wähnen. ▶ **Seite 142**

Mit der Fähre von Çanakkale geht's über die Dardanellen von Europa nach Asien.

▶ Überblick **TOUREN** 131

Orient
In der Türkei stoßen Orient und Okzident aufeinander.

Naturschönheiten
Die Türkei bietet viele beeindruckende Naturschauspiele.

© Baedeker

★★ İstanbul

akkale
★★ Troia
★ Assos
★ Ayvalık
★★ Pergamon
TOUR 1
★ İzmir
★★ Ephesus ★★ Pamukkale
Aydın
uşadası Laodikeia
★ Milet ★ Priene
★ Aphrodisias **TOUR 3**
Didyma ★ Herakleia am Latmos Karain
★ Bodrum ★ Termessos Düdenbaşı
★ Marmaris **TOUR 2** ★ Antalya ★ Tarsus ★★ Adana
★ Fethiye ★★ Alanya İskenderun
★ Kaş ★ Side **TOUR 4**
Silifke ★★ Antakya

Badefreuden
Wunderschöne Strände säumen die Küste.

Antike
An der türkischen Mittelmeerküste gibt es zahlreiche antike Ausgrabungsorte.

Unterwegs an der Mittelmeerküste

Südliche Mittelmeerküste

Das beliebteste Reiseziel der Deutschen in der Türkei ist die südliche Mittelmeerküste, und hier vor allem der Küstenabschnitt zwischen Antalya und dem südöstlich gelegenen Alanya, auch **»Türkische Riviera«** genannt. Malerische Hafenstädte, paradiesische Strände, ein leuchtend blaues Meer vor imposanter Gebirgskulisse und das sonnenreiche Klima, historisch bedeutsame Stätten wie Perge und Aspendos, dazu viele Freizeit- und Sportangebote, Unterkünfte jeder Art und eine gut entwickelte Infrastruktur – was kann sich der Urlauber mehr wünschen. Westlich von Antalya reichen die Berge des Taurus bis ans Meer heran. Große Ferienanlagen findet man noch rund um Antalyas südwestlichen Nachbarort Kemer, doch dann wird die Küste von einsamen Buchten und nur noch vereinzelt von breiten Stränden gesäumt. Anders als an der Türkischen Riviera, wo sich vor allem Pauschaltouristen wohl fühlen, ist der Küstenabschnitt zwischen Kemer und Fethiye, der mit dem malerisch gelegenen Kaş, antiken Stätten wie Xanthos und dem breiten, kilometerlangen unverbauten Strand von Patara lockt, insbesondere für Individualtouristen ein attraktives Ziel. Westlich von Fethiye, in

Überlandstraße an der Südküste bei Kemer

▶ Unterwegs an der Mittelmeerküste — **TOUREN** 133

dessen Nähe die traumhafte Lagune Ölüdeniz liegt, gelangt man ins zweite Tourismuszentrum an der südlichen Mittelmeerküste, das sich bis Marmaris erstreckt und zu dessen Attraktionen schöne Strände mit einem riesigen Angebot an Wassersportmöglichkeiten gehören. Es gibt auch antike Ausgrabungsorte wie Kaunos oder Knidos auf der Reşadiye-Halbinsel, doch die meisten Touristen kommen hierher, um sich zu vergnügen – rund um die Uhr.

Weniger von ausländischen Touristen frequentiert ist die Küste östlich von Alanya. Ebenso wie westlich von Antalya reichen auch hier die Taurus-Berge wieder bis ans Meer heran, erst ab Silifke – in der Bucht von Mersin – flacht die türkische Küste erneut ab. Doch zum Baden eignet sich die Bucht von Mersin wegen der vielen Industriehäfen großer Städte nur bedingt. Ein Highlight der besonderen Art wartet dann nahe der syrischen Grenze – **Antakya**, einst ein Schauplatz des frühen Christentums, heute die »arabischste« Stadt der gesamten türkischen Mittelmeerküste.

> **? WUSSTEN SIE SCHON …?**
>
> ■ In der ersten Hälfte des 20. Jh.s ließ sich in Deutschland mit Begriffen und Symbolen aus der türkischen Welt erfolgreich Reklame machen. Türkisch wurde gleichgesetzt mit orientalisch, und Orient bedeutete in Europa Lust und Sinnenfreude. Vor allem Genussmittel – Kaffee, Zigaretten und Schokolade – wurden mit dem türkischen Gütesiegel versehen. Zigarettenmarken hießen Salem Aleikum, Abdulla oder Flotte Türken, im Jahr 1909 baute man in Dresden sogar eine Zigarettenfabrik im Stil einer türkischen Moschee – mit Kuppel und Minarett. Heute ist die Türkei aus der Werbung verschwunden. Überlebt hat nur der Sarotti-Mohr auf Schokoladenpapier: ein osmanischer Sklave mit Pluderhosen, Schnabelschuhen und Turban, erfunden von dem Grafiker Prof. Julius Gipkens im Jahr 1922.

In der Beliebtheitsskala türkischer Urlaubsregionen nimmt die von Nord nach Süd verlaufende ägäische Küste den zweiten Platz ein. Auch dieser Küstenabschnitt lockt mit Sonne, Wasser, beeindruckender Landschaft, sehenswerten Orten und antiken Stätten. Zielgruppe sind aber weniger Pauschalurlauber als vielmehr Individualtouristen; denn in der Ägäis ist es kühler als an der südlichen Mittelmeerküste, es weht fast ständig eine Brise (weshalb sich Surfer und Segler hier besonders wohl fühlen), das Meer ist oft aufgewühlt, kilometerlange Strände bilden die Ausnahme. Doch dafür gibt es hier wunderschöne Buchten. Wie buchtenreich die ägäische Küste ist, lässt sich daran erkennen, dass sie, obwohl sie auf der Landkarte kürzer aussieht als die südliche Mittelmeerküste, mit rund 2800 km Länge etwa 1200 km länger ist als der südliche Küstenteil.

Ausländische Besucher zieht es in der Ägäis vor allem an die Küste südlich von Izmir, in die Tourismuszentren Çeşme und Kuşadası sowie ins quirlige Bodrum im Süden – die Kulturbeflissenen unter ihnen tauchen in antiken Stätten wie Ephesus, Milet und Didyma ein in die bewegte Vergangenheit der Küstenregion. Die Badeorte an der nördlichen Ägäis (im schönen Golf von Edremit) hingegen sind noch weitgehend in der Hand betuchter türkischer Urlauber, der Küstenabschnitt hier ist touristisch weniger erschlossen als im Süden. Gäste aus dem Ausland suchen die nördliche Ägäisregion in erster Linie wegen Troia und Pergamon auf, den Klassikern unter den antiken Ausgrabungsorten.

Istanbul Ein beliebtes Reiseziel in der Türkei ist auch Istanbul – jene Stadt, in der sich Morgenland und Abendland begegnen und Europa und Asien nur durch den Bosporus getrennt sind. Die einstige Hauptstadt des Osmanenreiches und bevölkerungsreichste Stadt der türkischen Republik besitzt eindrucksvolle Bauten und Kulturzeugnisse aus drei Jahrtausenden; mit seinen imposanten Relikten aus osmanischer Zeit, wie dem Komplex der Süleyman-Moschee und dem Topkapı-Sultanspalast, wird İstanbul auch oft als Inbegriff der Märchenwelt aus Tausendundeiner Nacht apostrophiert. Die Stadt am Goldenen Horn bietet aber auch **weltstädtisches Flair** – hier boomt die Wirtschaft, hier werden die Trends im kulturellen wie im politischen Leben der Türkei vorgegeben, und zum Einkauf locken nicht nur die orientalischen Basare, sondern auch die nicht minder lebhaften Shoppingmalls des modernen Istanbul.

> **? WUSSTEN SIE SCHON …?**
>
> ■ Außer Israel gibt es kein Land, das so viele Reiseziele für christliche Pilger und theologisch Interessierte bietet wie die Türkei.

Straße bei Tavas im Landesinnern – zwischen Aphrodisias und Pamukkale

Schroffes Gebirge zieht sich entlang der Südküste – hier bei Fethiye

Das richtige Verkehrsmittel

Busse sind das innertürkische Personenverkehrsmittel schlechthin und die billigste Art der Fortbewegung im ganzen Land (▶Baedeker Special, S. 124). Aber auch **Flüge** sind beliebt, alle großen und größeren Städte der Türkei sind an das Streckennetz der türkischen Luftfahrtgesellschaft Türk Hava Yolları (THY) bzw. Turkish Airlines angeschlossen. Die unabhängigste Form des Reisens ermöglicht natürlich der eigene Wagen oder ein **Mietauto**. Bei den im Folgenden dargestellten Routen werden die meisten Start- und Zielorte von der THY angeflogen, so dass – falls man sich ein Fahrzeug mietet – die Rückreise mit dem Flugzeug angetreten werden könnte.

> ! *Baedeker* TIPP
>
> **Am besten pauschal**
>
> Wer Urlaub an der türkischen Südküste oder in der Ägäis verbringen möchte, sollte eine Pauschalreise (verbunden mit einem Hin- und Rückflug) buchen. Bei einer individuellen Zimmersuche vor Ort muss man nicht selten tiefer ins Portemonnaie greifen. Auch für Trips in die Großstädte Istanbul und Ankara empfehlen sich Pauschalreisen.

Tour 1 Von Istanbul nach Izmir

Länge der Tour: 706 km   **Dauer:** 1 Woche

Auf der Strecke entlang der Nordküste des Marmarameeres und durch zahlreiche Orte der Ägäis gibt es unzählige Strandabschnitte, wo man baden und allerlei Wassersportarten ausüben kann. Für Freunde der Antike lohnt ein Abstecher zu den berühmten Stätten Troia, Assos und Pergamon.

Ab ❶** **Istanbul** kann man die reizvolle Marmara-Küstenstraße durch die grünen, westlichen Villenvororte bis nach Küçükçekmece benutzen. Auf diese Weise erhält man einen Eindruck von der Expansion der Sommerferiensiedlungen der Istanbuler Bevölkerung entlang der Küste des Marmarameeres, ein Phänomen, das sich mehr oder weniger deutlich in Form neuester Ferien- und Apartmenthauskolonien zwischen der Metropole am Bosporus und dem Provinzzentrum Tekirdağ fast überall in den küstennahen Bereichen ausbreitet. Über Şarköy gelangt man auf einer landschaftlich schönen Verbindung am Meer entlang auf die Halbinsel Gelibolu. Diese Halbinsel bietet nicht nur auf jedem Kilometer geschichtsträchtigen Boden – unterwegs gibt es zahlreiche Hinweise auf die Schlachtfelder und Gefallenenfriedhöfe des Ersten Weltkriegs, der sich für die Türken auf beiden Seiten der Dardanellen abgespielt hat –, man kann ferner auf kürzeste Entfernung sowohl die Ägäis als auch das Marmarameer erreichen oder in den Dardanellen baden und herrliche Ausblicke auf die Meerenge genießen. Zwei Autofähren führen hinüber ans asiatische Ufer: von Eceabat nach ❷**Çanakkale** (stark frequentiert) und von Gelibolu nach Lapseki. Nach der Besichtigung der Ruinen von Homers ❸** **Troia** (1 – 3 Stunden) in der malerischen Berglandschaft der Troas empfiehlt es sich, die landschaftlich attraktive Strecke entlang der Küste zu nehmen und über Alexandria Troas unbedingt nach ❹* **Assos** zu fahren, das einst als die schönstgelegene Stadt des antiken Griechenland galt. Die verkehrsarme Verbindung streift kleinere Dörfer und bietet oft einen herrlichen Blick auf das Meer. Hinter Assos begleiten endlose Olivenhaine die Straße, die ab Küçükkuyu wieder stärker befahren ist. Am Golf von Edremit beginnt die eigentliche Badeküste der Ägäis mit zahlreichen beliebten Seebädern. ❺* **Ayvalık** (südöstlich von Edremit) eignet sich aufgrund der großen Auswahl an Hotels hervorragend als Übernachtungsort. Von Ayvalık über Altınova führt eine gut ausgebaute Straße durch die Seebädersiedlungen an der nördlichen Ägäis nach Bergama. Nach einem mehrstündigen Aufenthalt in ❻** **Pergamon** gelangt man auf der befahrenen Küstenstraße, die an schönen Buchten, aber auch an der Aliağa-Raffinerie vorbeiführt, nach ❼* **Izmir**, in die ägäische Hafenmetropole und drittgrößte Stadt der Türkei.

▶ Tour 1 **TOUREN** 137

Weltberühmt
ist die Hagia Sophia in Istanbul.

Troia
Der Mythos lebt.

★★ İstanbul — 1

310 km

37 km
2 Çanakkale
3 ★★ Troia
75 km
4 ★ Assos
125 km

5 ★ Ayvalık
61 km
6 ★★ Pergamon

Imposant
Die Akropolis von Pergamon zählt zu den beeindruckendsten Sehenswürdigkeiten der Türkei.

98 km

7 ★ İzmir

...destrände
...hen sich im Golf
...n Edremit
...einander.

Wahrzeichen
Der Uhrturm ist das Wahrzeichen von Izmir.

Tour 2 Von Kuşadası nach Antalya

Länge der Tour: 846 km   **Dauer:** 2 Wochen

An der südlichen Ägäisküste und an der Südküste der Türkei findet man die schönsten Strände des Landes, darunter den berühmten Strand von Ölüdeniz bei Fethiye, zahlreiche Möglichkeiten, sich auch nachts zu unterhalten, und viele antike Stätten.

Von der ägäischen Touristenhochburg ❶ ✱ **Kuşadası** sind es nur wenige Kilometer nach Selçuk, wo das antike ❷ ✱ ✱ **Ephesus** liegt. Ab Selçuk können auf der Weiterfahrt über Söke, den schönen Bafa-See und Milas Abstecher zu den archäologischen Höhepunkten an der Südwestküste der Türkei – neben Ephesus ❸ ✱ **Priene**, ❹ ✱ ✱ **Milet**, ❺ ✱ ✱ **Didyma** und ❻ ✱ **Herakleia am Latmos** – eingeplant werden. Wer den beliebten Urlaubsort ❼ ✱ ✱ **Bodrum**, das »Saint-Tropez der Türkei«, unbedingt besuchen möchte, muss auf alle Fälle einen Umweg in Kauf nehmen, d. h. die Strecke von Milas nach Bodrum (48 km) auch wieder zurückfahren. Milas sollte man sich unbedingt ansehen: eine entzückende Stadt mit gepflasterten Gassen, überkragenden, roten Ziegeldächern und kleinen Hauserkern an den stattlichen, alten Bürgerhäusern.

Alles in allem ist die stärker gegliederte und daher buchtenreichere, aber auch an Sandstränden ärmere Küstenpartie Südwestanatoliens um die Zentren Marmaris, Fethiye und Kaş auf ihrer gesamten Länge landschaftlich eindrucksvoller als die Ägäisküste. Darüber hinaus findet man in der gebirgigen, nicht selten bewaldeten Mittelmeerzone zahlreiche historische Stätten, zu denen klangvolle Namen zählen wie Knidos, Xanthos oder Euromos (12 km nordweslich von Milas), dessen römischer Zeustempel aus dem 2. Jh. n. Chr. zu den am besten erhaltenen antiken Bauten der Türkei zählt..

In Yatağan im Landesinneren schneiden sich die von Bodrum bzw. Milas kommende Hauptverkehrsstraße 330 und die von Aydın nach Muğla führende 550. Auf dieser Straße sind einige Pässe zu meistern, dafür genießt man häufig eine wunderschöne Aussicht. Vor allem wenn man hinter der Provinzhauptstadt Muğla bei Gökova wieder die Küstenpartie erreicht, hat man bei gutem Wetter einen herrlichen Blick fast bis zur griechischen Insel Kos. Von Gökova aus lässt sich ein bequemer Abstecher in das einstige Fischerstädtchen und heutige Touristen- und Seglerzentrum ❽ ✱ **Marmaris** unternehmen, oder man benutzt gleich die gut ausgebaute, von Pinien gesäumte Straße entlang der Küste über Köyceğiz nach ❾ ✱ **Fethiye**. Die Küstenroute von Fethiye über Kaş und Kumluca nach Antalya führt durch eine der schönsten Gegenden der Türkei. So erreicht man südöstlich von Fethiye zunächst durch das Xanthostal und über einen Pass das Mittelmeer bei Kalkan. Eine kurvenreiche, aber wunderschöne Strecke unmittelbar am kristallblauen Wasser mit kleineren und kleinsten Buchten endet schließlich im ehemaligen Fischerort ❿ ★ **Kaş**. Der weitere Verlauf wechselt zwischen Küstenabschnitten und Bergpartien, bis man aus den kühleren Berglandregionen hinabfährt in die feuchtheiße Ebene von ⓫ ★★ **Antalya**, der Touristenmetropole mit der hübschen Altstadt über dem reizvollen Hafen, die sich auch in der Wintersaison kaum eine Pause gönnt.

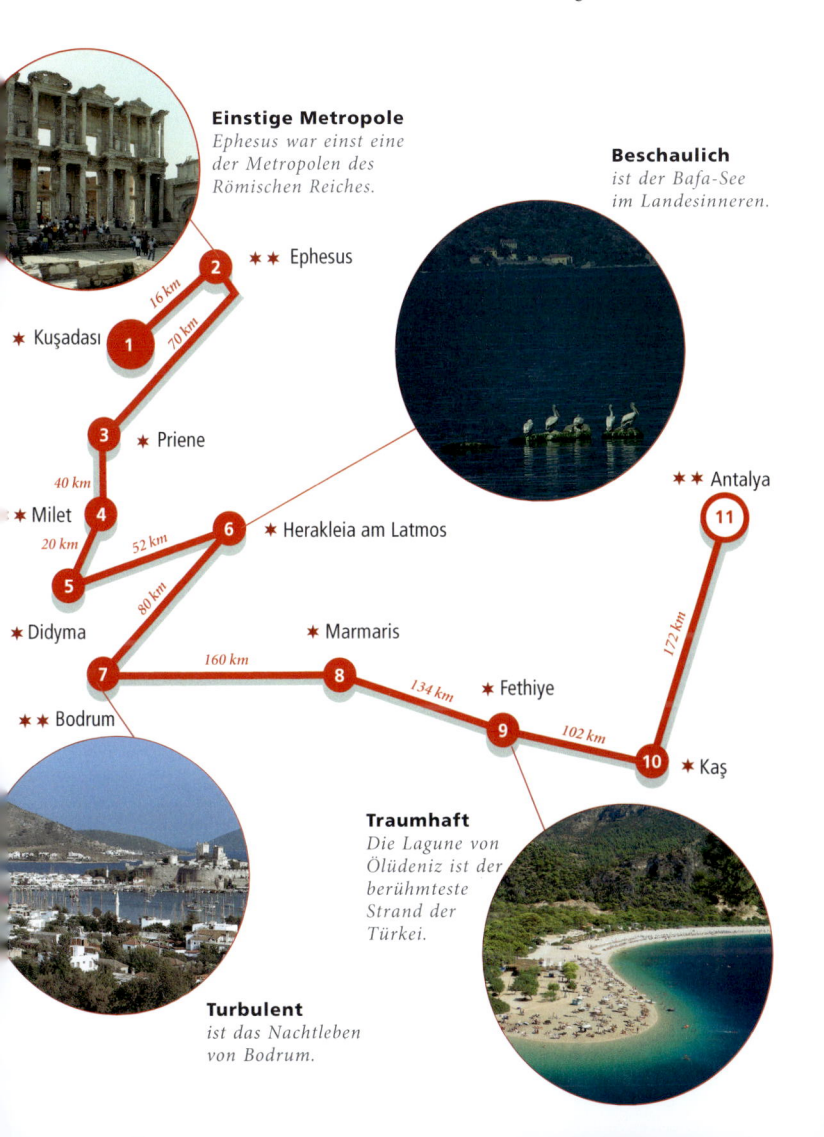

Einstige Metropole
Ephesus war einst eine der Metropolen des Römischen Reiches.

Beschaulich
ist der Bafa-See im Landesinneren.

★★ Ephesus
★ Kuşadası
★ Priene
★ Milet
★ Herakleia am Latmos
★ Didyma
★ Marmaris
★ Fethiye
★★ Bodrum
★ Kaş
★★ Antalya

16 km
70 km
40 km
20 km
52 km
80 km
160 km
134 km
102 km
172 km

Traumhaft
Die Lagune von Ölüdeniz ist der berühmteste Strand der Türkei.

Turbulent
ist das Nachtleben von Bodrum.

Tour 3 Durchs Landesinnere

Länge der Tour: ca. 560 km **Dauer:** 1 Woche

Die kürzeste und schnellste Verbindung von Kuşadası, der Touristenhochburg der Ägäis, zur Türkischen Riviera ist die Strecke durch das Landesinnere. Höhepunkt dieser Route sind die Kalksinterterrassen von Pamukkale.

Von ❶★ **Kuşadası** fährt man in Richtung Süden nach Söke, von hier über die 525 nach Germencik und anschließend nach ❷ **Aydın**, in dessen Norden die antike Ruinenstätte von Tralleis liegt. Eine

Baden erlaubt
… im Thermalbad eines ehemaligen Motels von Pamukkale

★★ Pamukkale
★ Kuşadası Aydın
1 — 76 km — 2 — 100 km — 3 — 107 km — 4 — 15 km — 5 Laodikeia
★★ Aphrodisias
225 km
7 Karain
★ Termessos 6
8 Düdenbaşı
9 ★★ Antalya

Nie langweilig
wird's in Küstenorten wie Kuşadası.

Naturschauspiel
Die Düden-Wasserfälle in der Nähe von Antalya

► **Tour 3**

weitere antike Ruinenstätte, Nysa, befindet sich nördlich der Ortschaft Sultanhisar zwischen Aydın und Nazilli. Da bisher keine umfangreichen Grabungen durchgeführt wurden, sind die sichtbaren Monumente mit einem immerhin sehenswerten Theater, der Agorá und einem gut erhaltenen Buleuterion doch noch recht beschränkt. Das Bühnengebäude des Theaters enthält den am besten erhaltenen Dionysoszyklus, den Kleinasien zu bieten hat. Von der Geburt des Gottes für das Schauspiel und den Wein über seine Jugend, seine Ablehnung durch viele griechische Städte und seine Rache dafür bis hin zu den ausschweifenden Dionysien ist seine Geschichte wiedergegeben. Auf dem Weiterweg durch das Tal des Mäander (Büyük Menderes), einer vielbefahrenen Fernstraße durch fruchtbares Land, begegnet man ununterbrochen Lastwagen, hoch beladen mit Baumwolle. Sie ist das Hauptprodukt dieses Flussdeltas und ein wichtiges Exportgut des Landes; Hauptumschlagplatz ist die Stadt Nazilli. Rund 18 km hinter Nazilli biegt eine Straße nach rechts ab (Richtung Taves), die nach ❸ ★ ★ **Aphrodisias** führt, einer der Hauptstätten des Aphroditekults in der Antike. Von Aphrodisias fährt man weiter über das südöstlich gelegene Tavas und Denizli (im Norden) in das im Menderesgraben liegende Ausflugsziel ❹ ★ ★ **Pamukkale**, das weltberühmte »Baumwollschloss« mit seinen Sinterterrassen und der antiken Stadt Hierapolis. Nach einem eventuellen Abstecher über die Ruinenstätte des antiken ❺ **Laodikeia**, etwa 15 km südlich von Pamukkale, gelangt man von Denizli über Serinhisar, Söğüt und Korkuteli durch die faszinierenden Westausläufer des Taurus in die Bucht von Antalya. Auf dem letzten Wegstück, kurz vor Erreichen der Küste bzw. Türkischen Riviera, sollte man der antiken Stätte ❻ ★ **Termessos**, der einzigen antiken Stadt, die den Eroberungsversuchen Alexanders des Großen heldenhaft trotzte, der prähistorischen Höhle von ❼ **Karain** und den beeindruckenden Wasserfällen von ❽ **Düdenbaşı** einen Besuch abstatten, bevor man nach ❾ ★ ★ **Antalya** hinunterfährt.

Das antike Theater von Termessos

TOUREN ▶ Tour 4

Tour 4 Von Antalya nach Antakya

Länge der Tour: 731 km   **Dauer:** 1 – 2 Wochen

Während an der Türkischen Riviera, im Golf von Antalya, Erinnerungen an Tourismushochburgen in Italien und Spanien aufkommen können, fühlt man sich im östlichsten Ort dieser Route, in Antakya nahe der syrischen Grenze, nach Arabien versetzt.

Zu den klassischen Routen gehört die Fahrt entlang der östlichen Südküste von ❶ ★★ **Antalya** nach Antakya im Grenzgebiet zu Syrien. Diese kurvenreiche, aber landschaftlich ungemein reizvolle

Perle der Südküste
wird Antalya genannt.

★★ Antalya
① 73 km
②　66 km
★ Side
③　242 km
★★ Alanya
④ 118 km Silifke
⑤ 41 km Tarsus
⑥ ★ Adana
138 km
Iskenderun ⑦
53 km
★★ Antakya ⑧

Hoch im Kurs
Alanya ist bei Deutschen sehr beliebt.

Orient
Der östliche Teil der türkischen Mittelmeerküste ist sehr orientalisch.

Ein beliebtes Ausflugsziel an der Türkischen Riviera sind die Manavgat-Wasserfälle nordöstlich von Side.

Küstenstraße ist auch die meistfrequentierte Verbindung mit dem Osten des Landes. Auf dieser Route stößt man auf bekannte antike Ruinenstädte wie Perge, Aspendos und ❷★ **Side**, auf ansehnliche Kreuzfahrerburgen (Anamur), auf beachtliche Relikte aus der Blütezeit des Osmanischen Reiches (Antalya, Karawansereien, Alanya), auf Naturschönheiten (Antalya-, Manavgat- und Tarsus-Wasserfälle, Korykische Grotten), auf vielerlei exotische mediterrane Kulturplanzen (Bananen, Erdnüsse, Baumwolle, Granatäpfel, Paprika) rechts und links des Weges sowie auch auf ausgedehnte Glas- und Plastikgewächshauskulturen. Vor allem aber findet man lange Badestrände und einladende Badebuchten; die Angebote sind allerdings nicht selten überteuert, die Touristenplätze in der Hochsaison überfüllt und ohnehin inzwischen viel zu zahlreich. Die wichtigsten Tourismuszentren an der Türkischen Riviera bilden neben Antalya und ❸★★ **Alanya** die prosperierenden Badeorte im Umfeld von Manavgat, Sorgun und Side sowie die Küstenorte zwischen Taşucu bei ❹**Silifke** im Delta des Göksu-Flusses mit seiner kilometerlangen Dünenlandschaft. Für Reisende, die sommerliche Hitze lieben, sich für den Trubel südländischen Badelebens begeistern und zudem eine malerische Landschaftsszenerie wünschen, ist diese Strecke ideal, selbst wenn in der Region um Mersin die Zahl und Größe touristischer Apartmentblocks mittlerweile abschreckende Dimensionen annimmt und die Strecke zwischen Mersin, ❺**Tarsus** und ❻★ **Adana** stark industrialisiert ist. Mehr Idylle erwartet den Reisenden dann auch wieder in der Schwemmlandebene der südöstlichen Grenzprovinz, wo man über ❼**Iskenderun** die Provinzhauptstadt ❽★★ **Antakya** bzw. Hatay – das antike Antiocheia – erreicht, die den Besucher durch ihr arabisches Ambiente besticht.

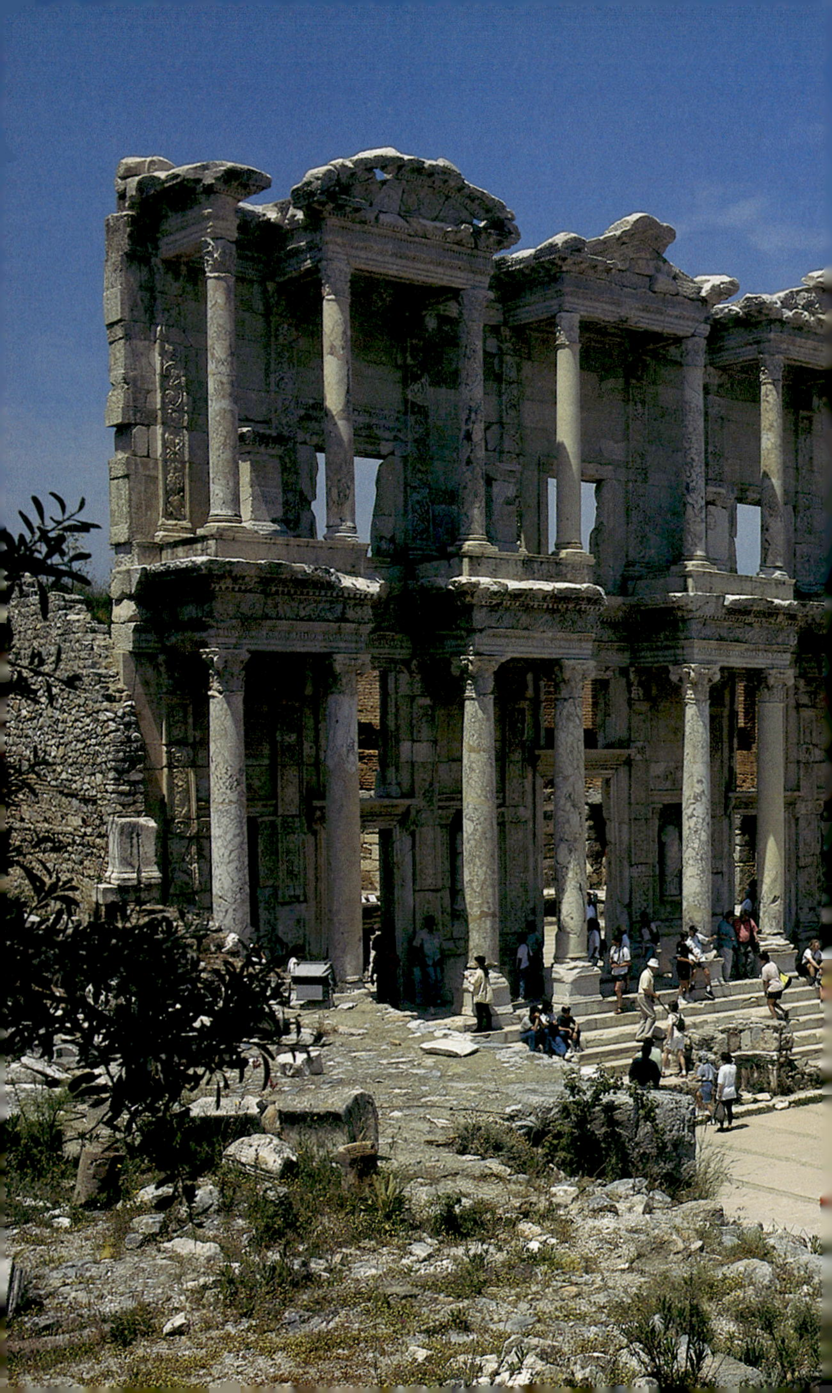

Reiseziele von A bis Z

DIE TÜRKISCHE MITTELMEERKÜSTE IST EINE REISEREGION MIT HERAUSRAGENDEN SEHENSWÜRDIGKEITEN – WIE DER CELSUSBIBLIOTHEK IN EPHESUS –, GROSSSTADTATMOSPHÄRE UND NATURSPEKTAKELN, PHANTASTISCHEN STRÄNDEN UND VIEL BESUCHTEN BADEORTEN.

✱ Adana

U 11–12

Landesteil: Südküste (Östliches Mittelmeer)
Höhe: 25 m ü. d. M.

Provinz: Adana
Einwohnerzahl: 1,57 Mio.

Die nach Istanbul, Ankara und Izmir viertgrößte Stadt des Landes ist das Verkehrs-, Wirtschafts- und Industriezentrum am östlichen Mittelmeer. Die vom Durchgangsverkehr stark geprägte und recht unübersichtliche Metropole, in der im Sommer eine unangenehm schwüle Hitze (bis 45 °C) herrschen kann, zieht allerdings nur wenige Touristen an.

Metropole am östlichen Mittelmeer

Die in den letzten Jahrzehnten – vor allem durch den Zuzug von Arbeitskräften aus den östlichen Regionen der Türkei – enorm gewachsene Provinzhauptstadt Adana liegt inmitten der Kilikischen Ebene, der heutigen Çukurova (»Tiefebene«), rund 50 km von der Mittelmeerküste entfernt. Durch ihren internationalen Flughafen dient die Stadt häufig als Ausgangspunkt für Reisen in den Osten der Türkei. Von Touristen weitgehend gemieden, hat die über 3000 Jahre alte Stadt doch einiges zu bieten. Neben dem interessanten Archäologischen Museum und einigen Moscheen – darunter eine der größten der Türkei – sind es die Gegensätze, die in der vitalen Universitätsstadt faszinieren: Hier prallen **europäische und orientalische Kultur**, modernes Großstadtleben und traditionelle Lebensweisen aufeinander. Besonders krass spiegeln sich die Gegensätze im Stadtkern südlich der großen Durchgangsstraße von Mersin nach Iskenderun wider, wo verwinkelte Basare und moderne Bürobauten nebeneinander existieren. Dort befindet sich auch die laute und hektische Altstadt mit engen Gassen, einem labyrinthartigen quirligen Basar und zahlreichen Geschäften.

Im Norden dieser West-Ost-Verkehrsachse schließt sich die Neustadt mit breiten Boulevards und vielen grünen Baumbeständen an, die von dem Berliner Architekten Hermann Jansen entworfen wurde, der auch an der Stadtplanung von Ankara (1928) mit beteiligt war. Im Westen der Stadt haben sich Textil-, Konserven- und Maschinenfabriken angesiedelt. Wer keine Zeit für die Besichtigung der Stadt hat, kann den Ort auf der Autobahn umfahren.

Highlights Adana

Archäologisches Museum
u. a. schöne Sammlung prähistorischer Töpfereien
▶ Seite 148

Sabancı Merkez Camii
Neueste Sehenswürdigkeit von Adana – von einer reichen Familie erbaut
▶ Seite 149

Ulu Cami
Moschee aus dem 16. Jh.
▶ Seite 149

► Adana · ZIELE

Geschichte

Die Besiedlung von Adana reicht ins 14. vorchristliche Jahrhundert zurück. Die verkehrsgünstige Lage am Ausgang der Kilikischen Pforte, einem Pass, der eine Überquerung des Taurus ermöglicht, begünstigte die Anlage einer Siedlung, die im Hethitischen Ataniya hieß. Unter den Seleukiden nannte man die Stadt Antiocheia am Saros. Zur Zeit der Römer stand Adana im Schatten der regionalen Hauptstadt Tarsus und spielte deshalb nur eine untergeordnete Rolle. Die Mamelucken, die das Königreich Kleinarmenien eroberten, überließen den Ort den Fürsten der Ramazanğulları, die bis ins Jahr 1515 hier residierten. Unter der Herrschaft der osmanischen Sultane, später als Station der Bagdadbahnlinie, vor allem aber nach der Ausrufung der türkischen Republik im Oktober 1923 erreichte die Stadt beträchtlichen Wohlstand. Im Jahr 1998 forderte ein schweres Erdbeben über hundert Menschenleben; die Altstadt und die Elendsviertel (geçekondus) wurden dabei zerstört.

Adana *Orientierung*

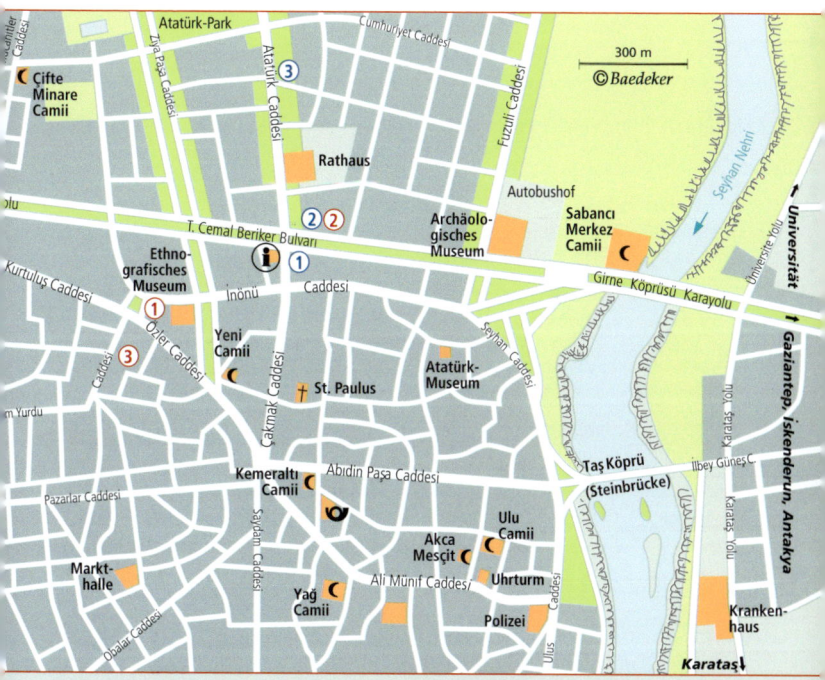

Essen
① Onbaşilar Restaurant
② Seyhan Hotel (Restaurant)
③ Aristone Cafe & Restaurant

Übernachten
① Zaimoğlu Hotel
② Seyhan Hotel
③ Adana Hosta Oteli

ADANA ERLEBEN

AUSKUNFT

Atatürk Caddesi 13
Tel. (03 22) 359 19 94, Fax 352 67 90

Flughafen Şakirpaşa,
Hava Limanı, Tel. (03 22) 436 92 14

ESSEN

▶ **Fein & teuer**

② *Seyhan Hotel*
Turkan Cemal Beriker Bulv. 18
Tel. (03 22) 455 30 30
www.otelseyhan.com.tr
Das Restaurant des gleichnamigen Hotels ist stadtbekannt und wird oft von Einheimischen aufgesucht. Im Seyhan Ocakbaşı werden Fleischspezialitäten für die Gäste sichtbar auf einem großen Grill zubereitet. Empfehlenswert vor allem die berühmten pikanten Adana-Hackfleisch-Spieße.

▶ **Erschwinglich**

① *Onbaşılar Restaurant*
Atatürk Caddesi
Tel. (03 22) 351 41 78
www.onbasilarkebap.com
Das gegenüber dem Tourismusamt gelegene Restaurant ist seit Jahren eins der beliebtesten Speiselokale der Stadt. Kein Wunder: Die hervorragende Kebabküche überzeugt den Gaumen.

③ *Aristone Café & Restaurant*
Atatürk Caddesi 30 A
Tel. (03 22) 458 33 33
Schickes Caférestaurant, das neben türkischen Grillspezialitäten auch Spaghetti anbietet.

ÜBERNACHTEN

▶ **Luxus**

② *Seyhan Hotel*
Turhan Cemal Beriker Bulv. 18
Tel. (03 22) 455 30 30
www.otelseyhan.com.tr; 140 Z.
Luxushotel mitten im lebhaften Zentrum von Adana mit zwei Restaurants (Büfett und à la carte), zwei Swimmingpools (überdacht und offen), Hamam, Sauna sowie Fitnessraum.

▶ **Komfortabel**

① *Zaimoğlu Hotel*
Özler Cad. 22 Kuruköprü
Tel. (03 22) 363 53 53
Fax 363 53 63
www.zaimoglu.com.tr; 83 Z.
Alternative zum etwas teureren Seyhan Hotel. Die klimatisierten Zimmer sind mit Satelliten-TV, Safe und Minibar ausgestattet. Das Hotelrestaurant serviert gute türkische Küche. Livemusik in der Kadeh-Bar.

▶ **Günstig**

③ *Adana Hosta Oteli*
Bakım Yurdu Cad. 3
Tel. und Fax 352 37 00; 36 Z.
Nette Unterkunft mit freundlichem Service. Das Frühstück muss extra bezahlt werden.

Sehenswertes in Adana

★ Archäologisches Museum
Das an der West-Ost-Straßenachse (T. Kemal Beriker Bulvarı) gelegene Museum enthält eine schöne Sammlung prähistorischer Töpfereien aus Kilikien, einige hethitische Fundstücke, hellenistischen

Goldschmuck sowie römische Statuen und Kleinfunde. Es sind auch römische Mosaiken ausgestellt, die bei Bauarbeiten in der Stadt zutage kamen (Öffnungszeiten: Di. – So. 9.00 – 16.30 Uhr).

★ Sabancı Merkez Camii

Östlich des Archäologischen Museums erhebt sich am westlichen Ufer des Seyhan die jüngste Sehenswürdigkeit von Adana, die Sabancı Merkez Camii, die in Pracht und Größe mit der Blauen Moschee von ▶Istanbul verglichen wird. Die nach traditionellem Baumuster errichtete Moschee weist eine prächtig ausgeschmückte, 53 m hohe und 32 m breite Kuppel sowie sechs 99 m hohe Minarette auf. In der Moschee finden rund 12 000 Gläubige Platz. Erbaut wurde das Gotteshaus mit Geldern der aus Adana stammenden Industriellen-Familie Sabıncı, einer der reichsten Familien der Welt.

Steinbrücke

Vom antiken Adana ist wenig erhalten. Lediglich an der 310 m langen Steinbrücke Taş Köprü über den Seyhan (südlich der West-Ost-Straßenachse), die im Laufe der Zeit mehrfach zerstört und wiederhergestellt wurde, sind von ihren einst 21 Bögen noch 14 erhalten, von denen einer (an der Westseite) aus der Regierungszeit des römischen Kaisers Hadrian (117 – 138 n. Chr.) stammen soll.

★ Ulu Cami

Von der Steinbrücke gelangt man nach Westen in die Altstadt, wo man in südlicher Richtung rasch auf die Ulu Cami (Große Moschee) aus dem 16. Jh. stößt, eine von einer hohen Mauer umschlossene Moschee nebst einer Medrese (Gelehrtenschule), einer Türbe (Mausoleum) und einer Dershane (Koranleseschule). Der Hauptzugang liegt an der Ostseite, an der ein 1507 / 1508 erbautes Minarett

Architektonische Gegensätze: die alte Steinbrücke, die noch römische Baureste aufweist, und die neue große Sabancı-Merkez-Moschee

Prachtvoller Kuppelraum der Sabancı-Merkez-Moschee

aufragt, dessen polygonaler Schaft, dazu Blendnischen und eine überdachte Galerie an syrische Vorbilder erinnern. An der Nordseite stehen dreifach gegliederte Spitzbogenarkaden, an die sich die Räume der Medrese anschließen. Die im syrischen Dekorationsstil gehaltene Türbe zieren osmanische Fayencen aus Iznik. Die Westseite der Anlage mit der Dershane ist durch einen Tortrakt mit kegelförmigem Dach aufgebrochen.

Umgebung von Adana

Seyhan Barajı

An heißen Tagen suchen viele Bewohner von Adana Erfrischung am 90 km² großen, bis 25 km langen **Seyhan-Stausee** 8 km nördlich der Stadt. Dieser See bietet **Wassersportmöglichkeiten** wie Segeln und Surfen, auch Baden ist erlaubt. Man kann hier schöne Spaziergänge im Schatten machen, und es gibt Restaurants und Teegärten, die sich – von Süden gesehen – am linken Ufer des Sees an einer vierspurigen Straße reihen.

Karataş

Den nächsten Badestrand am Meer finden die Bewohner von Adana im 50 km südlich der Provinzhauptstadt gelegenen Hafenstädtchen Karataş. So ist der wenig idyllische Badeort mit seinem langen, auch von einigen Pensionen und Restaurants gesäumten **Strand** vor allem an heißen Wochenenden im Sommer, wenn viele Bürger der Hitze ihrer Millionenstadt entfliehen wollen, stets überfüllt und oft von zurückgelassenem Müll verdreckt.

Misis

Auf der Landstraße nach Ceyhan erreicht man nach 25 km Fahrt ostwärts durch die Kilikische Ebene Yakapınar. In der Nähe dieses Ortes lag die antike Stadt Mopsuhestia (später Misis) zu beiden Ufern des Flusses Ceyhan. Verbunden waren die Stadtteile dieses

Ortes später mit einer heute noch gut erhaltenen neunbogigen Römerbrücke; in mameluckisch-osmanischer Zeit wurden an den Enden der Brücke Karawansereien errichtet. Die bedeutendste Sehenswürdigkeit des Ortes ist das **Mosaikenmuseum**, das auf den polychromen Fußbodenmosaiken einer wohl während der Arabereinfälle im 8. Jh. zerstörten kleinen Kirche angelegt wurde. Die Mosaiken, auf denen Themen aus dem Alten Testament – insbesondere die Noah-Legende – dargestellt sind, stammen aus der Zeit des Bischofs Theodoros (4. Jh.).

> ! **Baedeker TIPP**
>
> **Die schönsten Strände von Yumurtalık**
> Sehr schöne, aber nicht leicht zu erreichende Badestrände gibt es westlich von Yumurtalık, darunter den Yumurtalık Iskelesi.

Yılanlıkale

Rund 11 km östlich von Misis, unmittelbar hinter der Brücke über einen Nebenfluss des Ceyhan, befindet sich links der Straße an einer steil aus dem Fluss aufragenden glatten Felswand das hethitische **Felsrelief** des Großkönigs Muwatalli (1315 – 1272 v. Chr.). Im Hintergrund erhebt sich auf steilem Fels die Yılanlıkale (Schlangenburg), eine **armenische Festung und Kreuzfahrerburg** aus dem 12. Jh. n. Chr., auf der nach der Sage der Scheik Meran – halb Mensch, halb Schlange – lebte und sein Unwesen trieb. Die Bewohner der Umgebung meiden die Burg im Allgemeinen, weil sie sie als Unheil bringend ansehen.

Yumurtalık

Von Ceyhan führt eine Straße zum 35 km südlich gelegenen Hafenstädtchen Yumurtalık (früher Ayas) am Golf von Iskenderun. Die zu Zeiten Marco Polos »Layaze« genannte Stadt hatte bereits als römischer Militärhafen große Bedeutung und war auch später der wichtigste Hafen von Kleinarmenien. Aus der Antike ist so gut wie nichts erhalten, jedoch bezeugen mittelalterliche Mauern die Existenz einer früheren größeren Siedlung. Heute ist Yumurtalık mit seinen ausgedehnten Sandstränden eines der beliebtesten Badeziele der einheimischen Bevölkerung.

★ Anavarza (Anazarbus)

Auf der Strecke von Ceyhan ins nördlich gelegene Kozan liegt in der Oberen Ebene (Yukarı Ova) östlich der Hauptstraße beim Dorf Anavarza das riesige ummauerte **Ruinenfeld** von Anazarbus, der ehemaligen Residenz des kleinarmenischen Geschlechts der Rupeniden. Auf einem isolierten Fels erhebt sich in Schwindel erregender Höhe 200 m direkt oberhalb der antiken, ursprünglich im 1. Jh. v. Chr. von Römern gegründeten Siedlung die große mittelalterliche Festungsruine (Ober- und Unterburg), die über Treppen (neben dem Theater) mit der Stadt verbunden ist. Erkennbar sind Reste der zentralen Straßen, des Stadions und des Theaters, eines Aquädukts sowie Kirchenruinen und ein beachtenswertes Stadttor im Süden. Verschiedene Mosaiken aus dem 3. Jh. n. Chr. befinden sich im örtlichen Freilichtmuseum in der Dorfmitte außerhalb der Mauern.

152 ZIELE ▶ Alanya

Engpass von Toprakkale; Toprakkale

Etwa 27 km östlich von Ceyhan führt eine Straße nach Iskenderun über den ca. 2 km langen Engpass von Toprakkale (Syrische Pforte) zwischen den 40 – 50 m steil ansteigenden Hängen des Amanosgebirges und der Misisberge nach Süden. Folgt man der Hauptstraße in Richtung Osmaniye, erblickt man am Nordausgang des Engpasses die auf einem 76 m hohen steil abfallenden Basaltkegel weithin sichtbaren Reste der **Armenierburg** Toprakkale (12. Jh.).

Hierapolis Kastabala

Fährt man von Osmaniye (ca. 100 km östlich von Adana) in Richtung Kadirli, zweigt rechts ein Weg nach Karatepe ab. Hinter dem Dorf Yenice erreicht man die **Ruinen** der kilikischen Stadt Hierapolis Kastabala. Durch Kaiser Augustus wurde der Ort – zwischen 52 v. Chr. und 17 n. Chr. unabhängiges Priesterfürstentum – in die Provinz Cilicia eingegliedert. Erhalten sind noch eine Kolonnadenstraße und das Theater sowie Ruinen einer christlichen Basilika.

★ Karatepe

Von Hierapolis aus erreicht man nach 13 km Karatepe (Schwarzer Berg), der sich innerhalb des Karatepe-Aslantaş-Nationalparks befindet und dessen weithin sichtbarer **Aslantaş-Stausee** ein beliebtes Ausflugsziel der einheimischen Bevölkerung ist. Der von einer Burgmauer umgebene Karatepe ist eine **späthethitische Palastanlage** aus dem 8. Jh. v. Chr. Von den Palastinnenräumen ist nur wenig erhalten. Sehenswert sind die beiden Haupttore (Süd- und Nordtor) mit den reliefierten Sockelplatten und mächtigen Sphingen; die Reliefdarstellungen zeigen Götter- und Kampfszenen, Jagdbilder, ein Schiff mit Ruderern und ein Festmahl. Bekannt ist Karatepe vor allem wegen der beiden monumentalen Inschriften, eine hieroglyphen-hethitische und eine phönikische, die inhaltlich gleich sind und der Forschung die Möglichkeit zur Entzifferung der hethitischen Glyphenschrift boten.

★★ Alanya

N – O 12

Landesteil: Südküste (Östliches Mittelmeer)
Höhe: 0 – 120 m ü.d.M.

Provinz: Antalya
Einwohnerzahl: 92 000

Die Stadt, über der sich eine Seldschukenburg erhebt, gehört zu den beliebtesten Urlaubsorten ausländischer Gäste an der türkischen Mittelmeerküste. Vor allem Deutsche – Urlauber und Pensionäre – fühlen sich hier sehr wohl.

»Deutscheste Stadt« an der Türkischen Riviera

Von ▶ Antalya aus ist Alanya auf der gut ausgebauten küstennahen Straße in wenig mehr als einer Fahrstunde zu erreichen. Die feinen Sandstrände, die auf beiden Seiten des weit ins Meer ragenden Burgfelsens beginnen und auf vielen Kilometern sehr gute Bade-

Alanya Orientierung

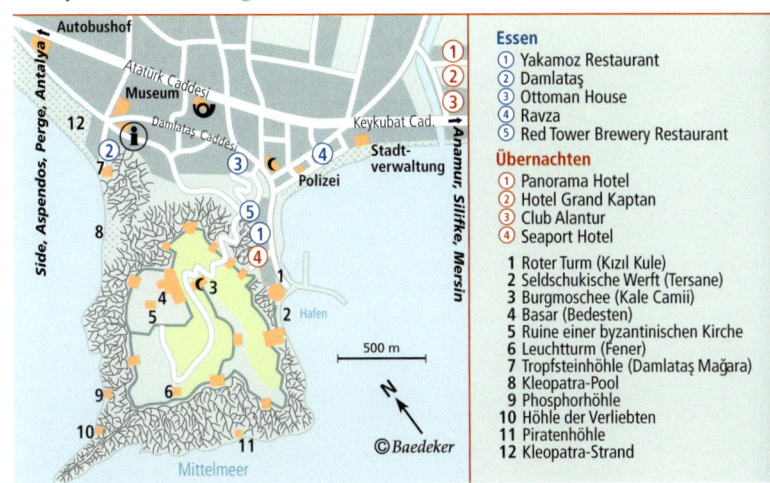

Essen
1. Yakamoz Restaurant
2. Damlataş
3. Ottoman House
4. Ravza
5. Red Tower Brewery Restaurant

Übernachten
1. Panorama Hotel
2. Hotel Grand Kaptan
3. Club Alantur
4. Seaport Hotel

1 Roter Turm (Kızıl Kule)
2 Seldschukische Werft (Tersane)
3 Burgmoschee (Kale Camii)
4 Basar (Bedesten)
5 Ruine einer byzantinischen Kirche
6 Leuchtturm (Fener)
7 Tropfsteinhöhle (Damlataş Mağara)
8 Kleopatra-Pool
9 Phosphorhöhle
10 Höhle der Verliebten
11 Piratenhöhle
12 Kleopatra-Strand

möglichkeiten bieten, die städtischen Sehenswürdigkeiten, das subtropische Klima, die malerische Lage vor dem reizvollen Küstengebirge und die Nähe zur Provinzhauptstadt mit dem internationalen Flughafen haben erheblich dazu beigetragen, dass der Ort im Osten des Golfes von Antalya heute zu einem der **bekanntesten Urlaubsziele in der Türkei** zählt – und für viele deutsche Pensionäre zur zweiten Heimat geworden ist.. Es gibt viele deutsche bzw. Deutsch sprechende Ärzte, und auch fast alle Kellner sprechen Deutsch.

Weithin sichtbar auf einem Felsmassiv thront über der quirligen Stadt eine alte Seldschukenburg. Der **mittelalterliche Stadtkern** von Alanya allerdings wird durch den Bau von touristischen Einrichtungen immer mehr verändert. Erst seit den 1950er-Jahren wächst Alanya über die mittelalterlichen Burgmauern hinaus. Die aus seldschukischer und osmanischer Zeit stammende Altstadt erstreckt sich innerhalb der unteren und der auf antikem Fundament stehenden mittleren (südlichen) Burgmauern am Osthang des Burghügels. Nördlich davon dehnt sich die neue Stadt mit ihren Einkaufsstraßen und ihren nur durch eine viel befahrene Uferstraße vom Meer entfernten Hotelzeilen in östlicher und westlicher Richtung entlang der Küste aus.

67 v. Chr.	Pompeius zerstört die Piratenburg von Alanya	**Geschichte**
1226 – 1231	Bedeutender Marinestützpunkt unter den Seldschuken	

Alanya hieß im Altertum Korakesion (Coracesium) und war kilikische Grenzfestung gegen Pamphylien. Bereits im zweiten vorchristlichen Jahrhundert errichtete der Piratenführer Diodoros Tryphon auf dem Hügel eine Burg, die von Pompeius am Ende seines Feldzuges gegen die Seeräuber im Jahr 67 v. Chr. zerstört wurde. Damit kam der Ort unter die Herrschaft der Römer und wurde später **Kleopatra** von Antonius als Geschenk überlassen. Aber erst unter der Herrschaft der Seldschuken (seit 1221) erlangte er große Bedeutung. **Alaeddin Keykubat** bestimmte ihn unter dem Namen Aladiye zu einer seiner Winterresidenzen, legte in den Jahren 1226 bis 1231 auf dem Vorgebirge die Festung an und baute Alanya zu einem Marinestützpunkt aus, der für die Seemachtstellung der Seldschuken entscheidend war. Die ungeschützte Lage zum Meer hin und die Kleinräumigkeit der Küstenebene ließen jedoch keine weitere wirtschaftliche Entfaltung zu.

ALANYA ERLEBEN

AUSKUNFT

Altav Turizm Tanıtma Vakfı Alanya
Atatürk Cad. 51/6
Tel. (02 42) 511 76 21
Fax (02 42) 513 98 90
www.alanya.com.tr/de

EINKAUFEN

Shoppingmeile in Alanya ist das Basarviertel in der Gazipaşa Caddesi und im Basar nördlich der Atatürk Caddesi, wo freitags der Wochenmarkt stattfindet. Wie Antalya und Side ist auch Alanya ziemlich teuer. Immerhin kann man in zahlreichen Lokalitäten mit Euro bezahlen.

ESSEN

▶ Fein & teuer

① *Yakamoz Restaurant*
Carsi Mah
Tel. (02 42) 512 23 03
Bei einem herrlichen Blick über die Bucht genießt man hier variantenreiche Fischgerichte – allerdings zu ziemlich hohen Preisen.

▶ Erschwinglich

② *Damlataş*
neben der Damlataş-Höhle
Von der Terrasse des Lokals genießt man einen schönen Blick auf den Kleopatra-Strand. Zu türkischen Gerichten gibt es abends Showeinlagen (Bauchtanz, Livemusik).

▶ Preiswert

③ *Ottoman House*
Damlataş Caddesi 31
Tel. (02 42) 511 14 21
Familienfreundliches Gartenrestaurant vor einem alten osmanischen Herrenhaus. Türkische Spezialitäten.

In Alanya gibt es viele Goldschmuckgeschäfte. Aber Vorsicht vor Imitaten!

► Alanya

④ *Ravza*
zwischen Hükümet und
I Azakoğlu Caddesi
Basar-Lokal mit langen Sitzreihen auf der Gasse.

⑤ *Red Tower Brewery Restaurant*
İskele Cad. 80
Tel. (242) 513 66 64
www.redtowerbrewery.com
»Red Tower« stellt eigenes Bier her, das hervorragend schmeckt: Pils, Märzen, Helles und Weizen. In der Küche werden türkische und internationale Gerichte zubereitet.

NACHTLEBEN
Beliebte Touristentreffpunkte im Ort, der als Piratennest einst einen üblen Ruf genoss, sind die Lokalitäten zwischen dem Hafen und dem Rathaus (Belediye); auch Alanyas heißes Nachtleben – es gibt jede Menge Bars und Diskos – spielt sich in diesem Viertel ab. Openair-Diskotheken findet man außerhalb der Stadt – z.B. das Auditorium im Vorort Kestel, Dimçayı Mevkii.

ÜBERNACHTEN
► **Luxus**
① *Panorama Hotel Alanya*
Keykubat Cad. 30
Tel. (02 42) 513 11 81, Fax 513 10 28
www.panoramahotel.com.tr
240 Z.
Zentrumsnahe Hotelanlage, bestehend aus Haupthaus und verschiedenen Reihenhäuschen um den Pool. Sandstrand und Strandbar. Restaurants, Sauna, Massageraum, Fitnessraum, diverse Spiel- und Sportmöglichkeiten.

② *Hotel Grand Kaptan*
Oba Göl Mevkii Alanya
Tel. (02 42) 514 01 01, Fax 514 00 92
www.kaptanhotels.com
268 Z.

Beliebte Treffpunkte: die Kneipen im Hafenviertel

Komforthotel etwa 4 km östlich von Alanya, nur durch eine Straße vom Strand getrennt. Pools, Fitnessraum, Sauna, diverse Sportplätze sowie zwei Restaurants, Snack-Bars, Geschäfte und Sandstrand mit Schirmen und Liegen für die Hotelgäste.

③ *Club Alantur Alanya*
Dimçayı Mevkii
Tel. (02 42) 518 17 40
www.maritim.de; 339 Z.
Ein- bis vierstöckige Reihenbungalows 5 km östlich von Alanya an der nahezu völlig mit Hotels bebauten Küste. Großer Garten, grobkörniger Sandstrand. Zwei Restaurants, diverse Bars am Pool und am Strand. Drei Swimmingpools, Schwimmhalle, vier Tennisplätze, Tischtennis, Minigolf, Volleyball und Basketball sowie diverse Wassersportarten (Parasailing, Banana, Surfen, Wasserski, Segeln, Katamaran, Tauchen, Tretboote).

④ *Seaport Hotel*
İskele Cad. 82
Tel. (0242) 513 64 87, Fax 513 43 20
www.hotelseaport.com; 65 Z.
Hotel auf der Hafenstraße. Viele Zimmer bieten einen schönen Blick aufs Wasser, von den andern blickt man auf den Burgberg. Im großen Restaurant werden leckere Frühstücks- und Abendessenbüffets serviert.

Sehenswertes in Alanya

★★ Burgberg

Eine teils steile, kurvenreiche Asphaltstraße führt zum Burgberg (250 m ü. d. M.) hinauf (auch Busverbindung). Man durchfährt dabei die verschiedenen Burgteile, zunächst die Unterburg mit dem Haupttor in der Nordmauer. Am folgenden Tor, das zur Mittelburg überleitet, steht eine kleine Georgskapelle, die im Volksmund seit der Umwandlung in ein Mescit (kleine islamische Gebetsstätte) Arap Evliyası (Arabischer Heiliger) heißt. Am Südrand der Mittelburg erhebt sich ein Leuchtturm (1720), wo sich abends gern die Jugend trifft. An der westlichen Burgmauer liegt die eigentliche, recht gut erhaltene, von mächtigen Mauern und 150 Türmen geschützte **Zitadelle**. Im inneren Burghof befindet sich die Ruine einer byzantinischen Kirche (11. Jh.) mit kreuzförmigem Grundriss, die noch Spuren von Malereien aufweist.

Highlights Alanya

Burgberg
Eine mächtige Zitadelle schützt die Stadt.
▶ Seite 156

Roter Turm
Wahrzeichen von Alanya
▶ Seite 156

▶ Rundblick

Von den Terrassen der Zitadelle aus genießt man einen prächtigen Rundblick auf das Mittelmeer, die Küstenebene mit den weit versprengten Häusern von Alanya und den Fruchthainen sowie auf die Kette des Ak Dağı (2731 m ü. d. M.). Am höchsten Aussichtspunkt des Burgbergs wird an die schaurige Vergangenheit des Felsens als »Schleuderplatz« (Adam Atacağı) erinnert: Von hier wurden im Mittelalter zum Tode Verurteilte in die Tiefe gestoßen.

★★ Roter Turm

Das **Wahrzeichen von Alanya**, die nahe dem Kai stehende Kızıl Kule (Roter Turm), wurde unter Alaeddin Keykubat von dem Architekten Ebu Ali aus Aleppo errichtet und 1226 fertig gestellt. Der achteckige Bau, der mit seiner Höhe von 33 m und einer Seitenlänge von 12,50 m als mächtige Eckbastion der Burgmauer die Landmarke von Alanya bildet, diente der Verteidigung des Seetores und des seldschukischen Hafens mit der nahe gelegenen Werft. Heute zeigt im Roten Turm ein kleines **ethnografisches Museum** u. a. Waffen, Teppiche und Kostüme aus osmanischer Zeit (Öffnungszeiten: Di. – So. 9.00 – 17.00 Uhr).

Seldschukische Werft

In der um das Jahr 1227 in den Kalkfelsen des Vorgebirges eingehauenen Werft, einem Bau mit fünf 7,70 m breiten und 42,50 m langen **Werfthallen**, die durch Bogenöffnungen untereinander verbunden waren, ließ der große Seldschukenfürst Alaeddin Keykubat Kriegsschiffe bauen, um nach Fertigstellung der Flottenbasis in Sinop am Schwarzen Meer seine Macht auch über das östliche Mittelmeer auszudehnen. Das Holz für den Schiffsbau lieferten die damals reichlich vorhandenen Bergwälder des Taurus. Die alte Werft war noch bis zu Beginn der 1950er-Jahre in Betrieb.

> [!] **Baedeker TIPP**
>
> **Alanya bei Nacht**
> Von der Seldschukenburg genießt man einen faszinierenden Blick auf das beleuchtete nächtliche Alanya. Aber Vorsicht: Auf der Straße hinauf zur Burg herrscht abends viel Verkehr.

Am Nordwestfuß des Burghügels liegt unmittelbar am Anfang des westlich gelegenen Damlataş-Strandes die im Jahr 1948 von Steinbrucharbeitern entdeckte Damlataş-Höhle (damlataş = Tropfstein), deren **Stalagmiten** eine Höhe von fast 15 m erreichen. Die Höhle hat im Sommer und Winter eine gleich bleibende Temperatur von 22 °C. Dem hohen Kohlensäureanteil (fünfmal so viel wie im Freien) und der Radioaktivität der Luft wird eine heilende Wirkung bei Asthma und Bronchitis zugeschrieben (Öffnungszeiten: tgl., 10.00 – 17.00 / 19.00 Uhr).

Damlataş Mağarası
◂ (Tropfsteinhöhle)

Unweit nördlich der Damlataş-Höhle zeigt das 1967 eröffnete Museum von Alanya archäologische und ethnografische Sammlungen. Sehenswert sind einige reliefierte Grabstelen (1. Jh. v. Chr.)

Alanya-Museum

Alanya wird von der Seldschukenburg überragt.

Strandbucht von Alanya

sowie eine im Jahr 1967 nordöstlich von Alanya im Dorf Çamlıca gefundene 51 cm hohe Bronzestatue des Herakles aus dem zweiten nachchristlichen Jahrhundert (Öffnungszeiten: Di. – So. 9.00 bis 18.00 Uhr).

An der abends sehr belebten Hafen- und Uferpromenade mit den vielen Cafés und Restaurants findet man Bootsführer, die tagsüber kleine Fahrten um den Burgfelsen herum anbieten. Solch ein Ausflug führt vorbei an der Schiffswerft zu drei **Höhlen** mit abenteuerlichen Namen (Piratenhöhle bzw. Mädchenhöhle, in der die Piraten geraubte Mädchen zu verstecken pflegten, Höhle der Verliebten und Phosphorhöhle), um die Landspitze (Cilvarda Burunu) mit den Resten einer byzantinischen Klosteranlage bis zur Damlataş-Höhle am Kleopatrastrand.

Die am Fuß des Taurusgebirges gelegenen Küsten in der näheren und ferneren Umgebung von Alanya sind von kilometerlangen Stränden gesäumt, die zu den besten Badeplätzen der gesamten Türkei gerechnet werden. Auch westlich und östlich des Ortes gibt es lange, teils feinsandige Badestrände mit vielerlei Wassersportmöglichkeiten und Cafés. Westlich des Burgberges liegt der schöne grobkörnige **Kleopatra-Strand**, der sehr sauberes Wasser aufweist, allerdings auch ziemlich überlaufen ist; im Westen schließt sich der **Damlataş-Strand** an. Der östlich vom Burgberg gelegene, nicht ganz so schöne, teils von Fels oder Kies durchsetzte **Keykubat-Strand** ist stellenweise verschmutzt. Großer Beliebtheit erfreut sich der feinsandige **Ulaş-Strand**, ca. 4 km westlich von Alanya. Darüber hinaus gibt es in Alanya auch einen **Aquapark**, ein Erlebnisbad am Ortsrand ganz in der Nähe des Hotels Alantur.

! *Baedeker* TIPP

»Feiner Sand«

Wunderschöne lange, feinsandige, gut besuchte, aber noch nicht total überlaufene Strände bietet der Badeort Incekum (ince kum = feiner Sand), 19 km westlich von Alanya. Auf diesen Strandabschnitten gibt es auch große Clubanlagen, und hinter den Stränden findet der Besucher etliche Einkaufszentren.

Umgebung von Alanya

Von Alanya westwärts erreicht man nach 16 km die **festungsartige Karawanserei** Serapsuhanı aus dem 13. Jahrhundert. Nach weiteren 12 km zweigt eine Nebenstraße nordwärts zu der seldschukischen Karawanserei Alarahanı (von 1231) ab. In der turm- und zinnenbewehrten Karawanserei Serapsuhanı mit ihrer kleinen angebauten Moschee befindet sich heute ein Restaurant. Die in den 1980er-Jahren restaurierte Karawanserei Alarahanı kann nicht nur besichtigt werden, sondern sie verfügt auch über einen Souvenirladen, eine Cafeteria, ein Restaurant und einen Tanzclub für allabendliche Folkloreveranstaltungen im Sommer.

Serapsuhanı, Alarahanı

Ca. 35 km südöstlich von Alanya liegt direkt an der Steilküste die einst römische Stadt Iotape (Aytap). Der Ort wird nicht wegen der schlecht erhaltenen Ruinen aufgesucht, sondern wegen der schönen Badeplätze in der felsigen Bucht.

Iotape

> ! **Baedeker TIPP**
>
> **Outdooraktivitäten im Taurusgebirge**
>
> Das Taurusgebirge im Hinterland von Alanya bietet ausgezeichnete Möglichkeiten zum Mountainbikefahren. Zweiräder verleiht Martin Türkay (Atatürk Caddesi Neslihan Sokak 3a, Tel. 0242 / 511 57 21, www.martin-tuerkay.de). Darüber hinaus werden Rafting-Touren auf dem nahen Alara-Fluss angeboten (Infos unter www.outdoorprofis.com).

Auf der Küstenstraße entlang der »Türkischen Riviera«, an der sich ein Sandstrand an den anderen reiht, erreicht man ca. 50 km südöstlich von Alanya das Städtchen **Gazipaşa**, das in einer durch mehrere hier mündende kleine Flüsse aufgeschütteten Schwemmlandebene rund 3 km von der Küste entfernt liegt. Auch hier gibt es am Meer gute Bademöglichkeiten, einen 100 m breiten und 2 km langen, mit Kieseln durchsetzten Sandstrand, der von Gazipaşa aus über eine überdimensional ausgebaute Straße leicht zu erreichen ist.

Etwa 3 km nordöstlich von Gazipaşa thront auf einem hohen Felsen (sela = Fels) die im Altertum Selinous genannte Stadt, die vermutlich von den Phöniziern gegründet wurde und später, nachdem hier im Jahr 117 n. Chr. der römische Kaiser Trajan auf dem Rückmarsch vom Partherfeldzug gestorben war, vorübergehend Traianopolis hieß. Der terrassierte Westhang des Felsberges war durch eine vieltürmige Mauer geschützt. Zahlreiche Ruinen zeugen von der einstigen Pracht der Siedlung.

Selinous

Neben einem mittelalterlichen Gebäude aus der Seldschukenzeit sind das halb in den Berg gehauene Theater (die Sitzreihen sind allerdings nicht mehr vorhanden) sowie die Agorá und Reste eines Bades noch zu erkennen. Ein ehemals mit Arkaden umgebener größerer Platz könnte der Aufstellungsort des Kenotaphs des Trajan gewesen sein.

★ Anamur

P 13

Landesteil: Südküste (Östliches Mittelmeer)
Höhe: 0 – 50 m ü.d.M.

Provinz: Mersin
Einwohnerzahl: 34 000

Die Attraktionen von Anamur, dem südlichsten Punkt Kleinasiens, sind schöne Strände sowie die antike Stadt Anemurion und die Burg Anamur, die zu den größten, besterhaltenen und schönsten Ritterburgen der Türkei zählt.

Südlichster Punkt Kleinasiens

Anamur, ein kleiner ruhiger Ort, liegt am südlichsten Punkt der kleinasiatischen Halbinsel, am Kap Anemurion (Anamur Burunu) südöstlich von ▶Alanya. Die Stadt wird von einheimischen Touristen aus dem Landesinnern auch wegen ihrer endlos langen Sand- und Kiesstrände gern besucht. Ein paar Hotels und Pensionen, aber auch Restaurants und Teegärten am Strand in der Nähe des Hafens (Iskele) ermöglichen einen schönen Aufenthalt.

Anemurion

Etwa 5 km westlich der Stadt Anamur zweigt eine Straße in Richtung Küste ab, die zur **antiken Siedlung** Anemurion führt. Die Anfänge der Stadt liegen im Dunkeln. Der Handel mit dem gegenüber im Mittelmeer liegenden Zypern im 2. und 3. Jh. verhalf der Stadt zu einer relativen Blüte. Die arabischen Einfälle des 7. Jh. brachten den Handel in der bereits christianisierten Stadt zum Erliegen. Bis zur Eroberung durch die Osmanen war der Ort im 12. und 13. Jh. noch von Kreuzfahrerheeren und deren Rittern bewohnt, was das mittelalterliche Kastell am Kap beweist. Innerhalb der Stadtmauer sind verstreut antike Reste zu erkennen, die sich aus öffentlichen und privaten Gebäuden zusammensetzen. In der Nähe des Theaters, das an der Stadtmauer liegt, sind im Süden ausgedehnte Thermenanlagen zu sehen. Das dicht bebaute Stadtzentrum bietet neben dem Odeion und den zahlreichen öffentlichen Anlagen verschiedene Kirchenbauten des 6. Jh.s. Westlich der Seemauer wurde eine als Apostelkirche bezeichnete dreischiffige, mit Mosaiken ausgestattete Basilika aus dem 5. Jh. entdeckt. Östlich des Aquädukts liegen die Nekropolen der Stadt, die mit verzierten Gräbern von einem gewissen Wohlstand der Stadtbewohner zeugen. Die Nekropolenkirche, ebenfalls aus dem 5. Jh., weist einen basilikalen Grundriss auf.

Badestrand ▶ Am Kap von Anemurion kann man herrlich baden. Hier muss mit viel Wind gerechnet werden, dafür ist der wunderschöne Kiesstrand nicht überlaufen.

★ Anamur Kalesi

7 km östlich von Anamur liegt auf einer Landzunge die schöne zinnenbewehrte Burg Anamur (Anamur Kalesi, Mamure Kalesi).

Anamur Kalesi – einst ein berüchtigter Seeräuberstützpunkt →

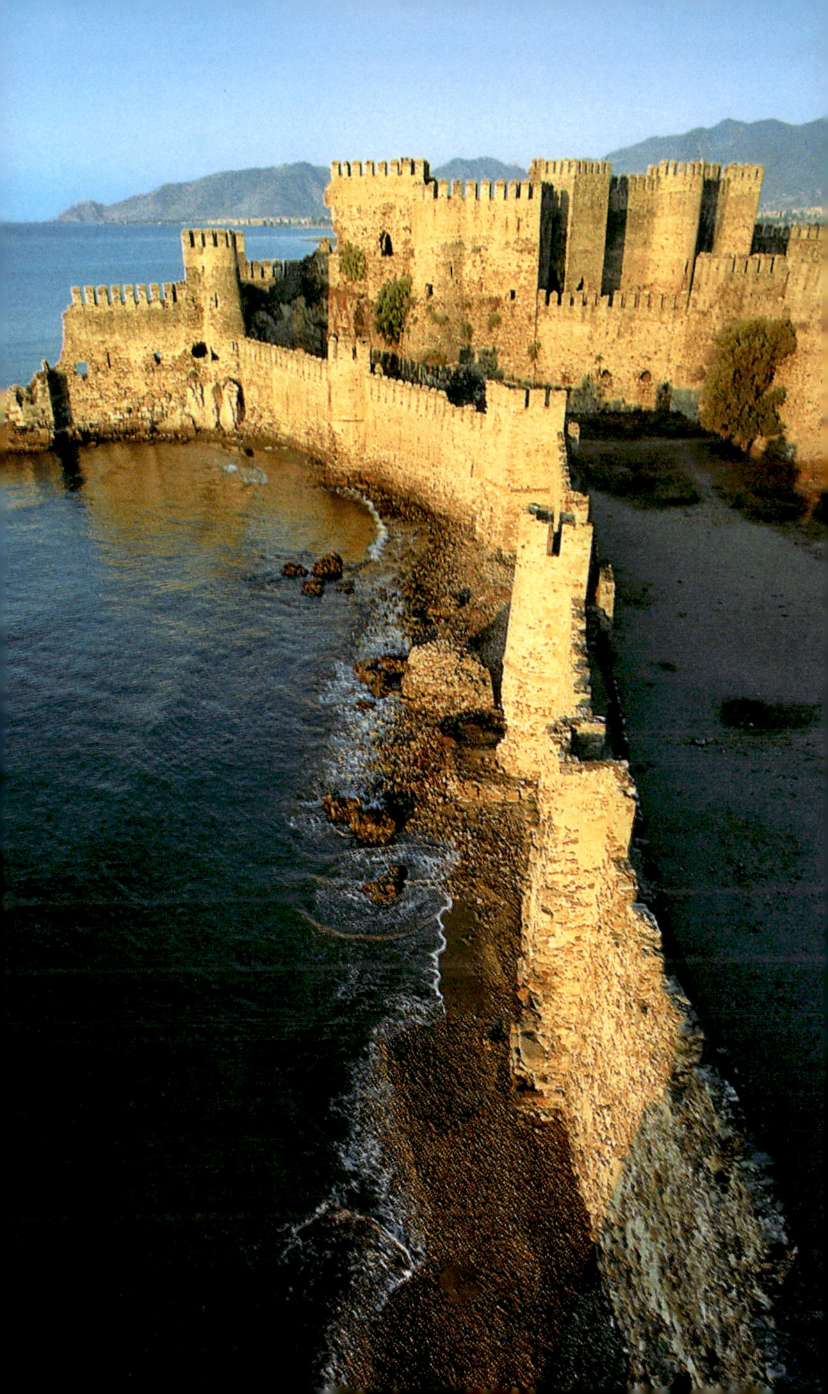

ANAMUR ERLEBEN

AUSKUNFT
Atatürk Bulv. 64
Tel. (03 24) 814 35 29, Fax 814 40 58
www.anamuronline.com

ESSEN
▶ **Preiswert**
Kap Anamur
Iskele Mahallesi, Inönü Cad.
Tel. (03 24) 814 58 96
Restaurant im gleichnamigen Hotel mit schöner Terrasse.

ÜBERNACHTEN
▶ **Komfortabel**
Ünlüselek Hotel
Fahri Görgülü Cad.
Tel. (03 24) 814 19 73
Fax 814 39 73
www.unluselekhotel.com
Familienorientiertes Hotel, nur wenige Schritte vom Meer entfernt. Die Zimmer sind geräumig und haben einen Balkon mit Meerblick. Ab und zu abendliche Livemusik.

Den aus dem frühen Mittelalter stammenden Bau ließen im 12. Jh. die Könige Kleinarmeniens ausbauen – wahrscheinlich durch fränkische Baumeister. Die mächtige Mauer mit 36 meist wohl erhaltenen teils runden, teils eckigen Türmen umschließt drei Höfe; die Türme und Wehrgänge sind von innen durch Treppen zugänglich Vom großen Turm an der Seeseite hat man einen guten Überblick über die gesamte Anlage. Von einst zwei Moscheen innerhalb der Wälle ist noch eine erhalten (Öffnungszeiten: Di. – So. 9.00 – 17.00). Auch Badelustige kommen hier nicht zu kurz. Direkt unter den Burgmauern liegt ein **breiter Strand**, der sich weit nach Osten und Westen erstreckt

◀ Badestrand

★★ Antakya (Hatay)

W 13

Landesteil: Südküste
(Östliches Mittelmeer)
Höhe: 0 – 92 m ü.d.M.

Provinz: Hatay
Einwohnerzahl: 188 000

In Antakya fühlt man sich nach Arabien versetzt, und doch lassen einige Straßenzüge Erinnerungen an Frankreich aufkommen. Darüber hinaus besitzt der Ort eines der bedeutendsten Mosaikenmuseen der Welt.

◀ Arabische Stadt mit europäischem Flair

Kennern der Türkei wird in Antakya, dem antiken **Antiochia**, die andersartige Architektur und Lebensweise auffallen. Obwohl Hatay, so die eigentliche Provinzbezeichnung, seit der Volksabstimmung von 1939 Teil der Türkei ist und nicht mehr, wie von den Syrern heute noch bedauert wird, zum syrischen Staatsgebiet gehört, haben sich hier arabisch-orientalische Sitten und Gepflogenheiten erhalten, die durch die arabische Sprache noch verstärkt werden. Die **labyrinthartige orientalische Altstadt** (östlich des Asi-Flusses) mit ihren Häusern im arabischen Baustil, mit ihren Fuhrwerken und Läden und insbesondere dem von quirligem Leben erfüllten malerischen Langen Basar (Uzun Çarşı) zählt zu den schönsten Stadtzentren der Türkei. Und dennoch spürt man in Antakya auch europäisches Flair – am Atatürk-Palmenboulevard im Südwesten der Stadt, d. h. in der Neustadt westlich des Asi-Flusses, der mit seinen Apartmenthäusern und Boutiquen an die französische Côte d'Azur erinnert. In der Saray Caddesi und Hürriyet Caddesi (auf der Ostseite des Asi-Flusses gegenüber) findet man neben Häusern arabischen Baustils tatsächlich Gebäude, die im französischen Stil errichtet wurden; schließlich war Antakya eine Zeit lang französisches Mandatsgebiet (▶ Geschichte). In der römischen Epoche war Antiochia nach Rom und Alexandria sogar die größte Stadt der Antike, doch von der einstigen Bedeutung des Ortes als Handels- und Kulturzentrum der hellenistischen Welt ist nicht mehr viel übrig geblieben. Heute spielt die Hauptstadt der Grenzprovinz nur noch eine Rolle als Verwaltungssitz, Garnisonsstadt und Durchgangsort für den Straßenverkehr zu den Levantländern; über einen Hafen und einen Bahnanschluss verfügt Antakya nicht mehr.

> *Highlights* Antakya
>
> **Archäologisches Museum**
> größte Sammlung römischer Mosaiken
> ▶ Seite 164
>
> **Grottenkirche St. Peter**
> hier soll der Begriff »Christen« geprägt worden sein
> ▶ Seite 165

Geschichte

2. Jh. v. Chr.	nach Rom bevölkerungsreichste Stadt der Welt
252 – 380	Stätte von 10 Kirchenkonzilien
1918 – 1939	französisches Protektorat

Gegründet wurde die etwa 30 km vom Mittelmeer entfernte Stadt 301 v. Chr. von Seleukos Nikator (305 bis 280 v.Chr.), dem Gründer der makedonischen Dynastie in Syrien, der sie nach seinem Vater Antiocheia benannte. Dank ihrer günstigen Lage an der Küstenstraße des Mittelmeers und des Karawanenwegs nach Mesopotamien erlebte die Stadt mit ihrem Vorhafen Seleukeia bereits im zweiten nachchristlichen Jahrhundert eine

> ! *Baedeker* TIPP
>
> **Pikante Köstlichkeit**
> In Antakya sollte man unbedingt die Süßspeise »Künefe« probieren: frisch zubereitete, in Zuckersirup getränkte Teigfädchennester, die mit einer Käsefüllung überraschen.

ANTAKYA ERLEBEN

AUSKUNFT
Atatürk Bulvar 49
Tel. (03 26) 432 30 53
www.antakya.tv
(auf Deutsch)

ESSEN

▶ **Erschwinglich**
Anadolu Restoran
Saray Caddesi
Tel. (03 26) 215 15 41
Gartenrestaurant mit vielen kalten und warmen Vorspeisen, die arabischen Einfluss erkennen lassen.

ÜBERNACHTEN

▶ **Komfortabel**
Hotel Büyük Antakya
Atatürk Cad. 8
Tel. (03 26) 213 58 58; 72 B., 2 Suiten
www.buyukantakyaoteli.com
Beste Adresse der Stadt. Es gibt eine Lobby-Bar und ein Restaurant. Die Zimmer verfügen über Klimaanlage, TV und Kühlschrank. Die rückwärtigen Zimmer gewähren einen schönen Blick über den Orontes zur Altstadt; in diesen Räumlichkeiten bekommt man auch vom Verkehrslärm auf der Straße nichts mit.

Hotel Orontes
Istiklal Cad. 58
Tel. (03 26) 214 59 31
Fax 214 59 33
www.oronteshotel.com; 61 Z.
Preisgünstige Alternative zum Büyük Antakya Hotel (s. oben), mitten in der Altstadt gelegen. Im Haus gibt es zwei Restaurants.

---

erste Blüte. Ungefähr 500 000 Einwohner sollen damals in der nach Rom bevölkerungsreichsten Stadt gelebt haben. In der Geschichte des frühen Christentums spielte Antiochia, seit 64 v. Chr. unter römischer Herrschaft, eine bedeutende Rolle. Mehrere Missionsreisen führten Paulus hierher, und als »Christen« (Christianoi) bezeichneten sich hier die ersten Anhänger der neuen Religion. Der Ort wurde später Sitz eines Patriarchen, der im Rang den Patriarchen von Rom, Konstantinopel und Alexandria folgte, und war zwischen den Jahren 252 und 380 die Stätte von zehn Kirchenkonzilen. Nach einer wechselvollen Geschichte begann der endgültige Abstieg der Stadt mit der Eroberung durch die Mamelucken im Jahr 1268; der Vorhafen Seleukeia versandete, und aus Antakya wurde eine bedeutungslose Landstadt.

Ab 1918 war Antakya Bestandteil des französischen Protektorats Syrien, und 1939 kam die Stadt nach einer Volksabstimmung zur Türkei, was allerdings Syrien bis heute nicht anerkennt.

Sehenswertes in Antakya

★★
Archäologisches Museum

Das nahe an der Römischen Brücke über den Asi gelegene Museum zählt zu den besonderen Sehenswürdigkeiten der Stadt. Vor allem Mosaiken aus römischen Häusern der Umgebung, vornehmlich aus dem antiken Villenvorort Daphne, werden hier gezeigt. Eine außergewöhnliche Lebendigkeit strahlen die mythologischen Szenen auf den Fußbodenmosaiken aus, die mit ihren 50 Exemplaren **eine der größten Sammlungen römischer Mosaiken** überhaupt darstellen (Öffnungszeiten: Di. – So. 10.00 – 18.00 Uhr).

Zitadelle

Am Südrand der Stadt befinden sich auf einem Felsplateau die Ruinen der alten Zitadelle, die im 11. Jahrhundert errichtet und später weiter ausgebaut wurde. Von den Befestigunganlagen sind heute allerdings nur noch geringe Überreste zu sehen.

Grottenkirche St. Peter

Zur Grottenkirche St. Peter folgt man zunächst der von der Orontesbrücke östlich nach Aleppo führenden Straße. Nach etwa drei Kilometern biegt man rechts auf einen schmalen Weg ab (Hinweisschild St-Pierre) und gelangt durch Vorstadtgärten aufwärts zu einem Hügel mit einem Parkplatz. Der **heilige Petrus** soll in dieser Grotte gepredigt haben, hier soll auch der Begriff »Christen« als Bezeichnung für die Anhänger Jesu geprägt worden sein. Im 13. Jahrhundert erhielt die Kirche St. Peter, deren Bau Kreuzfahrer angeregt haben könnten, eine gotische Fassade. Im Innern steht ein Altar, hinter dem rechts Wasser herabtropft, das bei Christen und Moslems als heilbringend gilt.

Aus Antakyas Geschichte: römisches Mosaik im Archäologischen Museum

► Antakya

Umgebung von Antakya

Zum **Hain der Daphne** fährt man von der alten Brücke auf der Hauptstraße südlich in Richtung Yayladagı zu dem 8 km entfernten Villenvorort Harbiye. Etwa 1 km dahinter erreicht man einen Parkplatz, bei dem rechts unterhalb der herrliche Hain der Daphne liegt. In dem mit Lorbeerbäumen, Eichen und Zypressen bestandenen, schattigen Hain fällt eine schöne Kaskade in vielfältig sich verästelnden Wasserfäden über den Felsen herab. Nach der griechischen Sage wurde die spröde Nymphe Daphne von Apollon hierher verfolgt und von Zeus auf ihre Bitte hin in einen Lorbeerbaum verwandelt. Für diesen Verlust habe Apollon einen Tempel erhalten. Der Hain wurde deshalb von der Bevölkerung als **Heiligtum** verehrt. Er war Schauplatz glänzender Wettspiele, aber auch bekannt für die hier herrschenden lockeren Sitten. Heute reizt der Hain der Daphne allein schon wegen der schönen Teegärten und Restaurants am Wasserfall.

Hain von Daphne – einst auch für lockere Sitten bekannte Orakelstätte

Reyhanlı Die östlich gelegene Grenzstadt Reyhanlı entstand im 19. Jh. im Zusammenhang mit der zwangsweisen Ansiedlung der Reyhanlı-Nomaden. In der Nachbarschaft gibt es neben zahlreichen antiken Felsgräbern auch die Ruinen der römischen Stadt Emma (2 km, Yenişehir), die häufig Kriegsschauplatz war. Hier schlug etwa Aurelian 272 n. Chr. die Königin Zenobia von Palmyra, und Balduin III. besiegte 1134 die Araber. Die zugehörige **Festung** wurde 1139 eingeäschert, neu gebaut und im Jahr 1171 bei einem Erdbeben erneut zerstört; heute sind lediglich spärliche Reste erhalten. Der nahe, nur ca. 100 m von der syrischen Grenze entfernte Yenişehir Gölü ist mit seinen Booten, Restaurants und bewaldeten Picknickplätzen ein **beliebtes Ausflugsziel**.

Yenişehir Gölü ►

Musa Dağı Nördlich der Straße von Antakya nach Samandağ erreicht man hinter Karaçay nach etwa 8 km über eine schlechte Zufahrt eine Kreuzfahrerkirche aus dem 13. Jh. am Anstieg zum 1281 m hohen Musa Dağı. Der Musa Dağı war Rückzugsgebiet einer armenischen Minderheit, deren Leidensweg Franz Werfel in seinem 1933 erschienenen historischen Roman über die Armenierpogrome – »Die vierzig Tage des Musa Dagh« – verarbeitete.

Auf der Straße nach Samandağ biegt man in Uzunbağ hinter der Brücke nach Süden ab und folgt einer Staubstraße bis auf einen Berggipfel. Hier erhebt sich die Basilika des heiligen Simeon Stylites d. J., der nach dem Vorbild seines älteren Namensvetters (Qaalat Siman / St. Simeon in Syrien) sein Leben auf einer Säule an der Stelle verbracht haben soll, an der die nach ihm benannte Kirche steht.

◀ St.-Simeon-Basilika

Auf einer gut ausgebauten kurvenreichen Straße gelangt man ins 25 km südwestlich von Antakya entfernte Samandağ (Seleukeia). Dieses nicht sehr beschauliche **Alewitenstädtchen** besitzt ausgedehnte Sandstrände, die in den Sommermonaten gern von den Bewohnern Antakyas aufgesucht werden. Im Gegensatz zum Wasser sind die Strände nicht überall sehr sauber.

◀ Samandağ

Ca. 7 km nordwestlich von Samandağ findet man in dem Dorf Mağaracık Reste der ehemals bedeutenden Hafenstadt Seleukeia Piereia. Sie wurde um 300 v. Chr. von Seleukos Nikator gegründet und war als Hafen der Kreuzfahrer bekannt; in ihrer Blütezeit zählte sie 30 000 Einwohner. Die Ruinen eines Aquäduktes in der Felswand, über denen Nekropolen zu erkennen sind, einige Reste der ehemaligen Stadtmauer und der alte versandete Hafen selbst zeugen noch von der vergangenen Pracht, die mit dem Niedergang Antakyas endete. Sehenswert ist die **Tunnelanlage** aus der Zeit der römischen Kaiser Vespasian und Titus, in der ein Bach umgeleitet wurde, um die Versandung des Hafens zu vermeiden. Man kann mühelos in die Erdspalte hinabsteigen und den Kanal durchwandern, allerdings sollte man eine Taschenlampe mitnehmen.

◀ Seleukeia Piereia

Wie bei Samandağ gibt es auch zwischen Mağaracık und Çevlik einen **kilometerlangen Strand**, der von der Kommune allerdings nicht besonders gepflegt wird.

◀ Çevlik

★ Antalya

L 12

Landesteil: Südküste (Östliches Mittelmeer)
Höhe: 0 – 40 m ü.d.M.

Provinz: Antalya
Einwohnerzahl: 955 000

Republikgründer Mustafa Kemal Atatürk bezeichnete Antalya als »die schönste Stadt der Welt«, und für die ansässige Tourismusbehörde ist der Küstenort die »Perle der Südküste«.

Die für den türkischen Fremdenverkehr überaus wichtige Stadt Antalya liegt im innersten Winkel des gleichnamigen Golfes (Antalya Körfezi) am Fuße des über 3000 m hohen Lykischen Taurus und ist wegen ihres großen Angebotes an Unterkünften, wegen der herrlichen Badestrände und wegen der vielfältigen Sehenswürdigkeiten für einen längeren Aufenthalt bestens geeignet. Das Zentrum der

Perle der Südküste

Großstadt, deren Seehafen der einzige bedeutende an der türkischen Südküste zwischen Izmir und Mersin ist, erhebt sich 20 m über der alten Hafenbucht. Seit Atatürks berühmten Worten hat sich die Stadt zwar um etwa das Zwanzigfache ausgedehnt, dennoch konnte sich das **historische Stadtzentrum** seinen ursprünglichen Charme bewahren. Stolz verweisen die Bewohner von Antalya darauf, in ihrem Ort den wohl schönsten Altstadtkern der Türkei zu besitzen.

Sammeltaxen (Dolmuş) verbinden die weit auseinander liegenden Stadtteile mit dem Zentrum und dem neuen Busbahnhof (Otogar) am nördlichen Stadtrand. Viele Ziele in der Umgebung sind mit kleineren Minibussen und größeren komfortablen Reisebussen preiswert zu erreichen. Dem hohen Verkehrsaufkommen auf dem Straßenring um den Altstadtkern mit der mittelalterlichen Stadtmauer versucht man seit 1999 mit dem Einsatz einer Straßenbahn entgegenzuwirken, deren Waggons übrigens aus der Partnerstadt Nürnberg stammen.

Highlights *Antalya*

Altstadt
enge Gassen mit
osmanischen Holzhäusern
▶ Seite 169

Hadrianstor
zu Ehren des römischen
Kaisers Hadrian errichtet
▶ Seite 172

Archäologisches Museum
Exponate vom Neolithikum
bis zur Römerzeit
▶ Seite 173

Geschichte

2. Jh. v. Chr.	Hauptstadt Pamphyliens
133 v. Chr.	Antalya wird römisch.
1472	Antalya trotzt einer christlichen Belagerung.

Der pergamenische König Attalos II. Philadelphos (220 – 138 v. Chr.) legte Mitte des 2. Jh.s v. Chr. die Stadt Attaleia, das heutige Antalya, an und erhob sie zur **Hauptstadt Pamphyliens**. 133 v. Chr. fiel Attaleia mit dem Pergamenischen Reich durch Erbschaft an die Römer und gehörte fortan zur Provinz Asia. 1472 trotzte die osmanische Stadt einer christlichen Belagerung. Zwar gelang es, die Hafenkette zu sprengen (die erbeutete Kette kam als Siegeszeichen in die Sakristei des Petersdoms in Rom) und den Hafen zu besetzen, doch konnte die mit Gräben umgebene Festung nicht bezwungen werden. Die Stadt wurde durch Mauern in drei Teile für Christen, Moslems und Andersgläubige geteilt. Die eisernen Tore zwischen den Stadtteilen wurden an jedem Freitag zwischen 12 und 13 Uhr geschlossen, da eine Prophezeiung einen Überfall der Christen in dieser Stunde vorausgesagt hatte.

▶ Antalya **ZIELE** **169**

Sehenswertes in Antalya

Nach der Restaurierung des malerischen Hafenviertels unterhalb der **ummauerten Altstadt** (Kaleiçi = In der Festung) konzentriert sich der Touristenbetrieb mit Hotels, Gaststätten, Biergärten, Boutiquen und Basarläden auf den reizvoll in einer Kliffnische gelegenen Alten Hafen bzw. Jachthafen und seine nächste Umgebung.

★ Alter Hafen

In der östlich anschließenden Altstadt, die von schmalen Basarstraßen und engen, zum Hafen hinunterführenden Gassen durchzogen ist, fallen vor allem die osmanischen Holzhäuser aus dem 18. und 19. Jh. mit ihren zierlichen Erkern, vorspringenden Balkonen und roten Ziegeldächern ins Auge – eins der größten Ensembles osmanischer Holzhäuser in der Türkei. In den labyrinthartigen und abschüssigen Gässchen wurden viele Häuser zu schönen kleinen Hotels und Pensionen umgewandelt. In einem alten Herrschaftshaus befindet sich das Kaleiçi-Museum (Kocatepe Sok. 25), das über das

Altstadt

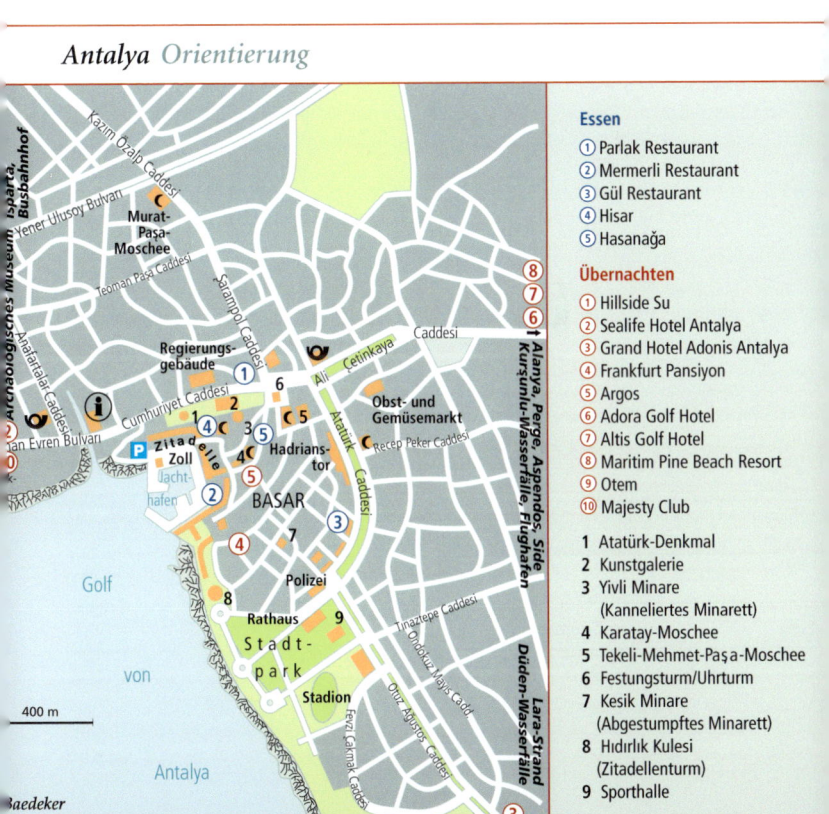

◄ Kaleiçi-Museum

Antalya Orientierung

Essen
① Parlak Restaurant
② Mermerli Restaurant
③ Gül Restaurant
④ Hisar
⑤ Hasanağa

Übernachten
① Hillside Su
② Sealife Hotel Antalya
③ Grand Hotel Adonis Antalya
④ Frankfurt Pansiyon
⑤ Argos
⑥ Adora Golf Hotel
⑦ Altis Golf Hotel
⑧ Maritim Pine Beach Resort
⑨ Otem
⑩ Majesty Club

1 Atatürk-Denkmal
2 Kunstgalerie
3 Yivli Minare
  (Kanneliertes Minarett)
4 Karatay-Moschee
5 Tekeli-Mehmet-Paşa-Moschee
6 Festungsturm/Uhrturm
7 Kesik Minare
  (Abgestumpftes Minarett)
8 Hıdırlık Kulesi
  (Zitadellenturm)
9 Sporthalle

frühere Leben hier im Viertel informiert. Unweit nordöstlich vom Alten Hafen steht das **Wahrzeichen von Antalya**: das im seldschukischen Stil errichtete Yivli Minare (Kanneliertes Minarett). Das mit dunkelfarbigen Glasurziegeln verzierte Minarett gehört zu einer von Alaeddin Keykubat (1219–1236) aus einer byzantinischen Kirche umgebauten Moschee. Nur wenige Schritte südlich liegt die Karatay-Medrese, die 1250 unter dem seldschukischen Wesir Karatay erbaut wurde und sehr schöne Beispiele seldschukischer Steinmetzkunst aufweist. Weitere Sehenswürdigkeiten in der Altstadt sind ein Festungstor mit Uhrenturm am verkehrsreichen Hauptplatz, die nahe Tekeli-Mehmet-Paşa-Moschee sowie weiter südlich das Kesik Minare bei den Ruinen einer verlassenen Moschee, die ursprünglich eine byzantinische Kirche war. In das Minarett hat vor Hunderten von Jahren ein Blitz eingeschlagen und es geköpft, daher der Name Kesik Minare, der »abgebrochenes Minarett« bedeutet.

▶ Yivli Minare
▶ Karatay Medrese
▶ Kesik Minare

● ANTALYA UND UMGEBUNG ERLEBEN

AUSKUNFT
Cumhuriyet Caddesi
Özel Idare Ishani
Tel. u. Fax (02 42) 241 17 47
www.visit-antalya.com/de

Flughafen Antalya
Antalya Havalimanı 1. Dış Hatlar Terminali
Tel. (02 42) 330 36 00, Fax 330 33 46
www.aytport.com

Kemer, Belediye Binası
Tel. (242) 444 74 23, Fax 330 36 48

EINKAUFEN
In den Gassen der Altstadt findet man jede Menge touristischer Läden. Einkaufsmöglichkeiten bieten der Basar mitten im historischen Stadtkern, wo von Montag bis Samstag Markt stattfindet, sowie die vornehmen Geschäfte an der Atatürk Caddesi östlich der Altstadt und an der Cumhuriyet Caddesi nördlich des Zentrums. Sonntags gibt es einen großen Wochenmarkt hinter der Hauptpost. Ein wahres Shoppingparadies ist das riesige Einkaufszentrum »Migros« im gleichnamigen Stadtviertel.

ESSEN
▶ Fein & teuer
④ *Hisar*
Cumhuriyet Cad.
Tel. (02 42) 241 52 81
Türkische und internationale Küche in den Festungsanlagen oberhalb des Hafens. Fantastische Aussicht.

⑤ *Restaurant Hasanağa*
Mescit Sokak 15
Tel. (02 42) 247 13 13
Lokal in einem renovierten Stadthaus mit wunderschönem Innenhof. Hervorragendes Meze-Büfett. Folkloredarbietungen.

▶ Erschwinglich
① *Parlak Restaurant*
Kazım Özalp Cad. 7
Tel. (02 42) 241 91 60
Hervorragende Lamm-Kebabs und Grillhähnchen. Überdachter Terrassenbereich.

② *Mermerli Restaurant*
Kaleiçi Mermerli Sok. 25
Tel. (02 42) 248 54 84
Östlich oberhalb des Hafens genießt man in diesem Café-Restaurant einen herrlichen Blick übers Meer und zur Tauruskette. Die Speisekarte des schicken Restaurants ist sehr abwechslungsreich. Die Lammfleischgerichte sind nicht die preiswertesten, dafür aber besonders schmackhaft.

③ *Gül Restaurant & Café*
Kocatepe Sokak 1
Tel. (02 42) 247 51 26
Von einem deutsch-türkischen Ehepaar geführtes Lokal. Hier verkehren viele deutsche Urlauber, die das Essen sehr zu schätzen wissen. Schöner Gartenhof.

NACHTLEBEN

Die schönsten Kneipen und Nachtlokale findet man in der Altstadt und rund um den Hafen, allerdings sind viele Lokalitäten vor allem im Hafengebiet völlig überteuert. Zu den angesagtesten Diskotheken zählen der »Club 29« nahe dem Jachthafen und die »Olympus Disco« im Hotel Falez am Konyaaltı-Strand. Ein Renner ist auch der oberhalb des Hafens gelegene »Club Ally«, der in acht Lokalen Nachtschwärmern nicht nur Musik, sondern auch internationale Speisen anbietet (www.ally.com.tr).

ÜBERNACHTEN

▶ Luxus
① *Hillside Su*
Antalya, Konyaaltı
Tel. (02 42) 249 07 00, Fax 249 07 07
www.hillside.com.tr; 294 Z.
Am bekannten Konyaaltı-Strand, ca. 15 Gehminuten von der Altstadt entfernt. Design-Hotel mit sehr futuristischem Ambiente. Die Zimmer und Suiten gibt es nur in drei Farben: rot, schwarz und weiß. Restaurants, Internet-Café, diverse Bars sowie beheizbarer Swimmingpool in der Außenanlage.

③ *Grand Hotel Adonis*
Antalya
Şirinyalı Mah. Eski Lara Yolu
Tel. (02 42) 316 44 44, Fax 316 10 31
www.adonishotel.com; 237 Z.
Luxushotel etwa 2 km östlich von Antalya, oben auf der Travertinstufe gelegen. Zugang vom Haus hinunter zum kleinen Hotel-Badestrand. Einkaufsmöglichkeiten, Friseursalon, Sportanlagen, Sauna, Swimmingpool, Restaurants.

⑥ *Adora Resort Hotel*
Belek, Üç Kumtepesi Mevkii Belek Turizm Merkezi
Tel. (02 42) 725 40 51
www.adora.com.tr
Am Strand gelegende, auf mehrere Gebäude verteilte Luxusherberge mit insgesamt 500 Zimmern, allen erdenklichen Sport- und Fitnesseinrichtungen sowie Animationsprogrammen. Der nahe gelegene Golfplatz für Gäste benutzbar.

⑦ *Altis Golf Hotel*
Belek, Tasburun Mevki
Tel. (02 42) 725 42 42, Fax 725 46 29
www.altisgolfhotels.com; 671 Z.
Luxushotel in einem bezaubernden Park. Die Hotelgäste können den nahe gelegenen Golfplatz benutzen.

▶ Komfortabel
② *Sealife Hotel Antalya*
Antalya
Konyaaltı Sahil Şeridi
Tel. (02 42) 229 28 00
www.sealiferesorthotel.com, 270 B.
Modernes Hotel etwa 10 km westlich des alten Hafens von Antalya und durch die ziemlich laute Küstenstraße

vom wunderschönen Konyaaltı Kiesstrand getrennt. Die Zimmer bieten einen Blick aufs Meer oder auf die westliche Tauruskette. Swimmingpool, Selbstbedienungsrestaurant, Restaurant à la carte.

④ *Frankfurt Pansiyon*
Antalya, Hıdırlık Sokak 25
Tel. (02 42) 247 62 24, Fax 241 89 31
www.hotel-frankfurt-antalya-tuer kei.info
Nettes Mittelklassehotel (20 Z.) im Gassengewirr der Stadt. Die Besitzer sprechen Deutsch

⑤ *Argos*
Antalya
Tuzcular Mah. Balýkpazarý Sok. 6
Kaleiçi / Antalya
Tel. (02 42) 247 20 12, Fax 241 75 57
www.argoshotel.com
Über 100 Jahre altes Haus mit Pool im großen Garten. Herrlicher Ausblick von den obersten Zimmern.

⑧ *Maritim Pine Beach Resort*
Belek, Ileribasi Mevkii
Tel. (02 42) 710 02 00, Fax 715 25 15
www.maritim.de; 220 Z., 81 Suiten
Direkt am Strand gelegene Hotelanlage mit stilvoll eingerichteten Zimmern, mehreren Restaurants, zahlreichen Sportmöglichkeiten, Swimmingpools, Hamam, Thalasso-Zentrum, einer Diskothek und einem Kinderclub.

⑨ *Otem Hotel*
Kemer
Yat Limanı Karşışı 69
Tel. (02 42) 814 31 81
Fax 814 31 90
Das »Otem« bietet 60 große Zimmer und 2 Suiten, 3 Bars und viele Wassersportmöglichkeiten.

⑩ *Majesty Club Kemer*
Kemer
Tel. (02 42) 815 16 50
Fax 815 16 80
www.majesty.com.tr
Das Bungalowdorf des »Majesty Clubs« (400 Z.) liegt innerhalb einer riesigen, von Pinienwäldern umgebenen wunderschönen Parkanlage.

Hadrianstor ★ Von der die Altstadt im Osten abschließenden hellenistisch-römischen Stadtmauer existieren noch beträchtliche Teile, die allerdings z. T. verbaut sind. Am bedeutendsten ist das gut erhaltene **Hadrianstor**, das im Jahr 130 n. Chr. zu Ehren des römischen Kaisers Hadrian errichtet wurde, als dieser die Stadt besuchte. Das von zwei mächtigen Türmen flankierte marmorne Tor mit drei Bogenöffnungen ist gut restauriert und trägt reichen ornamentalen Schmuck. An den Bodenplatten sind noch die Spurrillen der römischen Wagen zu erkennen.

Stadtpark Östlich vor dem Tor und der alten Stadtmauer verläuft die breite Atatürkstraße, die durch eine Doppelreihe von stattlichen Dattelpalmen in zwei Fahrbahnhälften geteilt ist. Die beliebte Flaniermeile führt in einem weiten Bogen südwärts am Fußballstadion vorbei. Hinter einem größeren Parkplatz befindet sich der sehenswerte Stadtpark, der sich bis zum hohen Kliffrand über dem Golf ausdehnt. Diese Anlage bietet eine üppige subtropische Flora, schöne

Spazierwege und nicht zuletzt prächtige Ausblicke über den Golf mit dem Strand Konyaaltı und dem Seehafen bis zur gewaltigen Bergkulisse des Lykischen Taurus. Diverse Gast- und Vergnügungsstätten sowie Picknick- und Spielplätze locken besonders an lauen Abenden viele Besucher an. An der nordwestlichen Ecke des Stadtparkes steht der 13 m hohe **Hıdırlık Kulesi**, der Stumpf eines Turmes, der in römischer Zeit möglicherweise als Leuchtturm diente.

** Archäologisches Museum

Unbedingt besuchen sollte man das Archäologische Museum von Antalya, das zu den führenden Museen der Türkei zählt. Es liegt, rund 2 km vom Zentrum entfernt, am westlichen Stadtrand (Kenan Evren Bulvarı, Konyaaltı) und ist am bequemsten mit der Straßenbahn zu erreichen. In der umfangreichen archäologischen Abteilung erhält man einen guten Einblick in die großen Epochen der Vergangenheit der Region um den Golf von Antalya – vom Neolithikum über die Bronzezeit bis zur hellenistisch-römischen Zeit. Hervorzuheben sind die Freilicht-Galerie der Götterstatuen (meist aus Perge), die Galerie der römischen Kaiser, eine Reihe prächtiger Sarkophage, Mosaiken aus Seleukeia sowie die beachtliche Münzsammlung mit dem Münzschatz des Probus, dem Silberschatz von Aspendos, einem 1959 bei ►Finike gefundenen byzantinischen Goldschatz, und dem Silberschatz von ►Side.

> ! **Baedeker TIPP**
>
> **Pause auf der Stadtmauer**
>
> Westlich oberhalb des Hafenbeckens lädt auf der Stadtmauer ein hübscher Teegarten zum Verweilen ein – für viele die schönste Teeterrasse der Türkei.

Der hübsche Jachthafen von Antalya unterhalb der ummauerten Altstadt

Archäolog. Museum Antalya Orientierung

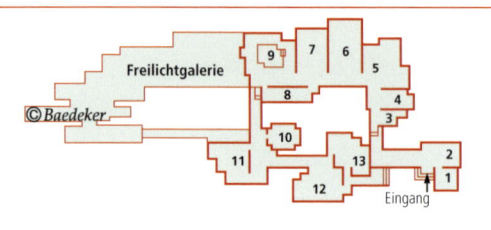

1 Kindersaal
2 Prähistorie
3 Kleine Kunstwerke
4 Göttersaal
5 Kleine Kunstwerke
6 Kaisersaal
7 Sarkophage
8 Ikonen
9 Mosaiken
10 Münzen
11-13 Ethnolog. Abteilung

Höchst interessant ist auch die ethnografische Abteilung mit zahlreichen Exponaten aus osmanischer Zeit, u. a. Waffen, Gewänder, Schmuck, Hausrat, Kacheln, Glas, Porzellan, Musikinstrumente und Teppiche (Öffnungszeiten: tgl. 9.00 – 12.30 und 13.30 – 17.00 Uhr).

Badestrände

In Antalya gibt es gut erschlossene Sandstrände. Der breite, viel besuchte **Konyaaltı-Strand**, an dem sich kleine Hotels und Restaurants aneinander reihen sowie ein Campingplatz und ein **Aqualand** (am Kültür-Platz) zu finden sind, erstreckt sich 2 km westlich der Stadt (Sand und feine Kiesel) und ist gut per Dolmuş zu erreichen. Zum **Adalar-Strand** unterhalb des Karaalioğlu-Parks (im Südosten der Stadt) führt eine Treppe hinab; der Strand liegt auf drei Inselchen, die durch Stege miteinander verbunden sind. Im Sommer stets überfüllt ist der **Lara-Strand**, der 10 km östlich von Antalya als Kieselstrand beginnt und sich weiter östlich in einen Sandstrand verwandelt. Der gänzlich von großen Hotels zugebaute, ebenfalls per Dolmuş oder per Bus gut erreichbare Strand ist gepflegt, leicht abfallend, höchstens 30 m breit und wegen des seichten Wassers für Kinder gut geeignet. Auch in Antalya selbst kann man ins Wasser springen: am **kleinen Stadtstrand** von Mermerli Banyo zwischen Jachthafen und Hıdırlık Kulesi.

> ! **Baedeker** TIPP
>
> **Kinderabteilung**
>
> Das Archäologische Museum von Antalya ist bislang das einzige Museum der Türkei, das eine besondere Abteilung für Kinder eingerichtet hat. U. a. wird in einer kleinen »Restaurierungsecke« versucht, das Interesse von Kindern an der Archäologie zu wecken.

▶ »Dedepark«

Neben dem Aqualand am Kültür-Platz, einer Wasser- Erlebniswelt mit verschiedenen Pools und langen Wasserrutschen, gibt es im Südosten von Antalya noch einen **Aquapark**, den »Dedepark« beim »Dedeman Hotel« am Lara-Strand.

Umgebung von Antalya

Termessos

Eine bedeutende und beeindruckende Stätte der Antike – Termessos – befindet sich rund 30 km west-nordwestlich von Antalya im Gebirge, im Nationalpark Güllük Dağı. Die Anfänge dieser auf den

Ausläufern mehrerer Hänge um den Güllük Dagı (Solymos; 1650 m ü. d. M.) gelegenen ehemaligen Bergfestung, die Alexander d. Gr. vergeblich belagert haben soll, sind bisher nicht ergründet. Die heute dort zu findenden Ruinen stammen aus dem 2. und 3. Jh. n. Chr.; erwähnenswert sind das Theater, die Agorá, ein Gymnasion, mehrere Säulenhallen und etliche Gräber. Vom Parkplatz führt nur ein schmaler Fußweg zum Theater hinauf; dafür wird man oben mit einer prächtigen Aussicht auf den Golf von Antalya entschädigt.

! *Baedeker* TIPP

Riesige Bowlingbahn

In der Nähe des Lara-Strandes von Antalya befindet sich eine der schönsten und größten Bowlingbahnen der Türkei (insgesamt 10 Bahnen), tgl. 10.00 – 23.00 Uhr. irinyalı Mah. Lara Yolu, Park Oteli altı.

In den letzten Jahren hat sich in den nördlichen Bey Dağları um das Dorf Saklıkent (1850 m ü. d. M.) – etwa 70 km westlich von Antalya und über Çakırlar erreichbar – in 2000 – 2400 m Höhe ein **Wintersportzentrum** entwickelt. Schon die Fahrt dorthin ist landschaftlich ein Erlebnis. — Saklıkent

Eine ganze Abfolge von Karstquellen und Wasserfällen findet man in der näheren Umgebung von Antalya. Folgt man 11 km nordwestlich von Antalya an der Abzweigung der Fernstraße nach Korkuteli nicht der Schnellstraße nach Burdur, sondern der alten Trasse über — ★ Karstquellen

Blick über Antalya, die »Perle der Südküste«

> **Baedeker TIPP**
>
> **Döner-Fressmeile**
>
> Je näher am Hafen, desto romantischer, aber auch teurer die Restaurants! Preiswerter hingegen ist es in der Eski Sebzeciler Sokak nahe der Atatürk Caddesi / Cumhuriyet Caddesi, einer kleinen Gasse, in der sich ein Döner-Lokal an das andere reiht.

Döşemealtı, so erreicht man einige Kilometer hinter diesem Ort die beiden großen Karstquellen **Kırkgöz** (unweit eine gewaltige Karawanserei von 1236) und **Pınarbaşı**. Die Quellen verschwinden bereits hinter dem Wasserverteiler (Regülatör) im Höhlensystem Bıyıklı Düdeni. Bei **Düdenbaşı** stürzen dann die Gewässer in überwältigenden Kaskaden in eine enge Schlucht im Travertin. Die **oberen Wasserfälle** (Düdenbaşı Şelalesi) erreicht man von der nördlichen Umgehungsstraße (nach Antalya) aus über eine kleine Zufahrt (Kızılırmak Caddesi) nordöstlich der Stadt. Die **unteren Wasserfälle** (Düden Şelasi) stürzen im Südosten der Stadt bei einem kleinen Park unmittelbar an der Küstenstraße nach Lara Plajı (Lara-Strand) von der 20 m hohen Travertinkante ins Meer. Dieses Naturschauspiel beeindruckt am stärksten, wenn man es vom Meer aus betrachtet.

Karain Mağarası

In der Nähe von Döşemaltı im Karstgebiet des Sam Dağı 27 km nordwestlich von Antalya liegt die **prähistorische Höhle** von Karain. Hier wurden Funde aus allen Abschnitten des Paläolithikums bis zum Mesolithikum gemacht, u. a. Knochen und Zähne des Neandertalers. Eine Auswahl an Fundstücken kann im angebauten kleinen Museum besichtigt werden.

Kocain Mağarası

Die Kocain-Höhle, **eine der weltweit größten natürlichen Grotten**, befindet sich weitab in den Karstbergen beim Dorf Ahırtaş, 45 km nördlich von Antalya, und ist ein reizvolles Wanderziel. Der Weg dorthin führt über die kleine Landstraße Karataş – Camiliköy – Ahırtaş, die von der Nationalstraße Antalya – Burdur wenige Kilometer hinter Döşemaltı (20 km nördlich von Antalya) in nordöstlicher Richtung abzweigt. Ab Ahırtaş muss noch ein zweistündiger Fußmarsch bewältigt werden, bevor man die 600 m lange, 35 m hohe und 75 m breite Karsthöhle mit den Riesen-Stalagmiten erreicht. Die Grotte war in prähistorischer Zeit bewohnt und diente in römischer Zeit den frühen Christen als Zufluchtsort.

> **Baedeker TIPP**
>
> **Historischer Hamam**
>
> Ein wunderschönes Dampfbad aus dem 15. Jh. lädt mitten in der Altstadt zu einem Besuch ein. Sefa Hamamı, Barbaros Mahallesi, Kocatepe Sok. 32 (www.sefahamam.com; tgl. 9.00 – 23.00 Uhr; s. Baedeker Special S. 78).

Türkische Riviera

Den 220 km langen Küstenabschnitt um den Golf von Antalya von Kemer bis hin nach Gazipaşa (südöstlich von ►Alanya) bezeichnet man wegen der kaum unterbrochenen, natürlichen Sandstrände als »Türkische Riviera«.

▶ Antalya

Die etwa nordsüdlich verlaufende Westküste des Golfes von Antalya säumen auf einer Strecke von 50 km prächtige Strände, kleine Buchten und idyllische Meeresarme, über denen in unmittelbarer Nähe die bewaldeten Berge des Taurus aufragen (Nationalpark Olimpos Bey Dagları).

Rund 50 km südlich von Antalya liegt das Ferienzentrum **Kemer**. Vom »sanften Tourismus«, wie von den Planern einst versprochen, ist hier kaum etwas zu spüren. In nur zwei Jahrzehnten hat sich das frühere Fischerdorf zum Mittelpunkt eines **gigantischen Ferienkomplexes** entwickelt, der eine Länge von rund 40 km einnimmt und vom nördlich gelegenen Beldibi bis nach Tekirnova südlich von Phaselis reicht. An diesem Küstenstreifen finden Gäste über hundert Hotels (darunter auch Fünf-Sterne-Unterkünfte), mit allen Sport- und Unterhaltungsmöglichkeiten ausgestattete internationale Ferienclubs, Campingplätze, Freizeitanlagen aller Art, Einkaufszentren sowie Restaurants und

Die unteren Düden-Wasserfälle bei Düdenbaı

sonstige Einkehrmöglichkeiten. Nur kleinere Unterkünfte, Familienhotels und -pensionen, werden in der vorwiegend auf Pauschaltourismus ausgerichteten riesigen Retortenstadt, die mit Milliardenkrediten der Weltbank zustande kam, immer rarer. Auch Landestypisches darf man in diesen in kurzer Zeit aus dem Boden gestampften gesichtslosen Ferienorten, die jährlich von Millionen von Urlaubern heimgesucht werden, nicht erwarten – dieser Küstenabschnitt könnte irgendwo an Italiens oder Spaniens Gestaden liegen. Ein Urlaub in oder bei Kemer empfiehlt sich in erster Linie für diejenigen, die unbeschwerte Badeferien, eine gute Unterbringung und Verköstigung sowie ein großes Angebot an Wassersportmöglichkeiten suchen. Allerdings eignen sich die Badeorte auch als Ausgangspunkt für Touren zu einigen in der Nähe liegenden antiken Stätten (s. weiter unten).

Kemer bildet nicht nur das Zentrum der Region, sondern weist auch als einzige Gemeinde ein ursprüngliches Stadtzentrum auf. Darüber hinaus besitzt Kemer einen **Jachthafen**, der infolge seiner günstigen Lage inmitten der umliegenden Ferienanlagen einer der wichtigsten

Badefreuden nahe der Touristenhochburg Kemer

der Südküste darstellt. Gegenüber diesem Jachthafen liegt auf einer schmalen Landzunge der Yörük Parkı, ein Zeltdorf, das einen Eindruck vom Leben der Nomaden vermittelt, u. a. kann man Teppichknüpferinnen bei der Arbeit zusehen. An den Park schließt sich eine Bucht an, wo sich unter Tannen und in gepflegten Gartenanlagen Restaurants, Cafés, Schwimmbecken und Sportanlagen ausbreiten. Die Bucht selbst wird von einem schönen Sandstrand begrenzt. Die Strandpromenade nördlich des Jachthafens fällt in Terrassen ab, über die man die Cafés und Geschäfte betritt. Fast alle Hotels und Ferienclubs in Kemer und Umgebung haben einen eigenen Strand. Die Strände in Richtung Norden weisen eher Kies, die in südlicher Richtung eher Sand auf.

Etwa 15 km südlich von Kemer erreicht man die in einem Pinienwald in flachem Wasser verstreut liegenden Ruinen der altlykischen Hafenstadt **Phaselis**. Zu sehen sind Reste des Theaters, eines Aquäduktes, eines Hadrianbogens (114 n. Chr.) und mehrerer Tempel. Phaselis ist von stillen Buchten mit Sand- und Kieselstränden umgeben; das seichte Wasser eignet sich für Kinder. Stellenweise kann man über die im Wasser versunkenen Trümmer schwimmen.

Im südlichen Teil des 700 km² großen **Nationalparks Olimpos Beydağları Milli Parkı**, der im

! *Baedeker* TIPP

Nicht nur Bio
Bei Kemer lohnt das »Naturland« einen Besuch: eine Mischung aus Bio-Bauernhof / Ökopark, Gesundheitsfarm und Erlebnisbad (inklusive Übernachtungsmöglichkeiten). Zu den zahlreichen unterschiedlichen Angeboten gehören u. a. Felsklettern, ein Duftgarten, ein Salzwasser-Aquarium, eine Tauchschule, Disko und Live-Konzerte (Infos unter www.naturland.com.tr).

▶ Aphrodisias ZIELE 179

Westen des Golfs von Antalya den küstennahen Gebirgsraum umfasst, stößt man knapp 50 km südlich von Kemer und nördlich der antiken Stadt Olympos nahe dem Dorf Çıralı auf ein bemerkenswertes naturlandschaftliches Phänomen: die ewige **Flamme von Chimaira** (die Chimäre war ein Feuer speiendes Ungeheuer der griechischen Mythologie). 150 bzw. 300 m über den verfallenen und überwucherten Ruinen von Olympos brennen seit der Antike an fast 20 natürlichen methanhaltigen Erdgas-Austritten im Gestein Flammen, die bei Tageslicht allerdings nur schwer auszumachen sind.

Entlang der **Nordküste** des Golfes von Antalya erstrecken sich, beginnend am Ostrand der Stadt, gute Badestrände, von denen der Lara-Strand (Lara Plajı ▶Badestrände von Antalya) zu den beliebtesten gehört. Vom Flughafen Antalya gelangt man auf der Schnellstraße nach 28 km (bzw. vom Zentrum von Antalya nach 40 km) zum Ferienort und Golferparadies **Belek** mit seinen kilometerlangen, flach abfallenden Sandstränden. Umweltfreundliche Kriterien spielten beim Entwurf der Ferienhochburg eine große Rolle, ausgedehnte Pinienwälder und der Lebensraum für die Meeresschildkröten blieben erhalten. Seit den 1990er-Jahren werden hier meist Vier- und Fünfsterne-Hotels sowie elegante Clubdörfer mit allerlei Freizeitangeboten und Sportmöglichkeiten inmitten großzügiger Gartenanlagen gebaut.

> ! *Baedeker* TIPP
>
> **Wunderschöner Reptilienpark**
> Eine der interessantesten Attraktion an der Türkischen Riviera ist der 2005 eröffnete, südlich von Kemer gelegene »Ekopark Tekirova«. Der riesige Reptilienpark zeigt eine Vielzahl an Krokodilen, Schlangen, Schildkröten, Leguanen und Eidechsen, Skorpionen und Spinnen sowie zahlreiche Heilpflanzen, Kakteen und exotische Bäume (Phaselis Cad. 1015, Nr. 14 Tekirova / Kemer, Tel. (02 42) 821 51 39 oder 821 51 38; www.ekopark.com.tr).
> Öffnungszeiten: Sommer 9.30 – 21.30, Winter 10.00 – 18.00 Uhr

★ Aphrodisias

G 10

Landesteil: Westanatolien
(Menteşe-Bergland)
Höhe: 548 m ü.d.M.

Provinz: Aydın
Einwohnerzahl: Ortschaft: Geyre
(1 km nordwestlich; 1000 Einw.)

Aphrodisias war in der Antike eine der Hauptstätten des Aphroditekults. Der Kult um die Göttin der Liebe zog viele Besucher an, die die Stadt reich machten.

Eine Abzweigung von der Hauptstraße ▶Aydın – Denizli durch das Mäandertal führt in südöstlicher Richtung über Karacasu zum Dorf **Geyre**, das südwestlich des über 2300 m hohen Ak Dağı bzw. rund

Freilichtmuseum ohne Touristenrummel

80 km südwestlich von Denizli liegt. Als Folgesiedlung der antiken Stadt befand sich Geyre bis zur Zwangsumsiedlung der Bewohner 1956 inmitten der antiken Ruinen. Für Altertumsliebhaber ist Aphrodisias ein Paradies. Obwohl das Freiluftmuseum gut besucht ist, hat man selten das Gefühl, im Touristenrummel zu ersticken, weil die Sehenswürdigkeiten auf dem weitläufigen Ausgrabungsgelände größtenteils weit auseinander liegen.

Geschichte Seit hellenistischer Zeit hieß die Stadt Aphrodisias. Sie war durch ihr Heiligtum Mittelpunkt eines weit verbreiteten **Aphroditekults**, hatte eine berühmte Bildhauerschule und war auch wegen ihrer Ärzte- und Philosophenschule bekannt. Ihre Blütezeit lag allerdings erst nach der Epoche der julischen Kaiser, und sie stand unter dem besonderen Schutz von Sulla, Caesar, Antonius und Augustus; die erhaltenen Reste sind deshalb fast ausschließlich römisch.

In frühchristlich-byzantinischer Zeit wurde die Stadt in **Stavropolis** umgetauft, sie bildete später den Sitz der Metropoliten von Karien und hieß ab 540 (unter Justinian) **Karia** – als Hauptstadt der gleichnamigen Provinz. Die heute noch erkennbare Ummauerung stammt aus dem 4. Jahrhundert. Die Befestigungsanlagen waren Ende des 7. Jh.s verstärkt worden, konnten aber dem Ansturm der Araber nicht standhalten und wurden zerstört. In osmanischer Zeit war der Ort bedeutungslos, so dass Timur-Leng (1402) nur noch ein Dorf bei einer Ruinenstadt vorfand.

Das Stadion von Aphrodisias bot 30 000 Zuschauern Platz.

Besichtigung der Ruinenstätte

Die ausgedehnte Ruinenstätte von Aphrodisias befindet sich südlich des jungen Dörfchens Geyre. Eine teilweise freigelegte Prachtstraße mit Kanalisation führt als eine der Hauptachsen durch das Propylon (Torbau). Die 120 m × 205 m messende römische Agorá mit dorischen Säulenhallen im Norden und mit ionischen im Süden wurde unter Tiberius (14–37 n. Chr.) renoviert. Von den Säulen, die z. T. noch durch Architrave verbunden sind, gehören zwölf zur Halle des Porticus Tiberii. Südlich davon stößt man über einen weiteren Platz hinweg auf eine kleine, überkuppelte byzantinische Martyrion-Kirche aus dem 6. Jahrhundert.

Öffnungszeiten:
tgl. 9.00–19.00,
im Winter bis 17.00

Die örtliche Museumssammlung enthält neben Kleinfunden vor allem **Skulpturen der berühmten Bildhauerschule von Aphrodisias**: Götter- und Kaiserstatuen, Gewandfiguren, Musenköpfe und besondere Einzelstücke wie den Zoilosfries, eine Porträtstatue des Dichters Pausanias, die Nachbildung des berühmten Diskusträgers des Polyklet und eine römische Kopie der Aphrodite-Kultstatue.

Museum

Nahe dem Museum stehen die Reste eines etwa 50 n. Chr. für den Kaiserkult erbauten Heiligtums mit einem im Norden, Westen und Süden von dreigeschossigen Hallen umgebenen Hof. Im Erdgeschoss findet man Reliefdarstellungen mit mythischen und im ersten Stock mit historischen Motiven.

Sebasteion

Der Torbau des Tetrapylon (Propylon) mit ursprünglich 16 Säulen diente als monumentaler Zugang zum Temenos des Aphroditetempels (2. Jh. n. Chr.). Die Säulen mit Spiralkanneluren weisen mit den übrigen Dekorationsmerkmalen an Giebel und Fries in das zweite nachchristliche Jahrhundert.

Propylon

Etwa um 100 v. Chr. wurde der Aphroditetempel als ionischer Pseudodipteros mit 8 × 13 Säulen über eine Vorläufer-Kultstätte des dritten vorchristlichen Jahrhunderts gebaut, an die noch Reste von Mosaiken erinnern. Die Anlage bestand nur aus Pronaos und Cella mit einem über 3 m hohen Standbild der Aphrodite, von dem Teile gefunden wurden. Von anderen Aphrodite-Heiligtümern weiß man, dass sie als Therapiezentren für Sexualprobleme dienten und dass der von Priesterinnen und Tempeldienerinnen (Hierodulen) betriebene Kult bis zur Tempelprostitution reichte. Die Byzantiner verwandelten das heidnische Gotteshaus im 5. Jh. in eine dreischiffige Basilika und änderten zwei Jahrhunderte später auch den nun anstößigen Stadtnamen in Stavropolis (Stadt des Kreuzes).

Aphroditetempel

Zwischen Aphroditetempel und Odeion wird eine Bildhauerwerkstatt vermutet, weil bei Grabungen unfertige und missglückte Statuenfragmente entdeckt wurden.

Bildhauerwerkstatt

Aphrodisias Orientierung

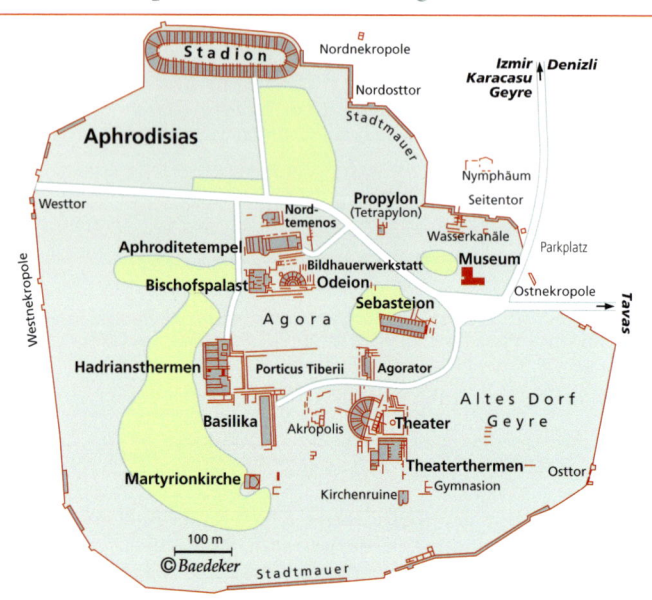

Bischofspalast	In der Nähe der Bildhauerwerkstatt gruben die Archäologen eine prächtige Wohnanlage aus, die sie als den Bischofspalast des 5. Jh.s identifizierten. Ein von blauen Marmorsäulen umstandener Hof, der Küchentrakt mit dem repräsentativen Speiseraum und der Dreikonchen-Thronsaal mit marmornem Intarsienfußboden sowie die unmittelbare Nachbarschaft zur Hauptkirche der Stadt lassen vermuten, dass es sich um den **Sitz des Metropoliten** handelt.
Odeion	Ein weiteres gut erhaltenes Bauwerk ist das römische Odeion neben dem Bischofspalast bzw. südlich des Aphroditetempels.
Hadriansthermen	Westlich an die Agorá grenzen die Thermen des Hadrian (76–138 n. Chr.). Zu sehen sind Heiz- und Beckenanlagen sowie mit Statuen ausgeschmückte Umkleide- und Aufenthaltsräume.
Akropolis	Die sog. Akropolis ist in Wirklichkeit ein **künstlicher Siedlungshügel**, in dem Archäologen auf prähistorische Wohnschichten stießen, die bis ins 4. Jt. v. Chr. zurückreichen.
Theater	Am Osthang der »Akropolis« liegt das späthellenistische Theater mit doppeltem Proskenion, das unter Marc Aurel (121–180 n. Chr.) restauriert und vergrößert wurde. Es fasste 10 000 Besucher.

Bühne und Bühnenhaus sind im Unterteil gut erhalten. In den Zugängen kann man neben den Abschriften von Kaiserbriefen an die Stadt das sog. **Diokletianische Preisedikt** lesen, das die Einführung von Festpreisen gegen die rasante Inflation vorschrieb.

Das ganz im Norden der Ruinenstätte gelegene Stadion von Aphrodisias, **das wohl am besten erhaltene der Antike**, entstand im 1. Jh. n. Chr. Mit 22 Sitzreihen um die 270 m × 54 m große ovale Kampfbahnfläche bot es über 30 000 Zuschauern Platz. — Stadion

Aspendos

Landesteil: Südküste (Östliches Mittelmeer)
Höhe: 20 – 60 m ü.d.M.
Provinz: Antalya
Nächstgelegene Ortschaft: Belkıs

Aspendos hat sich für Türkeireisende zu einem regelrechten Synonym für Theater entwickelt. Der Grund dafür ist eines der besterhaltenen Theatergebäude aus der Antike, das das Interesse der meisten Besucher auf sich zieht und die auf einem 800 m langen und 500 m breiten Tafelberg angelegte Stadt völlig in den Schatten stellt.

Bis 2007 wurden in der nur geringfügig restaurierten Aufführungsstätte antike Dramen, Tänze und Konzerte veranstaltet. Seit Juli 2008 finden fast alle Veranstaltungen in der **»Aspendos Arena«** statt, einem ganz in der Nähe des »Originals« neu errichteten Freiluft-Theater für 4500 Besucher. Zu groß war der Schaden, der durch die Konzerte und Festivals an dem antiken Gemäuer entstand. Für das »Aspendos Opern und Ballett Festival« nutzt man aber noch die ausgezeichnete Akustik des antiken Theaters. — Festivalort

Besichtigung der Ruinenstätte

In der Unterstadt liegt als Hauptsehenswürdigkeit von Aspendos das römische Theater, das besterhaltene dieser Art und auch eines der größten Bauwerke in Kleinasien. Der im 2. Jh. n. Chr. errichtete und in neuester Zeit geringfügig restaurierte Bau bot rund 15 000 bis 20 000 Menschen Platz (►S. 184). — Theater

Unmittelbar über der Unterstadt erhebt sich der steile Burgberg mit der Akropolis, die nur an wenigen Stellen durch eine Mauer verstärkt werden musste. Eine Reihe bedeutender Bauwerke, von denen jedoch nur noch spärliche Reste erhalten sind, wurden im Lauf von Jahrhunderten auf dem Bergplateau errichtet. Man betritt die Akropolis durch das von Steilhängen flankierte Südtor, den Hauptzugang — Akropolis

◄ weiter auf S. 186

THEATER VON ASPENDOS

★★ Das römische Theater von Aspendos, 50 km östlich von Antalya, ist eine der am besten erhaltenen – und am längsten genutzen – Theateranlagen der Antike: Noch Anfang des 21. Jhs. diente es als Festivalkulisse.

⏱ Öffnungszeiten:
Sommer tgl. 9.00 – 19.00
Winter tgl. 9.00 – 17.30

Größte Blüte unter den Römern

Aspendos wurde von den Griechen gegründet – angeblich von dem legendären Seher Mopsos nach dem verlorenen Krieg um Troia um 1000 v. Chr. Auch hier waren, wie bei anderen Stadtgründungen an der Küste Kleinasiens, das fruchtbare Ackerland und ein guter Hafen für die Entstehung und das Gedeihen der griechischen Kolonie maßgebend. Der schiffbare Unterlauf des nahe am Burgberg vorbeifließenden Eurymedon (heute Köprü Çayı), der einen geschützten Flusshafen bot, besaß für die sonst so hafenarme kleinasiatische Südküste eine große Bedeutung. Wie die Nachbarstädte Perge und Side erlebte Aspendos unter der Herrschaft der Römer seine größte Blüte, und ebenso wie bei diesen Orten führte die allmähliche Verlandung des Hafens und später der byzantinische Zentralismus zum Verfall der Stadt. Dass der Ort mit seinem gewaltigen Theater und einem großen Aquädukt dennoch relativ gut erhalten blieb, ist dem Umstand zu verdanken, dass die unbewohnte Ruinenstadt in islamischer Zeit als Karawanserei genutzt wurde.

① **Besterhaltenes Theater seiner Art**

Kein römisches Theater in der Türkei ist so gut erhalten wie das von Aspendos. Erbaut wurde es im 2. Jh. n. Chr. von dem Architekten Zenoi. Das durch einen breiten Umgang zweigeteilte Halbrund der Zuschauerränge umfasst in seinem unteren Teil 20 Ränge mit zehn Treppenaufgängen, im oberen 19 Ränge mit 21 Treppenwegen. Den oberen Abschluss bildet eine Pfeilerarkade mit einem Tonnengewölbe. Zwei Bogengänge führen zu beiden Seiten der Bühne in die Orchestra. Die zweigeschossige Bühnenrückwand war durch schlanke Doppelsäulen gegliedert. Die untere Säulenreihe trug ionische, die obere korinthische Kapitelle. Die den zentralen Bühnenzugang flankierenden beiden Doppelsäulen hatten einen gemeinsamen Giebel. Der Bühnenraum war mit einem an Seilen aufgehängten Holzdach abgedeckt.

② **Keine Verstärker!**

Jene Schauspieler und Musiker, die noch vor wenigen Jahren auf der Bühne des römischen Theaters standen, benötigten keine Mikros und Lautsprecher, um auf den Rängen gut verstanden zu werden – die Akustik in dem antiken Bauwerk war phänomenal!

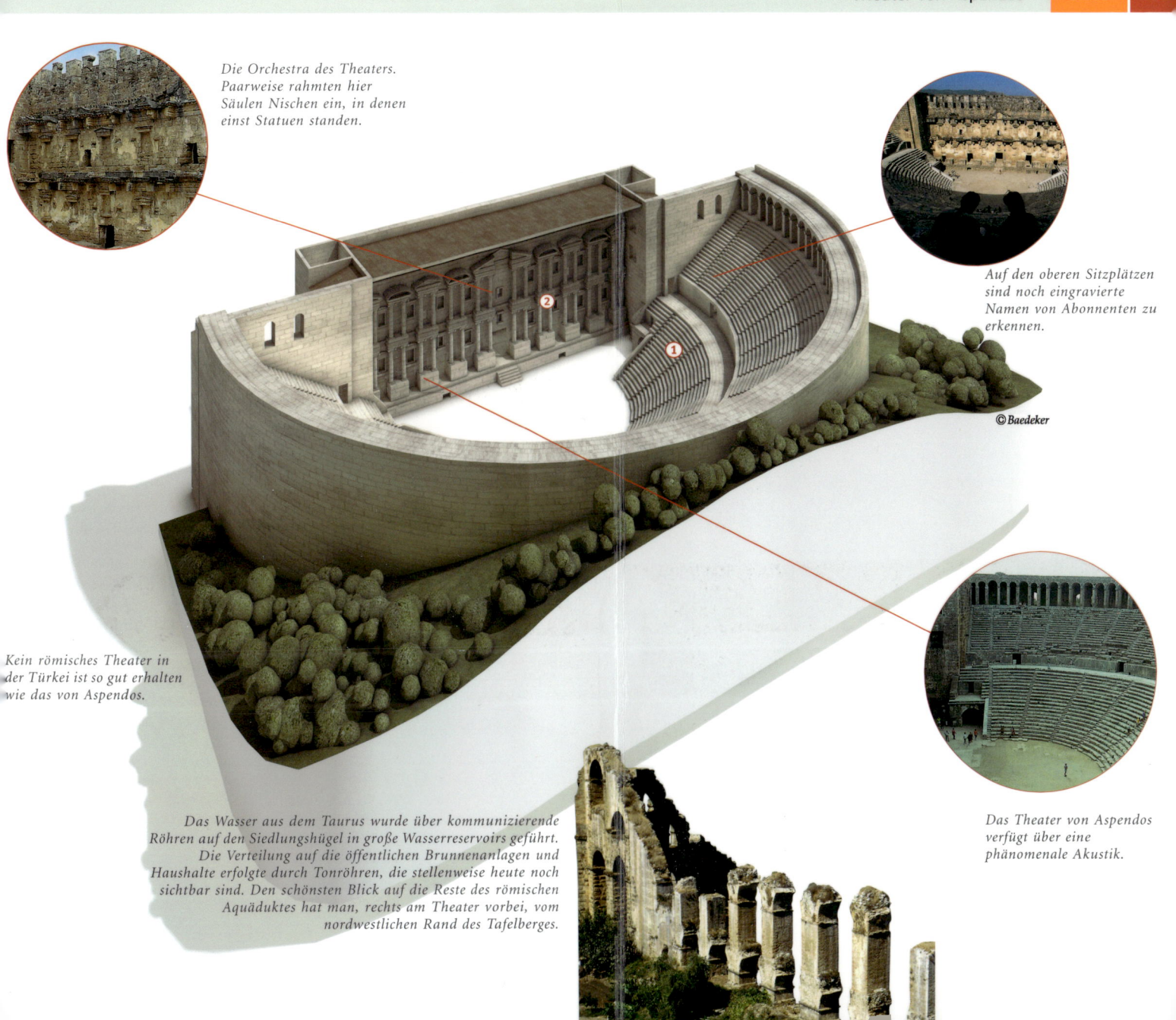

▶ Theater von Aspendos ZIELE 185

Die Orchestra des Theaters. Paarweise rahmten hier Säulen Nischen ein, in denen einst Statuen standen.

Auf den oberen Sitzplätzen sind noch eingravierte Namen von Abonnenten zu erkennen.

© Baedeker

Kein römisches Theater in der Türkei ist so gut erhalten wie das von Aspendos.

Das Theater von Aspendos verfügt über eine phänomenale Akustik.

Das Wasser aus dem Taurus wurde über kommunizierende Röhren auf den Siedlungshügel in große Wasserreservoirs geführt. Die Verteilung auf die öffentlichen Brunnenanlagen und Haushalte erfolgte durch Tonröhren, die stellenweise heute noch sichtbar sind. Den schönsten Blick auf die Reste des römischen Aquäduktes hat man, rechts am Theater vorbei, vom nordwestlichen Rand des Tafelberges.

zur Stadt. Die an den drei übrigen Seiten liegenden Tore hatten eine untergeordnete Bedeutung. An den Resten eines kleinen Tempels und der Agorá vorbei gelangt man zu dem einst monumentalen, durch Doppelsäulen gegliederten Nymphaion, von dem noch eine 32 m lange, durch zehn Statuennischen gegliederte Mauer steht. Nördlich anschließend erblickt man die Fundamente eines weiteren Gebäudes, das wohl als Buleuterion diente.

Aquädukt Am nördlichen Rand des Burgberges sind die Reste eines römischen Aquäduktes und zweier Wassertürme zu sehen, mit deren Hilfe das Wasser hochgeleitet wurde, um es drucklos in große Wasserreservoirs weiterführen zu können. Die Verteilung auf die öffentlichen Brunnenanlagen und Haushalte erfolgte durch Tonröhren, die stellenweise heute noch sichtbar sind. Den schönsten Blick auf die Reste des Aquäduktes hat man – rechts am Theater vorbei – vom nordwestlichen Rand des Tafelberges.

Umgebung von Aspendos

Nationalpark Köprülü Kanyon Um die einsame, grandiose Bergwelt des Taurosgebirges kennen zu lernen, lohnt ein Ausflug in den Köprülü-Nationalpark. Dort gibt es auch Möglichkeiten zum Baden und zum Rafting. Ca. 5 km östlich von Aspendos zweigt man auf der Küstenstraße nordwärts nach Beşkonak ab und fährt durch das Taurosgebirge am Köprü Çayı entlang, einem beliebten Raftinggewässer, bis man nach 46 km hinter dem Dorf Alabalık bei Beşkonak eine markante Engstelle des Flusses erreicht. Hier beginnt der landschaftlich eindrucksvolle, gebirgige Nationalpark des Köprülü Kanyon (Brückenschlucht), in dem auch das antike Selge liegt (s. unten). Der Nationalpark weist einen reichen Bestand an Mittelmeerzypressen, Kiefern und Eichen auf. Rotwild lebt im Park, sogar Braunbären und Wölfe soll es hier geben. Hinter Beşkonak kann man in einigen kleinen Fischlokalen frische Forellen vom Grill genießen, hier werden auch Touren im Kanu, Kajak oder Gummifloß auf dem Köprü Çayı angeboten, der weiter nördlich auf einer Länge von 14 km einen Canyon mit bis zu 100 m hoch aufragenden Wänden gebildet hat. Auch im Canyon, an dessen Beginn eine schmale römische Bogenbrücke den Fluss überspannt, werden solche Touren offeriert. Aber Vorsicht: Die **Flussfahrten** sind wegen der Strudel und Strömungen nicht ganz ungefährlich. Auch das Baden sollte hier aus Sicherheitsgründen lieber unterlassen werden. Für eine Wanderung im Canyon empfiehlt sich festes Schuhwerk, und man sollte schwindelfrei sein. Von der **Römerbrücke** sind es noch 13 km bis nach Altınkaya und zum antiken Selge.

★ Selge Das Dorf **Altınkaya Köyü** (Zerk, 1050 m ü. d. M.) mit den Ruinen von Selge liegt wenige Kilometer westlich des Kanyon-Gebietes hoch oben in den taurischen Bergen, etwa 60 km nördlich von

▶ Bodrum **ZIELE** **187**

Aspendos Orientierung

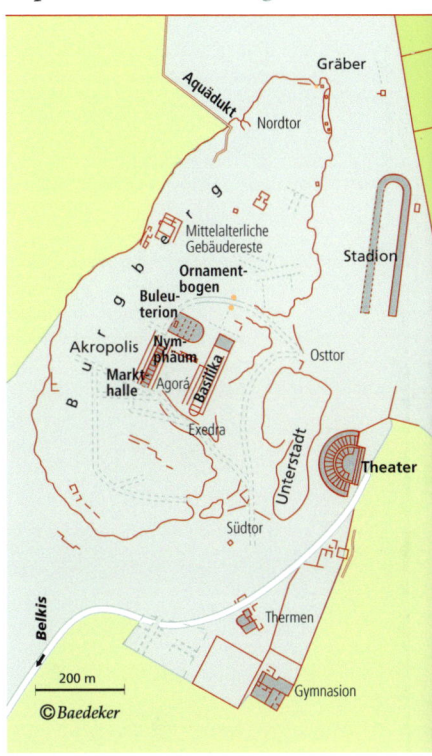

Aspendos. Man sagt, dass die Stadt in der Folge des Trojanischen Krieges gegründet worden sei, und zwar von Kalchas, dem blinden Seher aus Troia, und seinen letzten Gefährten. Die isolierte Lage bewahrte den Ort bis zur Römerzeit vor fremder Herrschaft. Der Handel blühte dennoch dank der guten Kontakte zu den Städten Pamphyliens und anderer kleinasiatischer Landschaften. In den folgenden Jahrhunderten muss Selge eine große christliche Gemeinde beherbergt haben, die sich mit der Eroberung durch die Seldschuken im 14. Jh. auflöste.

Im weitläufigen Ruinengelände findet man zahlreiche Relikte. Dazu zählt vor allem das **römische Theater** mit griechischem Zuschauerraum (10 000 Plätze) und das **Stadion** unmittelbar daneben. Südwestlich davon befinden sich auf einer Erhebung die Reste eines Zeus- und eines Artemistempels und dahinter zisternenartige Rundbehälter zur Wasserversorgung des Ortes. Östlich davon erreicht man nach etwa 500 m auf einer weiteren Anhöhe die **Agorá**, die einst an drei Seiten Ladenzeilen besaß und von der eine Kolonnadenstraße nördlich abgeht. Unweit davon stößt man auf die Reste einer dreischiffigen Basilika und einer ca. 120 m langen Halle. Auch Relikte der Stadtmauer (Tor) sind noch klar zu erkennen.

Bodrum

D 11

Landesteil: Westküste (Ägäisches Meer) **Provinz:** Muğla
Höhe: 0 – 50 m ü.d.M. **Einwohnerzahl:** 30 700

Bodrum, das einstige Halikarnassos an der türkischen Südwestküste, gilt als das Saint-Tropez der Türkei, wo sich Schöne und Reiche gern ein Stelldichein geben. Vor allem die Istanbuler und internationale Schickeria zieht es im Sommer in den Küstenort, wie an

den teuren Autos und eleganten Jachten zu sehen ist. Nächtliche Ruhe kennt die Stadt in dieser Zeit nicht, denn auch Jugendliche fühlen sich sehr wohl in dem Ort, wo sich Musikkneipen und Fischtavernen direkt am Wasser drängen. Hauptsehenswürdigkeit der Stadt ist das Kreuzritterkastell St. Peter.

Saint-Tropez der Türkei

Innerhalb kurzer Zeit hat sich die einst verschlafene, gegenüber der griechischen Insel Kos (türkisch Istanköy) gelegene Stadt zum wohl **freizügigsten und exklusivsten Ferienziel** entwickelt. Touristisches Kapital der Küstenstadt Bodrum, die sich einst rühmen durfte, mit dem Mausoleum über eines der antiken sieben Weltwunder zu verfügen, sind das milde Klima, die schönen Badebuchten und Tauchreviere in der näheren Umgebung, wie die von Gümbet und Bitez, sowie einige bauliche Reste aus der Antike und das Kastell mit dem berühmten Unterwasserarchäologie-Museum. Ferner verfügt der Ort über einen geschützten Hafen, den Linien- und Kreuzfahrtschiffe sowie Autofähren anlaufen. Ein Magnet für Touristen ist ferner

Bodrum Orientierung

Essen
① Sünger Pizza
② Kortan Restaurant
③ Epsilon Restaurant
④ Liman Köftecisi
⑤ Kocadon Restaurant

Übernachten
① Hotel Karia Princess
② Gündem Resort Hotel
③ El Vino Hotel
④ Su Hotel
⑤ Baç Pansiyon

die **malerische Lage** von Bodrum, das über einer Bucht terrassenförmig ansteigt und deshalb vom römischen Architekten Vitruv in dessen berühmtem Werk »De Architectura« (II, 8) mit der Form eines Amphitheaters verglichen wurde.

Niedrige kubische, weiß getünchte Häuser, teilweise in kleinen Wein- und Obstgärten, ziehen sich die Anhöhe hinauf und bestimmen das Stadtbild, denn strenge Baugesetze verbieten es, den Ort durch Betonbauten zu verschandeln.

Wie ein Wächter erhebt sich ein gewaltiges Kastell auf einer Halbinsel, auf deren beiden Seiten sich sanft geschwungene pittoreske Buchten ausbreiten. Die westliche Bucht beherbergt den Hafen mit den Liegeplätzen der Jachten, Sportboote und der für Bodrum typischen Motorsegeljachten, die Tagesausflüge in die nähere Umgebung offerieren. Die östliche Bucht bietet eine Uferpromenade, diverse Restaurants und einen schmalen Strandstreifen, wo in Kastellnähe gebadet werden kann. Das Zentrum des modernen Bodrum schließt unmittelbar nördlich an die vorspringende Kastellhalbinsel an. Dort erstreckt sich das **lebendige Basarviertel**. Trotz der regen Bautätigkeit rund um den Ort, wo Feriensiedlungen, größere Hotelanlagen und Freizeitanlagen für Touristen entstanden sind und weiterhin aus dem Boden gestampft werden, strahlt Bodrum immer noch eine stille mediterrane Atmosphäre aus.

Highlights Bodrum

Kreuzritterkastell
Heute noch gut erhaltene Johanniterfestung
▶ Seite 193

Unterwasser-archäologiemuseum
Größte Attraktion im Kastell
▶ Seite 196

Schiffswrack von Uluburun
Wohl ältester Schiffsfund der Welt im Kastell
▶ Seite 197

Geschichte

377 - 353 v. Chr.	Herrschersitz von König Mausolos
1402	Eroberung durch die Johanniter von Rhodos
ab 1925	Entstehung der »Blauen Reisen«

Gegründet wurde **Halikarnassos**, das heutige Bodrum, um 1200 v. Chr. von dorischen Griechen. Hier erblickte **Herodot** (484 – 425 v. Chr.), der berühmte Vater der Geschichtsschreibung, das Licht der Welt. Unter dem Herrscherpaar **Mausolos und Artemisia II.** (377 – 353 v. Chr.) verlegte die ursprünglich in Mylasa (Milas) residierende Hekatomnos-Dynastie den Regierungssitz nach Halikarnassos und erhob so die Stadt zum Herrschersitz von Karien. Mausolos, ein geschickter Staatsmann und Kriegsstratege, stattete die Stadt nach hellenistischen Vorbildern mit Mauern, Häfen, Palästen und Tempeln aus. Nach seinem Tode folgte ihm seine Schwester und Frau Artemisia II., die zu Ehren ihres Mannes das **Mausoleum**, einst **eines der sieben Weltwunder**, errichten ließ. 1402 wurde Halikarnassos von den Johannitern von Rhodos erobert, die unter dem deutschen Ritter Heinrich Schlegelholt bis 1437 aus den Werksteinen des zerstörten Mausoleums das Kastell St. Peter errichteten, das sie Petronium nannten. 1523 geriet Halikarnassos unter die Herrschaft der Osmanen, denen das Kastell kampflos in die Hände fiel und die Petronium in Bodrum umbenannten, die türkische Bezeichnung für »Keller« oder »Kasematten«. In der osmanischen Zeit verkümmerte der Küstenort zu einem trostlosen Fischerdorf, dessen Bevölkerung vor allem von den Erträgen des Schwammtauchens lebte. Ins Bewusstsein der Öffentlichkeit rückte Bodrum erst wieder im 20. Jahrhundert. Im Jahr 1925 wurde der Schriftsteller **Cevat Şakir** aus politischen Gründen hierher verbannt. Aus Liebe zum Ort und zur umliegenden Landschaft blieb er später freiwillig als **»Fischer von Halikarnassos«**. Bei seinen Erkundungsfahrten entlang der südwesttürkischen Küste prägte er den Begriff **»Blaue Reisen«** (▶ Baedeker Special, S. 200). Zwar lockten Cevat Şkakirs Berichte über den Küstenstreifen immer mehr Besucher an, doch den Aufstieg zu einem der bekanntesten, exklusivsten und teuersten Orte der Türkei erlebte Bodrum erst nach dem Militärputsch von 1980. In diesem Jahr, als die Meinungsfreiheit wieder einmal stark beschränkt war, setzten sich viele Intellektuelle und Künstler in die vorzugsweise von Briten besuchte Touristengemeinde an der Küste ab, die nun zum Zufluchtsort für freiheitlich gesinnte Menschen wurde. Es dauerte nicht lange, bis der Jetset Bodrum entdeckte. Ein Künstlertreffpunkt wie in den 1980er-Jahren aber ist das türkische Saint-Tropez trotz mehrerer Kunstgalerien heute nicht mehr.

! **Baedeker TIPP**

Buntes Marktleben
Der Bodrumer Wochenmarkt in der überdachten Markthalle am Hafen ist donnerstags und freitags mit seinen zahlreichen Obst- und Gemüseständen ein echtes optisches und lukullisches Highlight.

Majestätisch thront das Kastell über dem Hafen von Bodrum.

BODRUM ERLEBEN

AUSKUNFT
Iskele Meydanı
(am Platz unterhalb der Burg)
Tel. (02 52) 316 10 91
Öffnungszeiten: tgl. 9.00 – 18.00 Uhr

AUSFLÜGE
Von Bodrum aus verkehren Ausflugsschiffe nach Körmen / Datça, Knidos und zur griechischen Insel Kos.

EINKAUFEN
Mitten im Zentrum erstreckt sich das lebendige, teils überdachte Basarviertel mit den meist zur Gasse hin geöffneten, aber leider zurückgehenden Handwerksbetrieben (Schneider, Schuhmacher, Schmiede etc.). Zahlreiche Ladengeschäfte und Boutiquen (Lederwaren, Textilien, Schmuck, Schwämme etc.), von denen einige eine breite Auswahl falscher französischer Nobel-Marken anbieten, wechseln sich hier mit Souvenirläden und Restaurants ab. Große Einkaufsmärkte sind Gima und Migros, ein nobles Shoppingcenter findet man bei der Marina.

Den Abend gemütlich ausklingen lassen

ESSEN
▶ Fein & teuer
② **Kortan Restaurant**
Cumhuriyet Cad. 32
Tel. (02 52) 316 13 00
www.kortanrestaurant.com
Das vornehme Fischrestaurant liegt östlich des Kastells am Meeresufer. Einen wundervollen Blick auf die Hauptsehenswürdigkeit der Stadt – das Kastell – bietet die Terrasse, auf der man einen Tisch bestellen sollte. Nicht ganz billig.

▶ Erschwinglich
③ **Epsilon Restaurant**
Türkkuyusu Mahallesi,
Keleş Çıkmazı 5
Tel. (02 52) 313 29 64
Untergebracht ist das Lokal in einem alten Haus im Zentrum von Bodrum. Im baumbestandenen Innenhof begleiten dezente Jazz- oder Klassikdarbietungen das vorzügliche Abendessen. Vor dem Bestellen werden kostenlos kleine Teller mit Vorspeisen gereicht, damit sich der Gast ein Bild von den Gerichten machen kann. Das sympathische Lokal bietet allerdings nur für rund 35 Personen Platz; daher ist eine frühzeitige Reservierung zu empfehlen.

④ **Liman Köftecisi**
Neyzen Tevfik Cad. 9
Tel. (02 52) 316 50 60
Spezialität des Hauses sind köfte, die es in sechs Variationen gibt. Gutes-Preis-Leistungs-Verhältnis und netter Service..

① **Sünger Pizza**
Neyzen Tevfik Caddesi
Tel. (02 52) 316 08 54
Für viele Einheimische gibt es hier die beste Pizza der Stadt.

⑤ **Kocadon Restaurant**
Saray Sok. 1
Tel. (02 52) 316 37 05
www.kocadon.com
Hervorragendes Essen und Super-Bedienung – und immer gut besucht.

Diskothek Halikarnas

NACHTLEBEN

Viele kommen nur wegen des Nachtlebens nach Bodrum – kein Wunder, schließlich hat der Ort nach Istanbul das quirligste Nachtleben des Landes. Zentrum der Bodrumer Nächte ist die »Long Street« (Dr. Alim Bey und Cumhuriyet Caddesi) östlich des Kastells, eine der lautesten Straßen der Türkei, in der sich eine Kneipe an die andere reiht. In der Cumhuriyet Caddesi 178 befindet sich auch die legendäre Open-Air-Diskothek »Halikarnas« mit Platz für 5000 Leute.

ÜBERNACHTEN

▶ Luxus
① **Karia Princess Resort Hotel**
Karia Residence Hotel
Canlıdere Sok. 15
Tel. (02 52) 316 89 71
www.kariaprincess.com; 99 Z.
Aus zwei Hotels bestehende Anlage in einem großen Garten, rund 15 Gehminuten vom Kastell entfernt. Swimmingpool, Tennisplatz, Sauna, Hamam, verschiedene Bars und Restaurant im osmanischen Stil.

▶ Komfortabel
② **Gündem Resort Hotel**
Adnan Menderes Cad. Asarlık Mevkii
Tel. (02 52) 319 67 93
www.gundemresort.com
Hotel in der zweiten Bucht westlich von Bodrum. Die 69 Zimmer sind mit Klimaanlage, Balkon, Satelliten-TV, Minibar und Safe ausgestattet. Es gibt zwei Schwimmbecken und einen hoteleigenen Sandstrand.

④ **Su Hotel**
Turgutreis Cad.1201
Tel. (0252) 316 69 06, Fax 316 73 91
www.suhotel.net; 25 Z.
Große Zimmer mit Balkon. Swimmingpool in der Mitte der Anlage.

⑤ **Baç Pansiyon**
Cumhuriyet Caddesi 14
Tel. (02 52) 316 16 02; 10 Z.
Empfehlenswert sind hier die Doppelzimmer mit Balkon und Meeres- oder Burgblick.

③ **El Vino Hotel**
Pamili Sokak
Tel. (0252) 313 87 70, Fax 313 87 73
www.elvinobodrum.com; 20 Z.
Eine der schönsten Unterkünfte der Stadt. Große Zimmer, viele mit Blick auf den Garten und Pool. Restaurant auf der Dachterrasse.

Antikes Bodrum

Oberhalb des Hafenbeckens und in der Nähe der heutigen Turgutreis Caddesi erhob sich einst das berühmte Mausoleum, nach dem seit der Zeit des Augustus derartige Grabmäler Mausoleengenannt werden. Der nach 351 v. Chr. errichtete, 46 m hohe Bau war noch im 12. Jh. gut erhalten, wurde dann 1522 vor dem Angriff der Osmanen völlig abgerissen und im Kastell verbaut. So sind heute nur noch die einstigen, aber allein durch ihre Dimensionen beeindruckenden Grundmauern zu sehen (▶3 D, S. 194).

Mausoleum

Nordwestlich des Mausoleums liegt jenseits der Hauptverbindungsstraße von und nach Bodrum das antike **Theater** aus dem 4./3. Jh. v. Chr. Bei der Restaurierung hat man leider zu wenig auf Originaltreue geachtet, aber von hier oben genießt man einen herrlichen Blick auf die Stadt. Reste einer dorischen **Stoá** (Säulenhalle) und eines vermutlichen Ares-Tempels befinden sich nordöstlich des Grabbaus. Oberhalb des Theaters sowie östlich und westlich außerhalb der Stadtmauer sind die **Nekropolen** (antike Gräberfelder) zu finden. An der Einfahrt in den etwa 620 m langen ovalen Hafen, an dessen Ostseite sich einst wahrscheinlich ein kleiner abschließbarer Kriegshafen befand (mit einer zweiten Ausfahrt nördlich der ehemaligen Kastellinsel nach Osten), sind noch Reste der antiken **Hafenmolen** erhalten, deren westliche an dem Vorsprung ansetzt, über den jetzt die Mauer des Arsenals läuft, während die östliche auf der ehemaligen Insel Zephyrion beim Kastell St. Peter beginnt. Östlich über dem ehemaligen Kriegshafen stand der zu Beginn des 4. Jhs v. Chr. unter reichlicher Verwendung von Marmor errichtete **Palast des Mausolos**, dessen Steine später dazu dienten, die Verbindung der früheren Insel mit dem Festland und die Erdaufschüttung vor dem Festungsgraben der Ritterburg aufzufüllen. Am Nordrand des Hafens erstreckte sich die **Agorá** mit einer Kolossalstatue des Kriegsgottes Ares in der Mitte. Im Westen der Stadt erhob sich auf der von einem Turm gekrönten Höhe Kaplan Kalesi die karische **Burg Salmakis**, die schon vor der Gründung von Halikarnassos existiert hatte. Von der Akropolis ausgehend umzog die dem Gelände angepasste, meist auf dem Hügelgrat verlaufende **Stadtmauer** den Ort, die z.T. noch erkennbar ist.

Weitere antike Reste

★ ★ Bodrum Kalesi

Das heute Bodrum Kalesi genannte Kastell St. Peter ist die Hauptsehenswürdigkeit von Bodrum. Es wurde mit hoch aufragenden, noch gut erhaltenen Türmen auf der einstigen, mit der Zeit landfest gewordenen Insel Zephyrion in den Jahren 1402–1437 von den Kreuzrittern des Johanniterordens angelegt. Wie bei den Stadtbefestigungen von Rhodos waren auch bei dem Kastell die Mauern abschnittsweise den Rittern der verschiedenen Nationalitäten zur Ver-

Kreuzritterburg
◐
Öffnungszeiten:
Di.–So.
9.00–19.00

◀ weiter auf S. 196

MAUSOLEUM VON HALIKARNASSOS

★★ Das monumentale 46 m hohe Mauosleum von Halikarnassos war eines der sieben Weltwunder der Antike. Die nach dem karischen König Mausolos (377 – 353 v. Chr.) benannte Grabstätte wurde namensgebend für derartige Grabmäler.

Öffnungszeiten:
Di. – So. 8.30 – 12.00, 13.30 – 17.30 Uhr
Sehenswert sind die Ausstellungsräume links neben dem Eingang der Stätte mit 3-D-Modellen und Rekonstruktionen.

① Quadriga
Den oberen Abschluss des Mausoleums bildete die Marmor-Quadriga des Bildhauers Pytheos. Die Quadriga war ursprünglich ein Rennwagen mit vier nebeneinander gespannten Pferden, später galt das Gefährt als Ehrenwagen für den, der sie lenkte. Mausolos war der Erste, der eine Quadriga gießen ließ. Seine Statue von der Quadriga in Halikarnassos befindet sich heute im British Museum in London.

② Grabtempel mit Säulen
Auf einem rechteckigen Unterbau von 33 × 37 m stand vermutlich der eigentliche Grabtempel, der von 36 Säulen umgeben und von einer 24-stufigen Pyramide bekrönt war. Im Inneren standen Kolossalstatuen von Mausolos und seiner Familie.

③ Fries
Zwei große Figurenfriese schmückten die Grabanlage. Auf dem unteren Fries war die Schlacht zwischen den Griechen und den Amazonen dargestellt. Teile des Sockelfrieses wurden ins British Museum nach London gebracht.

④ Fundament
Seit 1960 graben dänische Archäologen das Fundament aus. Teilstücke haben sie bereits rekonstruiert.

Die vier größten griechischen Bildhauer schmückten je eine Seite des Monuments aus: Skopas von Paros, einer der berühmtesten Marmorplastiker des 4. Jh.s v. Chr., schuf den Amazonenfries auf der Ostseite, der durch seinen »Ganymedes« berühmt gewordene Leochares die Westseite und Thimotheos von Athen die Südseite. Der attische Bildhauer Bryaxis fertigte die Skulpturen an der Nordseite des Mausoleums an. Seine Figuren – hier der Zeus von Otricoli (Vatikanische Museen, Rom, Mitte des 4. Jh.s v. Chr.) – tragen idealisierte Gesichtszüge.

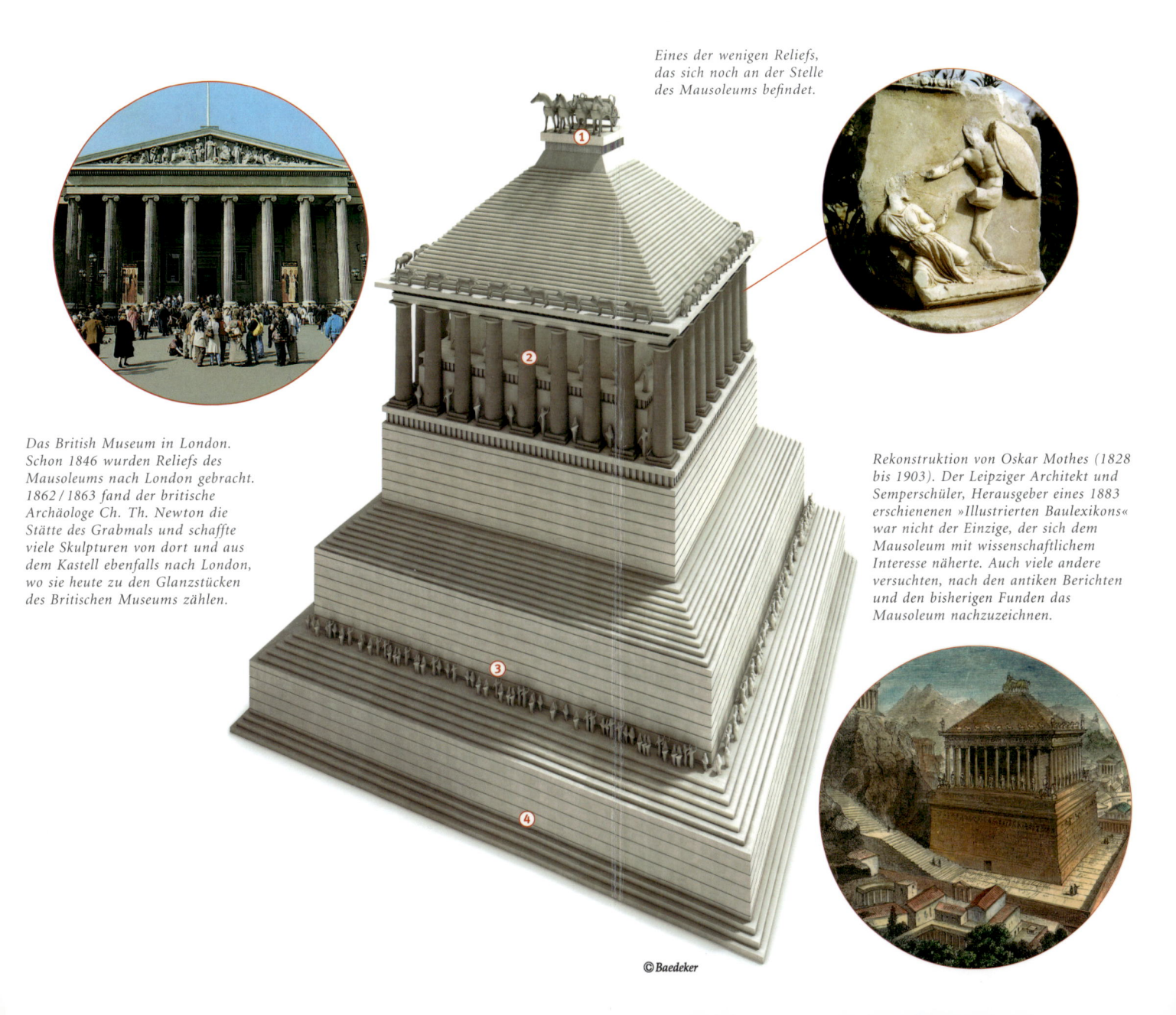

▶ Mausoleum von Halikarnassos   ZIELE   195

Eines der wenigen Reliefs, das sich noch an der Stelle des Mausoleums befindet.

Das British Museum in London. Schon 1846 wurden Reliefs des Mausoleums nach London gebracht. 1862/1863 fand der britische Archäologe Ch. Th. Newton die Stätte des Grabmals und schaffte viele Skulpturen von dort und aus dem Kastell ebenfalls nach London, wo sie heute zu den Glanzstücken des Britischen Museums zählen.

Rekonstruktion von Oskar Mothes (1828 bis 1903). Der Leipziger Architekt und Semperschüler, Herausgeber eines 1883 erschienenen »Illustrierten Baulexikons« war nicht der Einzige, der sich dem Mausoleum mit wissenschaftlichem Interesse näherte. Auch viele andere versuchten, nach den antiken Berichten und den bisherigen Funden das Mausoleum nachzuzeichnen.

© Baedeker

▶ Mausoleum von Halikarnassos

teidigung anvertraut. Die Namen der Türme verraten daher die Herkunft der Bewohner: Französischer, Italienischer, Deutscher und Spanischer Turm.

Museum ▶ Die einzelnen Teile des Kastells und die dazwischen gelegenen Burghöfe und Freiflächen sind heute informativ und reizvoll zu einem Museum umgestaltet. In den Kastelltürmen hat man Ausstellungsräume untergebracht, in denen Bauteile, Skulpturen, Schmuck, Münzen u. a. aus unterschiedlichen Epochen gezeigt werden, ergänzt durch Fundstücke im Freigelände.

Unterwasser-archäologie ▶ Die **größte Attraktion** ist die Abteilung für Unterwasserarchäologie: Originale und Rekonstruktionen der bedeutenden Wrackfunde von Uluburun bei Kaş, Yassı Ada (westlich von Bodrum) sowie vom Kap Gelidonya (bei Finike), Arbeitsgerät der Taucharchäologen und anschauliche Modelle zu den Verfahrensweisen dieser Wissenschaft, ferner unterschiedlichste aus dem Meer geborgene Gegenstände.

Besichtigung des Kastells Vorbei an der **Kızılhisarlı-Mustafa-Paşa-Moschee** (1720) am Hafenplatz (Barış Meydanı = Friedensplatz) gelangt man vom Hafenkai in die Vorburg (Kasse), von dort über einen Aufgang und durch einen Torbogen in den Unteren Burghof. Hier betritt man

Gotische Kapelle ▶ als Erstes eine ehemalige gotische Kapelle, die 1519/1520 von spanischen Kreuzrittern gestaltet und später von den Osmanen in eine Moschee umgewandelt wurde. Im Inneren befindet sich das **oströmische Wrack** aus dem 7. Jh. n. Chr., das in den Jahren 1961–1964 gehoben wurde. Schiff und Ladung lagen bis zu seiner Entdeckung durch den Kapitän eines Schwammtaucherbootes unberührt auf dem Meeresboden. Im Hof links unter einem modernen Vordach sind antike Amphoren gelagert, die zumeist von Schwammtauchern entdeckt und dem Museum übergeben wurden. Durch die verschiedenen Herkunftsorte der Gefäße werden die Handelsbeziehungen der antiken Völker und Staaten deutlich gemacht.

Islamische Schiffshalle Die Islamische Schiffshalle zeigt ebenfalls Funde der Unterwasserarchäologie, die für die Erforschung der islamischen Seefahrt von großer Bedeutung sind. Das Schiff, das im Jahr 1025 die Südküste des von den Fatimiden beherrschten Syrien mit dem Ziel nördliche Schwarzmeerküste verließ, führte u. a. drei Tonnen Rohglas, Glasbruchstücke und verarbeitetes Glas mit sich. Das fast 16 m lange Schiff hatte einen flachen Rumpf, wie er bei Flussschiffen üblich war, und wird heute als ältestes Beispiel für den fortschrittlichen Schiffsbau angesehen.

Im ehemaligen Rittersaal des Kastells schmücken **Glasprodukte** aus verschiedenen Jahrhunderten und vor allem die Glasfunde aus einem versunkenen hellenistischen Schiff des 3. Jh.s v. Chr. kleinere und größere Vitrinen.

Oberburg ▶ In der Oberburg befindet sich u. a. die Ausstellung zum **»Grab der karischen Prinzessin«**. 1989 wurde bei einer Fundamentsaus-

Bodrum Kalesi *Orientierung*

1 Rampe
2 Kunstgalerie
3 Hafenbatterie
4 Burgeingang
5 Gotische Kapelle
6 Türkisches Bad
7 Rittersaal
8 Französischer Turm
9 Englischer Turm
10 Deutscher Turm
11 Schlangenturm
12 Nordbastion
13 Islamische Schiffshalle
14 Schiffswrack von Uluburun

schachtung in Bodrum eine Grabkammer mit einem unversehrten Sarkophag entdeckt. Das gut erhaltene Skelett einer etwa 40-jährigen Mutter, die im 4. Jh. v. Chr. gelebt haben muss, und Grabbeigaben, die aus einer goldenen Krone, zwei goldenen Halsbändern, goldenem Kleidungszierrat, drei Ringen und zwei Armbändern bestanden, zählten zu den Funden. Das reich ausgestattete Grab lässt vermuten, dass die »**Karische Prinzessin**«, der man auch noch einen schwarz emaillierten, kleeblattförmigen Kelch (Oinochoe) in die Grabkammer gelegt hatte, aus der adligen Verwandtschaft des Hekatomnos stammte.

Der Englische Turm bietet einen mit alten Rüstungen und Waffen ausgestatteten Bankettsaal. Außerdem kann man hier auch ein Gläschen Wein trinken und damit gleich die türkische Weinkultur kennen lernen.

◄ Englischer Turm

In einem eigens errichteten Gebäude (unterschiedliche Öffnungszeiten und Extra-Eintritt) wird ein wirklich spektakulärer Fund, das **Schiffswrack von Uluburun** (südöstlich von Kaş), präsentiert. Das Wrack des Handelsschiffes aus dem 14. Jh. v. Chr. stellt wohl den ältesten Schiffsfund überhaupt dar. Ein Schwammtaucher meldete seine Entdeckung 1982, und Ausgrabungen begannen kurz darauf in 45 m Tiefe. Die Ladung des bereits

! **Baedeker TIPP**

Wasserspaß

Mit 40 000 m² Fläche ist der Aquapark Dedeman an der Straße nach Ortakent das größte Erlebnisbad der Türkei mit Wellenbad, Whirlpool, Wasserrutschen, Jacuzzi, Whirlpool, Kleinkinderbecken und Animationsprogrammen. Und für die Badepausen steht eine Bowlingbahn zur Verfügung (www.aquaparkdedeman.com; Öffnungszeiten: im Sommer tgl. 9.00 – 18.00 Uhr).

zum größten Teil zerfallenen Schiffes bestand aus über 250 nahezu rechteckigen Kupferbarren mit sechs Tonnen Gesamtgewicht, außerdem aus Zinnbarren, die möglicherweise aus Afghanistan stammten, und aus Blauglasbarren, aus denen die Mykener Schmuck herstellten. Linear-B-Tafeln (▶ Glossar) konnte entnommen werden, dass Terebinthenharz für die Parfümerzeugung, ägyptisches Ebenholz und Elfenbein für die Herstellung von Möbeln transportiert wurde. Im Wasser konservierte organische Stoffe wie Eicheln, Mandeln, Feigen, Oliven und Granatäpfel dienten der Besatzung vielleicht als Proviant oder gehörten ebenfalls zur Fracht. Ein Teil der gefundenen Töpferwaren wurde sicherlich an Bord benötigt, aber man fand auch einen großen Behälter, in dem zypriotische Töpfe sorgfältig verpackt worden waren. Gold- und Silberschmuck sowie Bronzewerkzeuge und -waffen wurden ebenfalls aus dem Wrack geborgen.

◀ Deutscher Turm
◀ Schlangenturm

Ein Café unterhalb des Deutschen Turms bietet einige schattige Plätze für eine kleine Stärkung. In der **Yılanlı Kule** (Schlangenturm), auch Spanischer Turm genannt, beschäftigt sich eine Ausstellung mit der Heilkunde in der Antike.

◀ Freilichttheater

Zwischen der Nordbastion und der landwärts gelegenen zweiten Befestigungsmauer finden in einem modernen Freilichttheater an der Stelle des Burggrabens in den Sommermonaten Konzerte und Aufführungen statt. Zu erreichen ist das Theater durch einen separaten Eingang am Hafenkai.

Uferrestaurant im Küstenort Gümüşlük

Umgebung von Bodrum

Badestrände auf der Bodrum-Halbinsel

Schöne Strände hat Bodrum nicht aufzuweisen, wegen der Abwässer, die ins Meer geleitet werden, ist sogar vom Baden abzuraten. Die besten Strände der Umgebung liegen an der Südküste der Halbinsel westlich von Bodrum: u. a. bei **Gümbet** (5 km entfernt), das, von britischen und niederländischen Touristen beherrscht, mit seinem wilden Nachtleben Bodrum fast schon den Rang abgelaufen hat; beim relativ ruhigen und beschaulichen **Bitez** (8 km), dem Deutsche den Vorzug geben, und auf der Bodrum vorgelagerten Insel **Kara Ada** mit den sauberen Kieselstränden. Die von Hotels gesäumte und von Badefreudigen und Wassersportlern jeglicher Couleur stark überlaufene Bucht von Gümbet gilt als Surfzentrum der Türkei; erfahrene Surfer suchen jedoch wegen der besseren Windbedingungen lieber den langen, nicht allzu überlaufenen Sandstrand von **Turgutreis**, dem zweitgrößten Ort der Halbinsel und im Westen gelegen, sowie die Gestade von **Yalıkavak** auf, einem stillen Ort an der Nordwestküste der Halbinsel, dessen Bucht aber nur wenig Strand aufweist; in dieser ehemaligen Schwammtaucherhochburg der Halbinsel haben sich

Ein einsamer Strand bei Bodrum

viele Prominente der Türkei ein Feriendomizil eingerichtet. Auch der stets überlaufene, schmale, dunkle Sandstrand des Ortes Bitez – westlich von Gümbet – ist bei Surfern beliebt. Südwestlich von Bitez liegt der eher ruhige **Kargı-Strand** (6 km von Bodrum), auch Camel Beach genannt; ab Bağla folgt dann über **Karaincir** (kleiner Sandstrand in einer schönen Bucht; 15 km von Bodrum) bis nach **Akyarlar** ein Strandabschnitt, an dem sich stellenweise ein Ferienhaus an das andere reiht. Die Bucht von **Akyarlar**, ganz im Süden der Bodrum-Halbinsel, verfügt über einen der idyllischsten Strände der Halbinsel; am westlich anschließenden **Feneri** Plajı trifft man auf einen 100 m breiten Dünensandstrand mit Leuchtturm. Von Surfern gern aufgesuchte Strände sind neben denen von Turgutreis und Yalıkavak die von **Gümüşlük** (kleiner Strand und ebenfalls an der Westküste gelegen), **Gündoan** mit seinem 500 m langen Sandstrand in einer engen Bucht, im Norden der Halbinsel, sowie – östlich davon – **Türkbükü**, **Gölköy** und **Torba**. Türkbükü besitzt einen 1,5 km langen Strand mit klarem Wasser in einer wunderschönen Bucht; Torba hat zwei etwa 500 m lange schöne Sandstrände, auch hier ist das Wasser sehr sauber.

BLAUE REISE

Eine Verbannung sollte es sein, doch der Schriftsteller Cevat Şakir fand Gefallen an seinem Exil in Bodrum. Als »Fischer von Halikarnassos« initiierte er unter einfachsten Bedingungen die »Blaue Reise«, die heute der touristische Renner an der Südwestküste Kleinasiens ist.

Die erste Blaue Reise wurde 1962 mit einem Schwammfischerkutter gestartet. Heute kreuzen über 600 **Charterjachten** zwischen April und Oktober an der Südwestküste Kleinasiens und bilden den Schwerpunkt des türkischen Jachttourismus.

»Fischer von Halikarnassos«

Auslöser für die »Blauen Reisen« war ein Urteil des Istanbuler Militärtribunals. Dieses verurteilte 1925 den Schriftsteller und Journalisten **Cevat Şakir Kabaağaçlı** (1886–1973) wegen antimilitaristischer Gesinnung – er hatte in einem Zeitungsartikel Armee-Deserteure verteidigt – zu Burgarrest in Bodrum, d. h. zu einem mehrjährigen Exil in einem Ort, dessen Name im Bewusstsein der türkischen Öffentlichkeit schon seit Jahrhunderten nicht mehr präsent war. Doch gleich nach seiner Ankunft in Bodrum verliebte sich der Verbannte in sein Exil, in die Schönheiten der den kleinen Fischerort umgebenden Landschaften, die er nun systematisch zu erforschen begann. Die Ägäis vor Bodrums Küste strahlte für ihn »mit einer unerhörten Intensität voller Sehnsucht, Schönheit und Schrecken«, den Ort Bodrum selbst verglich er mit der Liebesgöttin Aphrodite, die »in den frühen Morgenstunden schneeweiß aus dem Meer geboren wird«. Als die Behörden davon erfuhren, dass der Verbannte in seinem Exil ein glückliches Leben führte, brachen sie den Burgarrest ab und verlegten die Persona non grata in ein Gefängnis im Landesinnern. Doch kaum auf freiem Fuß, kehrte Cevat Şakir in sein »glückliches Exil« in Bodrum zurück, wo er sich nun ausgiebigen Erkundungen der gesamten Umgebung widmen konnte und durfte. In mehreren Büchern schrieb der ehemalige

Im hübschen Jachthafen von Bodrum starten viele der beliebten »Blaue Reise«-Fahrten.

Dissident unter dem Pseudonym »Halikarnas Balıkçısı« (Fischer von Halikarnassos) seine Eindrücke vom südwestlichen Küstenstrich Kleinasiens, sein Staunen über die Schönheiten der Landschaften um seine neue Heimat herum nieder. Das Pseudonym wählte er bewusst, um seinem Leserpublikum die Kontinuität zwischen der antiken Stadt Halikarnassos und dem heutigen Bodrum ins Gedächtnis zu rufen. Als **»Fischer von Halikarnassos«** wurde Şakir in den 1950er-Jahren zum Mittelpunkt eines Intellektuellenzirkels, dessen Mitglieder er ab 1957 zu Ausflügen in die Buchten rund um Bodrum einlud, zu einer Art **Kulturreise im eigenen Land**. In sehr einfachen Schwammtaucherbooten ohne Kajüte und ohne jeglichen Komfort fuhren die geladenen Literaten, Künstler, Historiker und Altphilologen die Küste entlang, nahmen als Verpflegung nur Wasser, Reis und Rakı mit – den Rest holten sie sich aus dem Meer –, schliefen unter freiem Himmel und unterhielten sich zuweilen aus reinem Spaß auf Altgriechisch. Bei diesen Fahrten, die Şakir als »Blaue Reisen« bezeichnete, entdeckten die Expeditionsteilnehmer nicht nur pittoreske Meeresbuchten und kleine hübsche Fischerdörfer, sondern auch **vergessene Kulturschätze**, wie von Gebüsch überwucherte antike Tempel. Cevat Şakirs Veröffentlichungen sorgten schließlich dafür, dass immer mehr Intellektuelle und später Touristen mit dem Ziel nach Bodrum kamen, ebenfalls an der Küste entlang zu schippern, d. h. den Spuren des früheren missliebigen Staatsbürgers zu folgen und ebensolche Entdeckungen zu machen wie dieser. Bis in die 1980er-Jahre hinein galt die »Blaue Reise« als Geheimtipp, und Fahrten auf den »gulets«, kleinen traditionellen Holzschiffen, wurden fast ausschließlich von einheimischen Reisenden gebucht. Dennoch war der Begriff »Blaue Reise« auch vorher schon ins Ausland vorgedrungen. Als Cevat Şakir um die Rückgabe der Mausoleumteile bat, die um die Mitte des 19. Jh.s britische Archäologen in Bodrum entwendet und ins Londoner British Museum geschafft hatten, und seine Bitte damit begründete, dass solche Kunstwerke nicht dazu gedacht seien, unter einem grauen und regenverhangenen Lon-

Ein in Bodrum gebauter Zweimaster aus Holz

doner Himmel ausgestellt zu werden, lautete die Antwort aus der Hauptstadt Großbritanniens: »Danke, dass Sie uns daran erinnert haben, wir haben die Räume, die dem Mausoleum gewidmet sind, jetzt blau gestrichen.« International bekannt wurde Cevar Şakir mit dem Film »Mavi Sürgün« (Das Blaue Exil; Deutschland / Türkei / Griechenland 1993). In diesem epischen Werk, das auf Şakirs gleichnamiger Novelle basiert, wird dessen lange Reise ins Exil beschrieben, die den Protagonisten mit seiner Vergangenheit – seiner Schuld am Tod des Vaters und den zwiespältigen Gefühlen für seine Frau – konfrontiert. Die weibliche Hauptrolle im Film spielte Hanna Schygulla.

Sonne, Wind und Wellen

Ein »gulet«, der traditionelle türkische Zweimaster aus Holz, wird auch heute noch bei der »Blauen Reise« (Mavi Yolculuk) eingesetzt, doch asketisch geht es auf einem solchen Boot längst nicht mehr zu, vielmehr ähnelt diese Segeljacht einem schwimmenden Hotel. Die (zumeist) klimatisierten Zweibettkabinen verfügen in der Regel über eine Dusche und ein WC, in einigen Motorseglern gibt es auch einen Salon oder eine Bar. Für das leibliche Wohl sorgt ein Koch, der zusamen mit dem Kapitän und einem Bootsmann die Mannschaft stellt. Sechs bis zwölf, teilweise auch bis zu sechzehn Passagiere haben jeweils auf den hochseetüchtigen, um die 12 Meter langen Seglern Platz. Ausgangs- und Endpunkt der Routen sind zwar festgelegt, die Etappen können aber flexibel gestaltet werden.

Zu den meistbefahrenen Routen der Reise gehört die Küste zwischen Bodrum und Marmaris. Eins der beliebtesten Segelziele ist die **Bucht von Gökova** zwischen Bodrum und Knidos mit ihren über 60 meist stillen Buchten, von denen viele zum Halt einladen, wo man baden, windsurfen und schnorcheln kann. Für die einwöchige Reise (ab ca. 300 €), die den Passagieren erlaubt, auf den sich sanft im Rhythmus des Meeres wiegenden Schiffen Sonne, Wind und Wellen zu genießen, zu faulenzen und die Seele baumeln zu lassen, gibt es zahlreiche Anbieter. Nähere Infos gibt es im Internet beispielsweise auf www.blauereise.com.

Bosporus

Wasserstraße zwischen Schwarzem Meer und Marmarameer
Breite: 0,66 – 3,3 km
Länge: 31,7 km
Tiefe: 30 – 120 m

Die Istanbuler sind mächtig stolz auf ihre Wasserstraße: Keine Stadt der Welt kann sich mit Istanbul messen, weil keine andere Stadt der Welt den Bosporus hat. Ein Spaziergang führt dorthin, zu Mittag speist man dort gern (wenn man es sich leisten kann), eine Spritztour hat ebenfalls die Uferstraße des Bosporus zum Ziel, und leider möchte auch jeder an der Stelle wohnen, wo der schmale Wasserlauf Europa und Asien voneinander trennt.

Der türkisch Boğaziçi (Meerenge) genannte Bosporus ist ein am Ende der Tertiärzeit versunkenes Flusstal (ehem. Haliç-Tal; ▶Istanbul, Goldenes Horn), das das Schwarze Meer mit dem Marmarameer verbindet und ebenso wie die Dardanellen (▶Çanakkale) Europa von Asien trennt. Mit seinen bis auf 200 m ü. d. M. ansteigenden Ufern und den dort gelegenen Palästen, Sommerresidenzen, Burgruinen, Dörfern und Gärten bietet der Bosporus trotz moderner Überbauung eines der reizvollsten Landschaftsbilder der Türkei.

Stolz von Istanbul

Die Schönheit dieser Landschaft erlebt man besonders bei einer Fahrt auf einem der Küstenschiffe, die jeweils an beiden Ufern anlegen und so ein wechselndes Panorama vermitteln (Abfahrt in Istanbul südöstlich der Galatabrücke). Die einzelnen Uferstationen sind aus den Fahrplänen in den Wartehallen zu ersehen. Bis Rumeli Kavağı, der letzten Station am europäischen Ufer (knapp 2 Std.), fahren nicht alle Schiffe. An jeder Station ist Gelegenheit zur Überfahrt ans andere Ufer. Im Folgenden sind das europäische und das asiatische Bosporusufer von Istanbul ausgehend in nördlicher Richtung (Schwarzes Meer) beschrieben.

Mit dem Schiff durch den Bosporus

Europäisches Ufer

Man fährt an den Kaianlagen entlang und passiert dann den Dolmabahçe (Aufgefüllter Garten) mit der Dolmabahçe-Moschee und dem großen **Dolmabahçe-Palast**. Es folgt die Anlegestelle von Beşiktaş, wo man gegenüber der Landebrücke die Türbe Cheireddin Barbarossas sieht und direkt am Ufer den heute als Luxushotel und Spielkasino hergerichteten **Çırağan Sarayı**. Auf der Höhe dahinter erhebt sich der **Yıldız Köşkü** (Yıldız Sarayı), ehemals Residenz des menschenscheuen Sultans Abdül Hamid II.

Dolmabahçe, Beşiktaş Çırağan Sarayı

Bei dem an schönen Gärten reichen Vorort bietet sich ein letzter Rückblick auf Istanbul. Die sehr zierlich wirkende Moschee von Or-

◀ Ortaköy

204 ZIELE ▶ Bosporus

Bosporus Orientierung

taköy, eine neobarocke Einkuppelmoschee (1854) mit zwei schlanken Minaretten, ist zu einem beliebten Fotomotiv am Bosporus geworden.

Hoch oben spannt sich die Erste Bosporusbrücke (Istanbul Boğazı Köprüsü; 1970 – 1973; 1560 m lang, 33,40 m breit, lichte Weite 1074 m, Höhe der Pfeiler 165 m) über die viel befahrene Wasserstraße hinüber auf die asiatische Seite Beylerbeyi. Weiter nördlich erreicht man den an einer schönen Bucht gelegenen Ort **Bebek**, dessen Ufer von prächtigen Villen und Palästen gesäumt ist.

◀ Erste Bosporusbrücke

Über den Zypressen eines alten Friedhofs ragen malerisch die Türme und Mauern von Rumeli Hisarı (Europäische Burg) auf. Darüber spannt sich die Zweite Bosporusbrücke (Fatih Sultan Mehmet Köprüsü; 1510 m lang, 40 m breit). Das von Mehmet II. im Jahr 1452 erbaute **Kastell** beherrscht die schmalste Stelle (660 m) des Bosporus, wo die Strömung am reißendsten ist, Şeytan Akıntısı (Satansstrom) genannt.

◀ Rumeli Hisarı, Zweite Bosporusbrücke

Wenig später gelangt man zu dem reizenden Ausflugsziel Emirğan mit hübschen Ausflugslokalen und prächtigen Uferpalästen. Oberhalb der Ortschaft erstrecken sich die berühmten **Tulpengärten** von Emirğan (▶Baedeker Tipp, S. 207), die jedes Jahr im Frühling Tausende von Besuchern anziehen. Jenseits Boyacıköyü Emirğan folgen auf einer flachen Landspitze die von dem ägyptischen Khediven Ismail († 1895) erbauten Paläste.

◀ Emirğan

Nächstes Ziel am europäischen Bosporusufer ist das an einer kleinen Bucht gelegene alte Städtchen Tarabya. Wegen seines in der warmen Jahreszeit vom Schwarzen Meer her wehenden kühlen Windes ist der Ort im Sommer Sitz mehrerer europäischer diplomatischer Vertretungen, darunter auch die Botschaft der Bundesrepublik Deutschland; in ihrem Park befindet sich ein **Ehrenfriedhof** für Gefallene der beiden Weltkriege, auf dem u. a. **Colmar Freiherr von der Goltz** (1843 – 1916) beigesetzt ist, der 1883 bis 1895 die Reform des türkischen Heeres leitete und im Ersten Weltkrieg als Armeeführer in Bagdad starb (▶Berühmte Persönlichkeiten).

Tarabya

Der im Sommer als Ausflugsziel viel besuchte Ort Büyükdere (Großes Tal), wo in der Ferne das Schwarze Meer sichtbar wird, liegt mit seinem schönen Park an der mit 3,3 km breitesten Stelle des Bosporus. Kurz hinter Büyükdere, am Ausgang des wald- und quellenreichen Rosentals, befindet sich der Ort Sarıyer. Sehenswert ist hier das **Sadberk-Koç-Hanım-Museum** (Fayencen, Porzellan, Glas, Kristall, Silberwaren, Gewänder, Schmuck), das im altehrwürdigen Azaryan Yalı eingerichtet ist. Schließlich erreicht man Rumeli Kavağı, die letzte Station am europäischen Ufer, bei einer 1628 von Murat IV. erbauten **ehemaligen Festung**. Die einst bis zum Meer hinabreichenden Mauern der byzantinischen Burgruine Imroz Kalesi, auf der Anhöhe im Norden, fanden ebenso wie die Mauern von Yoroz Kalesi auf der asiatischen Seite (s. unten) ihre Fortsetzung in Molen, die mit einer Kette verbunden werden konnten.

◀ Büyükdere

◀ Sarıyer

◀ Rumeli Kavağı

Eine Schiffs-Tour auf dem Bosporus ist ein Muss für jeden Istanbul-Besucher.

Die Touristenschiffe fahren bis zum 4,7 km breiten Nordende des Bosporus und wenden erst am Schwarzen Meer zur Rückfahrt. Zu beiden Seiten steigen hier die kahlen basaltischen Uferfelsen fast senkrecht aus dem Meer. Die 4,7 km breite Nordeinfahrt des Bosporus wird vom Rumeli Feneri genannten **»Europäischen Leuchtturm«** mit dem gleichnamigen Dorf und einer ehemaligen Festung auf der Klippe im Norden der Bucht markiert.

Rumeli Feneri ▶

Kyaneische Inseln ▶ Die im Osten erkennbaren dunklen Basaltklippen sind die Kyaneischen Inseln oder **Symplegaden** (die »Zusammenschlagenden«), die Jason auf dem Argonautenzug mit seinen Gefährten durchfahren musste.

Asiatisches Ufer

Üsküdar Anfangs- bzw. Endpunkt einer Bosporusfahrt kann auch die Anlegestelle bei der Mihrimah-Moschee von Üsküdar sein. Nachdem man die Erste Bosporusbrücke (s. oben) durchfahren hat, streift man den Vorort Beylerbey und passiert dabei den 1865 von Abdul Aziz erbauten **Beylerbey Sarayı**, den zierlichsten der ehemaligen Sultanspaläste am Bosporus. Man fährt vorüber am malerischen Vorort Çengelköy und an Kuleli, wo sich am Ufer der stattliche Gebäudekomplex der im 19. Jh. gegründeten **Militärakademie** erhebt. Hinter Vaniköy ragt der wegen seiner Aussicht über den ganzen Bosporus berühmte **Top Dağı** (Kanonenberg; 130 m ü. d. M.) empor.

Anadolu Hisarı ▶ Wenig später sieht man die kleine Festung Anadolu Hisarı (Anatolisches Schloss), auch Güzel Hisarı (Schönes Schloss) genannt. Die malerische Burg am Meer, die dem Ort den Namen gab, wurde schon 1395 von Beyazıt I. als Vorposten gegen Byzanz errichtet.

Weiter nördlich schwingt sich die Fatih Sultan Mehmet Köprüsü, die Zweite Bosporusbrücke, in luftiger Höhe über die Wasserstraße.

An einem kleinen Vorgebirge liegt **Kanlıca**, an dessen Ufer sich der auf Pfählen erbaute Sommerpalast des Wesirs Körprülü (17. Jh.) erhebt, der über eine wunderschöne Innenausstattung verfügt.

In der Tiefe der Bucht von Beykoz liegt **Paşabahçe** mit einem schönen Garten. In Ufernähe findet man die Ruinen eines von Murat III. in persischem Stil erbauten Palastes. Blickfang ist jedoch das **Jugendstilschlösschen Hıdıv Kasrı**, in dem heute Empfänge und kulturelle Darbietungen veranstaltet wer-

> ! **Baedeker TIPP**
>
> **Kunstsammlung eines Milliardärs**
>
> Im Park von Emirğan, wo sich die berühmten Tulpengärten ausbreiten, hat der türkische Großindustrielle Sakıp Sabancı sein Wohnhaus, eine weiße Villa mit dem Namen Altı Köşk (Pferdepavillon), in ein Museum verwandelt, in dem die private Kunstsammlung des Milliardärs zu sehen ist. Ausgestellt sind Keramiken, Skulpturen und europäische Möbel des 18. und 19. Jh.s, 400 osmanische Kalligrafien vom 15. bis zum 20. Jh., darunter ein Koran aus der Zeit um 1560, sowie Werke türkischer Maler des 19. und 20. Jahrhunderts (Öffnungszeiten: Di. – So. 10.00 bis 18.00, Mi. bis 22.00 Uhr; Infos unter http:// muze.sabanciuniv.edu).

den. Anschließend erreicht man **Beykoz** am nördlichen Rand der gleichnamigen Bucht. Weiter nördlich erhebt sich der Yuşa Tepesi (Josuaberg bzw. Riesenberg; 195 m ü. d. M.), eine wichtige Landmarke für die vom Schwarzen Meer kommenden Schiffe. Der Weg führt hinter dem Palast des Mohammed Ali Paşa zunächst durch das wasser- und baumreiche Wiesental von Hünkâr Iskelesi, einem einstigen Landsitz der byzantinischen Kaiser und der Sultane. Auf dem Gipfel steht eine Moschee mit dem sog. Grab des Riesen Josua. Von hier oben bietet sich ein wunderschöner Blick über den Bosporus (Istanbul selbst ist verdeckt) und einen Teil des Schwarzen Meeres. Anadolu Kavağı ist die letzte Station am asiatischen Ufer. Es liegt an der Macar-Bucht zwischen zwei Vorgebirgen mit verlassenen Befestigungen. Auf dem nördlichen Vorgebirge sieht man die malerische Ruine der byzantinischen Burg Yoroz Kalesi, seit dem 14. Jahrhundert **Genueser Schloss** genannt.

◄ Anadolu Kavağı

★ Bursa

Landesteil: Marmaragebiet
Höhe: 150 – 250 m ü.d.M.
Provinz: Bursa
Einwohnerzahl: 1,43 Mio.

»**Grünes**« **Bursa wird die fünftgrößte Stadt des Landes von den Türken genannt. Und tatsächlich prägen Grünanlagen und Bäume das Bild des Ortes, der sich stolz Wiege des Osmanischen Reiches nennen darf, denn Bursa war die erste Hauptstadt der später über ein Riesenreich herrschenden Osmanen.**

Bursa Orientierung

Essen
① Kebapçı İskender   ② Çiçek Izgara   ③ Capari

98 – 117	Unter Kaiser Trajan wird Bursa Kurort.
14. Jh.	Erste Residenz der osmanischen Sultane
1920 – 1922	Griechen besetzen die Stadt.

Wiege des Osmanenreiches

Bursa – Provinzhauptstadt, Universitätsstadt und eines der wirtschaftlich stärksten städtischen Zentren der Türkei – liegt in einer fruchtbaren Schwemmlandebene im Südosten des Marmarameeres an den Ausläufern des Uludağ (2543 m ü. d. M.), des bythinischen Olymps der Antike. Berühmt ist die Stadt für die **Thermalquellen** am nordwestlichen Stadtrand in Çekirge, die bereits von den Rö-

▶ Bursa · ZIELE

Übernachten
① Hotel Çeşmeli
② Hotel Ulukardeşler
③ Hotel Kent

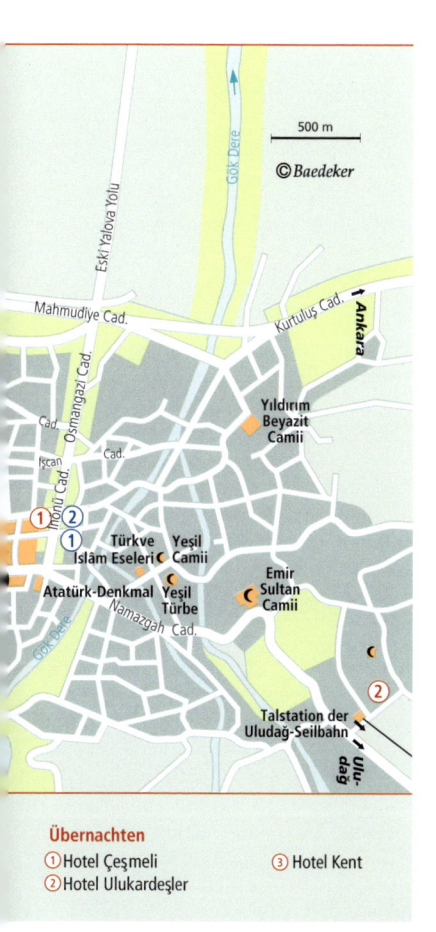

mern geschätzt wurden. Antike und byzantinische Bauwerke sind allerdings kaum erhalten. Stattdessen erwarten den Gast in der malerischen Innenstadt, in der alte und neue Architektur harmonisch nebeneinander existieren und in der Denkmalschutz einen hohen Stellenwert einnimmt, prachtvolle Bauten aus der Zeit des osmanischen Reiches.

Die Gründung der Stadt wird dem bithynischen König Prusias I. zugeschrieben. Als Gründungsjahr nimmt man 186 v. Chr. an. Unter Kaiser Trajan baute Plinius d. J. als Statthalter von Bithynien die Bäder neu auf und richtete eine Bibliothek ein. Auch unter den Byzantinern hatte die Stadt v. a. wegen ihrer Heilquellen Bedeutung. Um 950 n. Chr. wurde sie von den Arabern eingenommen und zerstört. Nach ihrer Rückeroberung durch Alexios Komnenos fiel sie 1097 in die Hände der Seldschuken. Zu Beginn des Vierten Kreuzzuges war die Stadt wieder im Besitz der Byzantiner. 1326 entriss Orhan, der Sohn Osmans I. und erster türkischer Sultan, den Byzantinern die Stadt am Fuße des Uludağ. Bursa wurde die **erste Residenz der Sultane** (bis 1361). Im 15. Jh. erreichte die Stadt ihre höchste Blüte. 1920 nahmen die Griechen Bursa ein, und es konnte erst zwei Jahre später von den Türken zurückgewonnen werden.

Sehenswertes in Bursa

Mitten im historischen Stadtkern, an der Atatürk Caddesi, erhebt sich die Ulu Cami. Mit dem Bau der Großen Moschee wurde 1379

★ Ulu Cami

BURSA ERLEBEN

AUSKUNFT

I. Murat Imaret Binası, Çekirge Mah., Hüdavendigar Sok. 11
Tel. (02 24) 220 99 26, Fax 220 42 51

ESSEN

▶ **Erschwinglich**

① *Kebapçı Iskender*
Ünlü Cad. 7i
www.kebapciiskender.com
Ausgezeichnete Kebab-Gerichte in einem Haus aus dem Jahr 1867.

② *Çiçek Izgara*
Belediye Cad. 15, Tel. 220 24 48
Hinter dem Rathaus in einem osmanischen Haus. Spezialität sind Fleischgerichte.

③ *Capari*
Sakarya Caddesi 41
Tel. (02 24) 221 65 26
Edles Fischlokal; Inneneinrichtung ganz in Weiß. Zahlreiche Vorspeisen.

ÜBERNACHTEN

▶ **Komfortabel**

① *Hotel Çeşmeli*
Gümüşçeken Cad. 6
Tel. (02 24) 244 15 11
Ziemlich ruhiges Mittelklassehotel.

② *Hotel Ulukardeşler*
Oteller Bölgesi Uludağ
Tel. (02 24) 285 21 36
www.uludaghotels.com; 32 Z.
Berghotel auf dem bithynischen Olymp, dem Uludağ, unmittelbar am Lift. Restaurant mit Grillspezialitäten.

③ *Hotel Kent*
Atatürk Cad. 69
Tel. (02 24) 223 54 20
Fax 224 40 15
www.kentotel.com.tr; 54 Z., 5 Suiten
Die Zimmer (mit Minibar und Satelliten-TV) zur Atatürk Cad. hin sind zwar laut, bieten aber einen schönen Ausblick.

---

unter Sultan Murat I. begonnen. Beyazıt und Mehmet I. vollendeten die **Pfeilermoschee** mit den starken Anklängen an das seldschukische Bauerbe. Durch den Eingang an der von zwei Minaretten flankierten Nordseite gelangt man unmittelbar in die große Halle, deren 20 Kuppeln auf zwölf durch Spitzbogen verbundenen Pfeilern lasten. Die offene Mittelkuppel und das darunter befindliche Brunnenbecken deuten auf einen früheren Innenhof hin. Der Brunnen ist von erhöhten Podesten für die Betenden umgeben. Beachtenswert ist die Predigtkanzel aus Zedernholz (um 1400).

Basarviertel Östlich der Großen Moschee erstreckt sich das 1855 durch ein Erdbeben und 1957 durch einen Brand schwer in Mitleidenschaft gezogene Basarviertel (Atpazarı). Besonders hervorzuheben sind der um 1400 entstandene **Bedesten** (Basar), einer der Ersten seiner Art, überdacht von 14 Kuppeln, sowie mehrere Hane (Handelshöfe), darunter der **Koza Han** (Seidenkokon-Han), in dem es auf zwei Etagen nur Seidenwaren zu kaufen gibt. Man betritt den Bau durch einen Steg, der in das obere Stockwerk führt.

Die Yeşil Türbe, das Grüne Mausoleum von Sultan Mehmet I.

Die Zitadelle (Hisar) – westlich vom Zentrum – liegt strategisch günstig auf einem kleinen Plateau, das nach Norden, Osten und Westen steil abfällt und im Süden durch eine quellenreiche Mulde mit dem Uludağ-Massiv verbunden ist. Die eigentliche Zitadelle wird von einer in römischer Zeit errichteten, in byzantinischer und osmanischer Zeit mehrfach erneuerten Mauer umgeben, die einst vier Tore hatte. Hier oben liegen die **Türben** (der Sultane Orhan und Osman), die 1855 durch Erdbeben schwer beschädigt und unter Sultan Abdül Aziz wieder aufgebaut wurden. Am Nordrand des Zitadellenhügels befindet sich eine von einem Uhrenturm beherrschte Terrasse, die eine prächtige Aussicht auf die Stadt und ihre Umgebung bietet.

Zitadelle

Die **Grüne Moschee** (Yeşil Cami) – 1 km östlich vom Zentrum und auf der anderen Seite des Gök Dere gelegen – gehört wegen ihrer prachtvollen ornamentalen Ausstattung zu den bedeutendsten osmanischen Sakralbauten. Mehmet I. ließ sie an der Stelle einer byzantinischen Kirche zwischen 1419 und 1423, nach der erneuten

★
Yeşil Cami

Highlights *Bursa*

Ulu Cami
Moschee aus dem 14. Jh. im Stadtzentrum
▶ Seite 210

Yeşil Cami
bedeutender osmanischer Sakralbau
▶ Seite 212

Muradiye Camii
Moschee aus dem 15. Jh.
▶ Seite 213

Museum für türkische und islamische Kunst
Überblick über die Kunst aus der osmanischen Periode
▶ Seite 213

Thermalbäder
schon in römischer und byzantinischer Zeit ein Ort der Erholung und Entspannung
▶ Seite 214

Etablierung des osmanischen Reiches, errichten. Die alten, mit grünen Fliesen bekleideten Minarette fielen im Jahr 1855 einem Erdbeben zum Opfer, ebenso die alte Marmorvorhalle. Gut erhalten dagegen sind das Portal mit seiner Stalaktitennische, das wiederum an seldschukische Toranlagen erinnert, und der Marmorbrunnen innerhalb der Gebetsstätte. Zwei hintereinander angeordnete Haupträume und je zwei seitliche Nebenräume bilden den Grundriss der Moschee. Alle Räume sind von Kuppeln überdacht. Beiderseits des Eingangs zum Zentralraum liegen prachtvolle, mit Fayencen ausgeschmückte Nischen. Darüber befinden sich die Sultansloge und die vergitterten Frauenlogen. Im erhöhten Hauptraum läuft über dem blaugrünen Wandsockel, nach dessen Farbe die Moschee benannt ist, eine Inschrift. Der Mihrab (Gebetsnische) gehört zu den kostbarsten seiner Art.

Yeşil Türbe Gegenüber der Grünen Moschee steht, etwas erhöht, das **Grüne Mausoleum** von Sultan Mehmet I., die Yeşil Türbe. Es ist ein achteckiger Kuppelbau, der ursprünglich außen mit denselben grünen Fliesen verkleidet war, die heute noch Teile der Innenwände zieren. Moderne Nachbildungen aus Kütahya ersetzen die verloren gegangenen Iznik-Fayencen. In Gestalt eines Tores ragt der wohlgeformte Mihrab aus dem Raummantel.
Auf einem achteckigen Sockel ruht der Sarkophag Mehmets I., verziert mit wundervollen Fayencen (Blüten- und Pflanzenmotive; Kalligrafien). Neben Mehmet I. sind hier noch drei seiner Söhne bestattet.

> ! **Baedeker TIPP**
>
> **Türkisch baden**
>
> Von den Thermalbädern in Çekirge lohnt vor allem das Kara Mustafa Kaynarca Kaplıcaları einen Besuch. Das auch als Yeni Kaplıca (Neues Bad) bekannte Badehaus in der Sıcaksu Bölgesi Çekirge wurde im 16. Jh. nach Plänen von Baumeister Sinan errichtet und weist eine prachtvolle Innenausstattung mit Marmor und Fayencen auf (www.kaplica.biz).

Museum für türkische und islamische Kunst

Das südwestlich der Grünen Moschee gelegene Museum für türkische und islamische Kunst wurde 1975 in der 1414–1424 erbauten **Grünen Medrese** (Yeşil Medrese) eröffnet. Es zeigt einen breiten Querschnitt des künstlerischen Schaffens in der osmanischen Periode. Die Sammlung enthält u.a. Kerzenständer, Arbeiten aus Perlen und Elfenbein, Intarsien, Handschriften, Teile großartiger Holzdecken, Waffen, Kupfergeschirr, Fayencen aus Iznik, Stickereien und Ornamente sowie wertvolle Textilien (At Meydanı 46; Öffnungszeiten: Di. – So. 9.30 – 16.30 Uhr).

Yıldırım-Beyazıt-Moschee

Die Yıldırım-Beyazıt-Moschee, 2 km nordöstlich vom Zentrum, entstand um 1400 aufgrund einer Stiftung von Sultan Beyazıt I.; sie wurde 1855 durch ein Erdbeben stark beschädigt. Das Innere der wegen ihrer Marmorausstattung gern besuchten Moschee ist bei Restaurierungsarbeiten stark verändert worden.

Atatürk-Gedenkstätte

In dem schmucken, Ende des 19. Jh.s errichteten Gebäude am südlichen Stadtrand, das seit 1973 als Atatürk-Gedenkstätte hergerichtet ist, wohnte der »Vater der modernen Türkei« während seiner dreizehn Besuche Bursas zwischen 1923 und 1938. In den Räumlichkeiten der dreistöckigen Villa sind u. a. Möbel und persönliche Gebrauchsgegenstände des Staatsmannes ausgestellt.

Sultan Murat II. ließ 1447 die nach ihm benannte Moschee (**Muradiye Camii**) – 1,5 km westlich vom Zentrum – erbauen, als Bursa bereits nicht mehr die Hauptstadt des Osmanischen Reiches war. Aus einem Vorhof, den ein schöner Brunnen und Zypressen zieren, tritt man in eine von Säulen und Pfeilern getragene Vorhalle, auf die sich vier Fenster und das Portal öffnen; dann gelangt man in eine kleine innere Halle, die an der Decke kostbaren Fayencenschmuck aufweist.

Im Garten der Murat-Moschee sind zehn polygonale, kuppelgedeckte **Grabbauten** für Sultan Murat II. und seine Familie verstreut, deren Eingänge jeweils ein weit ausladendes Holzdach schützt. Kunsthistorisch besonders

Betender in der Yeil Cami aus dem 15. Jahrhundert

beachtenswert sind das **Mausoleum Murats II.**, das in der Mitte eine geöffnete Kuppel aufweist, damit nach dem Willen des Sultans das Nass des Himmels sein Grab befeuchten kann, die mit grünen Wandfliesen ausgestattete Grabstätte des Musa (Sohn Beyazıts I.), die **Türbe des Şehzade Mustafa**, die mit persischen Fayencen aus dem 16. Jh. ausgeschmückt ist, die **Türbe des Çem** (Bruder Beyazıts II.), die grün-blaue Fliesen schmücken, und die Türbe Mahmuts.

Archäologisches Museum

Das Archäologische Museum von Bursa ist in einem modernen Gebäude im Çekirge Kültür Parkı untergebracht, ca. 2 km nordwestlich vom Zentrum. Ausgestellt sind Exponate vom 3. Jt. v. Chr. über die römische Zeit bis in die byzantinische Epoche, darunter eine Bronzestatue der Athena sowie Marmorbüsten und Statuen von Göttern (Öffnungszeiten: Di. – So. 9.30 – 16.30 Uhr).

Thermalbäder (Çekirge)

Im westlichen Vorort Çekirge liegen einige der berühmtesten schwefel- und eisenhaltigen Thermalbäder des Orients. Die im Altertum Basilika genannten heißen Quellen wurden sicher schon vor der römischen Kaiserzeit benutzt, doch wie diese Gebäude sind auch die byzantinischen Bauten, die u. a. von der Kaiserin Theodora besucht wurden, fast völlig verschwunden.

Umgebung von Bursa

Uludağ

Das 17 km südlich von Bursa aufragende Uludağ-Massiv (höchster Gipfel 2543 m ü. d. M.) ist das meistbesuchte und am besten erschlossene **Wintersportgebiet** der Türkei und mit seinen prächtigen, mit Matten durchsetzten Wäldern ein ausgezeichnetes Erholungsgebiet. Von Bursa führt eine Schwebebahn(Teleferik) bis zum Nordwestplateau (1700 m ü. d. M.) sowie eine Panoramastraße (auch Busse) bis zum Büyük Uludağ Oteli.

Yalova

Yalova mit seinem schönen Hafen liegt etwa 70 km nördlich von Bursa höchst reizvoll am Südufer des Golfes von Izmit. Das schwere Erdbeben vom August 1999 traf weite Teile des Ausflugsortes sehr hart, u. a. die beliebte, verkehrsberuhigte und von großen Teegärten gesäumte Uferpromenade westlich vom Hafen, die sich um mehr als 3 m senkte. Yalova bietet keine besonderen Sehenswürdigkeiten, besitzt aber einen schönen Strand, der sich jedoch wegen des verschmutzten Wassers nur zum Sonnenbaden eignet.

Thermen von Yalova ▶

Etwa 12 km südwestlich vom Stadtzentrum befinden sich in einem Termal genannten Waldtal die seit der Antike (Pythia der Argonautensage, Soteropolis in byzantinischer Zeit) bekannten eisen-, kohlensäure- und schwefelhaltigen Thermalquellen (bis 65 °C) von Yalova (Yalova Kaplıcaları). Die Thermen von Yalova bilden heute das bekannteste Bäderzentrum der Türkei. Zum Kurkomplex gehören diverse Badeanlagen sowie Hotels und Restaurants der gehobenen Klasse. Während langer Kuraufenthalte in Yalova bewohnte Musta-

Reinigungsbrunnen in der Ulu Cami von Bursa

fa Kemal Atatürk verschiedene Quartiere, bis im Jahr 1929 eine Villa für den Staatspräsidenten in der großzügigen Grünanlage des Bäderzentrums erbaut wurde. Dieses Haus dient heute als Museum (**Atatürk-Haus**) und zeigt eine große Sammlung von Staatsgeschenken an den Republikgründer. Weitere von Atatürk bewohnte Häuser sind unter dem Namen Atatürk-Villen zusammengefasst. Ebenfalls im Termal-Bezirk liegt der Panorama-Hügel, von dem man einen umfassenden Rundblick auf die ganze Gegend genießt.

Çanakkale

Landesteil: Marmaragebiet (Dardanellen)
Höhe: 0 – 5 m ü.d.M.

Provinz: Çanakkale
Einwohnerzahl: 90 600

Mit der Universitätsstadt Çanakkale verbinden die Türken Begriffe wie Freiheit, Unabhängigkeit und Kampfbereitschaft. Selbst der heimische Fußballclub, der den großen Istanbuler Mannschaften schon manches Mal Paroli bieten konnte, betitelte seinen Erfolg mit einem Spruch Atatürks, den dieser im Kampf um Gallipoli gegen die alliierten Truppen im Ersten Weltkrieg prägte: »Çanakkale geçilmez« (»An Çanakkale kommt man nicht vorbei«).

ÇANAKKALE ERLEBEN

AUSKUNFT

Iskele Meydanı 67 (direkt am Hafen)
Tel. (02 86) 217 82 05
Fax 212 45 22

ÜBERNACHTEN

▶ **Komfortabel**

Hotel Akol
Kayserili Ahmet Cad. Kordon Boyu
Tel. (02 86) 217 94 56, Fax 217 28 97
www.hotelakol.com.tr; 138 Z.
2008 renovierter moderner Bau an der Uferstraße in unmittelbarer Nähe des Zentrums. Von den Balkonzimmern der Vorderseite blickt man auf das Geschehen am Hafen, erlebt jedoch keine Störung durch den Lärm der anlegenden Fähren. Den Gästen stehen ein Swimmingpool und ein Restaurant zur Verfügung.

Tusan Hotel Çanakkale
Güzelyalı Köyü
Tel. 232 87 47
Fax (02 86) 232 82 26; 64 Z.
www.tusanhotel.com
Das Hotel liegt 14 km außerhalb von Çanakkale in Richtung Troia. Neben Pool und Pub gibt es ein gemütliches Terrassenrestaurant mit Blick auf den hoteleigenen Sandstrand und die Dardanellen.

Symbol der türkischen Unabhängigkeit

Dieser bedeutendste Ort an den Dardanellen (türkisch Çanakkale Boğazı), der an der schmalsten Stelle der viel befahrenen Meerenge (1244 m) auf asiatischer Seite liegt, eignet sich als Ausgangspunkt für die Besichtigung von ▶ Troia, aber auch für den Besuch der Kriegsschauplätze des Dardanellenfeldzuges von 1915. Çanakkale (**Topfburg**, so nach der früher hier blühenden keramischen Industrie benannt) ist eine neuere Stadt und besitzt kaum bemerkenswerte Baudenkmäler, zumal es im Jahre 1912 durch ein Erdbeben starke Schäden erlitt. Obwohl in Çanakkales Süden einige Bademöglichkeiten existieren, sehen die meisten Besucher in dem Dardanellenort und der umliegenden Region ohnehin nur eine Durchgangsstation, einen Anlaufpunkt für Reisen in die Ägäis. So kann man am Strand des Badeortes Güzelyalı (Schöner Strand), dem tatsächlich schönsten Strand in der Region – 14 km südwestlich von Çanakkale – unter der Woche recht ruhige Badeaufenthalte genießen.

Sehenswertes in Çanakkale

Uferpromenade

Çanakkale bietet eine durch die Anlegestelle der Fährschiffe zweigeteilte Uferpromenade, die in ihrem nordöstlichen Teil neben dem Universitätsgebäude ein paar kleine Cafés und Restaurants aufweist und abends insbesondere von Studenten gern als **Flaniermeile** benutzt wird.

An der Hafenpromenade steht auch jenes **»Trojanische Pferd«**, das in dem Hollywood-Film »Troja« (2004) des deutschen Regisseurs Wolfgang Petersen seinen großen Auftritt hatte.

Die 1454 unter Mehmet II. erbaute, von meterdicken Mauern geschützte **Uferburg Çimenlik**, auch Sultaniye Kalesi (Sultansburg) genannt, ist das Pendant zu der gegenüber am europäischen Dardanellenufer gelegenen **Sperrfestung Kilitbahir** (Schlüssel des Meeres; 1462 / 1463), die drei mächtige Rundtürme besitzt. Beide Festungen sicherten die engste Stelle der Dardanellen. Im Burgareal von Çanakkale ist das Marine- und Militärmuseum (Askeri Müzesi) untergebracht, das die türkische Marine unterhält. Neben Geschützen und Kriegsgerät wird eine umfangreiche Dokumentensammlung zur Schlacht um die Dardanellen (1915) gezeigt; im Freigelände ist der restaurierte Minenleger »Nusrat« aufgebaut, dessen Einsatz die Alliierten letztlich zum Abzug bewog (Öffnungszeiten: Di. – So. 9.00 bis 12.00, 14.00 – 17.00 Uhr).

◀ Sultaniye Kalesi

◀ Militärmuseum

Bei der Ausfahrt in Richtung Troia (Edremit) steht am Stadtrand das Archäologische Museum von Çanakkale mit Funden aus hellenistischer und römischer Zeit sowie den reichen Grabbeigaben aus dem 10 km südwestlich von Çanakkale gelegenen sog. Dardanos-Tumulus. Besonders sehenswert ist ein Marmorsarkophag, der im Garten in einer kleinen Blechhütte aufbewahrt wird. Der Sarkophag, der vermutlich im 6. Jh. v. Chr. geschaffen wurde, stammt aus Pegae, dem heutigen Biga (etwa 100 km östlich von Çanakkale). Man

Archäologisches Museum

◀ weiter auf S. 221

Die Sperrfestung Kilitbahir sicherte einst die engste Stelle der Dardanellen.

„Göben und „Breslau" im Bosperus.

»VERDAMMT SEIEN DIE DARDANELLEN!«

Mit dem Kriegseintritt der Türkei aufseiten der Mittelmächte erlangten die Dardanellen strategische Bedeutung. Im Frühjahr 1915 erfolgte der alliierte Angriff auf die Meerenge, der in der »Katastrophe von Gallipoli« endete.

In der Morgendämmerung des 25. April 1915 landeten 50 000 Mann starke alliierte Verbände an sieben Strandabschnitten der Gallipoli-Halbinsel (heute: Gelibolu). Zunächst lief alles nach Plan; keine Gegenwehr – scheinbar. Doch die Türken postierten sich bereits für ihren Willkommensgruß. Am Kap Helles, im Süden der Halbinsel, warteten sie, bis die feindlichen Boote beinahe das Land erreicht hatten; dann eröffneten sie das Feuer, und das Meer färbte sich rasch blutrot. Britische Einheiten, die in einer anderen Bucht an Land kletterten, wurden ebenfalls von einem tödlichen Kugelhagel empfangen. Und der türkische Gegenangriff unter Oberst Mustafa Kemal, dem späteren **Atatürk**, im nördlichen Landungsabschnitt bei Kabatepe glich der Raserei eines tanzenden Derwischs; mit schweren Verlusten wurden die Alliierten hier zurückgeschlagen. Zwar glückte die **alliierte Landung** doch noch überall, aber das eigentliche Ziel dieses Feldzuges im Ersten Weltkrieg (1914–1918), die Eroberung der Dardanellen und anschließende Einnahme Istanbuls, konnte nicht erreicht werden. Wäre der alliierte Angriff auf die Dardanellen früher, Ende 1914 bzw. Anfang 1915, erfolgt, hätte er sicherlich Erfolg gehabt; denn zu dieser Zeit waren die türkischen Verteidigungslinien nur notdürftiges Flickwerk.

Kriegserklärung

Schon im August 1914 hatten die Briten die enorme Bedeutung einer Eroberung der Meerengen erkannt. Mit Rücksicht auf den neutralen Status der Türkei war man jedoch von einem solchen Vorhaben abgerückt. Dann aber änderte sich die Situation. Bereits seit Kriegsbeginn mehrten sich die Anzeichen dafür, dass sich die Türkei, wenn sie am Krieg teilnähme, auf die Seite der Mittelmächte stellen würde. Der **deutsche Einfluss** in der türkischen Armee war groß; erst kürzlich war diese unter der Leitung des deutschen Generals Otto Liman von Sanders reorganisiert worden. Kriegsminister

▶ Schlacht von Gallipoli

Marschbereite türkische Infanterie vor dem Palast des Sultans in Konstantinopel

Deutsche Kriegsschiffe im Bosporus

Enver Paşa galt als überzeugter Freund der Deutschen, und die wachsenden wirtschaftlichen Bande führten die beiden Nationen näher zueinander. Doch ein Krieg war eigentlich das Letzte, was sich das Osmanische Reich leisten konnte; nach einer Reihe von kriegerischen Auseinandersetzungen war es geschwächt. Als nun Großbritannien, das sich jahrhundertelang dem Drang Russlands zum Mittelmeer (über den Bosporus und die Dardanellen) in den Weg gestellt hatte, mit dem Zaren ein Bündnis einging, ergriff die Türkei Partei. Auf der Suche nach einem neuen Verbündeten, der die Meerengen verteidigen würde, gewährte sie den **deutschen Kreuzern** »Goeben« und »Breslau« Zuflucht vor ihren britischen Verfolgern. Und nicht nur das; am 28. Oktober 1914 beschossen diese beiden Schiffe unter türkischem Oberbefehl – ohne Kriegserklärung – russische Häfen am Schwarzen Meer. Die Reaktion ließ nicht lange auf sich warten. Eine Woche später, am 5. November 1914, erklärten Großbritannien, Frankreich und Russland dem Osmanischen Reich den Krieg.

Katastrophe von Gallipoli

Auf alliierter Seite reifte nun langsam ein Angriffsplan gegen die Türkei heran. Ziel war es, Russland gegen die immer bedrohlicher werdende türkische Umklammerung Beistand zu leisten, die neutralen Staaten auf dem Balkan dazu zu veranlassen, gegen die Mittelmächte in den Krieg einzutreten und die Durchfahrt ins Marmarameer und nach Istanbul zu erkämpfen. Gleichzeitig waren die Kämpfe an der Westfront an einen toten Punkt angelangt; den zu überwinden schien ein Einsatz im Mittelmeer, das ohnehin von den westlichen Mächten beherrscht wurde, wie gerufen zu kommen. Ab dem **19. Februar 1915** nahmen britische und französische Schiffe die türkischen Verteidigungsanlagen von Gallipoli unter Beschuss. Am 18. März ging ein englisch-französisches Flottengeschwader zum Angriff auf die Meerenge über. Nach heftigem Widerstand wurde die türkische Verteidigung immer schwächer. Der Sieg schien den Alliierten sicher. Doch dann geschah das Unfassbare. Plötzlich explodierte das vorausdampfende französische Kriegsschiff »Bouvet« und versank mit fast der gesamten Besatzung von 600 Mann. Innerhalb kürzester Zeit folgten weitere Explosionen, und sechs der insgesamt neun alliierten Kriegsschiffe sanken bzw. wurden außer Gefecht gesetzt. Das alliierte Kommando, geschockt von den enormen Verlusten, blies das Gefecht sofort ab. Eine Fehlentschei-

> Schlacht von Gallipoli

Landung britischer Truppen auf Gallipoli am 25. April 1915

dung; denn die von den Türken gelegte Minensperre war längst überwunden worden, und der Einnahme von Istanbul hätte vermutlich kaum noch etwas im Wege gestanden. Von alliierter Seite wurde stattdessen ein neuer Angriff auf die Dardanellen geplant, diesmal unter Einbeziehung von englischen, australischen, neuseeländischen und französischen Bodentruppen. Doch ließen die Alliierten bei der Vorbereitung unnütz Zeit verstreichen, so dass **Liman von Sanders**, am 25. März von Enver Paşa beauftragt, die türkischen Verteidigungsanlagen vervollständigen und neue Truppen heranführen konnte. Am 25. April war es soweit. Frühmorgens um 5 Uhr landete unter dem Oberbefehl von General Sir Ian Hamilton die 29. (britische) Division in fünf kleinen Buchten am Südende der Gallipoli-Halbinsel; 15 km nördlich bei Kabatepe, auf der Westseite der Halbinsel, wurden Australier und Neuseeländer eingesetzt; und den Franzosen gelang vorübergehend die Landung bei Kum Burum an der asiatischen Seite der Meerenge. Der Angriff zeigte allerdings nicht die gewünschte Wirkung. Vielerorts stießen die alliierten Truppen auf erbitterten türkischen Widerstand. Hier

»Sie werden noch unser Grab sein!«

machte sich vor allem Oberst Mustafa Kemal, der spätere Atatürk, einen Namen, der seinen Männern den historischen Befehl erteilte: »Ich befehle euch nicht, anzugreifen; ich befehle euch zu sterben.« Die Kämpfe dauerten mehrere Tage; wie an der Westfront kam es auch hier zu einem Stellungskrieg, der auf beiden Seiten immer mehr Opfer forderte. In London wuchs der Widerstand gegen das Unternehmen. **Winston Churchill**, Erster Lord der Admiralität und Hauptbefürworter der militärischen Operation, musste seinen Hut nehmen. Am Ende des Jahres wurde eine alliierte Evakuierung unvermeidlich, auch deshalb weil die Mittelmächte die Eisenbahn Berlin - Bagdad zurückerobert hatten und ihre türkischen Verbündeten nun schnell mit Nachschub versorgen konnten. Die Prophezeiung des britischen Admirals Fisher in einem Brief vom 5. April 1915 an Winston Churchill – »Verdammt seien die Dardanellen! Sie werden noch unser Grab sein!« – war also in Erfüllung gegangen. Die Alliierten hatten, ebenso wie die Türken, nach der Schlacht um die Dardanellen eine Viertelmillion Verwundete und Tote zu beklagen. Die Lehren, die sie aus ihrer »Katastrophe von Gallipoli« hatten ziehen müssen, vergaßen sie auch im Zweiten Weltkrieg nicht mehr.

kann durch kleine Öffnungen auf einer Längsseite des Schreins in flachem Relief eine Opferszene erkennen. Eine junge Frau wird auf Händen getragen und von einem Priester mit einem langen Dolch geopfert. Die die Szene begleitenden Personen sind in expressiver Trauerhaltung wiedergegeben. Bei diesem Thema wird man an die Opferung der Iphigenie erinnert, die durch ihren Vater Agamemnon vor dem Beginn des Zuges gegen Troia der Göttin Athene dargebracht werden sollte (Öffnungszeiten: Di. – So. 8.30 – 17.00 Uhr).

Umgebung von Çanakkale

Vor der Gelibolu-Halbinsel liegt Gökçeada, die **größte türkische Insel**, die bis 1923 hauptsächlich von Griechen bewohnt war. Das rund 30 km lange und 13 km breite Eiland ist neben der Insel Bozcaada (▶Troia, Umgebung) die einzige bewohnte ägäische Insel der Türkei. Wer Beschaulichkeit und Ruhe sucht, findet auf Gökçeada, das bis in die 1980er-Jahre hinein von Ausländern kaum besucht werden durfte, ein kleines Paradies. Rund um die Insel gibt es schöne Strände und abgeschiedene Buchten, und das gebirgige Binnenland lockt mit romantischen Bergdörfern. Noch spielt der Tourismus unter der ca. 8000 Einwohner starken Bevölkerung, die vorwiegend vom Fischfang und der Landwirtschaft lebt, nur eine untergeordnete Rolle. Die meisten Touristen sind reiche Istanbuler, die es vornehmlich nach Kaleköy, dem touristischen Zentrum im Nordosten der Insel, zieht. Sowohl von Çanakkale als auch von Kabatepe auf der Gelibolu-Halbinsel verkehren Fähren nach Gökçeada. Fährhafen ist Kuzulimanı im Nordosten der Insel.

Gökçeada

Zusammen mit dem ▶ Bosporus bilden die Dardanellen, benannt nach der Stadt **Dardanos** (ca. 10 km südwestlich von Çanakkale), die wichtigste Wasserstraße der Türkei. Die strategisch und daher historisch bedeutsame Meerenge– 61 km lang, bis 7,5 km breit und bis zu 103 m tief – verbindet das Schwarze Meer über das Marmarameer mit der Ägäis, trennt aber gleichzeitig die europäische Landmasse vom asiatischen Anatolien. Bis zum Bau einer Brücke über den an seiner engsten Stelle 1,4 km breiten Kanal wird die Verbindung zwischen den Kontinenten durch Fähren (mit Kfz-Transport) zwischen Gelibolu und Lapseki im Norden sowie Çanakkale und den auf europäischer Seite gelegenen Orten Eceabat und Kilitbahir weiter südlich hergestellt.

★ **Dardanellen**

Die von einer hügeligen, 250 bis 375 m hohen Uferlandschaft umgebene Meerenge zwischen Europa und Asien hat von jeher eine bedeutende Rolle gespielt. Im Jahre 480 v. Chr. setzten die Perser unter Xerxes bei dessen großem Feldzug gegen die Griechen auf einer Schiffsbrücke über die Meerenge, 334 v. Chr. war es **Alexander der Große**, und am Ostertag des Jahres 1190 überquerte Kaiser **Friedrich Barbarossa** mit seinem Kreuzfahrerheer die Dardanellen. Im Spätmittelalter waren vor allem die Venezianer und Genuesen an der

◂ Geschichtliche Bedeutung

Durchfahrt interessiert. Im Jahre 1356 fiel die Meerenge in die Hände der Osmanen; die Türken schnitten damit Konstantinopel vom Mittelmeer ab. Im Ersten Weltkrieg wehrten die Türken 1915 einen alliierten Angriff auf die Dardanellen erfolgreich ab.

★★ Didyma

D 11

Landesteil: Westküste (Ägäisches Meer)
Höhe: 52 m ü.d.M.

Provinz: Aydın
Ortschaft: Didim (Yeni Hisar)

Zweifellos zählt der Besuch des imposanten Apollontempels von Didyma, 20 km südlich von Milet, zu den unvergesslichen Eindrücken, die eine Türkeireise vermitteln kann. An der einst mächtigsten Orakelstätte Kleinasiens und einer der größten Tempelanlagen der antiken Welt wurde immerhin mehr als 500 Jahre gebaut.

Mächtigste Orakelstätte Kleinasiens

Die Ruinen der einst mächtigsten Orakelstätte Kleinasiens und einer der **größten Tempelanlagen der antiken Welt** liegen etwa 20 km südlich von ▶Milet in der alten Landschaft Karien. Die Nähe zur 4 km entfernt gelegenen Küste des Ägäischen Meeres scheint bei der Beschaffung und dem Transport der gewaltigen Steinmassen keine unbedeutende Rolle gespielt zu haben. Mit Milet war Didyma durch eine z. T. heute noch sichtbare **Heilige Straße** (ca. 6 m breit) verbunden, die nach der Inschrift auf dem aufgefundenen letzten Meilenstein 101 n. Chr. unter Kaiser Trajan gebaut wurde und 16,2 km lang war. Der Prozessionsweg, der beim Apollontempel in Milet begann, war von archaischen Sitzbildern der Branchiden genannten Priester und von liegenden Löwen (Reste in London) sowie von späteren Grabdenkmälern gesäumt. Auf dieser Straße stand auch ein Tempel für Artemis, Apollons Schwester.

Yeni Hisar ▶

Im Bereich der Ruinenstätte liegt heute das Dorf Yeni Hisar (»Neue Burg«), das nach dem Wegzug der Griechen 1923 teilweise verödete und dann zu einem Teil nach Altınkum (▶ Umgebung) evakuiert wurde, damit Ausgrabungen durchgeführt werden konnten.

Mythos und Geschichte

Schon in vorgriechischer Zeit gab es hier über einem Erdspalt ein karisches Orakelheiligtum, das den Namen Didyma trug. Zeus soll an diesem Ort mit Leto, der Mutter von Apollon und Artemis, die göttlichen Zwillinge gezeugt haben. Die Geburt des Geschwisterpaares wird in der Mythologie nach Delos verlegt. Die im 10. Jh. v. Chr. eingewanderten Ionier weihten das Heiligtum dem Apollon Philesios. Bald gewann das Orakel große Bedeutung und konkurrierte sogar mit Delphi, was die kostbaren Geschenke des letzten ly-

Der nie vollendete Apollontempel von Didyma →

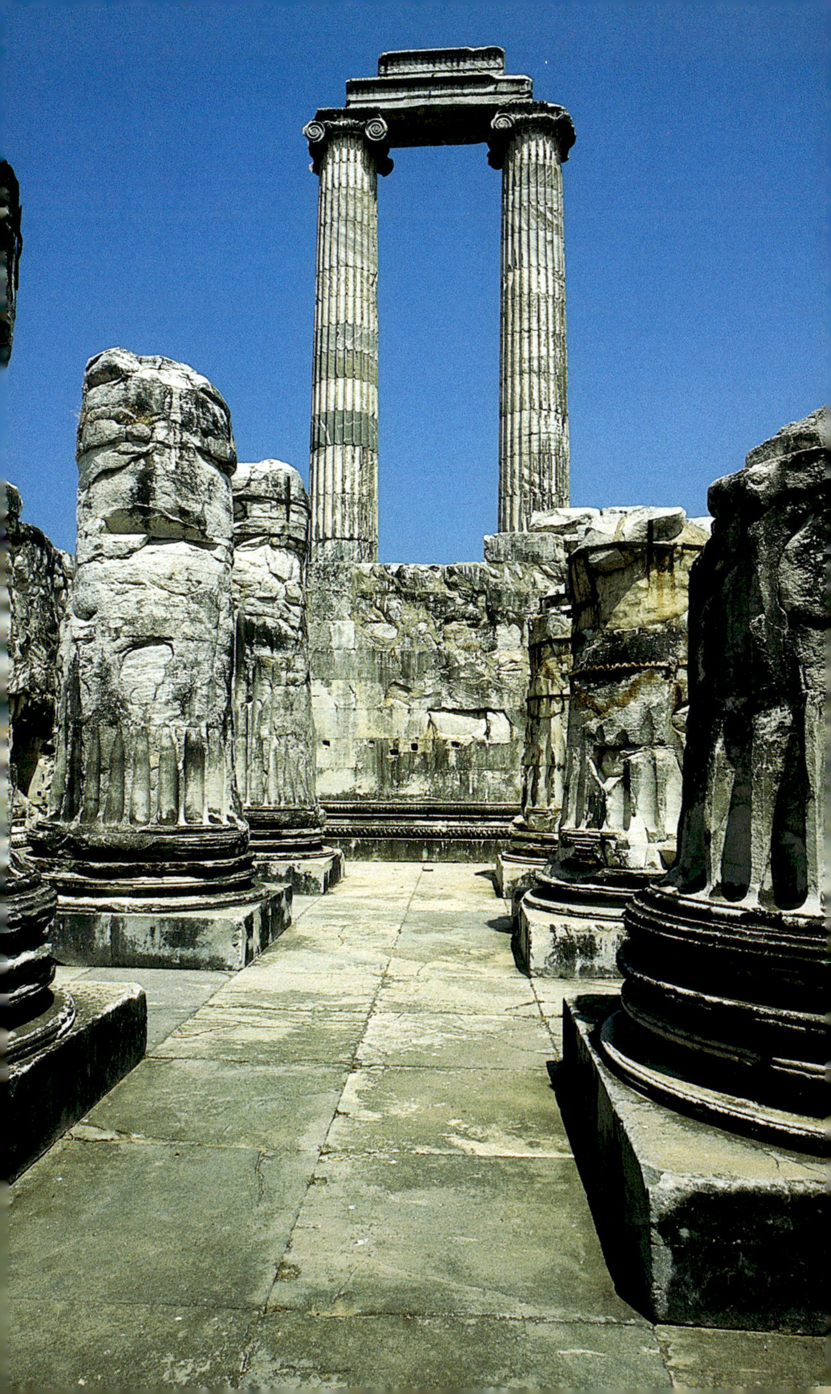

dischen Königs Kroisos und des ägyptischen Pharao Necho bestätigen. Das erste Heiligtum wurde 494 v. Chr. von den Persern zerstört, die auch die Kultstatue verschleppten. Vom zerstörten ersten Tempel fand man bisher nur einzelne Werkstücke. Nach dem Sieg Alexanders d. Gr. über die Perser wurde der Wiederaufbau des Didymaions in wesentlich größerem Maßstab in Angriff genommen, was eine Konkurrenz zum bereits vollendeten Artemistempel in ▶Ephesus vermuten lässt. Der gewaltige Neubau wurde um 320 v. Chr. von den Baumeistern Paionios von Ephesus und Daphnes von Milet begonnen. Spätestens 280 v. Chr. war der Rohbau abgeschlossen. Das Vorhaben übertraf jedoch die damaligen Möglichkeiten, so dass es auch trotz der späteren Unterstützung durch die römischen Kaiser **niemals vollendet** wurde. Strabon berichtet, dass der Tempel wegen seiner Größe ohne Dach geblieben sei. Seleukos I. Nikator veranlasste als Dank für einen günstigen Orakelspruch im Jahre 312 v. Chr. die Rückgabe der geraubten und nach Persien verschleppten Apollonstatue.

Didyma Orientierung

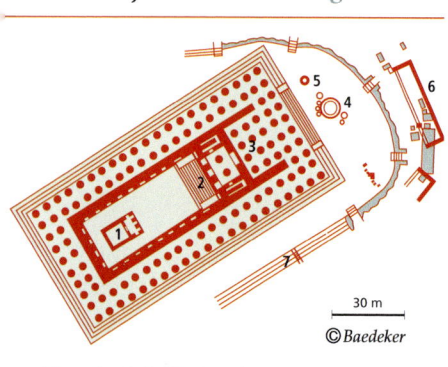

Didymaion in hellenistischer Zeit
1 Heilige Quelle
2 Freitreppe
3 Pronaon
4 Hauptaltar
5 Brunnen
6 Stoa
7 Sitzstufen

© Baedeker

Im Tempelbezirk galt altes Asylrecht; auch fanden hier seit 290 v. Chr. Wettspiele statt. In frühbyzantinischer Zeit wurde der noch unversehrte Tempel in eine Basilika umgebaut und daneben ein heiliger Brunnen angelegt. Später entstand nach einem gewaltigen Brand aus den Tempelruinen ein Kastell. Ein weiterer Brand sowie ein schweres Erdbeben 1446 zerstörten die Anlage schließlich. Während des 15. Jh.s hausten hier alljährlich Erntearbeiter aus Samos. 1858 unternahmen britische, 1872 und 1895 bis 1896 in größerem Umfang französische sowie 1905 bis 1914 und nach 1962 deutsche Archäologen Ausgrabungen im Tempelbezirk.

★★ Apollontempel (Didymaion)

Öffnungszeiten:
tgl. 8.00 – 18.00;
in der Saison
oft länger

Der als Dipteros konzipierte jüngere Apollontempel (Didymaion, Baubeginn um 320 v. Chr.) war wie die meisten griechischen Tempel Kleinasiens nach Osten hin ausgerichtet. Seine Nordostfront wurde im Bogen von einer Stützmauer umzogen (z. T. aufgebaut), die aus der archaischen Periode stammt und an der auch die Heilige Straße aus Milet endete. Vier Treppen von 2,50 m Breite führten zum Tempelbezirk hinab.

Vor der Nordostfront des Tempels steht der Hauptaltar, der ähnlich dem von Olympia innerhalb einer niedrigen Brüstung einen kegelförmigen, mit dem Blut der Opfertiere gefestigten Aschenaufbau enthielt. Nördlich daneben standen Basen für Weihgeschenke und ein Brunnen aus hellenistischer Zeit. An der südöstlichen Langseite des Tempels erhoben sich, 15 m von diesem entfernt, sieben Sitzstufen für die Zuschauer der alle vier Jahre zu Ehren des Apollon stattfindenden Festspiele von Didyma.

Hauptaltar

Der Tempel selbst war 108,50 m lang und fast 51 m breit. Er stand auf einem siebenstufigen Sockel, der nach der Portalseite hin um weitere fünf Stufen erweitert wurde. Mit je 21 Säulen an den Längsseiten und je zehn an den Schmalseiten, die allesamt eine Höhe von 19,70 m hatten, besaß der Tempel mit denen im Pronaos insgesamt **120 Säulen**. Die paarweise gestalteten eigenartigen Basen der Vorhalle stammen aus der Zeit des Kaisers Caligula (37 – 41 n. Chr.). Die Ecksäulen der Ostfront trugen Figurenkapitelle (2. Jh. n. Chr.), die je zwei Stierköpfe, eine Götterbüste und einen Greifen enthielten. Das Fries zeigt abwechselnd Ranken und Medusenmasken.

Tempelbau

Den Eingangsbereich des Baus bildete die Vorhalle mit 3 × 4 Säulen, die innerhalb der noch 11 m hoch aufragenden Wände stehen. Der über den Treppenaufgang in den Vorraum des Tempels steigende Bittsteller stand also in einem Säulenwald mit 20 Pfeilern, deren geschmückte Basen einen Durchmesser von über 2 m hatten. Der Pronaos galt als der letzte zugängliche Bereich für nicht befugte Personen. Hier, vor der großen 8 m breiten Öffnung, konnten sie ihre Anliegen formulieren und erhielten auch von hier aus die Weissagungen des Gottes. Von der mit einer prächtigen Kassettendecke ausgestatteten Halle gelangten Eingeweihte und die Priester durch zwei gewölbte Gänge direkt in das Tempelinnere.

Vorhalle

Vom Mittelraum öffneten sich drei Türen zu dem 5,50 m tiefer liegenden Haupthof, zu dessen Boden eine 16 m breite Freitreppe hinabführt. Die Cella war ungedeckt; ihre durch Pilaster mit Greifenkapitellen gegliederten Wände waren so hoch wie die Außensäulen und sind auf 6 m Höhe erhalten. Die **heilige Quelle** und ein heiliger Baum standen an der Westseite des Hofes vor dem Naiskos, einem kleineren rechteckigen Gebäude mit vier vorgestellten Säulen, das die Kultstatue des Apollon enthielt. Um den Tempel gruppieren sich Gymnasien, Thermen und Pilgerherbergen, über deren Aussehen erst weitere Ausgrabungen Aufschluss geben können.

Mittelraum

Umgebung von Didyma

Etwa 4 km südlich von Didyma hat sich an der Küste ein **lebhafter Badeort** mit zahlreichen Pensionen, Hotels, Ferienhäusern und Appartementanlagen entwickelt. Der flache, windgeschützte und daher

Didim Plajı

sehr kinderfreundliche feine Sandstrand von Altınkum ist zu einem beliebten Ausflugsziel von Engländern geworden; die Angebote an Speisestätten, Cafés, Läden und Boutiquen sprechen in erster Linie britische Touristen an. Dazu treten weiter östlich in der Bucht von Akbük Limanı ausgedehnte Ferienhaussiedlungen, die das Bild der schönen Küste nachteilig verändern.

Edremit Körfezi (Golf von Edremit)

C 6–7

Landesteil: Meeresbucht an der nordöstlichen Ägäis
Provinz: Balıkesir

Länge: (W – O): 50 km
Breite: (N – S): 25 km

Mit der reizvollen, üppig bewachsenen, von Olivenhainen umgebenen Küstenlandschaft (Oliven-Riviera), den flachen Kieselstränden und dem sauberen Meerwasser sowie den teils sehr idyllischen Badeorten zählt der Golf zu den wichtigsten Urlaubsregionen der türkischen Republik.

Oliven-Riviera Der Golf von Edremit (Edremit Körfezi), der durch die umliegenden Berge und die Insel Lesbos (türkisch Midilli) vor Kaltlufteinbrüchen geschützt ist, hat hohe Frühjahrstemperaturen und vergleichsweise heiße Sommer. Besucht wird das Gebiet, da nördlich von Izmir ein internationaler Flughafen fehlt, vor allem von türkischen Touristen. Ihren Namen hat die große geschützte Bucht von der Kreisstadt Edremit, deren Name wiederum von der mittelalterlichen Bezeichnung für die Vorgängersiedlung Adramittium abgeleitet ist.

Sehenswertes am Golf von Edremit

Kap Baba Ganz im Westen der Nordküste, und erreichbar über einen unbefestigten Fahrweg, erhebt sich das Kap Baba (mit Leuchtturm und dem Ort Babakale) – **der westlichste Punkt Kleinasiens**.

Die Ruinenstätte von **Assos** und das benachbarte Dorf **Behramkale**, am westlichen Nordufer des Golfes von Edremit, liegen wunderschön auf einem Bergkegel hoch über dem Meer und bieten eine vorzügliche Fernsicht auf das umliegende Land, auf das Meer und die gegenüber liegende griechische Insel Lesbos. Die Ruinen von Assos, das einst als die am schönsten gelegene griechische Stadt in Asien und Europa galt, stammen aus hellenis-

---

Highlights

Assos
antike Ruinenstätte hoch über dem Meer
▶ Seite 226

Ayvalık
südlichster Ort in der Bucht mit verträumter Altstadt
▶ Seite 230

GOLF VON EDREMIT ERLEBEN

AUSKUNFT
Ayvalık, Yat Limanı Karşısı
Tel. u. Fax (02 66) 312 21 22
E-Mail: ayvturmud@ttnet.net.tr

ESSEN
▶ Fein & teuer
Fenerlihan Restaurant
Assos, Antikliman Behramkale
Tel. (02 86) 721 72 73
www.grandassoshotel.com
Restaurant im Hotel Assos mit ausgesprochen delikaten Fischgerichten und Vorspeisentellern sowie empfehlenswerten Weinen.

▶ Erschwinglich
Acar
Ayvalık, Gazinolar Cad. 1
Tel. (02 66) 312 46 63
Am äußersten Ende der Hafenmole bekommt man in einem schönen klassizistischen Gebäude köstlich zubereitete Fischgerichte. In den Sommermonaten empfiehlt es sich, vor dem Haus im Freien einen Tisch zu nehmen.

Canlı Balık
Ayvalık, Kanelo´nun Yanı, Liman
Das nicht ganz preiswerte Lokal direkt am Hafen bietet Fischspezialitäten sowie Topfgerichte und Meze.

ÜBERNACHTEN
▶ Komfortabel
Haliç Park Hotel
Ayvalık, Lale Adası
Tel. (02 66) 331 52 21, Fax 333 52 45
www.halicpark.com; 167 Z.
Modernes Hotel auf der Halbinsel etwa zwei Kilometer nordwestlich von Ayvalık. Schöner Garten mit Pool; Fitnessraum, Sauna und Hamam; Restaurant.

Assos Nazlıhan Hotel
Behramkale 7, İskele Mevkii
Tel. (02 86) 721 73 85
Fax 721 73 87; 37 Z.
Hotel mit reizvoll eingerichteten Räumen, Hausbar und vorzüglichem Restaurant am Hafen.

Assos Kervansaray Hotel
Behramkale
Köyü Iskelesi Ayvacık
Tel. (02 86) 721 70 93
Fax 721 72 00
www.assoskervansaray.com; 43 Z.
Das schönste Hotel in Behramkale besitzt einen eigenen Strand.

---

tischer und römischer Zeit. Am besten erhalten sind einige Abschnitte der aus mächtigen Quaderblöcken errichteten Stadtmauer. Stellenweise ragt dieses größtenteils aus dem 4. Jh. v. Chr. stammende Mauerwerk, das einst auf einer Länge von 3 km die 2,5 km² große Hügelsiedlung umgab, noch bis zu einer Höhe von 14 m auf. Mit ihren Türmen und Toren stellt die Stadtmauer heute ein besonders schönes Beispiel griechischen Festungsbaus dar. Nach den Vorgaben des Geländes konstruierte man den hellenistischen Marktplatz in außergewöhnlicher Form. Die terrassierte Fläche wurde von einer nördlichen und einer südlichen doppelstöckigen Säulenhalle mit unterschiedlichen Niveaus eingefasst. Im Osten betrat man den schräg

> **Baedeker TIPP**
>
> **»Irrenhaus-Halbinsel«**
> Tımarhane, eine Verlängerung der Sarmısak-Halbinsel, war früher bekannt als die »Irrenhaus-Halbinsel«, von der, wie man sagte, die in Ketten gelegten Geisteskranken nach einer Weile geheilt zurückkehrten. Heilsame Entspannung bietet die Halbinsel heute als Paradies für Wanderliebhaber.

verlaufenden Platz durch ein Markttor vor dem Buleuterion. Auf der westlichen Marktseite stand ein römischer Tempel. Durch ein westliches Tor verließ man den Platz und erreichte nach wenigen Metern das große Thermen-Gymnasium, das in byzantinischer Zeit zu einer Kirche umgebaut wurde. Das wohl bis ins 19. Jh. erhaltene, südlich der Agorá gelegene Theater, von dessen Zuschauerraum man auf die gegenüber liegende Insel Lesbos blickt, ist inzwischen seiner Sitzreihen beraubt. Seit einigen Jahren wird am Wiederaufbau gearbeitet. Einige der fehlenden Sitzreihen sind in restaurierter Form wieder in den Hang gesetzt. Die beste Fernsicht über das Meer zur Insel Lesbos wie über das Hinterland bietet sich von der Höhe der Akropolis. Auf dieser Höhe stand einst, weithin sichtbar, ein der **Göttin Athene geweihter Tempel** mit sechs dorischen Säulen auf der Breit- und zwölf auf der Längsseite.

Behramkale Durch den Ort Behramkale, im nördlichen antiken Stadtgebiet, winden sich steile, enge Gassen mit teilweise alten, lehmgedeckten Bauernhäusern. Hier gibt es einige Souvenirläden mit Webereien, Handwerkskunst und anderen touristischen Artikeln. Größte Sehenswürdigkeit ist die **Moschee aus dem 14. Jh.** vor dem umzäunten

Durch die Säulen des Athenatempels von Assos blickt man auf die zu Griechenland gehörende Insel Lesbos.

Museumsgelände, eine der ältesten osmanischen Moscheen überhaupt, mit einer Gebetsnische im Innenraum und einem hohen, rechteckigen Minarett.

Im Gegensatz zum Dorf Behramkale ist der Hafen von Assos (Iskele), den man über eine steile, asphaltierte Straße erreicht, recht belebt. Im autofreien Hafenbezirk drängen sich viele Gaststätten, die eine schöne Aussicht und gutes Essen bieten, mit einigen Hotels - darunter sehr noble Häuser – auf engstem Raum zusammen. Auch einen schmalen Badestrand hat Iskele seinen Besuchern zu bieten. ◄ Hafen (Iskele)

Einen größeren Strand als den von Iskele findet man 4 km weiter östlich bei Kadırga, vom Hafen aus über einen Fußpfad oder von Behramkale über eine Straße zu erreichen. An dem schattenlosen Sand-Kiesel-Strand haben sich mehrere Hotels, Restaurants und Campingplätze etabliert. ◄ Kadırga

Küçukkuyu ist der westlichste der nationalen Ferienorte im Golf von Edremit. Das Touristenzentrum des Ortes sind der kleine von Teegärten gesäumte Fischerhafen und die angrenzende 400 m lange, sehr breite Promenade zum Flanieren. Zwischen Küçukkuyu und dem östlich gelegenen Altınoluk erstreckt sich ein kilometerlanger Sand- und Kiesstrand. **Küçukkuyu**

Rund 26 km westlich von Edremit liegen bei Altınoluk zwei antike Siedlungsstellen: **Gargara** unmittelbar am Ort und in 215 m Höhe die überwachsenen Ruinen der antiken Stadt **Antandros** unterhalb des Berges Alexandreia (Kaz Dağı, Ida), auf dem Paris, Sohn des Königs Priamos von Troia, als Hirte die Herden seines Vaters hütete. Der Ursprung der Stadt ist ungewiss. Erhalten sind u. a. die Nekropole und eine Festung. In Altınoluk mit seinem hübschen Fischerhafen reiht sich Hotel an Hotel, Feriensiedlung an Feriensiedlung, und im Sommer herrscht hier ein lebhaftes Treiben. **Altınoluk**

Akçay, ein Ortsteil von Edremit, befindet sich rund 12 km westlich der Stadt und ist einer der ältesten und bekanntesten Badeorte am Golf von Edremit. Wer Ruhe sucht, ist in dem Ort mit der kilometerlangen Prachtpromenade und den schattigen Teegärten absolut fehl am Platz, denn vor allem abends herrscht hier allerlei Trubel. Vor dem Ort erstreckt sich ein langer, schmaler Strand mit dunklem, feinem Sand – bis auf einige steinige Abschnitte. **Akçay**

Die Kreisstadt Edremit liegt etwa 10 km im Landesinneren am Ostende der nach ihr benannten Bucht. Die Altstadt des Ortes ist weitgehend unverfälscht mit idyllischen engen Gassen und alten Holzhäusern. Von ca. 1231 stammt die seldschukische Kurşunlu Cami samt Türbe (1241). Im frühen 14. Jh. besaß der Ort eine genuesische Festung. Unter den Osmanen entstand die Eşref-Rumi-Moschee. Im Museum von Edremit gibt es neben archäologischen Funden eine sehenswerte Waffensammlung. Mittwochs schöner Wochenmarkt. **Edremit**

Mußestunde am Strand von Ören

Ören Ören, ein reiner Bade- und Ferienort, ist Stadtteil der im Hinterland gelegenen Kreisstadt Burhaniye, etwa 10 km südwestlich von Edremit. In Ören geht es wesentlich ruhiger zu als im hektischen Akçay (▶ S. 229). Der Ortsteil verfügt über einen 2 km langen, 50 m breiten, feinkörnigen Sandstrand mit Dutzenden von Ferienunterkünften und zahlreichen Wassersportangeboten.

Etwas südlich von Ören (Zerstörter Ort) liegt der Siedlungshügel der antiken (lydischen) Stadt **Adramyteion**. Dieser Ort wurde bereits 1443 v. Chr. erwähnt, später von Seeräubern zerstört und in den Jahren 1093 – 1109 im Landesinneren als Adramittium neu gebaut. Adramyteion (oder das weiter westlich gelegene Adramittium Thebe) wird auch identifiziert als die Stadt Thebe; Thebe galt als wichtige Handelsstadt an der alten Straße von ▶Troia nach ▶Pergamon (Bergama).

> ! *Baedeker* TIPP
>
> **Wünsche werden wahr**
>
> Lohnenswert ist ein Besuch des Aussichtspunktes Şeytan Sofrası (Teufelstisch) auf der Halbinsel Sarmısak, von wo aus man einen fantastischen Ausblick auf die zahllosen Inseln und die Küste genießt. Wer eine Münze in den Erdspalt am östlichen Rand der tischförmigen Gesteinsformation wirft, dem wird der Teufel, so der Volksglaube, einen Wunsch erfüllen.

★
Ayvalık Ayvalık, etwa 50 km südwestlich von Edremit, ist der südlichste Ort in der Bucht von Edremit. Die Stadt genoss lange Zeit einen Sonderstatus. Bis nach dem Ersten Weltkrieg war sie eine rein griechische und damit christliche Siedlung, ausgestattet mit dem Recht, sich selbst zu verwalten. Seit 1773 war es den Muslimen laut Gesetz sogar untersagt, sich in dieser Stadt niederzulassen. Dieses Verbot galt

bis 1922, bis zum Exodus der Griechen nach dem Griechisch-Türkischen Krieg (1920 – 1922). In der verträumten Altstadt mit ihren engen Gassen stößt man noch auf viele architektonische Zeugnisse der griechischen Zeit, auf Holzhäuser, auf Häuser mit klassizistischen Fassaden und auf Kirchenbauten, die von den Muslimen teilweise als Moscheen weiter verwendet wurden. Am nördlichen Stadtrand steht die sehenswerte **Taksiyarhis Kilisesi**, eine griechisch-orthodoxe Kirche aus dem beginnenden 19. Jahrhundert mit schöner Innenausstattung und einer Art Ikonenausstellung.

Die Umgebung des geschäftigen Hafenstädtchens verfügt über beliebte Strände und gute Unterkünfte. Vorgelagert sind 23 Inseln, die zum Großteil nicht besiedelt sind und sich ideal für viele Wassersportarten eignen. Auf der Insel **Alibey Adası**, nach einem türkischen General benannt, erstrecken sich die besten Strände; auf dem durch einen Damm und eine Brücke mit dem Festland verbundenen Eiland liegen auch die meisten Feriensiedlungen und Sommerhäuser der Umgebung. Schöne, lange und breite, aber auch ziemlich überlaufene und zugebaute Strände mit feinkörnigem Sand findet man an der Südküste der waldüberwachsenen Halbinsel **Sarmısak** (auch Sarmısaklı) südlich von Ayvalık. Einsamere Strandpartien liegen an der West- und Nordküste der Halbinsel.

** Ephesus

D 10

Landesteil: Westküste (Ägäisches Meer)
Höhe: 20 – 358 m ü. d. M.
Provinz: Izmir
Einwohnerzahl: Ortschaft: Selçuk (27 500 Einw.)

Auf einer Rangliste der weltweit berühmtesten griechisch-römischen Städte der Antike fände man die an der Westküste der Türkei bei dem Provinzstädtchen Selçuk, etwa 75 km südlich von Izmir gelegene Ausgrabungsstätte von Ephesus, das einst mit rund 250 000 Einwohnern zu den Metropolen des Römischen Reiches zählte, sicher unter den Ersten.

In der Küstenebene des Küçük Menderes (Kleiner Mäander) gelegen, besaß der Ort, der in der Antike schon eine Weltstadt war, bevor er zu einer herausragenden Metropole des römischen Reiches aufstieg, einen bedeutenden Hafen und gehörte zu den großen antiken Seehandelszentren. Als eines der sieben **Weltwunder** zog der **Tempel der Artemis** schon zu Cäsars Zeiten viele Neugierige in die Stadt. Allerdings hatte das reiche und wohlhabende Ephesus wie das benachbarte Milet gegen die Ablagerungen des Flusses zu kämpfen. Der sedimentbeladene und häufig seinen Lauf wechselnde Kleine Mäander schob im Laufe der Zeit die Küstenlinie immer weiter zurück, während gleichzeitig die Meeresströmung vor der Bucht einen

Antike Weltstadt

Nehrungswall aufbaute, der zur Versumpfung des Hinterlandes führte. Schon in römischer Zeit wurde die Verbindung des Hafenbeckens mit dem Meer nur über einen schmalen Kanal hergestellt. Zur Aufrechterhaltung einer Schifffahrtsstraße nach Ephesus hätte es großer Mühen bedurft, für die jedoch in den Wirren der spätrömischen Zeit und auch später in der byzantinischen und osmanischen Epoche keine Notwendigkeit bestand. Ephesus wurde verlassen und allmählich von Flussablagerungen zugedeckt. Was von den Ruinen noch über den Boden herausragte, wurde von den Bewohnern, die sich im nahen Selçuk (damals Ephesus) um den Zitadellenhügel herum ansiedelten, als Baumaterial verwendet. Erst in der zweiten Hälfte des 19. Jh.s begannen Ausgrabungen, die das heute eindrucksvolle Ruinenfeld zu großen Teilen freilegten.

Geschichte

1./2. Jh. n. Chr.	Hauptstadt der römischen Provinz Asia
263	Goten zerstören die Stadt.
431	Drittes Ökumenisches Konzil

Vermutlich siedelten die ersten Bewohner dieser Gegend, Karer und Lyder, nördlich von Selçuk auf dem heutigen Zitadellenhügel, an den das Meer einst heranreichte. Im Schutz der befestigten Ansied-

Ephesus/Selçuk Orientierung

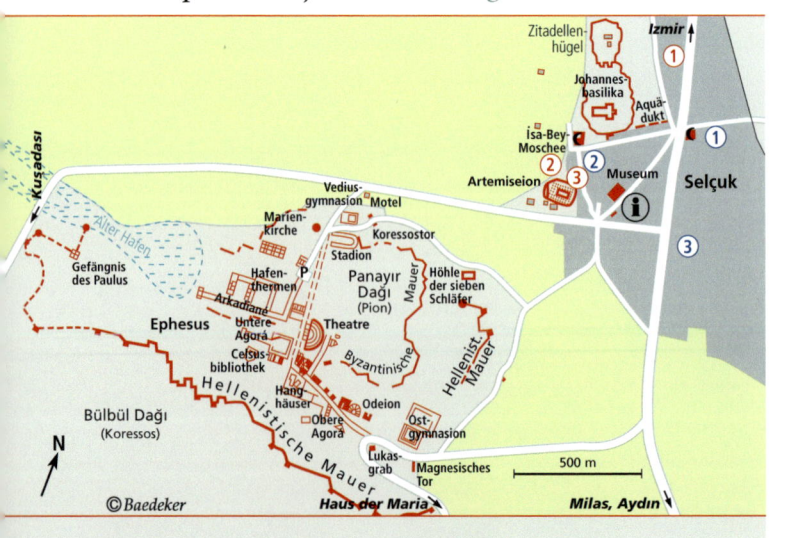

Essen
① Özdamar ③ Selçuk Köftecisi
② Akay

Übernachten
① Hotel Kalehan ③ Homeros
② Hotel Nilya

lung lag am Westabhang das uralte Heiligtum der großen Naturgöttin Kleinasiens, die später als Artemis in den griechischen Götterhimmel aufgenommen werden sollte. In der römischen Kaiserzeit (1. und 2. Jh. n. Chr.) wurde Ephesus **Hauptstadt der Provinz Asia** und war nach dem ägyptischen Alexandria die größte Stadt des Ostens (über 200 000 Einw.). Für das Christentum gewann die Stadt frühzeitig große Bedeutung. Paulus kam auf seiner zweiten Missionsreise hierher und wirkte drei Jahre (55–58 n. Chr.) in Ephesus. Die Hauptkirche war später dem hl. Johannes geweiht und eine der wichtigsten Pilgerkirchen Kleinasiens. Im Jahr 263 zerstörten die Goten die Stadt und das Artemiseion. Im Oströmischen Reich verlor Ephesus, hauptsächlich wohl durch die fortschreitende Versandung des Hafens, immer mehr an Bedeutung. 431 fand hier jedoch noch das **dritte Ökumenische Konzil** statt, das Maria zur Gottesgebärerin erklärte. Die letzten nach den Mongolenstürmen unter Timur-Leng erhaltenen Reste der Stadt fielen dann bei schweren Auseinandersetzungen zwischen den turkmenischen Fürsten und den Osmanen in Trümmer.

> ! *Baedeker* TIPP
>
> ### Kostbare Handarbeiten
> Von Selçuk aus empfiehlt sich ein kleiner Ausflug nach Şirince, einem 8 km entfernten alten Dorf in einer wunderschönen Landschaft, wo man kostbare Handarbeiten wie Spitzentücher und gehäkelte Decken kaufen kann.

Besichtigung der Ruinenstätte Ephesus

Noch außerhalb des Museumsgeländes befindet sich links am Hang das Vediusgymnasion (2. Jh. n. Chr.). Gut erhalten ist die östliche Hälfte des Bauwerks, dessen Ziegelmauern mit Marmorplatten verkleidet waren. Das Gebäude ist ein typisches Beispiel für ein Thermengymnasion: eine Mischung aus Sportstätte und Badeanstalt.

Vediusgymnasion
Öffnungszeiten:
tgl. 8.00–18.00

Etwa 100 m südlich vom Vediusgymnasion erkennt man das unter Kaiser Nero (54–68 n. Chr.) erbaute Stadion, dessen südliche Zuschauerränge in den Hang hineingegraben waren. In der großen Ostkurve lag eine gegen die Stadiongeraden abschließbare Arena, in der Gladiatoren- und Tierkämpfe stattfanden. Wenn man vom Vediusgymnasion der durch das Ausgrabungsgelände angelegten Straße nach Süden folgt, erblickt man nach knapp 200 m rechts die Ruine eines byzantinischen Baues. Beachtenswert sind hier der Konchensaal (Südseite) und die 50 m lange Apsidenhalle (Westseite).

Stadion

Gut 100 m westlich der Kasse liegt das 260 m lange Ruinenfeld der sog. Kirche der Maria bzw. der **Konzilskirche**. Das als Doppelkirche gedeutete Bauwerk, in dem 431 das Kirchenkonzil stattfand, war ursprünglich eine profane dreischiffige Basilika (2. Jh. n. Chr.), in die im 4. Jh. eine Säulenbasilika eingebaut wurde.

Marienkirche

Theatergymnasion

Auf der neuen Straße gelangt man 300 m weiter südlich zu dem in der römischen Kaiserzeit errichteten Theatergymnasion, das aus einem rechteckigen Bau und einem Säulenarkadenhof bestand.

Verulanusplatz Hafengymnasion

Westlich vom Theatergymnasion liegt das ziemlich unübersichtliche Ruinenfeld einer zusammengehörenden Gebäudegruppe mit dem Verulanusplatz, einem als Sportanlage dienenden Säulenarkadenhof und dem westlich anschließenden, aus der frühen römischen Kaiserzeit stammenden Hafengymnasion. Westlich vom Hafengymnasion folgten die Großen Thermen (Hafenthermen). Die Bäder wurden im 2. Jh. n. Chr. erbaut und unter Konstantin dem Großen im 4. Jh. prunkvoll erneuert.

Hafenthermen

Alter Hafen

An die Thermen grenzte im Westen der Hafen von Ephesus, an dessen Stelle man heute nur noch sumpfiges Gelände findet.

Arkadiané

Unmittelbar südlich der Thermen, die einst den Stadtmittelpunkt bildeten, verlief die um 400 n. Chr. vom ersten oströmischen Kaiser Arkadios erbaute Arkadiané, eine vom Hafen in östlicher Richtung führende vornehme, nachts beleuchtete **Arkadenstraße**.

★★
Großes Theater

Das unter Kaiser Claudius (41–54 n. Chr.) begonnene und unter Trajan (98–117) vollendete Große Theater beeindruckt vor allem durch seine beträchtlichen Abmessungen und den im Vergleich zu den übrigen Bauten von Ephesus guten Erhaltungszustand der Orchestra und des Bühnenhauses. Auf 3 × 22 Rängen, die durch zwölf Treppenaufgänge und im oberen Drittel durch weitere elf Zwischentreppen unterteilt waren, fanden rund 25 000 Zuschauer Platz.

★
Untere Agorá

Südwestlich vom Großen Theater erstreckt sich das weite Geviert der Unteren Agorá, der sich nach Westen eine Säulenhallenstraße anschließt. In der den großen quadratischen Platz umgebenden zweischiffigen Säulenarkadenhalle waren Läden untergebracht.

Säulenhallenstraße

An der Südseite der etwa 160 m langen Säulenhallenstraße, die an beiden Enden von repräsentativen Torbauten abgeschlossen wurde, führte ein Treppenaufgang zu einem kolonnadengesäumten Platz, der an seinem Südende vom kolossalen Serapeion überragt wurde, einem Tempel, der dem Kult des ägyptischen Gottes Serapis diente.

Marmorstraße

Entlang der Ostseite der Unteren Agorá verläuft die Marmorstraße. In der Mitte der mit Marmor gepflasterten und einst mit Bildwerken geschmückten Säulenarkadenstraße erkennt man noch die Abflussöffnungen für die Kanalisation.

★★
Celsusbibliothek

An einem kleinen, unterhalb des Straßenniveaus gelegenen Platz erhebt sich die **zweigeschossige Schaufassade** der Celsusbibliothek mit verkröpften Säulenstellungen und wirkungsvoll hervortretenden

CELSUSBIBLIOTHEK

★ ★ Eines der interessantesten und reizvollsten Bauwerke von Ephesus ist die Celsusbibliothek, die der römische Konsul Gaius Julius Aquila zum Andenken an seinen Vater, den Prokonsul Iulius Celsus Ptolemaeanus, errichtete. Fertig gestellt wurde die Bibliothek wahrscheinlich 117 n. Chr. Der Bauherr hatte nicht nur den Bau, sondern auch – wie inschriftlich festgehalten – das Grundkapital für Unterhaltung und Neuerwerbungen der Bibliothek gestiftet. Celsus ließ sich sogar hier beisetzen: Seine Grabkammer befand sich hinter einer Wand der Bibliothek. Der Sarkophag bestand aus hochwertigem Marmor mit Rosetten und Girlanden als Dekor. Als der Sarkophag 1904 entdeckt wurde, sah man, dass der Leichnam zusätzlich durch einen Bleisarg geschützt war.

⏲ Öffnungszeiten:
tgl. 8.30 – 18.30, im Winter bis 16.30
Im Innern der Bibliothek sind informative Schautafeln angebracht.
Infos unter www.ephesus.us

① Fassade
Die zweigeschossige Fasade der Celsusbibliothek ist ein kleines Meisterwerk. Dem Erdgeschoss wurden vier Säulenpaare mit korinthischen Kapitellen vorangestellt. Sie tragen ein Gebälk, das über den drei Eingängen jeweils durchbrochen ist. Ihre Rafinesse erhält die Fassade dadurch, dass im oberen Geschoss die Säulenpaare zwar über den unteren stehen, aber die auf ihnen aufliegenden Portiken versetzt angeordnet sind.

② Statuen
Die Statuen in den Nischen stellen, wie man auf den Säulenbasen lesen kann, Sophia (Weisheit), Arete (Tugend), Ennoia (Klugheit) und Episteme (Wissen) dar. Vor Ort stehen Kopien, da die Originale nach Wien gebracht wurden.

③ Bibliothek
Nicht nur die Fassade, auch die Bibliothek selbst erstreckte sich über zwei Geschosse. In der oberen Etage besaß eine umlaufende Galerie, von der man in den unteren Lesesaal blicken konnte. Die Wände des Lesesaals waren mit dekorativem Marmor verkleidet. An der Westseite befand sich eine Apsis, in der man eine Statue fand, die heute im archäologischen Museum von Istanbul gezeigt wird. Diese Statue stellt entweder Celsus oder dessen Sohn dar. In der Bibliothek wurden insgesamt 12 000 Manuskripte gefunden.

Blick in eine der reich verzierten Nischen der zweigeschossigen Fassade.

► Ephesus ZIELE 235

Ephesus Ausgrabungen

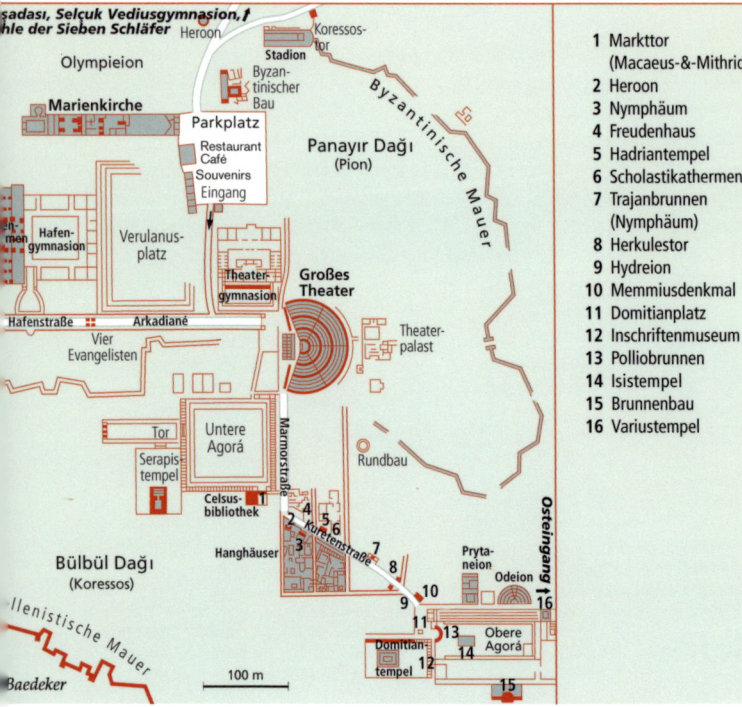

Karte/Plan mit Beschriftungen:
- sadası, Selçuk Vediusgymnasion, hle der Sieben Schläfer
- Heroon
- Olympieion
- Koressos-Tor
- Stadion
- Byzantinischer Bau
- Marienkirche
- Parkplatz (Restaurant, Café, Souvenirs, Eingang)
- Panayır Dağı (Pion)
- Byzantinische Mauer
- …men
- Hafengymnasion
- Verulanusplatz
- Theatergymnasion
- Großes Theater
- Theaterpalast
- Hafenstraße
- Arkadiané
- Vier Evangelisten
- Tor
- Untere Agorá
- Serapistempel
- Marmorstraße
- Celsusbibliothek
- Hanghäuser
- Kuretenstraße
- Rundbau
- Prytaneion
- Odeion
- Osteingang
- Bülbül Dağı (Koressos)
- Domitiantempel
- Obere Agorá
- Hellenistische Mauer
- Baedeker
- 100 m

1 Markttor (Macaeus-&-Mithridates-Tor)
2 Heroon
3 Nymphäum
4 Freudenhaus
5 Hadriantempel
6 Scholastikathermen
7 Trajanbrunnen (Nymphäum)
8 Herkulestor
9 Hydreion
10 Memmiusdenkmal
11 Domitianplatz
12 Inschriftenmuseum
13 Polliobrunnen
14 Isistempel
15 Brunnenbau
16 Variustempel

Gesimsen. Der ursprünglich ganz mit farbigem Marmor ausgekleidete Bibliothekssaal war in drei Stockwerke unterteilt. Um die beiden unteren Etagen führten Säulengänge. Eine durchgehende Apsis in der rückwärtigen Wand barg die Fächer für die Pergamentbände und Schriftrollen. Unter der Apsis in einer Grabkammer steht der **Sarkophag des Titus Iulius Celsus Polemaeanus** (Statthalter der Provinz Asia), dem zu Ehren dessen Sohn Anfang des 2. Jh.s n. Chr. das Gebäude errichtete (►S. 236).

Unmittelbar neben der Celsusbibliothek, an der Südostecke der Unteren Agorá, befindet sich ein Markttor. Nach einer Inschrift wird es als Tor des Macaeus und des Mithridates bezeichnet.

Markttor

An der zur Oberen Agorá verlaufenden Kuretenstraße gelangt man – vorbei am **Oktogon**, einem monumentalen Grabbau, und vorbei am Gebäude gegenüber, bei dem es sich wohl um das einstige städtische **Freudenhaus** handelte – zum kleinen **Hadriantempel**, der nach einer Inschrift dem römischen Kaiser Hadrian (117 – 138 n. Chr.) geweiht war. Nördlich dahinter befindet sich das Grabungs-

★
Kuretenstraße

◄ weiter auf S. 238

▶ Celsusbibliothek ZIELE 237

Eine der vier Statuen aus den Nischen im Erdgeschoss: Sophia, die Verkörperung der Weisheit

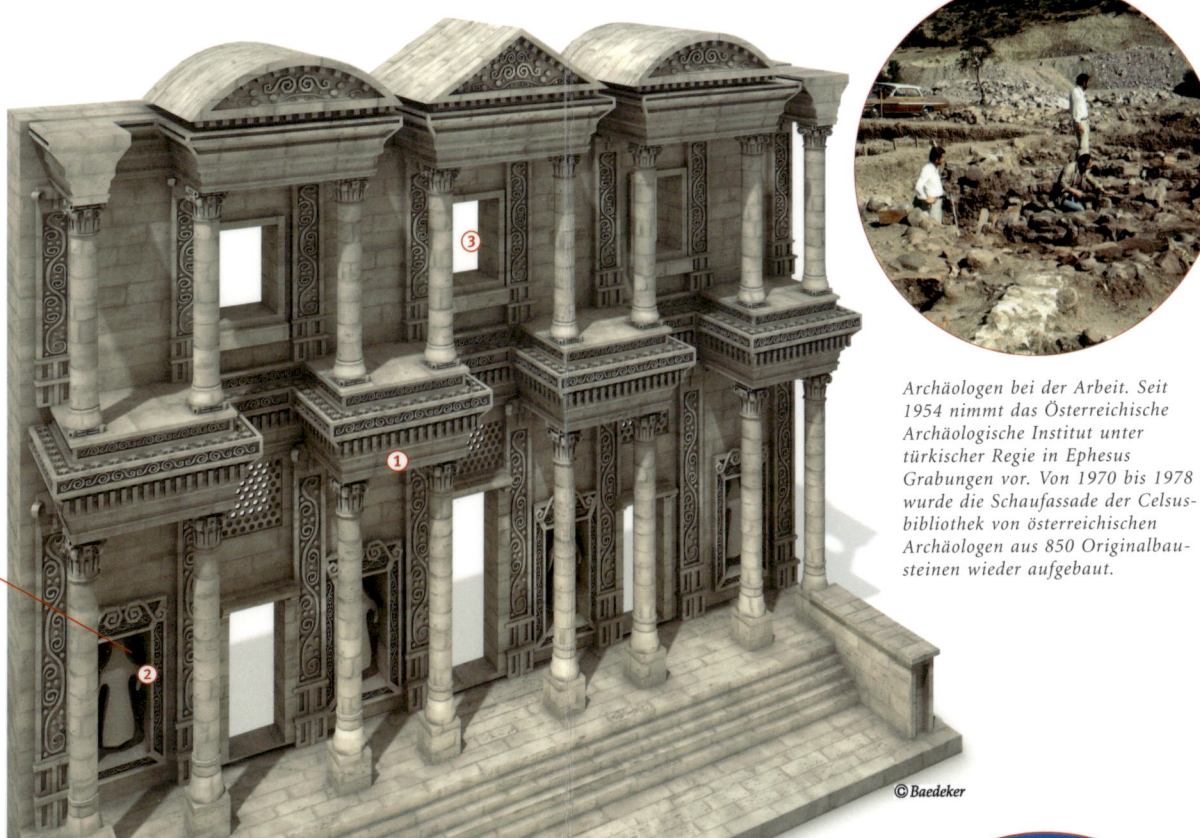

ΣΟΦΙΑ
ΚΕΛΣΟΥ

Archäologen bei der Arbeit. Seit 1954 nimmt das Österreichische Archäologische Institut unter türkischer Regie in Ephesus Grabungen vor. Von 1970 bis 1978 wurde die Schaufassade der Celsusbibliothek von österreichischen Archäologen aus 850 Originalbausteinen wieder aufgebaut.

© Baedeker

Die steile Perspektive macht die raffinierte Konstruktion der Fassade noch schneller ersichtlich.

Rechts neben der Celsusbibliothek steht das im Stil eines römischen Triumphbogens erbaute Markttor, das auch als Tor des Macaeus und des Mithridates bezeichnet wird. Macaeus und Mithridates waren zwei ehemalige Sklaven, die im Dienst der augusteischen Familie standen. Nachdem man ihnen die Freiheit geschenkt hatte, erbauten sie aus Dankbarkeit dieses Tor und weihten es Kaiser Augustus und seiner Familie.

feld der im 2. Jh. n. Chr. entstandenen und um 400 von einer Christin namens Scholastika erneuerten **Scholastikathermen**, eines einst mehrstöckigen Badehauses.

Hanghäuser Seit den 1980er-Jahren werden in der Stadt des Lysimachos die sog. Hanghäuser von Ephesus (Extraeintritt) ausgegraben. Dabei handelt es sich um verschiedene Wohnblocks aus der römischen Zeit, die um Innenhöfe angelegte Räume mit unterschiedlichsten Mosaiken und Malereien besaßen. Die mit Marmorfußböden und Holzdächern ausgestatteten, teilweise bis zu 900 m² großen, mit Brunnen und Hausheiligtümern bestückten Bauten zählen sicherlich zu den Höhepunkten der Ausgrabungen.

Weitere Gebäude an der Kuretenstraße An der Kuretenstraße folgen dann nacheinander ein **Trajanbrunnen** (Nymphaion), das **Herkulestor** und ein **Denkmal des Gaius Memmius**, der sich bei der Bekämpfung der Seeräuber hervorgetan hatte (1. Jh. v. Chr.). Die Straße mündet schließlich in einem Rechtsbogen auf den sog. **Domitianplatz** mit dem Polliobrunnen in einer Nische an der Ostseite. In der Platzmitte stand vermutlich ein Monument, das die heute noch sichtbare Reliefplatte der geflügelten Nike trug. Oberhalb des Platzes erhebt sich der mächtige Unterbau des stattlichen **Domitiantempels**, den die Provinz Asia für den Kaiser Domitian (51 – 96 n. Chr.) errichtet hatte. Im Kellergewölbe ist ein Inschriftenmuseum eingerichtet.

Obere Agorá Im Osten des Domitiantempels dehnt sich die Obere Agorá aus, die auch als Politische Agorá bezeichnet wird.

Prytaneion, Buleuterion An der Nordseite der Oberen Agorá steht das Prytaneion mit dem anschließenden Buleuterion. An den Säulen sind Namen von Prytanen, den obersten städtischen Beamten, eingemeißelt.

★ **Odeion** Östlich davon befindet sich das Halbrund des im 2. Jh. n. Chr. von Publius Vedius Antonius gestifteten Odeions, das insgesamt 1400 Besucher fasste.

Die alte Hauptstraße führt von der Oberen Agorá ostwärts weiter zum Osteingang des Grabungsgeländes (an der zum Haus der Maria führenden Straße) und endet außerhalb beim Magnesischen Tor, von dessen drei Durchgängen die Straße nach Magnesia am Mäander ausging. Im Straßenbogen steht der Sockel eines fälschlich als Grab des hl. Lukas bezeichneten römischen Rundbaus, der in byzantinischer Zeit durch Anfügung einer Apsis und einer Vorhalle zu einer Kirche umgestaltet wurde.

▶ **Magnesisches Tor**

▶ **Lukasgrab**

Ostgymnasion Unmittelbar nördlich vom Magnesischen Tor erhebt sich die stattliche Ruine des Ostgymnasions (1./2. Jh. n. Chr.), das, da viele Mädchenstatuen ausgegraben wurden, auch **Mädchengymnasion** genannt wird.

► Ephesus   ZIELE   239

Umgebung von Ephesus

Vom Ostgymnasion führt ein Weg nordöstlich auf den bis 155 m ü. d. M. ansteigenden Panayır Dağı (Pion), der einen schönen Überblick über das sich halbkreisförmig um den Hügel ziehende Ruinenfeld bietet.

★ **Panayır Dağı Aussicht**

Am Nordostfuß des Hügels liegt das Gebiet der so genannten Höhle der sieben Schläfer, die durch eine Sage Berühmtheit erlangt hat. Während der Christenverfolgung sollen in der Mitte des 2. Jh.s sieben in eine Höhle eingemauerte Jünglinge in einen tiefen Schlaf versunken sein und erst unter Kaiser Theodosius II. (401–450) wieder das Tageslicht erblickt haben. Nach ihrem Tode soll sie der Kaiser in der Höhle beigesetzt und darüber eine **Wallfahrtskirche** gebaut haben. Bei den in den Jahren 1926 bis 1928 durchgeführten Ausgrabungen wurden zahlreiche ineinander verschachtelte **Säle** freigelegt, die in Wandnischen und unter dem Boden Hunderte von Gräbern enthielten.

Höhle der sieben Schläfer

Südwestlich vom Bülbül Dağı steht in Meryemana am Ala Dağı (420 m ü. d. M.), einer in der Antike Solmissos genannten Höhe, ein als **Wohn- und Sterbehaus der Maria** bezeichnetes Gebäude (Panaya Kapulu), das in seinen Grundmauern aus dem 1. Jh. n. Chr. stammt,

★ **Haus der Maria**

Im großen Theater von Ephesus fanden ca. 25 000 Zuschauer Platz.

SELÇUK ERLEBEN

s. Karte S. 232

AUSKUNFT
Atatürk Mah., Agora Çarşısı 35
Tel. (02 32) 892 63 28
Fax 892 69 45
www.selcuk.gov.tr

ESSEN
▶ Erschwinglich
① *Özdamar Restaurant*
Cengiz Topel Cad. 65
Tel. (02 32) 891 40 97
Eines der Touristenlokale auf der Cengiz Topel Caddesi, der Restaurantmeile von Selçuk.

② *Akay*
Atatürk Mah. 1054 Sok.
(nahe der isa-Bey-Moschee)
Tel. (02 32) 892 31 42
Dachrestaurant im gleichnamigen Hotel. Gutes Essen in ruhigem Ambiente. Der Besitzer spricht Deutsch.

▶ Preiswert
③ *Selçuk Köftecisi*
Şahabettin Dede Cad.
Sehr einfaches Lokal mit wenigen, aber sehr guten Gerichten.

ÜBERNACHTEN
▶ Komfortabel
① *Hotel Kalehan*
Atatürk Cad. 49
Tel. (02 32) 892 61 54
www.kalehan.com; 52 Z.
Im osmanischen Stil eingerichtetes kleines Hotel. Swimmingpool im kleinen Garten und Restaurant.

② *Hotel Nilya*
Atatürk M.,1051 Sk.7
Tel. (232) 892 90 81, Fax 892 90 80
www.nilya.com; 11 Z.
Traditionell eingerichtete Zimmer. Schöner Innenhof.

▶ Günstig
③ *Homeros*
Atatürk Mah. Asmali Sok. Nr. 17
Tel. (02 32) 892 39 95
www.homerospension.com
Pension mit schöner Dachterrasse.

---

in byzantinischer Zeit restauriert wurde, später verfiel und heute **Wallfahrtsstätte** ist. Die Vermutung, dass die Mutter Jesu in Ephesus gelebt habe, geht auf eine von **Clemens Brentano** veröffentlichte Vision der stigmatisierten Nonne Katharina Emmerich aus Dülmen in Westfalen (1774–1824) zurück, die das Aussehen und die Lage des Hauses genau beschrieb. Die Zufahrt von der Hauptstraße Selçuk – Aydın führt nach 4,5 km unweit vom Ostgymnasion und außen am Magnesischen Tor vorüber, dann noch 3,5 km um den Osthang des Panayır Dağı herum zur heutigen Wallfahrtsstätte.

Selçuk und Umgebung

Rundgang Die kleine Fußgängerzone von Selçuk, deren Beginn in der Nähe einer seldschukischen Moschee ein Brunnen mit der Artemisstatue in der Mitte schmückt, bietet ein paar kleine Geschäfte und Restaurants und lässt im Verlauf sogar noch Reste einer spätantiken Wasserleitung erkennen, auf deren Stümpfen oft bewohnte Storchennester zu entdecken sind. Nach der Überquerung der Straße von Izmir nach Aydın erreicht man, der Aquäduktleitung auf der gegenüber liegenden Seite folgend, nach etwa 200 m rechts die **Burg** auf dem Ayasoluk-Hügel. Durch das im 7. Jh. n. Chr. aus älteren Werkstücken errichtete **Byzantinische Tor** – nach einer Reliefdarstellung (Achilles schleift den Leichnam Hektors hinter sich her) auch **Tor der Verfolgung** genannt – gelangt man in den unteren Festungsbezirk. Das von zwei massigen Rechtecktürmen flankierte Festungstor hat zwei hintereinander liegende Bogenöffnungen. Hinter dem Tor links bietet sich ein hübscher Ausblick auf die Ebene des Küçük Menderes und zur einzig verbliebenen Säule des Artemiseions.

> ! *Baedeker* TIPP
>
> **Ein Muss für Hobbyeisenbahner**
>
> Im Örtchen Çamlık, 10 km südlich von Selçuk, liegt an der Straße nach Kuşadası ein hübsches Open-Air-Museum, das »Çamlık Buharlı Lokomotif Müzesi«, mit über 30 restaurierten Loks, die noch im letzten Jahrhundert in der Türkei unterwegs waren (Info-Tel. 0232 / 894 81 16).

★ **Johannesbasilika**

Unterhalb der Zitadelle stehen die Reste der Basilika des hl. Johannes, die nahezu die ganze Breite des Hügelrückens einnahm und einst neben der Hagia Sophia und der zerstörten Apostelkirche in Konstantinopel zu den größten byzantinischen Kirchen zählte. Nach der Überlieferung soll unter der Basilika das **Grab des hl. Johannes**, des Evangelisten, liegen. Die Seldschuken bauten nach der Eroberung von Ephesus die dreischiffige Basilika, die die Form eines lateinischen Kreuzes hatte und von sechs Kuppeln überwölbt war, 1330 zu einer Moschee um. Später diente sie als Basar, bis dann ein Erdbeben das Gebäude zerstörte.

Zitadelle

Nördlich oberhalb der Johannesbasilika erhebt sich auf der Spitze des Hügels die noch wohl erhaltene Zitadelle (nicht zu besichtigen), über deren Baudatum keine schriftlichen Quellen existieren. Doch kann aus der Art des Mauerwerks geschlossen werden, dass die Festung noch in byzantinischer Zeit errichtet und dann von den Seldschuken weiter ausgebaut wurde. Die mächtige Umfassungsmauer hatte 15 meist rechteckige Wehrtürme. Im Inneren befinden sich mehrere Zisternen, eine kleine Moschee aus seldschukischer Zeit und eine byzantinische Kirche.

★ **Isa-Bey-Moschee**

Am Südwesthang des Zitadellenhügels steht die aus seldschukischer Zeit stammende Große Moschee (auch Isa-Bey- oder Selim-Moschee), die einen großen Arkadenhof mit dem Brunnen für rituelle Waschungen und dem eigentlichen Betraum umschließt. Über der außen mit Marmor verkleideten westlichen Moscheemauer steigt ein rundes Minarett bis zur Höhe des Umganges für den Muezzin auf. Das zweite Minarett an der östlichen Mauer ist zerstört.

Hoffen auf Erfüllung: Wunschzettelwand am Haus der Maria (s. S. 239)

Artemiseion Etwa 300 m südlich unterhalb der Großen Moschee, vom Hauptplatz in Selçuk aus halbrechts in Richtung Ephesus, erreicht man die auf der rechten Seite in einer flachen sumpfigen Mulde gelegenen geringen Reste des Artemiseions, des **Tempels der Artemis**, der einst als eines der sieben **Weltwunder** galt. Der große Marmortempel entstand im 6. vorchristlichen Jahrhundert. Der 109 m lange und 55 m breite Dipteros hatte in seinen beiden umlaufenden Säulenreihen, im Vorraum und in der rückwärtigen Vorhalle insgesamt 127 Säulen. Nach der Zerstörung bei einem Überfall der Goten auf Ephesus um 260 n. Chr. verfiel das riesige Bauwerk in byzantinischer Zeit völlig und wurde als Steinbruch benutzt.

✱ Archäologisches Museum Das sehenswerte Archäologische Museum von Selçuk steht am Rande des Stadtparks an der Straße von Aydın nach Izmir. Es enthält die kostbarsten Funde aus Ephesus und der nächsten Umgebung. Neben wertvollen Keramikresten sind Schmuck, Gebrauchsgegenstände, Statuen von Göttern und Kaisern, Reliefplatten und farbige Wanddekorationen erhalten. Die **Figurengruppe des Polio-Brunnens** mit Odysseus und seinen Gefährten, die den einäugigen Polyphem besiegen, oder der aus einem Wohnhaus stammende **Elfenbeinfries** mit Darstellungen des Kaisers Trajan zählen zu den sehenswertesten Ausstellungsstücken. Im Artemis-Saal ist die eindrucksvolle Großplastik der **»vielbrüstigen« Fruchtbarkeitsgöttin**, die im Prytaneion gefunden wurde und eine Kopie der Originalstatue darstellt, zu bewundern. Ob es sich hierbei tatsächlich um Brüste handelt, bezweifeln viele Wissenschaftler; einige Experten sehen in dem Fruchtbarkeitssymbol Stierhoden (Öffnungszeiten: Di. – So. 8.30 – 12.00, 13.00 bos 18.30 Uhr).

Pamucak

Etwa 9 km westlich von Selçuk entfernt liegt bei Pamucak ein schöner, ausgedehnter, feinsandiger Strand. Viertelstündlich fährt ein Minibus-Dolmuş von der Busstation in Selçuk dorthin. An Sommerwochenenden herrscht auf dem Strand jedoch großes Gedränge (▶Kuşadası, Badestrände). An der nördlich von Pamucak nach Norden verlaufenden Küstenstraße in Richtung Özdere laden einige hübsche, nicht überlaufene Buchten zum Baden ein.

Erdek

E 5

Landesteil: Südliches Marmarameer **Provinz:** Balıkesir
Höhe: 10 m ü.d.M. **Einwohnerzahl:** 22 600

Erdek liegt ausgesprochen malerisch im Südwesten einer 807 m hohen, gebirgigen, teils bewaldeten und überwiegend aus Granit aufgebauten Halbinsel am südlichen Marmarameer, die nordwestlich der Kreis- und Hafenstadt Bandırma nur durch eine schmale Landenge mit dem Festland verbunden ist.

Badeort am südlichen Marmarameer

Das ehemalige Fischerdörfchen auf der Kapıdağı-Halbinsel (Torberg) hat sich in den letzten Jahren zu einem **viel besuchten Badeort** entwickelt, wo vor allem Bewohner von ▶Bursa und ▶Istanbul gern den Urlaub oder ein Wochenende verbringen. Nördlich und südlich von Erdek gibt es kilometerlange, teils feinsandige Strände. Einen Strand mit feinem Sand findet man auch weiter nördlich bei der Ortschaft Ocaklar. Weniger überlaufen sind die Strände im Nordteil der Halbinsel, die sich ebenfalls zum Wandern eignet.

Umgebung von Erdek

Kyzikos

Etwa 10 km südöstlich von Erdek liegen an der Straße nach Bandırma auf der Landenge zwischen der Halbinsel Kapıdağı und dem Festland die Reste der antiken, 1224 n. Chr. verlassenen Handelskolonie Kyzikos. Es sind nur noch Ruinen der Stadtmauer, des Theaters, des Amphitheaters, des Aquädukts und des Zeustempels vorhanden.

Marmara Adası

Von Erdek fahren Boote nach Marmara Adası und Türkeli (Avşa). Die sehr gebirgige Marmara-Insel (Marmara Adası) ist die bekannteste und mit 180 km² auch die größte der insgesamt 23 Inseln im Marmarameer. Von ihr erhielt das Marmarameer seinen Namen. Berühmt wurde die Insel durch ihre Marmorsteinbrüche (aus »Marmor« wurde »Marmara«), den Rohstoff für römische Sarkophage und osmanische Moscheebauten. In der Ortschaft Saraylar sind in einem **Freilichtmuseum** Funde aus römischer und byzantinischer Zeit ausgestellt. Heute gilt die Insel als beliebtes Badeziel.

ERDEK ERLEBEN

AUSKUNFT
Neyire Sıtkı Cad. 31 / A
Tel. u. Fax (02 66) 835 11 69
www.erdekturizm.com

ÜBERNACHTEN

▶ **Erschwinglich**
Toronto Hotel
Erdek, Tel. (02 66) 835 38 57
Fax 835 23 23; 124 B.
www.hoteltoronto.com.tr
Großes Hotel am Strand mit Tennisplätzen, Swimmingpool und Restaurant. Alle Zimmer haben einen Balkon und Fernseher.

Eken Hotel
Uğur Mumcu Cad. 9, Bandırma
Tel. (02 66) 714 78 00, Fax 712 53 55
www.ekenhotels.com
Hotel (78 Z.) mit zwei Restaurants, Lobbybar und Sauna mitten im Zentrum von Bandırma, etwa 60 m vom Strand entfernt.

Avşa ▶ Ebenfalls für den Küstentourismus bedeutend ist Türkeli, auch Avşa genannt. Das lediglich 21 km² große, drei Seemeilen südlich der Marmara-Insel gelegene Eiland, auf dem es nur zwei Dörfer gibt, besitzt herrliche Strände und fruchtbare Weingärten.

★
Nationalpark Kuş Cenneti
Südöstlich von Erdek bzw. etwa 40 km südlich von Bandırma liegt eingebettet in einer Hügellandschaft der 166 km² große, maximal 8 m tiefe **Kuş-See** (Vogelsee; früher Manyas Gölü), ein fisch- und planktonreicher Süßwasserflachsee, an dessen Ostufer sich der bekannte Vogelschutzpark Kuş Cenneti befindet. 1938 wurde auf Initiative des deutschen Zoologen Curt Kosswig am Ostufer des Kuş

Tägliche Arbeit im Hafen von Erdek

Gölü nahe dem Ort Sıgırcık ein 52 ha großer **Naturschutzpark** mit etwa 250 Vogelarten und einem kleinen Vogelmuseum eingerichtet. In dem naturbelassenen Gelände kann man von besonderen Aussichtsstellen die heimische Vogelwelt ungestört beobachten, u. a. Reiherarten und Pelikane.

∗ Fethiye

H 12

Landesteil: Südwestküste (Mittelmeer) **Provinz:** Muğla
Höhe: 0 – 50 m ü.d.M. **Einwohnerzahl:** 68 300

Dass Fethiye zu den beliebtesten Urlaubsorten in der türkischen Küste zählt, ist den wunderschönen Badestränden in der Umgebung zu verdanken, allen voran der Traumlagune Ölüdeniz.

Die quirlige Kreis- und Hafenstadt Fethiye, rund 150 km südöstlich der Provinzhauptstadt Muğla am Ende des inselreichen, über 30 km weiten Golfs von Fethiye gelegen, hat sich in den letzten Jahren zum touristischen Zentrum entwickelt. Die Stadt, die in der Antike Telmessos und später Makri hieß, nahm, nachdem die Türkei eine Republik geworden war, den Namen Fethiye zum ehrenden Andenken an den bei einem Flugzeugabsturz ums Leben gekommenen Piloten Fethi Bey an. Mit einer **langen Hafenpromenade** dehnt sich die 1957 durch ein Erdbeben verwüstete Stadt um die Bucht herum aus und hat ihr Zentrum unweit des antiken Theaters gegenüber dem Jachthafen. Einige belebte Basarstraßen, verschiedene Geschäfte, Cafés und Restaurants prägen das Bild der Innenstadt, Reste der Altstadt mit malerischen Gassen und Erkerhäusern findet man am Hang des Burgbergs. Fethiye liegt nur ca. 50 km vom Regionalflughafen Dalaman entfernt. Die **zahlreichen Badestrände**, u. a. an der buchtenreichen Küste (darunter der Strand von Ölüdeniz, der idyllischste Strandabschnitt an der gesamten türkischen Küste) und auf den Inseln im Golf (Bootsverbindungen), sowie die Vielzahl antiker Stätten an der Küste und im Gebirge haben zu wachsen-

Lykische
Urlaubs-
metropole

Fethiye Orientierung

1 Lykischer Sarkophag
2 Turm
3 Felsgräber
4 Hangbauten
5 Grabhaus
6 Amyntas-Grab
7 Lykische Felsgräber

Essen
① Meğri
② Rafet Restaurant
③ Birlik Lokantası

Übernachten
① Montana Pine Resort
② Hotel Doruk
③ Kemal
④ Lykia World
⑤ Ölüdeniz Asena Beach Resort

FETHIYE UND UMGEBUNG ERLEBEN

AUSKUNFT
Iskele Karşısı 1
Tel. u. Fax (02 52) 614 15 27
www.fethiye.net

ESSEN
▶ Erschwinglich
① *Meğri*
Carsı Caddesi 26
Mitten im Basar gelegenes Lokal mit ausgezeichneten und preiswerten Gerichten. Bei Einheimischen beliebt.

② *Rafet Restaurant*
Kordon Boyu
Tel. (02 52) 614 11 06
In dem geräumigen Restaurant werden Fischgerichte und typisch türkische Speisen serviert. Eine schöne Kulisse bildet der Hafen mit Segelbooten und Jachten. Schon seit über vier Jahrzehnten verwöhnt das Lokal einheimische wie ausländische Gäste.

▶ Preiswert
③ *Birlik Lokantası*
Atatürk Caddesi
Traditionelle türkische Gerichte.
Ausgesprochen freundlicher Service.

ÜBERNACHTEN
▶ Komfortabel
① *Montana Pine Resort*
Hisarönü, Ölüdeniz
Tel. (02 52) 616 71 08, Fax 616 64 51
www.montanapine.com; 159 Z.
Auf etwa 250 m Höhe gelegene und 2 km vom Strand entfernte Hotelanlage zwischen dem Hauptort Fethiye und der berühmten Lagune von Ölüdeniz. Ruhig, da etwas abseits vom Touristenrummel. Sauna, Pool, Sportplätze sowie ein Pool-Restaurant vor der Bergkulisse. Zubringerdienst zum Besuch des herrlichen Sandstrandes von Ölüdeniz.

② *Hotel Doruk*
Oberhalb des Jachthafens
Tel. (02 52) 614 98 60, Fax 612 30 01
www.hoteldoruk.com
Häufig ausgebuchtes Hotel mit 32 netten Zimmern und einem Pool.

④ *Lykia World*
Kidrak Mevkii, Ölüdeniz
(3 km östlich von Ölüdeniz)
Tel. (02 12) 617 02 00, Fax 617 03 50
www.lykiaworld.de
Riesige Ferienanlage (864 Z.) in einer rund 370 000 m² großen Grünanlage mit eigenem 750 m langem Kiessandstrand. Thalasso & Beauty Centre, Gleitschirmfliegen, alle Wassersportarten, 17 Tennisplätze, 17 Pools, Golf, großes Kinderparadies sowie Restaurants.

⑤ *Ölüdeniz Asena Beach Club*
Tel. (02 52) 617 01 54, Fax 617 04 87
www.asenabeach.com
Komfortable Ferienanlage ; (128 Z.) am Strand, fünf Gehminuten von der Lagune von Ölüdeniz. Drei Restaurants, verschiedene Bars und Cafés. Nach dem Abendessen musikalische Darbietungen am Pool.

▶ Günstig
③ *Kemal*
Kordon Geziyolu 1
Tel./Fax (02 52) 614 50 09
www.hotelkemal.com
Einfaches Stadthotel am Kai mit 21 hübschen Balkon-Zimmern.

Meeresfrüchte auf türkische Art

dem Fremdenverkehr geführt und auch aus den umliegenden Dörfern wichtige Standorte mit großem Hotelangebot gemacht. Allerdings weist der Tourismus in der Region andere Dimensionen auf als z. B. an der türkischen Südküste bei Antalya, Side und Alanya. Die Hotels sind hier meist kleinere Familienbetriebe mit geringen Kapazitäten. Clubs und Feriendörfer gibt es nur in begrenzter Zahl, auch das Nachtleben im Golf kann sich mit dem von Bodrum oder Marmaris nicht messen. Dennoch erwartet die Urlauber ein unvergleichlich **großes Freizeitangebot**. Die Möglichkeiten reichen von Paragliding am Strand von Ölüdeniz über Wanderungen in den lykischen Bergen bis hin zu Wildwasserfahrten auf den Flüssen Dalaman und Esen sowie Wassersportmöglichkeiten jeder Art.

Sehenswertes in Fethiye

Telmessos

An der Stelle des heutigen Fethiye lag im Altertum unter einer steilen Bergwand, von der sich der Akropolisfelsen abhebt, die bedeutende lykische Stadt Telmessos, die schon zu Zeiten des Kroisos durch ihre Weissager berühmt war. Es fällt schwer, das in der Neuzeit durch zwei Erdbeben zerstörte und durch die nachfolgende moderne Überbauung verdeckte antike Telmessos auszumachen. Der fast senkrechte Felsabsturz begrenzt im Westen wahrscheinlich die hellenistische und römische Stadt. Im Osten markieren die römischen **Grabanlagen** den Ortsrand; die lykische Nekropole bildete wohl die Südgrenze.

Auf dem im Mittelalter von den rhodisischen Rittern des Johanniterordens und den Genuesen überbauten **Burgberg** sind auch Reste wesentlich früherer Bauten festzustellen. Die im Nordwesten der Burg befindlichen Häuserreste, einige Zisternen und eine alte Wasserleitung lassen vermuten, dass hier eine nicht ummauerte lykische Hangsiedlung lag, während sich der Schwerpunkt der Stadt in späterer Zeit in die Uferebene verlagert hat. Von dem antiken Theater ist heute außer dem Umriss der Cavea nichts mehr zu sehen. Beredte Zeugen aus der Antike sind jedoch eine Reihe eindrucksvoller **Felsgräber** in den charakteristischen lykischen Holzarchitektur- und späteren ionischen Tem-

Am Abend locken Fethiyes Altstadtkneipen.

Blick über Fethiye im gleichnamigen Golf

pelformen. Eine Hauptgruppe befindet sich in der Felswand auf der Ostseite der heutigen Bebauungszone. Besonders hervorzuheben ist die prächtige für Amyntas, den Sohn eines lokalen Fürsten errichtete Grabanlage aus dem vierten vorchristlichen Jahrhundert.

Museum von Fethiye Das Städtische Museum von Fethiye in der Merkez Atatürk Ilk Ögretim Okulu (nördlich der Hauptstraße Atatürk Caddesi) zeigt archäologische Funde, darunter Marmorstatuen aus der römischen Zeit, Büsten von Kaisern und Göttern sowie einige Schaukästen mit Kleinfunden aus der Gegend von Fethiye. Das bedeutendste Dokument des Museums ist die **dreisprachige Inschriftenstele von Letoon** (358 v. Chr.). Aufgrund der aramäischen und griechischen Übersetzung des lykischen Textes konnte man große Fortschritte bei der Entzifferung der lykischen Sprache machen (Öffnungszeiten: Di. – So. 9.00 – 17.00 Uhr).

Badestrände Fethiye besitzt auch einen Stadtstrand (zwischen Mole und Marina), doch ist dieser keineswegs zu empfehlen. Das eigentliche Strandareal des Ortes befindet sich in den Buchten der östlich gelegenen Halbinsel Oyuktepe und am langen, mit Hotels und Restaurants überbauten **Çalış-Strand** 5 km nördlich von Fethiye. Vor allem der südöstliche Abschnitt des Çalış-Strandes ist stets überlaufen. In der Hochsaison verkehren alle 15 Minuten Dolmuş-Minibusse und alle 30 Minuten Boote zwischen Fethiye und Çalış.

Umgebung von Fethiye

Rund 20 km nordwestlich von Fethiye befinden sich die Buchten Katrancı, Küçük Kargı und Günlük. Diese teils waldgesäumten Badestrände sind zwar schön gelegen, aber nicht besonders gepflegt und werden hauptsächlich von türkischen Urlaubern aufgesucht. Zwischen Küçük Kargı und Göcek gibt es weitere reizvolle Buchten, die allerdings nicht von Land aus zu erreichen sind. In **Göcek**, einem ruhigen, aber exklusiven, vom Massentourismus bisher verschonten Fleckchen in der Nordwestecke des Golfs von Fethiye (Fethiye Körfezi), etwa 30 km von Fethiye entfernt, geben sich Segler und Jachteigner sowie internationale Berühmtheiten aus Politik, Showgeschäft etc. gern ein Stelldichein. Der Ort mit den beiden Jachthäfen, der hübschen Uferpromenade und den kleinen schicken Geschäften weist nur einen ziemlich bescheidenen Badestrand auf, in der näheren Umgebung kann man jedoch etliche hübsche Buchten entdecken. Allerdings sind viele davon nur nach einem langen Fußmarsch oder mit dem Boot erreichbar. Die besten Badeplätze im Golf von Fethiye liegen auf den Inseln **Yassıca Adası** (mit schönen Sandstränden), **Tersane Adası** (die größte Insel im Golf, südlich von Göcek), **Gemiler Adası** und **Şövalye Adası** (Ritterinsel). Die direkt vor Fethiye gelegene Ritterinsel nutzten die Johanniter-Ritter als Marinestützpunkt. Heute unterhalten dort viele Türken Sommerhäuser; allerdings lässt die Qualität des Wassers an den Badeplätzen sehr zu wünschen übrig. Von Fethiye startet eine Zwölf-Insel-Tour (Oniki Adalar Tur) zu beliebten Badeplätzen im Golf; auch in Göcek werden Bootstouren zu umliegenden Inseln angeboten.

Golf von Fethiye

> ! **Baedeker TIPP**
>
> ### Nervenkitzel
> Am wohl bekanntesten Strand der Westküste, am Sandstrand von Ölüdeniz, wird Nervenkitzel groß geschrieben. Einige Reiseagenturen bieten Tandemflüge mit einem ausgebildeten Paragliding-Lehrer an. Mit Jeeps fährt man trockene Bachbetten bis zum Babdağ hinauf, um sich dann in die Tiefe zu stürzen. (Reiseanbieter ist z. B. Easy Riders Travel Ltd, Han Kamp PK.5, für Paragliding, Trekking, Tauchen, Rafting und sonstige Tagestouren).

Die 8 km südlich von Fethiye gelegene, heute verlassene ehemalige Stadt Levissi (Kayaköy) – zwischen Fethiye und Ölüdeniz – war Ende des 19. Jh.s ein etwa 200 Jahre alter Ort mit etwas über 3000 Einwohnern und stand auf den Resten der antiken Stadt **Carmylessus**. Die überwiegend von Griechen bewohnte Stadtwurde 1922 (Bevölkerungsaustausch) und 1957 nach einem Erdbeben verlassen. Somit wirkt die am Hang gelegene und unter Denkmalschutz stehende Terrassenstadt mit ihren großen, europäischen Steinbauten im Stil des ausgehenden 19. Jhs. heute wie ein Geisterort. Eine gewisse Wiederbelebung bringt der Tourismus – in Form von Restaurants und Andenkenbuden.

★ **Kayaköy (Levissi)**

Der meistfotografierte Badestrand der Türkei: Ölüdeniz bei Fethiye

★★ Ölüdeniz

Von den vielen reizvollen Badeplätzen der Umgebung ist vor allem die als Ölüdeniz (Totes Meer) bekannte **geschützte Strandlagune** im Inneren der Bucht von Belçegiz (15 km südlich von Fethiye) hervorzuheben. Das beliebte Ferienziel Ölüdeniz, **die berühmteste Bucht der Türkei** und das wohl beliebteste Fotomotiv der türkischen Südküste, zeichnet sich durch helle feinsandige Strandpartien und türkisfarbenes Wasser in einer bewaldeten, geradezu paradiesisch anmutenden Gebirgslandschaft aus (Naturschutzgebiet). Dass man an diesem in der Hochsaison stets überlaufenen Strand Eintritt zahlen muss, ist nicht verwunderlich. In der traumhaften Lagune von Ölüdeniz darf seit Jahren nicht mehr gebaut werden, hier gibt es seit über drei Jahrzehnten nur eine Ferienanlage.

> ! *Baedeker* TIPP
>
> **Einfach, aber schmackhaft**
> Kleine Restaurants im Saklıkent Kanyon, die teilweise über dem Bachbett liegen, bieten hauptsächlich Gözleme (gefüllte Fladen) mit Ayran an. Eine Forellenzucht liefert schmackhafte Forellen, die in den kleinen budenähnlichen, einfach wirkenden Speisestätten unbedingt probiert werden sollten.

Für den östlich gelegene Nachbarstrand **Belceiz**, einen 3 km langen Sandstrand, hingegen gilt das Bauverbot nicht, und dort findet der Urlauber Unterkünfte aller Art, Restaurants und Imbisslokale, Cafés, Bars und Diskotheken. Eine Tourismusmeile gibt es auch einige Kilometer landeinwärts, wo man die Hoteldörfer **Hisarönü Köy** und **Ovacık** aus dem Boden gestampft hat. Zwischen Fethiye und Ölüdeniz verkehren Minibus-Dolmuşe mehrmals die Stunde.

Pinara

Sehenswert an der lykischen Nekropole Pinara 45 km südöstlich von Fethiye im Bergland oberhalb der Eşen Ovası sind vor allem die über 900 wabenartig angelegten **Felsgräber** und monolithischen Hausgräber, zu denen man sich von einem Einheimischen geleiten lassen sollte. Besonders imposant ist das monolithische Königsgrab mit einem Relief im Innern.

★ Tlos

Ca. 36 km östlich von Fethiye erreicht man über Kemer und Yakaköy die oberhalb der Eşen Ovası (Xanthostal) gelegenen Ruinen der antiken Stadt Tlos. Die lykische Burg auf einer Felskuppe ist von einer türkischen Festung überbaut. Lykisches und römisches Stadtmauerwerk mit einer Toranlage aus dem 2. Jh. umschließt ein Areal von Wohnvierteln, Zisternen und anderen Bauten (Stadion, Hallenbau, zwei große Thermen, Agorá, Kirchen, Theater, lykische Nekropole) aus lykischer, römischer und byzantinischer Zeit.
Infolge ihrer abseitigen Gebirgslage war die später türkische Burg bis ins späte 19. Jh. Residenz verschiedener autonomer Talfürsten (Derebeys) und ihrer Banditen, unter denen Kanlı Ali Ağa, der »blutdürstige Ali« (Ende des 18. Jh.s), wohl der Berüchtigste war.

Ca. 10 km südlich von Tlos durchbricht der **Eşen Çay** (Eisenfluss), ein wasserreicher Nebenbach des Koca Çay, in der **Schlucht von Saklıkent** (Verborgener Ort) das verkarstete Gebirge der Ak Dağları in einer tief eingeschnittenen, engen Klamm. Die 22 km lange, bis zu 300 m hohe und mitunter kaum 2 m breite Klamm gehört zu den eindrucksvollsten Schluchten der Türkei und wird im Sommer stark besucht. Ein gesicherter Holzsteg führt an der Felswand entlang über den tosenden Wildbach bis in ein schattiges Tal mit Forellenrestaurants und Picknickplätzen. Danach teilt sich die Schlucht; wer weitergehen möchte, muss die Schuhe ausziehen und durchs Wasser waten. Es werden auch Gummischuhe zum Durchwaten des Flusses vermietet.

Mit der Seilschaft durch die Saklıkent-Schlucht

Finike

K 13

Landesteil: Südwestküste (Mittelmeer)
Höhe: 0 – 15 m ü.d.M.

Provinz: Antalya
Einwohnerzahl: 11 200

Bekannt ist das von ausgedehnten Zitrus-Plantagen umgebene Finike (einst Phoinika) in erster Linie wegen seiner Orangen. Rund um den Ort gibt es aber auch kilometerlange Strände.

Kilometerlange Strände

Das Hafenstädtchen liegt rund 120 km südwestlich von ▶ Antalya am Westrand des weit offenen Golfes von Finike. Die wenig ansprechende Stadt bietet außer dem kleinen modernen Jachthafen keine besonderen Sehenswürdigkeiten, verfügt aber an der Bucht über kilometerlange feinsandige Strandpartien. Vom Hafen erstreckt sich entlang der Küstenstraße, die in diesem Bereich autobahnartig ausgebaut ist, ein fast 20 km langer, flacher, baumloser Sandstrand ostwärts bis zur lebhaften Industriestadt Kumluca. Ebenfalls direkt an der Küstenstraße befindet sich der schöne Kiesstrand in der Bucht von Gök Limanı, 3 km südlich von Finike. Weiter in Richtung Kale gibt es noch eine Reihe von sehr schönen kleinen Buchten mit hellen Kiesstränden, die in der Hochsaison aber schnell überfüllt sind. Der schönste Strand ist der Çakili Plajı in einer von Felsen umrahmten Bucht.

Umgebung von Finike

Arykanda

Die **antike Stadt** Arykanda liegt ca. 30 km nördlich von Finike in den Bergen – beim heutigen Dorf Arif – und erstreckt sich auf mehreren Terrassen. Ein anstrengender, aber lohnender Aufstieg bis zum Stadion oberhalb des Theaters wird durch die herrliche Aussicht auf die Stadt belohnt. Das Schicksal der Stadt liest sich ähnlich

▶ FINIKE ERLEBEN

AUSKUNFT

Für Finike ist das Fremdenverkehrsamt von Kaş (s. dort) zuständig.

ESSEN

▶ **Fein & teuer**
Petek Restoran
Tel. (02 42) 855 50 29
Das Hafenlokal bietet neben Grillgerichten eine große Auswahl an Vorspeisen.

ÜBERNACHTEN

▶ **Günstig**
Finike 2000
Westlich des Jachthafens
Tel. (02 42) 855 49 27
www.hotelfinike2000.com; 20 Z.
Beste Unterkunft in Finike. Von den meisten Zimmern, die überwiegend groß sind, genießt man einen herrlichen Blick über die Bucht. Netter Service. Mit Restaurant.

Die lykischen Felsgräber von Myra aus dem 4. Jh. v. Chr.

wie die Geschichte des gesamten lykischen Raumes. Seit 546 v. Chr. unter persischer Herrschaft, wurde Arykanda von Alexander d. Gr. befreit und geriet nach 150 Jahren wechselvoller Abhängigkeit von verschiedenen Dynastien schließlich in den Strudel der römischen Expansionspolitik. Bis zur Errichtung der römischen Provinz Asia war Arykanda Mitglied des Lykischen Bundes und widersetzte sich später lange der neuen christlichen Lehre. Im 5. Jh. war die Stadt Bischofssitz. Bis ins 14. Jh. hinein ist die Existenz von Arykanda belegt, danach schweigen die Quellen. Das heutige Dorf Arif, das z. T. auf den Ruinen der einst viel größeren antiken Stadt liegt, entstand erst im 19. Jahrhundert.

Von der Straße nach Arykanda führt nach etwa 10 km nordöstlich von Finike eine Abzweigung zur Ortschaft Zengerler am Fuße des Berges Toçak. An dessen Hang und in der Ebene davor liegt die antike Stadt Limyra, deren Anfänge bis ins fünfte vorchristliche Jahrhundert zurückzuverfolgen sind. Sehenswert ist hier das **Heroon des Perikles**. Dieses für die Erforschung der lykischen Kunst äußerst aufschlußreiche Grab- und Ehrenmonument liegt in 200 m Höhe über dem Limyrostal und ist auf Serpentinen, die oberhalb des Theaters ihren Anfang nehmen, zu erreichen. Auf einer künstlich geschaffenen Felsterrasse steht das heute durch Eisengitter geschützte Heroon des Perikles, das vermutlich zwischen 370 und 360 v. Chr. in Form eines Tempels auf einem Podest über der Grabkammer des Perikles errichtet wurde. Der tempelartige Oberbau des Grabes trug an seinen Langseiten 6 m lange Friese, die in griechisch-persischer Manier das Bild eines in den Krieg ziehenden

Limyra

Herrschers zeigen. Besondere Erwähnung verdient auch das südlich gelegene **Kenotaph** des 4 n. Chr. in Limyra verstorbenen Gaius Caesar, der die Nachfolge von Kaiser Augustus antreten sollte. Eine kunstvoll gearbeitete Reliefplatte dieses Scheingrabes ist heute im Museum von Antalya ausgestellt.

Myra
Nach einer kurvenreichen Fahrt erreicht man 25 km südwestlich von Finike im Mündungsgebiet des Demre Dere eine weite Küstenebene, die heute von zahllosen Treibhäusern übersät ist (Gemüsezucht, v. a. Tomaten). Beim Städtchen Demre, vormals Kale genannt,) lag in der Antike die bedeutende lykische Stadt Myra mit ihrem gut erhaltenen Theater und den Felsnekropolen. Paulus besuchte auf seiner Reise nach Rom im Jahre 61 n. Chr. den bereits im 5. Jh. v. Chr. gegründeten Ort, den späteren **Bischofssitz des hl. Nikolaus von Patara** und seit Theodosius II. die Hauptstadt Lykiens. Durch Orangenplantagen gelangt man zum römischen Theater der Stadt Myra, das ursprünglich aus der griechischen Zeit stammt und am Fuße der Akropolis an den Berg angelehnt ist. Auf beiden Seiten dieses sehenswerten Theaters, dessen Bühnenfries teilweise aus schön gestalteten Theatermasken bestand, liegen lykische Felsgräber (u. a. 4. Jh. v. Chr.).

Nikolauskirche ▶
In Demre (Kale) steht die berühmte **Kuppelbasilika des hl. Nikolaus**. Nikolaus, der aus Patara stammende Bischof von Myra, wurde wegen seiner Mildtätigkeit und Beliebtheit unmittelbar nach dem Tode (350) heilig gesprochen. »Wunder an seinem Grab« sollten die Grabeskirche des Heiligen zum viel besuchten Pilgerort werden lassen. Eine im 6. Jh. durch Justinian erneuerte Kirche wurde im 8. Jh. umgebaut und im 11. Jh. nach einem Brand wieder errichtet. Der europäische Reliquienwahn des 11. Jh.s. machte im Jahre 1087 auch vor Myra nicht halt. Die Gebeine wurden durch italienische Kaufleute nach Bari überführt, der Sarkophag zerstört. Bis ins 13. Jh., der Zeit der endgültigen Übernahme der Küsten durch die Türken, konnte ein reduzierter **Pilgerbetrieb** aufrechterhalten werden. Die Kuppelkirche aus dem 8. Jh. hat, abgesehen von geringfügigen späteren Erweiterungen im 11. Jh., die Jahre überdauert. Freskenreste in der Apsis und an einigen Mauerpartien gehören der Erneuerungsphase im 11. Jahrhundert an.

> ### ! Baedeker TIPP
>
> **Forelle vom Feinsten**
>
> Auf der Strecke von Finike nach Arif kommt man an einigen Forellenfarmen vorbei. Nach deren Besichtigung, die zwei Stunden in Anspruch nehmen kann, empfiehlt es sich, auf dem Rückweg am Arykandros an einem schattigen Plätzchen von den delikaten gegrillten Forellen zu probieren.

Badestrände ▶
Kale liegt nicht direkt am Meer, aber westlich und östlich des Ortes gibt es schöne Strände. Der östliche Strand, ein 2 km langer Kiesstrand, heißt Taşdibi Plajı. Weit idyllischer ist der westliche feinsandige Sülüklü Plajı, an dessen Rand sich Wanderdünen erheben.

► Herakleia am Latmos ZIELE 255

Rund 5 km westlich von Demre liegt bei der Mündung des antiken Andrakos (heute Demre Çayı) der **alte Hafen von Myra**, Andriake, zu beiden Seiten des Flusses. Das antike Hafenbecken ist heute ein Sumpfgebiet. Im südlichen Teil der Stadt sind verschiedene Bauten erhalten: Lager- und Schiffshäuser, Kaimauer, Granarium (Getreidespeicher), Tempel, der Marktplatz, Teile der Hafenstraße, Wohnhäuser, Zisternen, verschiedene Kirchen und Kapellen. Vor Andriake breitet sich ein wunderschöner Sandstrand aus.

Andriake

★ Herakleia am Latmos

E 10

Landesteil: Westküste (Ägäisches Meer)
Höhe: 10 – 500 m ü.d.M.
Provinz: Mula
Ortschaft: Kapıkırı

Die Ruinenstadt Herakleia liegt am Nordostufer des reizvollen, etwa 17 km langen und 5 km breiten Bafa Gölü (See von Herakleia), der einst den inneren Südzipfel des Latmischen Meerbusens bildete, dann aber durch Ablagerungen des Mäander (Büyük Menderes) vom Meer abgeschnitten wurde.

Den so entstandenen See vor der bizarren Felslandschaft des Beşparmak (Fünf Finger), des bis zu 1367 m hohen Latmosgebirges, nannten die byzantinischen Griechen »Bastarda Thalassa« (Unech-

Ruinenstadt am Bafa-See

Die Ruinen des Athenetempels ragen über dem Bafa-See auf.

► **Herakleia am Latmos**

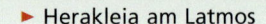

Bäuerinnen am Bafa-See bei der Getreideernte

tes Meer). Das leicht salzhaltige Wasser, das in den Sommermonaten zurückgeht und deshalb oft durch einen Kanal vom Mäander aufgefüllt werden muss, ist reich an Fischen, die in den kleinen Restaurants der Umgebung angeboten werden. Man erreicht Herakleia – mit seinen ansehnlichen Resten einer der romantischsten Punkte im südwestlichen Kleinasien – über eine 11 km lange Asphaltstraße, die in der an der Fernstraße 525 (Söke – Milas) gelegenen Ortschaft Çamiçi (südöstlich des Bafa-Sees) nach Norden abzweigt und bei der Ortschaft Kapıkırı endet.

Im 4. Jh. v. Chr. wurde die Stadt am Meer von König Mausolos von Halikarnassos erobert, der sie mit einer 6,5 km langen Mauer umgeben und verschiedene Tempel anlegen ließ. Unter Mausolos wurde auch der Ort – zu Ehren des griechischen Helden Herakles – in Herakleia umbenannt. Die Blütezeit der Hafenstadt waren die zwei vorchristlichen Jahrhunderte bis zur Römerherrschaft. Recht früh durch das Christentum geprägt, entwickelte sich der Ort und das ihn umgebende Gebirge zu einer religiös bedeutenden Region.

Am Ufer des Sees sowie im Latmosgebirge entstanden Einsiedlerkolonien und Klöster. Die Gründung des Johannesklosters auf Patmos geht auf den letzten Abt des bekannten latmischen Stylosklosters zurück (1088). Nach der Einnahme durch die Seldschuken wurden die Mönche vertrieben, die Klöster verlassen. Im 20. Jh., noch vor dem Ersten Weltkrieg, fanden dann die ersten Ausgrabungen statt.

Besichtigung der Ruinenstadt

Osttor Man betritt die Stadt in der Nähe des mit einem Bogen erhaltenen Osttors. Im weiteren südlichen Mauerverlauf erkennt man auf der in den See vorspringenden Landspitze ein Kastell, das innerhalb des

▶ HERAKLEIA AM LATMOS ERLEBEN

ESSEN
► **Preiswert**
Restaurant Selene's
Direkt am See
Tel. (02 52) 543 52 21
www.bafagolu.com
Pension unterhalb der antiken Stadtmauern mit herrlichem Blick auf den Bafa-See.

ÜBERNACHTEN
► **Günstig**
Agora Pansiyon
Im Zentrum
Tel. (02 52) 543 54 45, Fax 543 55 67
Bekannteste Unterkunft von Kapıkırı (12 Z.). Deutschsprachiger Führer organisiert Wanderungen ins Gebirge (www.agora.pansiyon.de).

Pelikane am idyllischen Bafa Gölü

hellenistischen Mauerzugs in byzantinischer Zeit zu einer Festung umgebaut wurde. Von dort bietet sich ein schöner Blick über den See, aus dem sich einige kleine Inseln erheben, und auf die tiefer liegenden, in den Felsen geschlagenen Gräber.

Dem westlichen Weg folgend erreicht man unterhalb des Dorfes ein Felsheiligtum mit viersäuliger Vorhalle. Vermutlich wurde hier von den Herakleoten als Lokalheros Endymion, der in den ewigen Schlaf verfallene Geliebte der Mondgöttin Selene, verehrt. **Felsheiligtum**

Westlich der Agorá stehen die Reste des hochragenden Athenetempels, der bis auf das Dach und die Vorhalle erhalten ist. Weiter westlich gelangt man durch Felspartien zum Westtor der Stadt und zu den Resten der Stadtmauer mit der alten Hafenbefestigung. **Athenetempel**

Zu den beeindruckendsten Zeugnissen der hellenistischen Stadt gehört die **Stadtmauer**, die bis 3,20 m – im Mittel 2,25 m – dick und etwa 6 m hoch ist. Stellenweise blieb sie bis zur Höhe der Brustwehr erhalten und zählt so zu den besten Beispielen antiker Befestigungen. Ehemals mit 65 Türmen verstärkt, umgibt sie neben der bebauten Siedlung auch noch Teile des ansteigenden Felsens mit Befestigungen in etwa 500 m Höhe. Das am besten erhaltene Stadttor ist das **Nordtor** in der Nähe des antiken **Theaters**.

> ! *Baedeker* TIPP
>
> **Wandern und baden**
>
> Die reizvolle Felslandschaft an der Nord- und Ostseite des Bafa Gölü eignet sich herrlich zum Wandern, und die hellen Quarzsandstrände des idyllischen Sees laden zu einem erfrischenden Bad ein.

Iskenderun

W 12

Landesteil: Südküste (Östliches Mittelmeer)
Höhe: 0 – 5 m ü. d. M.
Provinz: Hatay
Einwohnerzahl: 176 300

Iskenderun ist in erster Linie eine typische Hafenstadt mit Kais, Silos und hohen Schornsteinen. Dass Iskenderun während der französischen Mandatszeit ein beliebter Sommerort war, lassen noch die Villen im europäischen Stil erkennen, die damals an den Hängen um die Stadt gebaut wurden. Wer sich ins Zentrum begibt, wird entdecken, dass es in Iskenderun noch ein paar bemerkenswert schöne Straßenzüge gibt.

Zweitwichtigste türkische Hafenstadt am Mittelmeer

Iskenderun, früher Alexandrette genannt, neben Izmir die bedeutendste türkische Hafenstadt am Mittelmeer, liegt am Südufer des gleichnamigen Golfes im Bogen der bewaldeten Ausläufer des Amanosgebirges, vermutlich an der Stelle der antiken Stadt Alexandria Scabiosa. Der Hafen von Iskenderun ist auch Standort der türkischen Kriegsmarine.

Umgebung von Iskenderun

Uluçınar

Uluçınar, 33 km südwestlich von Iskenderun und eher unter dem Namen Arsuz bekannt, ist der **beste Badeort in der Region**. Die Feriensiedlungen des Fischerstädtchens werden in den Sommermona-

▶ ISKENDERUN ERLEBEN

AUSKUNFT
Atatürk Bulvarı 49 / B
Tel. u. Fax (03 26) 617 74 62

ESSEN

▶ Erschwinglich
Hasan Baba Restaurant
Ulucami Cad.
gegenüber der Ulu Camii
Tel. (03 26) 613 27 25, Fax 614 77 54
Ab Anamur ostwärts nimmt die Qualität und Quantität der Restaurants leider ab – nicht aber die Qualität der Speisen. Dieses Kebab-Restaurant bietet in relativ netten Räumen gute gegrillte Fleischgerichte zu sehr moderaten Preisen an. Allerdings gibt es hier wegen der Nähe zur Moschee keinen Alkohol.

Saray Lokantası
Atatürk Bulvarı 53
Tel. (03 26) 641 65 47
Das Lokal hat empfehlenswerte Fischgerichte und Meeresfrüchte auf dem Speiseplan. Es ist möglich, auch nur das Hauptgericht zu bestellen – doch man sollte sich die leckeren Vorspeisen nicht entgehen lassen.

Iskenderun ist der zweitwichtigste türkische Mittelmeerhafen.

ten von Einheimischen, vorwiegend aus Iskenderun und Antakya, sowie syrischen Touristen frequentiert. An der Küste liegen einige schöne Sandstrände; der städtische Badestrand wird sehr gepflegt, dafür ist auch ein kleines Eintrittsgeld zu zahlen. An Wochenenden im Sommer, wenn auch Ausflügler den Ort aufsuchen, platzt Uluçınar fast aus den Nähten.

Rund 10 km nördlich von Iskenderun gelangt man auf einer Anhöhe zum Bergpass des Arrian (Derbent), einer Engstelle zwischen Meer und Gebirge. Im Mittelalter hieß der Pass, der wohl eine Grenz- und Zollstätte Kleinarmeniens war, Passus Portellae oder Portella. Hier befindet sich der sog. Jonaspfeiler, der Rest eines römischen Ehrenbogens aus der Zeit des Septimius Severus, zum Gedenken an den Sieg über seinen Rivalen Pescenius Niger (194 n. Chr.). Eine Legende besagt, dass Alexander über dem Tor beigesetzt sei. Die Könige und Fürsten sollten somit die Gebeine Alexanders, der sie gezwungen hatte, ihre Häupter vor ihm zu neigen, über sich haben. Von den Seeleuten wird der Jonaspfeiler als die Stelle bezeichnet, wo der **Prophet Jonas** vom Wal an Land geworfen wurde.

Jonaspfeiler

Oberhalb am Berghang, etwa 600 m nordöstlich, befinden sich in 91 m Höhe die Ruinen von Sakal Tutan (»Bartausreißer«, wegen der Wegelagerer, die hier die Karawanen überfielen und ausplünderten), auch Nigrinum, Neghertz (Schloss der Mitte) oder Kalatissia genannt. Es ist ein **armenisches Schloss**, das im Mittelalter den Pass schützte und als Herberge diente. Dahinter erstreckt sich in der

Sakal Tutan, Strandpass des Xenophon

schmalen Strandebene des Sarısekisu der Strandpass des Xenophon (Karsos) mit Mauerresten, die 600 m auseinander liegen und Verteidigungszwecken gedient haben.

★
**Yakacık
(Payas / Baiae)**

Gut 20 km nördlich von Iskenderun folgt die einst reizvolle, aber heute stark industrialisierte Bucht von Payas, in die der gleichnamige Fluss mündet. Der Ort Yakacık – früher Payas, nach dem arabischen Wort »bayas« (= weiß; wohl in Bezug auf den Schnee der Amanosgipfel) benannt – liegt am Golf von Issos an der Stelle des antiken Baiae, das einst ein von den Römern viel besuchter Badeort war, worauf noch Reste von Bädern am Meeresstrand hinweisen.

Sokollu Mehmet Paşa Külliyesi ▶

Der Sokollu Mehmet Paşa Külliyesi ist ein im Jahr 1574 unter Sultan Selim II. angelegter Baukomplex mit einer Karawanserei, einem Basar, einer Moschee und Medrese sowie einem Bad. Stifter der sehr gut erhaltenen Anlage war Sokollu Mehmet Paşa, einer der berühmtesten Großwesire der osmanischen Zeit.

★★ Istanbul

G–H 3–4

Landesteil: Istanbul **Provinz:** Hatay
Höhe: 0 – 125 m ü. d. M. **Einwohnerzahl:** 12,7 Mio.

»Die Steine und der Boden Istanbuls sind aus Gold«, sagt ein türkisches Sprichwort – und wirtschaftliche Gründe sind es wohl vor allem, warum ein Fünftel der türkischen Gesamtbevölkerung in Istanbul, der Weltstadt auf zwei Kontinenten, oder in deren Einzugsgebiet lebt. Für viele Türken ist die Metropole am Bosporus die heimliche Hauptstadt des Landes.

Ausführlich beschrieben im Baedeker Allianz Reiseführer »Istanbul«

Istanbul liegt malerisch auf Hügeln zu beiden Seiten der Mündung des Bosporus in das Marmarameer am Schnittpunkt des Landwegs vom Balkan nach Vorderasien und des Seeweges vom Mittelmeer zum Schwarzen Meer. Dank dieser günstigen geografischen Lage mit dem Goldenen Horn, dem größten Hafen der Türkei, als vorzüglichem Naturhafen war Istanbul von jeher ein bedeutender Welthandelsplatz. Die bis zu ihrer Eroberung durch die Osmanen Konstantinopel genannte Stadt war bis 1923 Hauptstadt des Landes. Sie besitzt Hochschulen und ist Sitz eines moslemischen Mufti, eines griechischen und eines armenischen Patriarchen sowie eines römisch-katholischen Erzbischofs.

Fast alle Türken haben einen Bezug zur **heimlichen Hauptstadt des Landes**, die aus allen Nähten zu platzen droht. Mit einem Bevölkerungszuwachs von jährlich um die 3 % kämpft die Metropole, wie viele andere Großstädte in Entwicklungsländern, mit den Folgen einer extremen Landflucht der Provinzbevölkerung, die ihrerseits eine bessere Zukunft im Wirtschaftsmittelpunkt der Türkei sucht. Daneben haben die kriegerischen Auseinandersetzungen im Kurdengebiet und in den Nachbarländern mehrere Millionen Menschen zu einem Neuanfang im Großraum Istanbul gedrängt. Da die städtebauliche Entwicklung mit der regelrechten Bevölkerungsexplosion nicht Schritt halten kann, leben die meisten Neuankömmlinge in den ausgedehnten **Gecekondu-Vierteln** an der Peripherie (gecekondu = über Nacht errichtet), die nach altem Recht nicht abgerissen werden dürfen. Das enorme Wachstum der Stadt hat zu einer dramatischen Zuspitzung von Umweltproblemen aller Art geführt: Wasserknappheit, Lärm, täglicher Verkehrsinfarkt, massive Luft- und Gewässerverschmutzung und riesige Müllberge. Die Müllbeseitigung ist inzwischen effektiv organisiert, und es wurden mehrere Kläranlagen gebaut. Als Lösung des Verkehrsproblems wird der **Ausbau des U-Bahnnetzes** vorangetrieben (www.urbanrail.net). Da die beiden Istanbuler Bosporus-Brücken in den Hauptverkehrszeiten völlig überlastet sind und viele Pendler auf die altertümlichen Bosporus-Fähren angewiesen sind, um von einem Ufer der Meerenge zum anderen zu gelangen, wird z. Zt. an einer weiteren Brücke gebaut. 2003 wurde mit dem Bau eines Eisenbahntunnels unter dem Bosporus begonnen, der ab 2014 Europa und Asien miteinander verbinden soll.

> ! *Baedeker* TIPP
>
> **Erste Orientierung**
>
> Für die erste Orientierung in der Stadt lohnt ein Besuch des Dach-Cafés im 68 m hohen Galataturm (Galata Kulesi) im Stadtteil Beyoğlu. Von der Aussichtsterrasse (Lift bis zur vorletzten Etage; Eintritt) hat man einen wunderschönen Blick über Istanbul (www.galatatower.net).

In den Seitenstraßen der Istiklal Caddesi (Beyoğlu) findet man Kneipen und Cafés, die in der Regel von jungen Leuten besucht werden.

Istanbul Orientierung

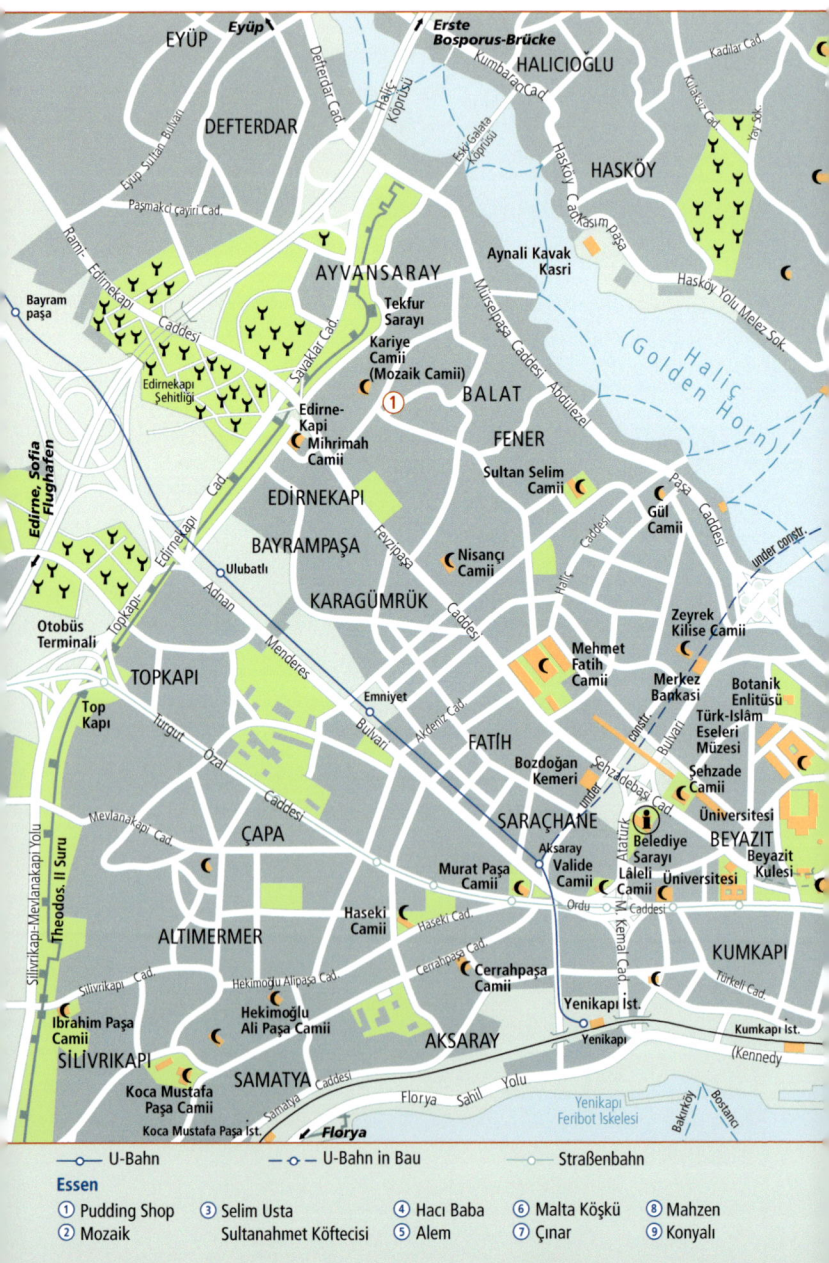

— U-Bahn — U-Bahn in Bau — Straßenbahn

Essen
① Pudding Shop
② Mozaik
③ Selim Usta Sultanahmet Köftecisi
④ Hacı Baba
⑤ Alem
⑥ Malta Köşkü
⑦ Çınar
⑧ Mahzen
⑨ Konyalı

► Istanbul ZIELE 263

Übernachten

- ⑩ Reşat Paşa Konağı
- ① Kariye Oteli
- ② Yusufpaşa Konağı
- ③ Eresin Crown Hotel
- ④ Arcadia Hotel İstanbul
- ⑤ Halı Hotel
- ⑥ Four Seasons Hotel

— Standseilbahn   — Vorortbahn   --- Lokalboote

Highlights Istanbul

Archäologisches Museum
Das Museum im Topkapı-Palast gehört zu den wichtigsten seiner Art weltweit.
▶ Seite 269

Blaue Moschee
eine der besten Schöpfungen der türkischen Baukunst
▶ Seite 275

Großer Basar
Stadtviertel mit über 4000 Verkaufsstellen
▶ Seite 277

Hagia Sophia
berühmtestes Bauwerk der Stadt
▶ Seite 271

Moschee Süleymans des Prächtigen
eins der beiden bedeutendsten Werke des großen osmanischen Baumeisters Sinan
▶ Seite 281

Topkapı-Palast
einstiger Sultanspalast mit weitläufigen Gebäuden inmitten von Parkanlagen
▶ Seite 269

Drei Bezirke   Die Stadt lässt sich in drei Bezirke gliedern: **Alt-Istanbul**, das sich von den Ufern des Goldenen Horns zum Marmarameer erstreckt und ein gleichseitiges Dreieck bildet; jenseits des Goldenen Horns **Beyoğlu** (Herrensohn; bis vor nicht allzu langer Zeit noch Pera genannt), das mit Alt-Istanbul durch die Galatabrücke und die Atatürkbrücke verbunden ist und früher überwiegend von Fremden bewohnt war; ferner auf asiatischem Boden die Vororte Üsküdar und Kadıköy bis nach Kartal. Prachtvoll ist das Gesamtbild der mit ihren Türmen und Palästen sowie den zahlreichen Kuppeln und Minaretten der Moscheen aus dem Wasser aufsteigenden Stadt. Das bunte orientalische Treiben der einstigen Residenz ist jedoch zum Großteil der europäischen Lebensweise gewichen, und an Stelle der früheren Reihen meist brauner, rot gedeckter Holzhäuser mit vergitterten Erkern sieht man in den meisten Stadtvierteln nun Stein- und Eisenbetonbauten. Ein Gefühl von Orient vermitteln nur der große gedeckte Basar und der ägyptische Basar im Stadtteil Eminönü.

Geschichte

um 660 v. Chr.	Gründung durch dorische Griechen
324 n. Chr.	Konstantin I. erklärt Stadt zum zweiten Rom.
395	Hauptstadt des Oströmischen Reiches
1204	Kreuzfahrer gründen »lateinisches« Kaisertum.
1453	Osmanen erobern Konstantinopel.
1923	Istanbul verliert Status als Landeshauptstadt.

Um 660 v. Chr. gründeten dorische Griechen auf der heutigen Serailspitze die Stadt Byzantion (Byzanz), die den Zugang zum Schwarzen Meer an der Einfahrt in den Bosporus beherrschte. Der römische Kaiser Septimius Severus eroberte Byzanz 196 n. Chr. Im

Jahr 324 erklärte Konstantin I. die Stadt zum zweiten Rom und zur Hauptstadt des römischen Ostens. Nach der Reichsteilung von 395 wurde Konstantinopel Hauptstadt des Oströmischen Reiches. 1204 führte die Schwäche des Kaiserhauses zur Einnahme der Stadt durch die Kreuzfahrer und zur Gründung des abendländischen »lateinischen« Kaisertums. **1453** eroberte Mehmet II. (mit dem Beinamen Fatih = der Eroberer) die Stadt, die nun **Hauptstadt der Osmanen** wurde. Alsbald entwickelten die Sultane eine rege Bautätigkeit, vor allem Selim I. (1470 – 1520) und Süleyman der Prächtige (1520 bis 1566). Nach der Ausrufung der Türkischen Republik 1923 verlegte deren erster Präsident Mustafa Kemal Atatürk die Regierung nach Ankara. Großzügige Straßendurchbrüche, der Abriss von alten Holzhäusern in der Altstadt, an deren Stelle neue Wohnblocks und Geschäftshäuser errichtet worden sind, sowie die Anlage moderner Geschäftszentren außerhalb des Altstadtbereichs europäisieren heute das Bild der Stadt am Goldenen Horn, die für das Jahr 2010 als Vertreter eines Nicht-EU-Landes den Titel **Kulturhauptstadt Europas** erhielt.

Alt-Istanbul

Südlicher Endpunkt der Galatabrücke ist der am Anfang des ältesten Stadtteils Alt-Istanbul gelegene **Eminönü-Platz**. Hier beginnt die schöne Uferstraße Florya Sahil Yolu (Kennedy Bulvarı) und führt um die Serailspitze herum am Marmarameer entlang bis nach Yeşil-

Florya Sahil Yolu

Straßenbasar in Istanbul

köy. An Wochenenden im Sommer werden sowohl die Parkanlagen als auch die Promenade von Spaziergängern, Anglern und sogar Badenden gern besucht.

ISTANBUL ERLEBEN

AUSKUNFT

www.ibb.gov.tr
(Homepage der Stadtverwaltung Istanbuls mit touristischen Informationen; auch auf Deutsch)

Hilton Hotel, Taksim / Elmadağ
Tel. (02 12) 233 05 92

Limanı Yolcu Salonu
(Maritim Station), Karaköy
Tel. (02 12) 249 57 76

At Meydanı (Hippodrom)
Sultanahmet
Tel. (02 12) 518 18 02
Fax 518 18 02

Sirkeci Garı (Bahnhof Sirkeci; europäische Seite)
Tel. (02 12) 511 58 88

Beyazıt Meydanı, Beyazıt
Tel. (02 12) 522 49 02

Flughafen Atatürk
(Atatürk Hava Limanı), Yeşilköy
Tel. (02 12) 465 31 51
www.ataturkairport.com

EINKAUFEN

Die größte Auswahl an Souvenirs bietet der Große Basar mit seinen mehreren tausend Verkaufsstellen. Weniger orientalisch, aber nicht minder lebhaft geht es in den Einkaufsstraßen des modernen Istanbul zu. Shopping Malls in den europäisch anmutenden Stadtteilen (Beyoğlu, Osmanbey, Teşvikiye, Maçka, Nişantaşı, Etiler, Bostancı, Erenköy) sind vor allem die Anlaufstellen der jungen Istanbuler Generation.

ESSEN

▶ Fein & teuer

⑨ *Konyalı*
Topkapı Sarayı
Tel. (02 12) 513 96 96
Beliebtes Lokal im Palastbezirk mit vorwiegend türkischen Spezialitäten. Von der Aussichtsterrasse hat man einen wunderschönen Blick auf die Bosporuseinfahrt.

⑩ *Reşat Paşa Konağı*
Sinan Ercan Cad. 34
Erenköy
Tel. (02 16) 464 86 00
Spitzenrestaurant in einer Ende des 19. Jahrhunderts gebauten herrschaftlichen Villa auf der asiatischen Seite, bekannt für seine hervorragenden türkischen Spezialitäten, insbesondere Lammgerichte. Donnerstags bis samstags gibt es türkische Livemusik.

⑦ *Çınar*
Çiçek Pasajı 4
Tel. (02 12) 251 42 95
Restaurant der gehobenen Preisklasse in der Blumenpassage. Große Auswahl an Vorspeisen. Zu den Spezialitäten zählt gegrillter Fisch.

⑧ *Mahzen*
Hüseyinağa Mh. Sait Paşa Gç.
Tel. (02 12) 249 03 29
Edel eingerichtetes Lokal an der Ecke

▶ Istanbul

zur Istiklal Caddesi mit gutem Wein zu nicht ganz preiswerten Meeresfrüchten und Fischgerichten.

▶ **Erschwinglich**

⑤ *Alem*
Nevizade Sok. 8
Tel. (02 12) 293 40 40
www.alemrestaurant.com
Gemütliche Raki-Taverne mit Livemusik.

② *Mozaik*
Incili Çavuş Sok. 1
Tel. (02 12) 512 41 77
Alle Arten von Grillspezialitäten im touristischen Zentrum der Altstadt. Abends entwickelt sich das Restaurant zu einem gemütlichen Café.

④ *Hacı Baba*
Istiklal Caddesi 49
Tel. (02 12) 244 18 86
www.hacibabarest.com
Bekannt geworden ist dieses Restaurant im Neustadtviertel von Pera (Beyoğlu) mit seinen unzähligen Vorspeisenvariationen. Auch wenn heute viele Touristen das Lokal belagern, sollte man sich den Genuss dieser türkischen »meze« nicht entgehen lassen.

③ *Selim Usta*
Sultanahmet Köftecisi
Divan Yolu 12
Tel. (02 12) 513 14 38
Seit über 80 Jahren gibt es in dem dreistöckigen Lokal am nördlichen Ende des Hippodroms die wahrscheinlich leckersten gegrillten Hackfleischstückchen (köfte) in ganz Istanbul.

① *Pudding Shop*
Divan Yolu 6; Tel. (02 12) 522 29 70
www.puddingshop.com
Der offizielle Name des Kultlokals,

Restaurant Mozaik: Einkehren in der Altstadt von Istanbul

das in den 1960er-Jahren ein beliebter Hippie-Treff war, lautet »Lale Restaurant«. Serviert wird traditionelle türkische Küche.

⑥ *Malta Köşkü*
Yıldız Parkı, Beşiktaş, Yıldız
Tel. (02 12) 258 94 53
Hübsches Ausflugslokal mit Blick auf den Bosporus und einer guten Frühstückskarte.

NACHTLEBEN

Das Nachtleben von Istanbul stellt das vieler europäischer Großstädte in den Schatten. Die Nächte der Stadt am Bosporus bieten für jeden Geschmack etwas: Lokale mit traditioneller türkischer Volksmusik und evtl. Bauchtanz, Restaurants, Cafés, Diskotheken, Bars, Jazz- und Blueskneipen, Theater, Opern- und Konzerthäuser mit westlicher klassischer Musik. Zentrum des Nachtlebens ist Beyoğlu. Wem es dort zu voll ist, sollte Ortaköy am europäischen Bosporusufer aufsuchen, einen beliebten Treffpunkt zum Essengehen und Tanzen.

▶ Istanbul

Luxusherberge »Four Seasons«

ÜBERNACHTEN
▶ **Luxus**
⑥ *Four Seasons Hotel*
Tevkifhane Sok. 1
Sultanahmet-Eminönü
Tel. (02 12) 402 30 00, Fax 402 30 10
www.fourseasons.com; 65 Z.
Ein Luxushotel ersten Ranges in einem umgebauten, um einen rechteckigen Hof angelegten Gefängnis aus dem 19. Jahrhundert. Mit großem Wellnessbereich (Fitnesshalle, Sauna) und edlem Restaurant.

③ *Eresin Crown Hotel*
Küçükkayasofya Cad. 40,
Sultanahmet
Tel. (02 12) 638 44 28
www.eresincrown.com.tr; 60 Z.
Im türkisch-klassizistischen Stil errichtetes, vornehmes Haus. Schöner Blick von der Dachterrase und vom Restaurant auf die Sehenswürdigkeiten Istanbuls, die wenige hundert Meter entfernt sind.

① *Kariye Oteli*
Kariye Camii Sok.6
Edirnekapı
Tel. (02 12) 534 84 14
www.kariyeotel.com; 24 Z. u. 2 Suiten
Im Stil einer osmanischen Stadtvilla errichtetes Hotel in unmittelbarer Nachbarschaft der Chorakirche (Kariye Camii). Das hoteleigene Asitane-Restaurant serviert Gerichte nach osmanischen Rezepten aus dem 16. Jahrhundert.

▶ **Komfortabel**
⑤ *Halı Hotel*
Klodfarer Cad. 20
Sultanahmet
Tel. (02 12) 516 21 70
www.halihotel.com; 80 Z.
Frühstücksterrasse im obersten Stockwerk (abends als Bar genutzt) mit Blick auf die Sultanahmet Moschee und die Hagia Sophia. Das Hausrestaurant des Mittelklassehotels ist meist geschlossen; doch in der näheren Umgebung findet man genügend Speiselokale.

④ *Arcadia Hotel Istanbul*
Dr. Imran Öktem Cad. 1
Sultanahmet
Tel. (02 12) 516 96 96, Fax 516 61 18
www.hotelarcadiaistanbul.com
41 Z. und 7 Suiten
Das zentral gelegene Hotel besitzt einen großen Wellnessbereich mit Sauna, Massagesalon und Fitnessraum und eine Dachterrasse mit Restaurant und Bar. Die Zimmer in den oberen Etagen bieten einen vorzüglichen Blick auf die Hauptsehenswürdigkeiten von Istanbul.

② *Yusufpaşa Konağı*
Cankurtaran Cad. 40
Sultanahmet
Tel. (02 12) 458 00 01, Fax 458 00 09
www.yusufpasakonagi.com
19 Z. und 1 Suite
Nettes Hotel im Stil einer alten osmanischen Stadtvilla mit landestypischer Ausstattung. Abends werden den Gästen türkische Gerichte auf der Dachterrasse serviert.

An der Südseite des Eminönü-Platzes erhebt sich die große Yeni ★ Cami, die **Neue Moschee der Sultansmutter**, nach dem Vorbild der Prinzenmoschee des Meisterarchitekten Sinan 1597 durch die Mutter Mehmets III. in Auftrag gegeben. Das Innere sowie besonders der Sultanspavillon mit den Gemächern und die Sultansloge der Moschee sind reich mit Fayencen geschmückt.

★ Yeni Cami

An den Außenhof der Moschee grenzt westlich der sog. ägyptische Basar (Mısır Çarşısı), auch Gewürzbasar genannt. Dieser farbenfrohe Markt mit seinem wahrhaft orientalischen Ambiente und den verführerischen Düften des Orients ist – neben dem Großen Basar – der sehenswerteste von Istanbul.

★ Ägyptischer Basar

Von der Yeni-Moschee gelangt man südöstlich vorbei am Hauptbahnhof Sirkeci zur Hohen Pforte an der Alemdar Caddesi. Von den Europäern im 19. Jh. als Synonym für das Osmanische Reich benutzt, war die Hohe Pforte der Hauptzugang zum Sitz des Großwesirs, dann des Außenministeriums; jetzt ist das Tor ein Nebeneingang zum Amtsgebäude des Provinzgouverneurs (Vali).

Hohe Pforte

Entlang den Außenmauern des Palastbezirks gelangt man über die Soğuk-Çeşme-Sokak zum Haupteingang des Topkapı Sarayı (**Hanonentorpalast**; www.topkapisarayi.gov.tr; Öffnungszeiten: Mi. – Mo. 9.00 – 17.00 Uhr), dem **ehemaligen Sitz der Sultane**. Auf dem Hügel der einstigen Akropolis von Byzanz wurde der Palast bereits im 15. Jh. angelegt. Die weitläufigen Gebäude inmitten öffentlicher Parkanlagen, die von zinnengekrönten und durch Türme verstärkten Mauern umschlossen sind, gliedern sich in eine Reihe von Außenbauten (Archäologisches Museum, Münze, Irenenkirche u. a.) und in die Gebäude des Inneren Serails. Mehmet II. richtete hier 1468 einen Regierungshof ein, der von Süleyman dem Prächtigen zur Residenz erweitert wurde und bis zur Übersiedlung durch Abdul Mecid 1855 in den Dolmabahçe-Palast den Sultanen als Wohnstätte diente. Auf halber Höhe am Westhang des Serailhügels und innerhalb des eigentlichen Palastbezirks findet man das Archäologische Museum (Arkeoloji Müzeleri), das bedeutende prähistorische, griechische, römische und byzantinische Altertümer enthält. Die Hauptstücke sind die Sarkophage aus der Königsnekropole von Saida (Sidon im Libanon) aus dem 4. Jh. v. Chr., unter denen der prachtvolle so genannte Alexandersarkophag sowie der Klagefrauen-Sarkophag den Höhepunkt des

★★ Topkapı Sarayı

> ! **Baedeker** TIPP
>
> **Viertel der Restaurants**
> Im Stadtteil Kumkapı westlich des Hippodroms liegt in der Nähe des kleinen Fischmarktes am Marmarameer und innerhalb der Stadtmauer ein Restaurantviertel mit vielen Speiselokalen, die u. a. sowohl ausgezeichnete Vorspeisen als auch delikate Fischgerichte oder Meeresfrüchteteller zubereiten. Für ein musikalisches Rahmenprogramm sorgen umherziehende Straßenmusiker.

★★ ◄ Archäologisches Museum

Topkapı Sarayı *Orientierung*

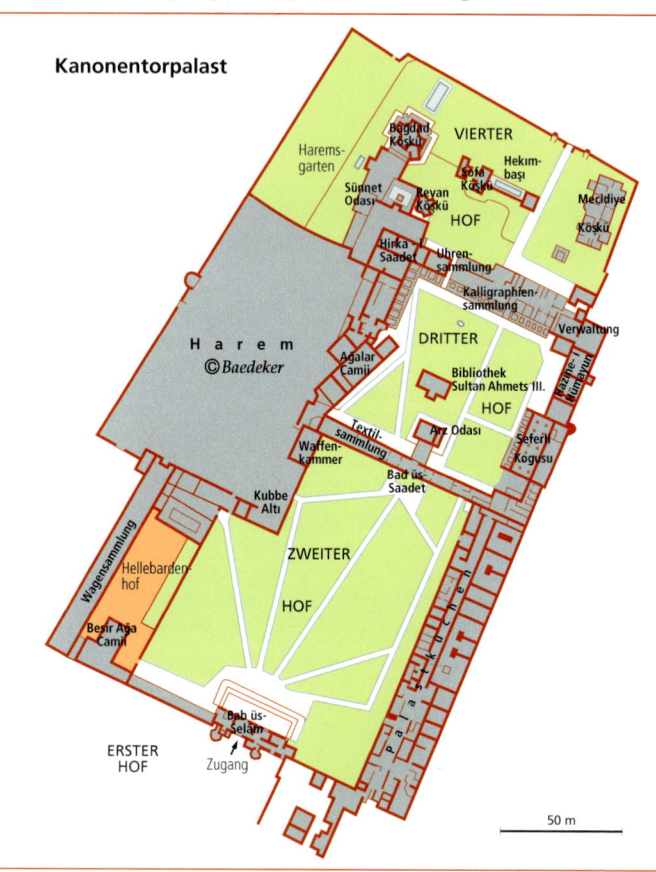

Kanonentorpalast

Plan: Erster Hof – Zugang – Bab üs-Selâm – Zweiter Hof – Beşir Ağa Camii – Wagensammlung – Hellebardenhof – Kubbe Altı – Waffenkammer – Textilsammlung – Ağalar Camii – Harem – Bad üs-Saadet – Arz Odası – Dritter Hof – Bibliothek Sultan Ahmets III. – Seferli Koğuşu – Hazine Hümayun – Verwaltung – Kalligraphiensammlung – Uhrensammlung – Hirka Saadet – Haremsgarten – Sünnet Odası – Revan Köşkü – Bağdad Köşkü – Sofa Köşkü – Hekimbaşı – Vierter Hof – Mecidiye Köşkü

© Baedeker

50 m

Museum für altorientalische Kunst ▶	Kunstschaffens in der hellenistischen Zeit demonstrieren. Nach dem Eingang zum Museumshof steht links das Eski Şark Eserleri Müzesi (Museum für altorientalische Kunst), in dessen Räumen hauptsächlich Werke aus dem hethitischen, babylonischen und assyrischen Kulturkreis präsentiert werden.
★ Çinili Köşk ▶	Gegenüber dem lang gestreckten Haupttrakt des Archäologischen Museums gelegen, beherbergt der zierliche Çinili Köşk (heute sog. **Fayencenmuseum**) eine Sammlung für türkische Keramik, Kacheln (bes. aus Iznik; meist 16. Jh.) und Fayencen (12. bis 19. Jh.).
Hagia Eirene ▶	An der Südwestseite des ersten Palasthofes befindet sich die kuppelgekrönte rötliche **Irenenkirche** (Kirche des göttlichen Friedens), eines der besterhaltenen altbyzantinischen Bauwerke Istanbuls. Sie

HAGIA SOPHIA

Sie gehört mit ihrem einzigartigen Mosaikenschmuck zu den bedeutendsten Sehenswürdigkeiten der Welt: Die mächtige, in rötlichem Pastell leuchtende Hagia Sophia, die »Kirche der Göttlichen Weisheit«. Als christliche Kirche war sie etwa tausend Jahre lang das geistliche Zentrum des Byzantinischen Reiches; die Osmanen machten sie zur Hauptmoschee der Stadt am Goldenen Horn.

Öffnungszeiten:
Di. – So. 9.00 – 19.00, Emporen bis 17.00

① Kaisertor
Das zum Hauptraum führende, monumentale Kaisertor zeigt ein Mosaik mit dem thronenden Christus, zu dessen Füßen Kaiser Leo VI. (886 – 912). Diese Darstellung ist an Eingangsportalen häufig anzutreffen. Der Stifter erscheint vor dem Kirchenpatron bzw. Christus als Mittler zwischen seinem Volk und Gott. In den seitlichen Medaillons sind Maria und der Erzengel Gabriel dargestellt.

② Sultansloge
An den Pfeilern der Apsis sieht man links die vergitterte Sultansloge. Sie ruht auf antiken Säulen, entstammt jedoch dem 18. Jahrhundert.

③ Apsis
Die Apsis, gleichzeitig moslemischer Mihrab, wird von einem 5 m hohen Mosaik der Muttergottes aus dem 9. Jahrhundert geschmückt.

④ Ostwand der Südempore
Das Mosaik an dieser Stelle zeigt den thronenden Christus mit der byzantinischen Kaiserin Zoë und deren dritten Gemahl Konstantin IX. Dieser überreicht Christus einen Geldbeutel, das sog. Apokombion, eine Opfergabe, die der Kaiser an hohen Festtagen tätigte. Zoë hält die Schenkungsurkunde.
Auf dem benachbarten Mosaik erkennt man die Muttergottes mit dem Kind, der Kaiser Johannes II. Komnenos und Kaiserin Irene (Tochter des ungarischen Königs Ladislaus) samt Sohn Alexios das Apokombion darbieten.

⑤ Grabstein für Enrico Dondolo
Gegenüber vom Deesis-Mosaik auf der Südempore steht der Grabstein für den venezianischen Dogen Enrico Dondolo. Mit 90 Jahren und erblindet hatte der den vierten Kreuzzug geleitet, der zur Eroberung Konstantinopels führte.

Die Hagia Sophia ist die großartigste Raumschöpfung der byzantinischen Baukunst.

▶ Istanbul

war im Jahr 381 Schauplatz des Zweiten Ökumenischen Konzils, wurde in türkischer Zeit als Zeughaus und zuletzt als Artilleriemuseum benutzt.

An der Nordseite des äußeren Serailhofs bildet das Orta Kapı (Mittleres Tor; 1524) den Eingang zum Inneren Serail, der eigentlichen ehemaligen Palaststadt, die aus zahlreichen um drei Höfe gruppierten kleineren und größeren Gebäuden besteht. Neben dem zweiten Innenhof (Platz des Diwan) befinden sich auf der rechten Seite die ehemaligen Serailküchen (24 Herde; angeblich für bis zu 20 000 Speisen täglich), wo jetzt die Porzellansammlung mit z.T. hervorragenden, vorwiegend chinesischen Porzellanen und Fayencen (meist aus dem 10. bis 18. Jh.) untergebracht ist.

Durch das Babı-Saadet, die Pforte der Glückseligkeit, gelangt man in den dritten Hof. Südwestlich steht der **Harem** (das Verbotene), die

Pavillons im Topkapı Sarayı

ehemaligen Frauengemächer, zu denen nur der Sultan, seine Blutsverwandten und die Eunuchen Zutritt hatten. Außer einigen wenigen größeren und reicher ausgestatteten Räumen sieht man im Harem ein Labyrinth enger Korridore mit einer Unzahl kleiner und kleinster Zimmer, die nicht mehr viel von orientalischer Märchenpracht ahnen lassen.

Jenseits des dritten Innenhofes erhebt sich der 1639 von Murat IV. zur Erinnerung an die Einnahme Bagdads errichtete Bağdat Köşkü, ein kuppelgekrönter Bau mit herrlichen Fayencen.

★
◀ Bağdat Köşkü

Die Hagia Sophia ist die reifste Raumschöpfung byzantinischer Baukunst und das **berühmteste Baudenkmal der Stadt**. Eine von Konstantin d. Gr. im Jahr 326 der göttlichen Weisheit (Sophia) geweihte Basilika wurde nach zweimaliger Zerstörung 532–537 unter Justinian durch Anthemios aus Tralleis (Aydın) und Isodorus von Milet in ihrer heutigen vergrößerten Form wiedererrichtet. Zahlreiche Säulen aus Tempeln Kleinasiens, des Libanons, Griechenlands und Italiens wurden herbeigeschafft, und die edelsten Marmorsorten und Metalle kamen zur Verwendung, so dass der Kostenaufwand 360 Zentner Gold, die Zahl der Werkleute 10 000 betragen haben soll. Der rund 75 m lange und 70 m breite, von einer 58 m hohen

★★
Hagia Sophia (Ayasofya)

◀ weiter auf S. 274

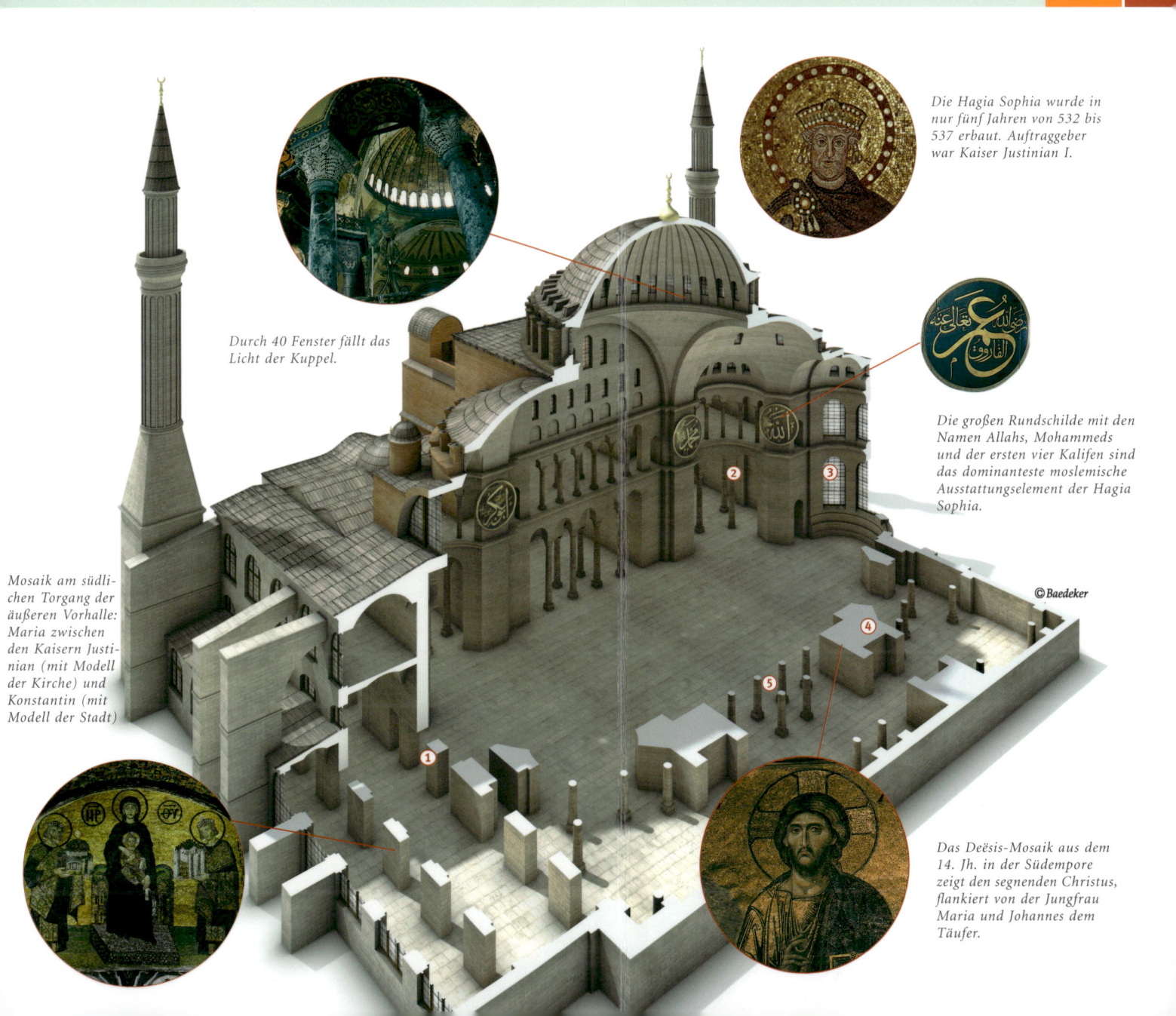

▶ Hagia Sophia **ZIELE** 273

Die Hagia Sophia wurde in nur fünf Jahren von 532 bis 537 erbaut. Auftraggeber war Kaiser Justinian I.

Durch 40 Fenster fällt das Licht der Kuppel.

Die großen Rundschilde mit den Namen Allahs, Mohammeds und der ersten vier Kalifen sind das dominanteste moslemische Ausstattungselement der Hagia Sophia.

© Baedeker

Mosaik am südlichen Torgang der äußeren Vorhalle: Maria zwischen den Kaisern Justinian (mit Modell der Kirche) und Konstantin (mit Modell der Stadt)

Das Deësis-Mosaik aus dem 14. Jh. in der Südempore zeigt den segnenden Christus, flankiert von der Jungfrau Maria und Johannes dem Täufer.

Hagia Sophia *Orientierung*

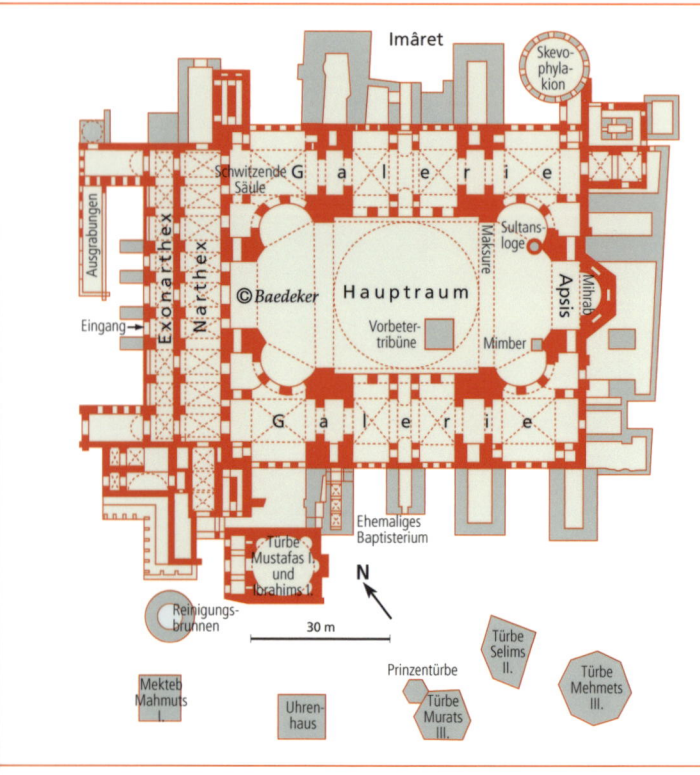

Kuppel überragte Bau enthält u. a. in der inneren Vorhalle wertvolle altchristliche Mosaiken, die erst seit 1931 größtenteils wieder freigelegt wurden. Der von der herrlichen **Mittelkuppel** (32 m Durchmesser) beherrschte Hauptraum macht im Licht, das durch die unzähligen Fenster einfällt, einen überwältigenden Eindruck. Die **vier Minarette** mit ihren massigen Fundamenten sind im 15. und 16. Jh. an das Gebäude angefügt worden; sie dienten nicht nur dem Gebetsausruf, sondern auch als Stabilisierung für das zeitweise durch Erdbeben vom Einsturz bedrohte Gotteshaus. Seit 1935 ist die Hagia Sophia ein **staatliches Museum** (▶S. 270).

Türben ▶ Südlich der ehemaligen Kirche befinden sich Grabbauten (Türben) von Sultanen und anderen wichtigen Personen sowie der aus dem 17. Jahrhundert stammende Waschungsbrunnen (Şadırvan). Der belebte **Ayasofya Meydanı** (das alte Augusteion) mit schönem Blick auf die Blaue Moschee war einst der vornehmste Platz von Konstantinopel.

► Istanbul ZIELE 275

Unweit nordwestlich in der Yerebatan-Straße findet man links den Eingang zu der unter Justinian erbauten Zisterne **Yerebatan Sarayı** (Versunkenes Schloss; 6. Jh.), der bedeutendsten der gedeckten Zisternen Istanbuls. Die Anlage ist 140 m lang, 70 m breit und hat in zwölf Reihen 336 Säulen.

★ Zisterne

An den Ayasofya Meydanı schließt südwestlich der Atmeydanı (Rossplatz) an, ein über 300 m langer Platz, der einen Teil des im Jahr 203 n. Chr. von Septimius Severus begonnenen, 330 von Konstantin vollendeten **Hippodroms** einnimmt.
Der ehemalige Mittelpunkt byzantinischen Hof- und Volkslebens war Schauplatz glänzender Spiele, aber auch blutiger Parteikämpfe (Nika-Aufstand).
Östlich von hier erstrecken sich bis zu der heute teilweise noch erhaltenen Seemauer am Marmarameer die römischen und byzantinischen Kaiserpaläste mit ihren Anbauten und Kirchen.

★ Atmeydanı

An der Nordwestseite des Hippodroms ist im ehemaligen Palast des Ibrahim Paşa, eines Großwesirs Süleymans des Prächtigen (1520 bis 1566), das Museum für türkische und islamische Kunst (Türk ve Islam Eserleri Müzesi) untergebracht.
Das Museum beherbergt über 40 000 Kunstwerke aus geistlichem und weltlichem Besitz, darunter wertvolle Teppiche aus seldschukischer und osmanischer Zeit und prachtvolle Keramikarbeiten (Öffnungszeiten: Di. – So. 9.00 – 17.00 Uhr).

★ Museum für türkische und islamische Kunst

In den Anlagen an der Nordwestseite des Hippodroms steht der stilistisch aus dem Rahmen fallende Kaiser-Wilhelm-Brunnen, den Wilhelm II. im Jahr 1898 stiftete.

Kaiser-Wilhelm-Brunnen

Die Südostseite des Atmeydanı beherrscht die Sultan-Ahmet-Moschee oder Blaue Moschee, die 1609 bis 1616 Sultan Ahmet I. mit sechs Minaretten erbauen ließ und die von einer **mächtigen Hauptkuppel** überragt wird (43 m Höhe, 23,50 m Durchmesser). Man gelangt aus dem von kuppelgedeckten Säulenhallen umgebenen Vorhof mit einem prächtigen Marmorbrunnen in das Innere der Moschee (72 m × 64 m), das in seiner heiteren Raumgestaltung und Farbgebung eine der besten Schöpfungen der türkischen Baukunst ist (►Grundriss S. 276).
Das nach der Hagia Sophia bekannteste Bauwerk Istanbuls, wird im Nordwesten durch Türben und eine Koranschule, im Osten durch den zum Gesamtkomplex Ahmediye gehörenden Markt flankiert.

★★ Blaue Moschee (Sultan-Ahmet-Moschee)

An der Südostseite der Sultan-Ahmet-Moschee befindet sich in unmittelbarer Nähe des Marktes das Mosaikenmuseum (Mozaik Müzesi), das die bei Fundamentierungsarbeiten entdeckten Mosaikböden der einstigen byzantinischen Kaiserpaläste zeigt (Öffnungszeiten: Di. – So. 9.00 – 17.00 Uhr).

Mosaikenmuseum

Blaue Moschee *Orientierung*

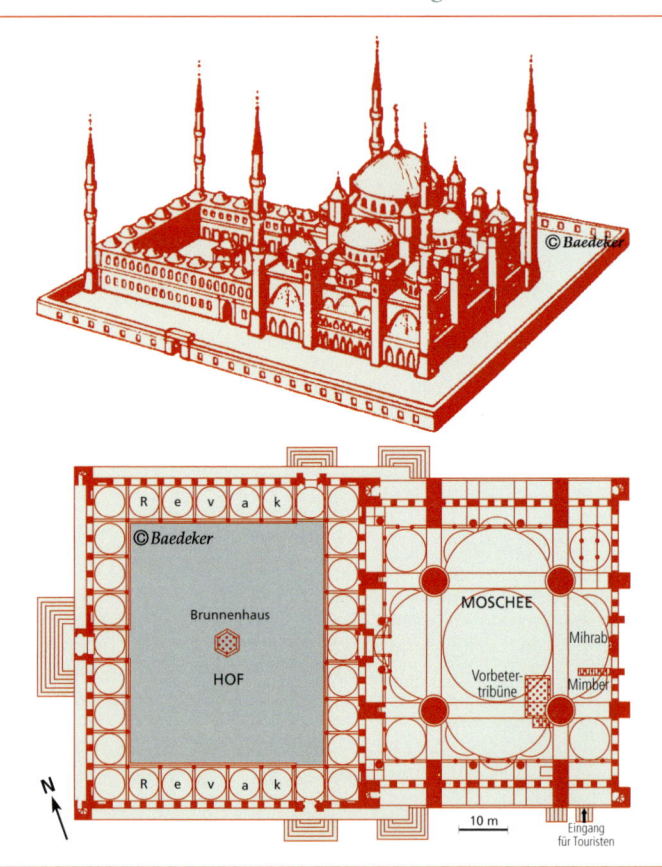

Zisterne der 1001 Säulen

Am Nordende des Atmeydanı zweigt der Divanyolu nach Westen ab, der mit seinen Fortsetzungen der alten Hauptstraße von Byzanz entspricht.
Die zweite Seitenstraße links führt zur nahen Zisterne der 1001 Säulen (Binbirdirek), die aus dem 6. Jh. n. Chr. stammt (54 m × 56 m groß; 212 Säulen; seit 1966 ohne Wasser).

Verbrannte Säule

Am Divanyolu erhebt sich rechts auf dem zweiten Hügel von Neu-Rom die so genannte Verbrannte Säule (Çemberlitaş; auch »Stein mit Ringen« genannt), der noch etwa 35 m hohe Rest einer von Konstantin in der Mitte seines Forums aufgestellten Porphyrsäule (urspr. 50 m), die bis zum Jahr 1105 sein Bronzestandbild trug. Nördlich von der Säule steht am Ostrand des Großen Basars die in den Jahren 1748–1755 ganz aus Marmor errichtete **Nuru-Osmaniye-Moschee**.

Der **Große Basar** (türkisch Kapalı Çarşı = Überdachter Markt) liegt in der Senke zwischen Nuru-Osmaniye- und Bayezıt-Moschee und bildet ein eigenes, von einer Mauer und elf Toren abgegrenztes Stadtviertel, das mit seinem Gewirr überwölbter halbdunkler Straßen und Gassen auch nach dem großen Brand von 1954 eine Hauptsehenswürdigkeit von Istanbul geblieben ist. Die Gewerbe sind meist noch zunftweise in Gassen oder Bezirke getrennt. In diesem Labyrinth, dem größten überdachten Basar der Welt, bieten fast 4500 Geschäfte ihre Waren an. Westlich vom Großen Basar erhebt sich auf dem dritten Stadthügel am Beyazıtplatz, an der Stelle des Forums Theodosius' I., die **Beyazıt-Moschee**, die unter dem Sultan Beyazıt, dem Sohn Mehmets II., 1498 bis 1505 erbaut wurde und im Inneren (seit dem 18. Jahrhundert im türkischen Rokokostil bemalt) eine vereinfachte Nachahmung der Sophienkirche darstellt.

◄ weiter auf S. 281

> ! **Baedeker** TIPP
>
> ### Istanbul Modern
>
> Im Istanbul Modern Museum wird erstmals in der Türkei in einem großen Wurf die zeitgenössische türkische Malerei des 20. Jh.s gezeigt – vom üppigen Orientalismus über völlig abstrakte Formen bis hin zu Pop-Art. Untergebracht ist das Museum in einem riesigen ehemaligen Lagerhaus direkt am Kai in Karaköy. Allein das ganz in Weiß gehaltene Haus ist sehenswert und das Museumscafé hat eine der schönsten Terrassen am Bosporus mit einem fantastischen Blick auf die Silhouette der Altstadt (Meclis-i Mebusan Cad., Liman Işletmeleri Sahası Antrepo 4; www.istanbulmodern.org) Öffnungszeiten: Di.–So. 10.00–18.00, Do. bis 20.00 Uhr).

Die Blaue Moschee – eine der besten Schöpfungen der türkischen Baukunst

Erst zu Beginn des 20. Jh.s wurde der letzte Harem aufgelöst – auch der im Topkapı-Palast.

INTRIGEN IM HAREM

Erst seit Lady Montagu weiß das Abendland Genaueres über das Innenleben des Topkapı Sarayı von Istanbul. Unter den Bewohnerinnen herrschte eine klare Hierarchie. Intrigen und Mord waren keine Seltenheit, was auch eine Haremsdame französischer Herkunft zu spüren bekam, die zur mächtigsten Frau im Land aufstieg.

»Aber was würden Sie sagen? Wenn ich Ihnen erzählte, dass ich in einem Harem gewesen bin, wo das Wintergemach mit ausgelegter Arbeit von Perlmutten, Elfenbein von verschiedenen Farben und Olivenholz getäfelt ist...«, schrieb Lady Montagu zu Beginn des 18. Jh.s an ihre Schwester.

Die Briefe von Lady Montagu

Mary Wortley Montagu (1689 bis 1762), Ehefrau des englischen Gesandten am Hof von Istanbul, verfasste während ihres fast zweijährigen Aufenthaltes in der Hauptstadt des Osmanischen Reiches (1716–1718) 52 Briefe, in denen sie Einblicke in das politische, religiöse und soziale Leben des Gastgeberlandes gewährte. Im Mittelpunkt ihrer Briefe stand jedoch das Leben der osmanischen Frauen, vor allem nachdem sich ihr – als Frau – die Türen des geheimnisvollen Harems von Istanbul geöffnet hatten. Montagus durchaus **positive Beschreibungen des Harems** – sie hatte dabei nur Kontakt zu Frauen der Oberschicht – trugen nicht unwesentlich dazu bei, dass sich das christliche Europa den uneinsehbaren Topkapı Sarayı als einen Ort der Ausschweifung und grenzenlosen Lust vorstellte.

Klare Hierarchie

Der Sultansharem in Istanbul war jedoch weder ein Hort der Wollust noch ein Gefängnis für Sexsklavinnen, eher ein Ort der Intrigen. Alle Frauen konnten sich im Harem – der von Süleyman I. (1494–1566) errichteten Stadt in der Stadt, die aus einem unübersichtlichen Labyrinth von mehr als 300 über Treppen, kleine Höfe und Korridore miteinander verbundenen engen Kammern bestand – frei bewegen, verlassen allerdings durften sie ihn nicht. Unter den Bewohnerinnen des Harems (arab. Verbotenes) bestand eine **klare Hierarchie**. In der Regel hatte der Herrscher vier Hauptfrauen und mehrere Geliebte, »gözdeler« genannt (gözde = im Auge), die von den anderen getrennt und besonders verwöhnt wurden und eigene Räume und ein eigenes Gefolge erhielten. Zur Sultansfrau mit dem Titel »**kadın**« stieg diejenige auf, die dem Herrscher als Erste einen Sohn schenkte. Für das Gros der bisweilen mehrere hundert – unter Murat III. sogar 1200 – zählenden Haremsdamen zeigte sich das Leben aber eher von seiner monotonen, ja manchmal auch trostlosen Seite. Viele von ihnen bekamen den Sultan selten oder sogar nie zu Gesicht. Ihren Tagesablauf gestalteten sie mit Stickarbeiten, Schönheitspflege und Klatsch, aber auch mit Eifersüchteleien und Streitigkeiten. Zuneigung und Zärtlichkeit suchten sie untereinander, teilweise auch bei den Eunuchen, den entmannten Wächtern des Harems. Am schlimmsten erging es den Frauen, die der Mutter des Sultans nicht gefielen; sie mussten die niedrigsten Dienste im Harem verrichten. Nicht selten waren die Bewohnerinnen der Willkür der Sultane ausgesetzt – um 1640 z. B. ließ der geistesgestörte Osmanenherrscher Ibrahim seine 280 Haremsmädchen in mit Steinen beschwerte Säcke einnähen und ins Meer werfen! Und dennoch kamen viele junge Osmaninnen, die das Sklavinnendasein dem harten Leben in der Außenwelt vorzogen, freiwillig in den Harem. Anders als die Odalisken, Sklavinnen christlicher Herkunft, die als Gefangene durch Verkauf oder als **Geschenk** in die Gewalt ihres Herrschers gelangten und bis zu ihrem Tod den Harem nicht mehr verlassen durften, konnten sie, reich beschenkt, frühestens nach neun Jahren wieder ausscheiden. Einen Harem durfte jeder Muslim führen, die Anzahl der Nebenfrauen war unbeschränkt und lediglich vom Reichtum des Einzelnen abhängig. Nur wenige, wie hohe Verwaltungsbeamte, reiche Geschäftsleute, konnten es sich jedoch neben dem Herrscher leisten, einen Harem standesgemäß zu unterhalten.

»Aber was würden Sie sagen? Wenn ich Ihnen erzählte, dass ich in einem Harem gewesen bin ...«

Frauen lassen morden

Eine herausragende Stellung im Harem nahm die Valide Sultan, die Mutter des Sultans, ein. Sie fand nicht nur bei der Auswahl der jeweiligen Bettgefährtin des Sultans Gehör, sie mischte auch kräftig auf dem politischen Parkett mit. Jede der Hauptfrauen und der Favoritinnen strebte natürlich danach, mächtigste Frau im Harem zu werden. Um

Europäische Künstler hatten meist eine romantische Vorstellung vom Leben im Harem, was selten der Realität entsprach.

dieses Ziel zu erreichen, schreckten viele nicht einmal vor **Mord** zurück. So verbreitete Roxelane (um 1506 bis 1558), die Lieblingsfrau von Süleyman I. (beide ▶Berühmte Persönlichkeiten) – aus Angst, ihr Stiefsohn Mustafa, der Erstgeborene der ersten Haremsdame, würde ihre eigenen vier Söhne ermorden lassen, aber wohl auch angetrieben von dem Ehrgeiz, den eigenen Sohn Selim als Thronfolger zu sehen – das Gerücht, der potenzielle Kronprinz plane einen Umsturz gegen den eigenen Vater. Süleyman ließ Mustafa, seinen ältesten Sohn, daraufhin umgehend mit einer seidenen Bogensehne erdrosseln. 1566 bestieg Selim tatsächlich den Sultansthron. Doch zeigte er sich wenig am Regieren interessiert und frönte lieber dem Alkohol, was ihm den nicht sehr schmeichelhaften Beinamen »der Säufer« einbrachte. 1574 rutschte Selim II. im Vollrausch im Bad aus und verletzte sich tödlich.

Mächtige Französin

Gegen Intrigen hatte sich auch eine Haremsdame französischer Herkunft zu behaupten. **Aimée Dubucq de Rivery**, einst Novizin in einem französischen Nonnenkloster, war 1782 – nach einem Piratenüberfall während einer Seereise von Frankreich nach Martinique – Sultan Abdul Hamid von Istanbul als Sklavin zum Geschenk gemacht worden. In der Stadt am Bosporus angekommen, wurde sie sofort in das Topkapı Sarayı gebracht. Hier stellte man ihr eine andere Europäerin zur Seite, die sie über das Leben im Serail unterrichtete. Schnell stieg Aimée zur **Lieblingsfrau** des Osmanenherrschers auf, als sie diesem einen Sohn gebar. Ihren Sohn Mahmud, der an zweiter Stelle in der Thronfolge stand, musste sie mehrmals vor Mordanschlägen schützen, die die Mutter des Erstgeborenen in Auftrag gab. 1808 wurde Mahmud selbst Sultan des Osmanischen Reiches. Seine bis 1839 währende Regierungszeit gilt als Zeit der Reformen. Seine Mutter Aimée, nun Valide Sultan, stand ihm bis zu ihrem Tod immer als Beraterin zur Seite. Vor allem bemühte sie sich um gute Beziehungen zwischen dem Osmanenreich und Frankreich. Doch in all den 33 Jahren seit ihrer Ankunft in Istanbul durfte Aimée Dubucq den Harem nie mehr verlassen.

Pompöses Ende

Nach dem Sturz des Sultans Abdülhamid II. durch die Jungtürken bestiegen an einem Tag des Jahres 1909 über 200 Haremsdamen 31 elegante Kutschen und verließen für immer den Topkapı Sarayı von Istanbul. Die jahrhundertealte Institution des türkischen Harems war damit zu Ende.

Universität

Jenseits des großen Tores an der Nordseite des Beyazıtplatzes erhebt sich auf einem Hügel an der Stelle der ältesten Residenz der Sultane die Istanbuler Universität (türkisch Istanbul Üniversitesi; früher Kriegsministerium, Seraskerat).

★★
Moschee Süleymans des Prächtigen

Nördlich unterhalb der Universität steht auf einer u. a. von Schulen und Bädern umgebenen Terrasse die 1549–1557 erbaute Moschee Süleymans des Prächtigen (Süleymaniye), neben der in Edirne stehenden Selim-Moschee das bedeutendste Werk des großen Baumeisters Sinan, der den durch die Sophienkirche entscheidend beeinflussten osmanischen Moscheenbau zur höchsten Entfaltung brachte. Das von einer 53 m hohen Kuppel (26,5 m Durchmesser) überwölbte Innere zeichnet sich durch harmonische Raumverhältnisse aus. Eine Besonderheit sind die bunten Fenster des Meisters Sarhoş Ibrahim (Ibrahim der Trinker) an der Mihrabwand.

Şehzade-Moschee

Unter dem Beyazıtplatz führt eine Durchbruchstraße in einem etwa 300 m langen Tunnel zur Vezneciler Caddesi (links Universitätsgebäude), dann nordwestlich weiter als Şehzadebaşı Caddesi. An dieser steht rechts die Şehzade-Moschee, die **Prinzenmoschee**, ein frühes Meisterwerk des berühmten Architekten Sinan, 1543 bis 1548 unter Süleyman und Roxelane zum Andenken an ihren Lieblingssohn Mohammed mit reizvoller Innenausstattung errichtet.

★
Valens-Aquädukt

Unweit nordwestlich der Moschee verläuft zwischen der Universität und der Sultan-Mehmet-Moschee der mächtige Valens-Aquädukt, eine zu 80 % wiederhergestellte zweigeschossige oströmische Wasserleitung aus der Zeit des Kaisers Valens (375 n. Chr.), die hier die Niederung zwischen dem dritten und vierten Stadthügel überbrückt und einst die großen Brunnen am antiken Forum Tauri (heute Universitätsgelände) versorgte.

Sultan-Selim-Moschee

Nördlich von der Sultan-Mehmet-Moschee steht auf einem Stadthügel die Sultan-Selim-Moschee (Selimiye), 1520 bis 1526 als die **einfachste aller Sultanmoscheen** von Süleyman dem Prächtigen zum Andenken an seinen kriegerischen Vater Selim I. errichtet. Von der Terrasse bietet sich ein schöner Blick über das Goldene Horn.

Edirne-Tor

Am Ende der Fevzipaşa Caddesi ragt an der Landmauer das im Jahr 1894 durch ein Erdbeben fast völlig zerstörte Edirne-Tor (Edirnekapı) empor.

★
Kariye Camii

Etwa 300 m nordöstlich steht die schöne ehemalige Kariye Camii, einst die Kirche des wohl schon vor Theodosius II. vorhandenen Klosters Chora (Auf dem Lande). Die Wiederentdeckung von Mosaiken und Fresken im Innenraum, die unter den griechischen Kaisern der Palaiologen-Dynastie (13. / 14. Jh.) entstanden, verhalf dem einstigen Gotteshaus zu Weltberühmtheit. Die Gründungszeit und

Der Große Basar – ein eigenes Stadtviertel mit fast 4500 Geschäften

auch die Namengebung der Kirche bzw. des Klosters sind nicht geklärt. Die in den beiden Vorhallen fast vollständig und im Katholikon bruchstückhaft vorhandenen Mosaiken widmen sich unterschiedlichen Themen, die von den Vorfahren Jesu bis zum Weltgericht reichen.

Landmauer

Außerhalb des Edirne-Tores, wo sich der größte moslemische Friedhof der Altstadt ausdehnt, überblickt man weithin die Landmauer von Konstantinopel / Istanbul, die sich, z. T. noch gut erhalten, in einer Länge von 6670 m vom Goldenen Horn bis zum Marmarameer hinzieht und mit ihren zahlreichen größeren und kleineren Türmen einen gewaltigen Eindruck hinterlässt. Den Hauptteil bildet die **Theodosianische Stadtmauer**, die 413 – 439 angelegt und nach dem Erdbeben von 447 zu einem dreifachen, im ganzen etwa 60 m breiten und von der Tiefe des Grabens aus 30 m hohen Befestigungsgürtel erweitert wurde.

Eyüp

Eyüp-Moschee

Außerhalb der Landmauer liegt im inneren Teil des Goldenen Horns der Vorort Eyüp, mit der 1459 errichteten, mehrfach umgebauten Eyüp-Moschee. Dieses Gotteshaus, in dem Eyüp Ensan, ein heute als Heiliger verehrter Vertrauter des Propheten Mohammed, bestattet sein soll, und in der früher die feierliche Schwertumgürtung des neuen Sultans stattfand, ist nach den heiligen Stätten in Mekka, Medina und Jerusalem das **bedeutendste Wallfahrtsziel** gläubiger Muslime.

Beyoğlu

Vom Eminönü-Platz gelangt man auf der stets belebten, neuen Galatabrücke (484 m lang, 42 m breit; Abfahrtsstelle der Lokaldampfer) über das Goldene Horn hinüber auf den **Karaköy-Platz** am Südrand des Stadtteils Galata. Die Galatabrücke wurde 1991 mit deutscher Hilfe errichtet und ersetzt die alte Galatabrücke, die in den Jahren 1909–1912 von der Maschinenfabrik Augsburg-Nürnberg erneuert wurde. Diese ruhte auf 22 Pontons und besaß einen ausschwenkbaren Mittelteil für größere Schiffe.

Galatabrücke

Das Goldene Horn (Haliç; Schiffsrundfahrt), die hornförmig gekrümmte, 7 km lange **Hafenbucht von Ilstanbul**, ist ein versunkenes Nebental des Bosporus. Im Mittelalter konnte das Goldene Horn wie auch der Bosporus durch eine Kette für Schiffe gesperrt werden.

★ Goldenes Horn

An der Südseite des Karaköy-Platzes beginnt der Galatakai, der sich nordöstlich an der Mündung des Goldenen Horns in den Bosporus entlangzieht und Ablegestelle der türkischen und ausländischen Schifffahrtslinien ist. Von der Nordseite des Karaköy-Platzes gelangt man durch die Haraççı Ali Caddesi und ihre Fortsetzungen oder auf der Yüksek Kaldırım (Hoher Bordstein), einer steilen Straße mit vielen Läden, zum in byzantinischer Zeit erbauten, 1423 von den Genuesen und 1875 durch die Osmanen wiederhergestellten Galataturm. Ehemals ein Turm der Stadtummauerung, beherbergt das Monument heute in der obersten Etage ein Restaurant und einen Nachtclub. Vom Turm führt der Weg hinauf zum Tunnelplatz (Obere Station der unterirdischen Standseilbahn) in den hoch gelegenen Hauptteil von Beyoğlu, der in seinem oberen Teil um den Taksimplatz erst im 19. Jh. in moderner europäischer Bauweise angelegt wurde; hier befinden sich zahlreiche Hotels, ausländische Konsulate, Kirchen, Schulen und Krankenhäuser. Hauptverkehrsader von Beyoğlu ist die beim Tunnelplatz beginnende **Istiklal Caddesi** (Unabhängigkeitsstraße) mit vielen großen Geschäftshäusern und dem Gymnasium von Galata Sarayı (ehem. Palast).

Karaköyplatz
Galatakai

◀ Galataturm

Die Istiklal Caddesi mündet nördlich auf den **Taksimplatz** (Taksim Meydanı) mit dem Denkmal der Republik (aus dem Jahr 1928) und der Oper.

? WUSSTEN SIE SCHON …?

■ Der heutige Name »Istanbul« tauchte nach der Eroberung Konstantinopels 1453 auf. Angeblich ist »Istanbul« die türkische Verballhornung des Namens der von den Osmanen eingenommenen Stadt (aus Kon-»stan«-tino-»pel« wurde I-»stan«-»bul«), anderen Quellen zufolge leitet sich der Name aus dem griechischen »in die Stadt« (»is tin polin«) ab. Auch der Name »Stambul« war gebräuchlich (Karl May schrieb Stambul statt Istanbul). Da man vor Worte, die mit zwei Konsonanten beginnen, gern ein »i« setzte (aus Smyrna entwickelte sich der Name Izmir) und zuweilen »m« durch »n« austauschte, wurde aus »Stambul« schließlich »Istanbul«. Erst seit 1930 trägt die Stadt offiziell diesen Namen.

Cumhuriyet Caddesi

Vom Taksimplatz zieht sich die von Bürogebäuden und großen Geschäftshäusern gesäumte Cumhuriyet Caddesi, eine der vornehmsten Straßen von Istanbul, an der Esplanade der Republik vorbei zu den nördlichen Stadtteilen Harbiye und Şişli mit zahlreichen Villen der wohlhabenden Bevölkerung.

Östlich der Cumhuriyet Caddesi erstreckt sich der **Park von Maçka** mit der Technischen Universität, dem Hilton-Hotel, einem Freilichttheater, dem Sport- und Ausstellungspalast und dem Militärmuseum. Die Gümüşsuyu Caddesi führt östlich vom Taksimplatz im Bogen an Instituten der Technischen Universität (links) und dem Stadion vorbei zum Stadtteil **Dolmabahçe** mit dem Dolmabahçe-Palast, dem Uhrenturm der ehemaligen Dolmabahçe-Moschee aus dem Jahr 1853 sowie dem Marinemuseum, das nordöstlich vom **Dolmabahçe-Palast** bei der Anlegestelle für Beşiktaş liegt. Der unter Sultan Abdulmecit I. 1854 im sog. türkischen Renaissancestil erbaute Dolmabahçe-Palast (Dolmabahçe Sarayı) diente bis zum Ende des Ersten Weltkrieges als Residenz der türkischen Sultane. Auch Atatürk (▶Berühmte Persönlichkeiten) wohnte zeitweise in dem Palast und verstarb hier im Jahr 1938.

> ! **Baedeker TIPP**
>
> **Spielzeugland**
>
> Nicht nur Kinder freuen sich über die 4000 Exponate, die das von dem türkischen Dichter Sunay Akin (geb. 1962) gegründete Spielzeugmuseum zeigt. Die Räume sind z. T. thematisch aufgeteilt und dekoriert, z.B. als Polizeiauto oder als Eisenbahn-Waggon – und der Weg zu den Toiletten führt durch ein »echtes« U-Boot! (Oyuncak Müzesi, Ömerpaa Cad., Dr. Zeki Zeren Sok. 17, Göztepe; Öffnungszeiten: Mo. – Fr. 9.00 bis 18.00 Uhr, Sa. und So. bis 19.00 Uhr).

Üsküdar

Leanderturm

Nach Üsküdar fährt man am besten mit der laufend verkehrenden Autofähre von der Landungsbrücke Kabataş (2 km nordöstl. von der Galatabrücke) quer über den hier 2 km breiten Bosporus. Westlich vor der Landspitze am asiatischen Ufer erhebt sich auf einem Inselchen der 30 m hohe Leanderturm (auch Kız Kulesi = Mädchenturm genannt) mit Signalstation und Leuchtfeuer, der die Bosporuseinfahrt bewacht und ein Wahrzeichen von Istanbul ist.

Heute beherbergt der hübsche Leanderturm eine Fast-Food-Cafeteria (Öffnungszeiten: tgl. 12.00 – 19.00 Uhr), und das recht teuere Restaurant »Kız Kulesi« (Reservierung unter Tel. 02 16 – 342 47 47, Fax 495 28 85 oder www.kizkulesi.com.tr).

Asiatischer Stadtteil Üsküdar

Der asiatische Stadtteil Üsküdar (ehem. Skutari) ist die größte geschlossene Vorstadt Istanbuls und hat mit seinen schönen alten Moscheen, den winkeligen Gassen und verwitterten braunen Holzhäusern (besonders zwischen dem Landeplatz und dem Großen Friedhof) stärker als Alt-Istanbul seinen orientalischen Charakter bewahrt.

✷ Prinzeninseln

Überaus lohnend ist ein Schiffsausflug zu den landschaftlich reizvollen, im Nordostteil des Marmarameeres 19 – 28 km süd-südöstlich von Istanbul gelegenen Prinzeninseln (Kızıl Adalar). Gepflegte Gärten und Parks, gut ausgebaute Wassersportanlagen mit recht akzeptablen Badestränden auf Heybeli, Kınalı oder Büyük Ada sowie ein ausgezeichnetes Wegenetz ermöglichen den vom hektischen Betrieb in Istanbul gestressten Bürgern einen angenehmen Aufenthalt. Auf den neun, insgesamt 10 km² großen Eilanden (16 200 Einw.), die wegen des rötlichen Gesteins auch **Rote Inseln** genannt werden, gibt es – außer Polizei-, Feuerwehr-, Rettungs- und Müllfahrzeugen – keinen Autoverkehr. Hauptverkehrsmittel sind Pferdekutschen, die von den Inselbesuchern gerne für Exkursionen in Anspruch genommen werden. Allein die 60 bis 90 Minuten dauernde Überfahrt auf einem Passagierschiff, das im Sommer von Istanbul mehrmals täglich eine der Inseln oder alle größeren Eilande anläuft, ist ein Erlebnis. Die Bewohner der Prinzeninseln sind überwiegend wohlhabende Istanbuler. Nur die vier ersten der nachfolgend beschriebenen fünf Inseln sind dauernd bewohnt, die übrigen werden von den regelmäßigen Fährschiffen nicht angelaufen (Abfahrt tgl. mit der Fähre ab Sirkeci-Bahnhof in Eminönü oder mit dem Katamaran ab Anleger Deni Otobüsi in Kabataş, 2 km nordöstlich der Galatabrücke).

Büyük Ada (griech. Prinkipo, wovon sich der Archipelname Prinzeninseln ableitet), die »fichtenreiche«, die mit knapp 6 km² größte und bevölkerungsreichste der Prinzeninseln, hat sich zu einem Ausflugsziel ersten Ranges entwickelt. Villen, Clubs, Hotels und mannigfaltige Freizeitanlagen ziehen zahllose Gäste an. Am schönsten baden kann man an den Stränden im Süden und Südosten der Insel.

Das etwa 2 km² große Eiland **Heybeli Ada** (Sattelinsel) ist Standort der türkischen Marineakademie. Im Hafen liegt die »Savarona«, einst Privatjacht von Kemal Atatürk, vor Anker. Auf dem Westhügel erhebt sich die einzige auf den

Prinzeninseln noch erhaltene byzantinische Kirche, ein Gotteshaus aus dem 15. Jh. mit kleeblattförmigem Grundriss. Bademöglichkeiten bestehen rund um die Insel.

★ Burgaz Ada

Die landschaftlich sehr abwechslungsreiche, etwa 1,5 km² große Insel Burgaz Ada hat ihren Namen wahrscheinlich von einem Turm, der früher auf ihrer höchsten Erhebung (165 m ü. d. M.) stand. Vor allem ziehen schöne Strände und gepflegte Wege viele Besucher an.

Kınalı Ada

Kınalı Ada (griechisch Proti), die »hennafarbene Insel«, die Istanbul am nächsten liegt, weist einige kleine Badebuchten auf. In den **Klöstern** des Eilandes (heute nur noch Ruinen) waren einst unliebsame Mitglieder des byzantinischen Herrscherhauses interniert. Vom Inselberg (115 m ü. d. M.) bietet sich ein schöner Rundblick.

Sivri Ada

Der westlich von Burgaz Ada bis 90 m hoch aus dem Meer ragende Felsklotz Sivri Ada (griechisch Oxia) erlangte einst traurige Berühmtheit. Im Jahr 1911 wurden hier Tausende von herrenlosen Istanbuler Hunden ausgesetzt, die jämmerlich verendeten.

★ Izmir

D 9

Landesteil: Westküste (Ägäisches Meer)
Höhe: 0 – 185 m ü.d.M.
Provinz: Izmir
Einwohnerzahl: 3,9 Mio.

Die Industrie- und Handelsstadt Izmir (abgeleitet von Smyrna, Ismyrna und Ismir), die drittgrößte Stadt der Türkei und nach Istanbul wichtigster Handelsplatz des Landes, hat nicht nur mit hohem Verkehrsaufkommen zu kämpfen, sondern auch mit hochgradiger Verschmutzung der Bucht, weil man sich jahrzehntelang nicht ausreichend um den Bau von Kanalisation und Kläranlagen gekümmert hat. Immerhin zeigen nun langfristig angelegte Projekte für die Reinigung und Verschönerung des Hafenbeckens erste Erfolge. Auch im Innenstadtbereich gibt es mittlerweile sehr schöne Straßen und Promenaden.

Drittgrößte Stadt der Türkei

Sicherlich zählte das antike **Smyrna** an der Ägäisküste, das heutige Izmir, zu den schönsten und bedeutendsten Städten der Alten Welt, wie große Dichter und Geschichtsschreiber berichten. Die »Stadt des blinden Homer« und eine der sieben »Apokalyptischen Gemeinden« muss durch ihre einzigartige Lage an der großen und geschützten Bucht von Smyrna auf Reisende einen überwältigenden Eindruck gemacht haben. Vielfache Zerstörungen durch Kriege und Brände und der darauf folgende Wiederaufbau haben das Aussehen der Stadt vor allem nach dem großen Brand im Jahr 1922 jedoch

► Izmir **ZIELE** 287

İzmir *Orientierung*

300 m
© Baedeker

Golf von Izmir

Fährhafen
Alsancak Limanı
Karşıyaka
UMURBEY
S. Yaşar Kunstmuseum
ALSANCAK
Liman Cad.
Bahnhof Alsancak
Şehitler Cad.
Atatürk Caddesi
M. E. Bozkurt Cad.
Engl. Kirche
Vahap Ozaltay Meydanı
Stadion
Atatürk-Museum
(Kordon)
Talat Paşa Bulvarı
Çetinkaya
NATO
Pirireis Cad.
Alsancak Camii
Sair Eşref Bul.
Dr. M. Ender Cad.
Sporthalle
Schwimmbad
MIMAR SINAN
Vasıf Çınar Bul.
Cumhuriyet Bulvarı
Universität KÜLTÜR
Atatürk-Schule
Messehallen
Sergi Sarayı
Tennis Club
Freilufttheater
Cumhuriyet Meydanı
Şehit Nevres Bul.
Montrö Meydanı
Kültürpark
Fallschirmturm
Manisa
Handelshafen
Ital. Kirche
Büyük Efes Hotel
Gazi Osmanpaşa Bul.
Hürriyet
İSMET KAPTAN
Sair Eşref Bul.
Dr. R. Saydam
Sporthalle
9 Eylül Kapısı
Luna-park
Zoo
KAHRAMANLAR
Bozkurt Bulvarı
Atatürk Caddesi
Gümrük Deposu
Börse
Cumhuriyet Bulvarı
Gazi Bulvarı
Gazi Bulvarı
Mürsel Paşa
Bahnhof Basmane
Gazi Bulvarı
OĞUZLAR
Gaziler Caddesi
Fevzi Paşa Bulvarı
9 Eylül Meydanı
Salhli
Bank Stadtverwaltung
Hisar Camii
Kültür Özel
Korakkapı Camii
Abdullah Efendi Camii
Urla, Karşıyaka, Alsancak
Mayıs Meydanı
KONAK BASAR
Gazi Osmanpaşa Bulvarı
Anafartalar Cad.
Uhrturm
Konak Camii
Rathaus
Kemeraltı Camii
Agorá
Pazaryeri Camii
Balluğu Cad.
Bibliothek
Hacı Mahmut Camii
Patlıkanlı Camii
Konak Meydanı
Kulturzentrum
Dibekbey Camii
Hac Ali Efendi Cad.
KADİFEKALE
Archäolog. Museum
Etnograph. Museum
Flughafen Park
Cici
Eşref Paşa Caddesi
Röm. Straße
Rakım Erkutlu Cad.
R. Erkutu Cad.
Zitadelle Kadifekale
Kuşadası, Selçuk (Ephesus), Pamukkale

④ Smyrna Restaurant
⑤ Körfez Restaurant
⑥ Sahil Restaurant
⑦ Çetin Restaurant

Übernachten
① Izmir Princess Thermal Hotel
② Ege Palas Hotel
③ Konak Saray Hotel

④ Izmir Palace
⑤ Altin Yunus
⑥ Sheraton
⑦ Siren Pansiyon

Asansör Ceneviz
Kemal Usta'nın Yeri
Vejetaryen

stark verändert. Von den antiken Denkmälern des reichen Smyrna ist außer der hellenistisch-römischen Agorá und dem in der Antike als nachalexandrinischer Siedlungshügel dienenden Pagos mit seiner überwiegend mittelalterlichen Ummauerung nur wenig geblieben. Der wichtige Straßen- und Eisenbahnknotenpunkt wird auch auf Kreuzfahrten durch das östliche Mittelmeer besucht, aber wenige Reisende verbringen längere Zeit in der sehr lebhaften und anstrengenden Stadt. Die Stadtverwaltung von Izmir ist bemüht, den Innenstadtbereich zu verschönern. Die Uferpromenade mit einer großen Anzahl von Cafés und Restaurants wurde verbreitert, die Grünanlagen innerhalb der Stadt nehmen zu, auch verfügt die Industrie- und Handelsstadt über eine gute Hotellerie.

Izmir liegt etwa in der Mitte der Westküste Kleinasiens im Golf von Izmir (Izmir Körfezi; 8 bis 24 km Breite, 54 km Länge), der zu den schönsten Buchten der Ägäis zählt. In einer Länge von über 30 km umzieht die rasch wachsende, im Hintergrund von den Gipfeln des Manisa Dağı (Sipylos; 1517 m ü. d. M.) und des Nif Dağı (1510 m ü. d. M.) überragte Stadt den inneren Teil dieser Bucht. Die wirtschaftliche Bedeutung Izmirs beruht vor allem auf seinem verkehrsgünstig gelegenen Hafen. Izmir hat nicht nur wirtschaftliche Bedeutung; die Stadt ist auch Sitz eines NATO-Kommandos und der »9 Eylül Universität«, deren Name an den 9. September, d. h. an die Vertreibung der Griechen aus der Stadt im Griechisch-Türkischen Krieg 1922 erinnert.

Geschichte

11. Jh. v. Chr.	Gründung von Smyrna
750 – 725 v. Chr.	Homer verfasst hier wohl die Ilias.
4. Jh. v. Chr – 2. Jh. n. Chr.	Glanzzeit Smyrnas
1920 –1922	Griechen besetzen die Stadt.
9. Sept. 1922	Großbrand verwüstet nördliche Stadt.

Bereits im 4. Jt. v. Chr. bestand etwa 3,5 km nördlich der heutigen Stadt auf dem Hügel Bayraklı eine Ansiedlung der Troia-Yortan-Kultur. Der Ort besaß einen Hafen und war befestigt. Gegen Ende des 11. Jh. v. Chr. gründeten äolische Griechen eine Kolonie, deren Name Smyrna von der dort wachsenden Myrrhe abgeleitet wurde. Ab etwa 800 v. Chr. gehörte Smyrna als dreizehnte Stadt dem Ionischen Bund an, zwischen 750 und 725 v. Chr. soll hier **Homer** die »Ilias« geschaffen haben. Die Glanzzeit Smyrnas, aus der z. B. die teilweise erhaltene Goldene Straße stammt, waren die hellenistischen und die ersten beiden römischen Jahrhunderte. Für die Bedeutung Smyrnas in der christlichen Zeit spricht die Offenbarung des Johannes, in der die Stadt als eine der sieben Gemeinden genannt wird. Im Griechisch-Türkischen Krieg (1920 – 1922) wurde

Der Uhrturm auf dem Konak Meydanı ist das Wahrzeichen Izmirs. →

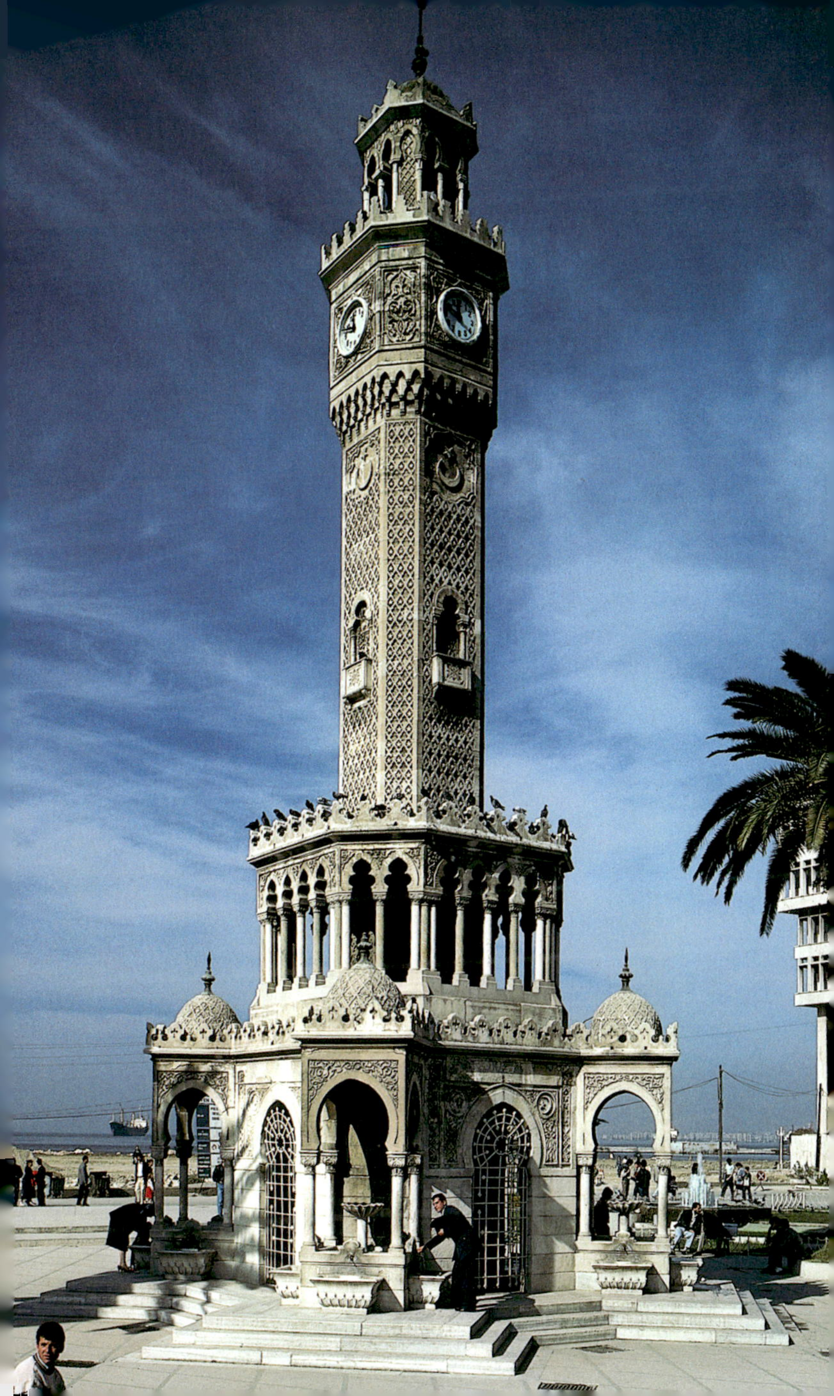

Highlights Izmir

Atatürk Caddesi
Straße mit vielen Cafés und Restaurants
▶ Seite 290

Archäologisches Museum
Funde aus dem antiken Smyrna
▶ Seite 291

Agorá
Marktplatz aus griechisch-antiker Zeit
▶ Seite 291

Kadifekale
»Samtburg« mit schönem Panoramablick
▶ Seite 294

Smyrna von griechischen Truppen besetzt. Durch den Vertrag von Sèvres (1920) kam die Stadt vorübergehend an Griechenland; nach ihrer Rückeroberung durch Kemal Paşa am 9. September 1922 fiel der reiche nördliche Stadtteil einem Brand zum Opfer. Beim Wiederaufbau wurden breite Straßenzüge mit Grünanlagen geschaffen und mit modernen Gebäuden gesäumt. Auf einem Teil der Brandstätte entstand der Kulturpark mit dem Messegelände. Im Norden der Stadt wurden neue Industriesiedlungen gebaut, während im Südwesten entlang der Bucht und am Nordufer des Golfes große Wohnviertel heranwuchsen.

Sehenswertes in Izmir

★
Atatürk Caddesi (Kordon)

Die für den Fremdenverkehr wichtigste Straße ist die lange, Kordon (Gürtel, Band) genannte Atatürk Caddesi. Sie beginnt am Fährhafen im Stadtteil Alsancak – dem ehemaligen Händlerviertel und heutigen Szeneviertel mit schöner Fußgängerzone, restaurierten Altstadthäusern sowie Restaurants, Straßencafés und Nachtclubs – und führt südwärts in einer Länge von annähernd 3,5 km am Hafen entlang zum alten Stadtteil Konak. An Sonnentagen tummeln sich auf dem Kordon, der einen schönen Blick auf den Golf gewährt und auf dem sich Cafes und Restaurants aneinander reihen, die Bewohner der Stadt. Im Hause Nr. 248 befindet sich das **Atatürk-Museum** mit Andenken an den Aufenthalt des Staatsmannes in der Stadt. Etwa auf halber Strecke öffnet sich die Uferpromenade zum **Platz der Republik** (Cumhuriyet Meydanı) mit dem Unabhängigkeitsdenkmal (Istiklal Anıtı), einem Reiterstandbild Atatürks aus dem Jahre 1933. An der Südostseite des Platzes steht das Hotel »Büyük Efes«, dahinter findet man das touristische Informationsbüro.

> **! Baedeker TIPP**
>
> **Asansör**
>
> Mit dem Aufzug (Asansör) von 1907 an einem Steilhang im alten jüdischen Viertel (Dario Moreno Sokak, ca. 1 km südwestlich des Konak Meydanı) gelangt man auf eine 70 m höher liegende Terrasse mit schickem Panoramarestaurant und -café (Tel. 0232 262 26 26).

Die Atatürk Caddesi endet im Süden bei dem lang gestreckten, sich zum Golf öffnenden Konak Meydanı. An der Nordseite des Platzes steht das mächtige moderne Gebäude der Stadtverwaltung (Belediye). Die Südseite des großen Platzes prägt der in ungewöhnlichen Bauformen gehaltene Komplex des Atatürk-Kulturzentrums der Ägäischen Universität mit Opernbühne, Konservatorium, Ausstellungsräumen und einem Museum für moderne Kunst. Zentraler Anziehungspunkt und das **Wahrzeichen der Stadt ist der Uhrenturm** (Saat Kule), im Jahre 1901 als Geschenk des Sultans Abdulhamid I. errichtet und ein Beispiel spätosmanischer, europäisch beeinflusster Baukunst. Östlich davon steht die kleine Konak-Moschee (1754) mit farbenfrohen Fayencen.

Konak Meydanı

> ! **Baedeker TIPP**
>
> **Preiswert essen**
> Rund um den Basmane-Bahnhof bieten viele Lokale türkische Gerichte wie »Cipura« (Goldbrasse) oder »Köfte« zu günstigen Preisen an.

Oberhalb vom Konakplatz (an der kurvenreichen Birleşmiş Milletler Caddesi) befindet sich das Archäologische Museum, das Funde aus dem antiken Smyrna, aus Ephesus, Milet, Sardes, Pergamon, Aydın (Tralleis) u. a. enthält. Besondere Beachtung verdienen die von der Smyrnaer Agorá stammenden Figuren des Poseidon und der Demeter (2. Jh. n. Chr.), die Sarkophage, ein kolossaler Römerkopf, ein Fußbodenmosaik, die wertvolle Glas-, Münz- und Schmucksammlung sowie das bronzene Original einer Demeterfigur aus Halikarnassos (Bodrum) aus dem 4. Jh. v. Chr. (Öffnungszeiten: Di – So. 9.00 – 12.00, 13.00 – 17.00 Uhr).

★ **Archäologisches Museum**

An der gegenüber liegenden Straßenseite beherbergt ein Gebäude des 19. Jh.s, ein ehemaliges Krankenhaus, das Ethnografische Museum mit Zeugnissen türkischer Wohnkultur und traditionellen Handwerks sowie Fotografien des alten Smyrna (Öffnungszeiten: tgl. 8.30 – 17.30 Uhr).

Ethnografisches Museum

Vom Konakplatz nach Nordosten erstreckt sich das Gassengewirr des Basarviertels mit zahllosen Werkstätten, Läden, Verkaufsständen, mehreren alten Karawansereien aus dem 18. Jh. (z. T. restauriert) und etlichen kleinen Moscheen aus osmanischer Zeit, darunter die gut hergerichtete Hisar-Moschee von 1597.

Basarviertel

Unweit südlich vom Fevzi Paşa Bulvarı liegen im Stadtteil Namazgah etwa 150 m östlich abseits von der Eşref Paşa Caddesi die z. T. ausgegrabenen Reste der ursprünglich aus griechischer Zeit stammenden, nach einem Erdbeben im 2. Jh. n. Chr. unter Kaiser Mark Aurel neu angelegten Agorá. An der Westseite der begrünten Freifläche stehen noch 13 Säulen mit schönen Kapitellen; an der Nord-

★ **Agorá**

seite befindet sich eine 160 m lange dreischiffige Basilika, die auf einem pfeilergestützten Gewölbe ruht. Den besten Eindruck von der Ausdehnung des antiken Marktplatzes gewinnt man aus der Ferne von der Burghöhe Kadifekale.

▶ IZMIR UND UMGEBUNG ERLEBEN

AUSKUNFT

Akdeniz Mah. 1344 Sok. 2, Pasaport
(beim Grand Hotel Efes)
Tel. (02 32) 483 51 17
Tel. (02 32) 483 62 16
Fax 483 42 70
www.izmirturizm.gov.tr

Adnan-Menderes-Flughafen
(Adnan Menderes Havalimanı)
Tel. (02 32) 274 22 14

Iskele Meydanı 8
Çeşme;
Tel. (02 32) 712 66 53

EINKAUFEN

Das Basarviertel von Izmir (s. Sehenswürdigkeiten) ist einer der schönsten Basare der Türkei. Noble Geschäfte findet man im nördlichen Stadtteil Alsancak, wo die Besserverdienenden der Metropole (Ärzte, Anwälte etc.) leben.

ESSEN

▶ Erschwinglich

① *Asansör Ceneviz*
Şehit Nihat Bey Cad. 76
Tel. (02 32) 261 26 62
Der aus dem 19. Jh. stammende Aufzug, der dem Lokal den Namen gab, verbindet zwei übereinanderliegende Straßen. Auf der oberen Terrasse des Lokals genießt man bei einem guten Essen den prächtigen Blick über Stadt und Bucht. Das Restaurant serviert türkische Küche; in der angeschlossenen Bar gibt es auch Snacks.

② *Kemal Usta'nın Yeri*
1453 Sok. 20
Alsancak
Tel. (02 32) 422 31 90
Zu den edlen Adressen in Izmir gehört das Lokal von »Meister Kemal«. Viele türkische Familien wissen die hervorragende türkische Speiseauswahl zu schätzen. Die Preise werden sicherlich auch durch die Lage in einem »In-Viertel« bestimmt.

③ *Vejetaryen*
1375 Sok. 11
Alsancak
Tel. (02 32) 421 75 58
Im vegetarischen Lokal der Stadt herrscht Rauchverbot.

④ *Smyrna Restaurant*
Ecke Cumhuriyet Bul. / 1346 Sok.
Wie der Name schon vermuten lässt: Hier fühlt man sich wie in einem griechischen Lokal. Man kann auch draußen sitzen, allerdings an der verkehrsreichen, also nicht ganz leisen Cumhuriyet Bulvarı.

⑤ *Körfez Restaurant*
Çeşme; Yalı Cad. 12
Tel. (02 32) 712 67 18
Spezialitäten des Hauses sind Fischgerichte und Meeresfrüchte.

⑥ *Sahil Restaurant*
Çeşme; Cumhuriyet Meydanı 12
Tel. (02 32) 712 82 94
Bei Touristen ist das Restaurant am Hafen sehr beliebt. Serviert werden vor allem Fischgerichte.

⑦ **Çetin Restaurant**
Küçükdeniz Sahil
Foça
Tel. (02 32) 812 24 66
Am Hafen gelegenes Fischrestaurant. Probieren sollte man auch die schmackhaften Blätterteigröllchen und kalten Vorspeisen.

NACHTLEBEN

Das Nachtleben von Izmir (Kneipen, Musiklokale) spielt sich vorwiegend am Kordon sowie in der Kıbrısşehitleri Caddesi des nördlichen Stadtteils Alsancak und deren Seitengassen ab.

ÜBERNACHTEN

▶ Luxus

① *Izmir Princess Thermal Hotel*
35331 Narlıdere-Izmir
Tel. (02 32) 238 51 51
www.izmirprincess.com.tr
300 Z. und 12 Suiten
Sehr komfortables Hotel westlich von Izmir im Vorort Narlıdere. Zwei Restaurants, Schwimmbecken, Sauna, Thermalbad und Sportanlagen. Zubringerservice zur rund 10 km entfernten Innenstadt.

② *Ege Palas Hotel*
Cumhuriyet Bulvarı 210
Alsancak
Tel. (02 32) 463 90 90, Fax 463 81 00
www.egepalas.com.tr; 113 Z.
21-stöckiger Hotelturm am Golf von Izmir mit schöner Aussicht, teilweise Meerblick. Sauna, Fitnessraum, Swimmingpool. Panorama-Restaurant und Café-Bar »Salzburg«: Angebot türkischer Spezialitäten sowie österreichischer Backwaren.

⑤ *Altın Yunus*
Boyalik Mevkii, Kalem Burnu
Çeşme
Tel. (02 32) 723 12 50, Fax 723 22 42
www.altinyunus.com.tr; 319 Z.
Etwa 3 km von Çeşme entfernte und um ein privates Hafenbecken herum angelegte riesige Ferienanlage mit Sandstrand und vielen Wassersportmöglichkeiten und Freizeitangeboten, u. a. Minigolf, Tischtennis und Tennis. Zum Hotel gehören fünf Restaurants (z. T. mit Livemusik) und mehrere Cafeterias sowie 42 Strandhäuser, 25 Suiten und 73 Studios.

⑥ *Sheraton Çeşme Hotel*
Şifne Cad. 35 Ilıca
Çeşme
Tel. (02 32) 723 12 40
www.sheratoncesme.com; 373 Z.
Vornehmes Ferienhotel mit privatem Strand ca. 6 km östlich von Çeşme. Einige Zimmer bieten einen wunderschönen Blick aufs Meer. Das Hotel bietet u. a. eine Sauna, ein Hamam, Pools, Fitnessbereich, Sportplätze, Boutiquen, ein Internet-Café, drei Restaurants, eine Patisserie und diverse Bars.

▶ Komfortabel

④ *Izmir Palas*
Atatürk Cad.
Tel. (02 32) 465 00 30, Fax 422 68 70
www.izmirpalas.com.tr
Sehr gepflegtes Hotel mit 150 netten Zimmern.

③ *Konak Saray Hotel*
Anafartalar Cad. No: 635
Tel. (232) 4836946, Fax 4837710
www.konaksarayhotel.com
Stilvolle Zimmer in einem alten osmanischen Haus.

▶ Günstig

⑦ *Siren Pansiyon*
Küçükdeniz, Foça
Tel. (02 32) 812 26 60
www.sirenpansiyon.com
Einfache, aber saubere Pension in der Altstadt von Foça.

Kadifekale Im Osten der Stadt (Zufahrt ausgeschildert) ragt die **»Samtburg«** Kadifekale auf, die die Akropolis der Stadt des Lysimachos trug und noch von den Resten einer mittelalterlichen Zitadelle gekrönt ist. Von oben bietet sich ein unvergleichliches Panorama mit der gesamten Stadt, dem Golf und dem Gebirge. Die gut erhaltenen mächtigen Umfassungsmauern, die einst durch 40 Türme verstärkt waren, bestehen z. T. noch aus Grundmauern und Werkstücken der lysimachischen Akropolis und stammen ansonsten aus der römischen, byzantinischen, genuesischen und osmanischen Zeit.

Kulturpark Im nordöstlichen, 1922 abgebrannten Teil der Stadt, unweit nordöstlich vom 9. Eylül Meydanı und östlich vom Montrö Meydanı, erstreckt sich die größte Grünanlage der Stadt, der Kulturpark (Kültür Parkı) mit den Messehallen, einem **Zoologischen Garten**, Tennisplätzen, einem Fallschirmsprungturm, Restaurants, einem Vergnügungspark sowie einem Geschichts- und Kunstmuseum.

Umgebung von Izmir

Balçova (Agamemnon-Thermen) Inciraltı Südwestwärts verlässt man Izmir durch lang gestreckte Wohnvororte und erreicht nach knapp 9 km (vom Konakplatz) eine Straßenkreuzung: Hier gelangt man links (700 m) zum Kurbadezentrum von Balçova (radiumhaltige Agamemnon-Thermen, 35 – 40 °C) und weiter südlich zur Gondelbahn, die hinauf zu einem Aussichtsrestaurant führt, oder rechts (2 km) zum **Strandbad Inciraltı**. Der wunderschöne, von Restaurants und Cafés gesäumte und am Wochenende völlig überlaufene Sandstrand von Inciraltı gilt als Hausstrand von Izmir. Allerdings kann auch hier, wie im gesamten Stadtbereich von Izmir, das Baden wegen der starken Wasserverschmutzung nicht empfohlen werden.

Akkum-Strand An der Südküste der Halbinsel vor Izmir – bei Sığacık – breitet sich der feinsandige Akkum-Strand aus, der zu den schönsten auf der Halbinsel gerechnet werden kann.

Çeşme Auf der Spitze der Halbinsel vor Izmir liegt das **Urlaubszentrum** Çeşme mit **Schwefelthermen** (35 – 50 °C), denen der über dem Meer aufsteigende und von einem genuesischen, in osmanischer Zeit ausgebauten **Kastell** überragte Ort seinen Namen verdankt (Çeşme = Brunnen, Quelle). In der Nähe der pittoresken Festung, in deren Mauern im Juli unter freiem Himmel ein internationales Musikfest veranstaltet wird, steht eine ehemalige Karawanserei aus dem 16. Jh., die zu einem Hotel umgebaut wurde. Aus einer früheren Kirche wurde das Emir-Çaka Kunst- und Kulturzentrum geschaffen. Die Innenstadt des vom Tourismus stark geprägten Ortes, in der sich Souvenirläden und Boutiquen mit Ledergeschäften und Andenkenläden abwechseln, bietet auch jede Menge Speiselokale und Cafés; in der Nacht sorgen die vielen Bars für Unterhaltung, in denen sich vor allem die türkische Schickeria sehr wohl fühlt. Von Çeşme aus besteht eine Fährverbindung (Kfz-Transport) mit der griechischen Insel Chios (türkisch Sakız), außerdem legen hier die Fähren von Italien an und ab.

Die Hauptattraktion von Çeşme bilden – trotz des recht kühlen Wassers – die **Sand- und Kiesbadestrände** in der näheren Umgebung, von denen einige eine sehr feine Sandqualität aufweisen. Auch Çeşme selbst verfügt über einen Strand, den Tekke Plajı, der sich nördlich des Fischerhafens befindet. Schöne Strände an der Nordküste sind der 4 km nördlich von Çeşme gelegene, relativ kleine Dalyan-Strand, der Strand von Altın Yunus, einem Ferienkomplex mit eigenem Jachthafen, das windgeschützte Strandbad Ayayorgi, der lange und vorzügliche, kinderfreundliche, meist aber überlaufene Sandstrand des Thermalortes Ilıca (5 km östlich von Çeşme), die Bucht von Şifne (noch 4 – 5 km weiter östlich) sowie der Ildırı-Kiesstrand (ca. 20 km nordöstlich von Çeşme) auf der Strecke nach Ildırı. Die Strände südlich von Çeşme sind weniger überlaufen als die im Norden: der Pırlanta Plajı in einer kleinen Bucht, der Altınkum-Tursite-Plajı und der 300 m lange Strand von Alaçatı, etwa 3 km vom Ortskern von Alaçatı entfernt. Mit Abstand der schönste Strand der Halbinsel ist der kilometerlange, sehr feinsandige Strand von Altınkum-Tursite, der »Goldene Strand«.

◀ Badestrände

◀ weiter auf S. 299

Restaurants säumen die Uferpromenade von Foça.

KLEINE GENÜSSE

Türkischer Mokka wird zwar selten getrunken, doch die Zubereitung wird meist feierlich zelebriert. Schwarzen Tee gibt es immer und überall. Auch Alkoholika sind sehr beliebt, vor allem das Allheilmittel Rakı und das im Land gebraute Bier. Und nicht zu vergessen die vielen Sorten Rebensaft des traditionellen Weinlandes!

Wahre Zeremonie

Türken verweisen gerne darauf, dass ihre Vorfahren es waren, die Wien mit dem Kaffee vertraut machten. Das stimmt – auch wenn diese das sicher nicht freiwillig taten. Denn als 1683 ein **bayrisch-polnisches Heer** der von türkischen Truppen belagerten Stadt Wien zu Hilfe eilte, blieben nach der überstürzten Flucht der Türken etliche Säcke mit teils noch grünen, teils gebrannten Kaffeebohnen zurück, mit denen ein cleverer Gastronom der Habsburger Metropole so lange herumexperimentierte, bis die Wiener Melange, ein mitteldunkler Milchkaffee, erfunden war. Beim türkischen Kaffee spielt Milch allerdings bis heute keine Rolle, und anders als im Abendland wird das in der Türkei verhältnismäßig teure Genussmittel nicht zum Frühstück, nachmittags zu Kuchen und Gebäck oder einfach zwischendurch getrunken, sondern bildet als Mokka (türk kahvesi) den **Abschluss eines großen Essens** und gilt quasi als Zeichen zum Aufbruch. Entsprechend feierlich ist seine Zubereitung, die in guten Lokalen vor den Augen des Gastes auf einem Beistelltisch erfolgt. Dabei wird in ein **Kupferkännchen** ein gehäufter Kaffeelöffel mit Pulver aus sehr dunkel gebrannten Kaffeebohnen und die vom Gast gewünschte Menge Zucker gegeben – man bestellt den Kaffee sade (ohne Zucker), orta (mittelsüß) oder şekerli (sehr süß). Dies alles wird mit etwas Wasser verrührt, und dann wird der Inhalt unter Zugießen weiteren Wassers auf offener Flamme – am besten gelingt der türkische Mokka auf **Holzkohlenfeuer** – gekocht und nach mehrmaligem Aufwallen serviert. Vom mitteleuropäischen Kaffee unterscheidet sich der türkische dadurch, dass er anders geröstet und vor allem anders gemahlen ist. Am besten sollten die Bohnen kurz vor der Zubereitung in einem Tontopf geröstet werden, und der Kaffee sollte so fein gemahlen sein, dass er wie Puder aussieht.

Nationalgetränk

Schwarzer Tee (Çay) ist das Nationalgetränk der Türken schlechthin. Man trinkt ihn immer und überall – zu Hause, am Arbeitsplatz, zuweilen beim Einkauf sowie in Teestuben, die deutschen Kneipen entsprechen, und Gartenlokalen. Bei Geschäftsverhandlungen wird den Teilnehmern nicht selten erst **Tee in winzigen Gläsern** mit jeweils zwei Zuckerwürfeln serviert, bevor die eigentlichen Gespräche beginnen. Nur nach einem mehrgängigen Menü genießt man lieber türkischen Mokka (s. oben). Eine Ausnahme hierbei bildete das Jahr 1982. Als die regierenden Militärs den Kaffeeimport für einige Monate sperrten, um Devisen zu sparen, und Kaffee nur noch auf dem Schwarzmarkt zu Wucherpreisen erhältlich war, musste schwarzer Tee auch als Abschluss eines großen Essens herhalten.

Löwenmilch und deutsches Reinheitsgebot

Zwar verbietet der Koran den Genuss von Alkohol, doch laut Statistik konsumieren die Türken pro Jahr bis zu 300 Mio. Liter Bier und an die 100 Mio. Liter Rakı, einen 45-prozentigen Schnaps. Dieses mit Anis aromatisierte Traubendestillat bietet man Gästen als Willkommensgruß an und genießt es als Magenelixier bei einem großen Essen zwischen den einzelnen Gängen. **Rakı** wird fast nie pur, sondern mit eiskaltem Wasser (nicht Mineralwasser!) verdünnt getrunken, wodurch sich eine milchige Färbung ergibt, die dem Schnaps den Namen »Löwenmilch« einbrachte. Geschätzt wird das Getränk auch als Heilmittel gegen die »Sommerkrankheit«, die nach dem Genuss von Obst und frischen Salaten eintreten kann – ja eigentlich als Medizin gegen fast alle Beschwerden. Die Türken sind auch geschickte Bierbrauer. Das einheimische Bier (bira) ist ziemlich leicht und von guter Qualität. Die weit verbreitete Marke »Efes« wird sogar nach deutschem Reinheitsgebot gebraut.

Nur drei Prozent

Die Türkei gehört zu den größten **Weintraubenanbauländern** der Welt, und sie ist ein traditionelles Weinland. So soll schon Noah, als er mit seiner Arche auf dem Berg Ararat landete, dort Reben erblickt haben. Tatsächlich wurde bereits 3000 v. Chr. im Nordosten des Landes Wein angebaut, wie archäologische Funde beweisen. Über ca. 600 000 ha Anbaufläche verfügt die Türkei; die Weinanbaugebiete befinden sich rund ums Marmarameer, an der Ägäis im Hinterland von Izmir, im zentralen Anatolien in der Nähe von Ankara und in Ostanatolien. Allerdings werden nur rund drei Prozent der jährlichen Traubenernte zu Wein (şarap) weiterverarbeitet, ein Viertel der Ernte wird zu Rakı, dem Anisschnaps, destilliert. Die übrigen geernteten Reben kommen als Tafeltrauben und Rosinen auf den Tisch. In der Produktion von Tafeltrauben ist die Türkei international führend, in der Erzeugung von Rosinen nimmt das Land hinter Kalifornien weltweit Platz Nummer zwei ein. Es gibt **typisch türkische Rebsorten** wie Oküzgözü und Narince – trockene Rebensäfte, die als Tischwein sehr angenehm sind –, aber auch die internationalen Sorten Pinot Noir, Garnay, Grenache, Carignan, Clairette, Riesling und Sémillon werden im Land kultiviert. Türken trinken nur verhältnismäßig wenig Wein, was mit den Vorschriften des Koran zusammenhängt. Am liebsten genießen sie ihn bei einem mehrgängigen Essen in einem Restaurant. Den größten Teil der Weinprodukte konsumieren westliche Urlauber in den Fremdenverkehrsgebieten, wo das Angebot entsprechend reichlich und gut ist. Bekannte Sorten sind Doluca (rot und weiß), Kavaklıdere (rot und weiß) aus den gleichnamigen Privatkellereien, Yakut Damlası (rot) und Lâl (rosé). Von Menschen mit einem empfindlichen Magen wird der türkische Wein wegen seines geringen Säuregehaltes geschätzt.

Ungefähr 70 km nordwestlich von Izmir liegt das 1576 gegründete Hafenstädtchen Foça, einer der ältesten touristischen Orte in der Ägäis. Die hübsche Ortschaft liegt am Nordeingang des Golfes von Izmir an der Stelle des antiken **Phokäa**. Auf einem Vorsprung am Ende der Bucht gelegen, hatte die Stadt zwei Häfen. Die Phokäer erschlossen durch kühne Seefahrten schon vor dem 7. Jh. v. Chr. den Griechen die Küsten des westlichen Mittelmeeres und gründeten z. B. um 600 v. Chr. Massilia (das heutige Marseille) und um 565 Alalia (Aleria) an der korsischen Ostküste. Dorthin wanderten viele reiche Phokäer aus, als ihre Stadt um 540 v. Chr. persisch wurde. Phokäa blieb noch für Jahrhunderte eine bedeutende Stadt, die 189 v. Chr. den plündernden Römern reiche Beute bot. Aus der antiken Vergangenheit von Phokäa ist nicht mehr viel erhalten, die genuesische Festung des 13. Jh.s wurde seit dem 14. Jh. durch die Osmanen benutzt und ausgebaut. Der Ort selbst weist zwei Buchten mit schmalen und steinigen Stränden auf. An der Uferpromenade, die zum Flanieren einlädt, reihen sich zahllose Restaurants aneinander; im Gassengewirr dahinter befindet sich ein kleines Basarviertel.

◀ Foça

Schöne Buchten findet man weiter nördlich der Stadt bis nach Yenifoça (s. unten); allerdings ist dieser Küstenabschnitt Naturschutzgebiet, seit man versucht, die rund 400 hier noch lebenden **Mittelmeer-Mönchsrobben** vor dem Aussterben zu bewahren.

Herrliche Badestrände hat die Insel Incir Adası zu bieten, und die Sirenenfelsen an der Westküste der Insel Orak nördlich von Foça sind ein beliebtes Ziel von Seglern.

◀ Incir Adası

Nordöstlich jenseits des Landvorsprungs (Straße über Bağlararası) liegt der Ort Yenifoça mit kleinem Hafen und Touristensiedlungen. Die einst Focia Nuova genannte Schwesterstadt von Foça, zu Beginn des 14. Jh.s gegründet, ist ein gemütlicher Badeort, in dessen Umgebung es mehrere schöne Badebuchten mit Kiesel-Sandstränden gibt.

◀ Yenifoça

Izmit (Kocaeli)

J 4

Landesteil: Marmaragebiet
Höhe: 10 – 110 m ü.d.M.

Provinz: Kocaeli
Einwohnerzahl: 283 000

Izmit, das antike Nikomedeia, das zu Beginn des 4. Jh.s n. Chr. große politische Bedeutung in der östlichen römischen Reichshälfte genoss, liegt 130 km östlich von Istanbul am Ostende des gleichnamigen Golfes. In den letzten Jahrzehnten ist aus der Hauptstadt der Provinz Kocaeli ein blühendes Industriezentrum geworden (Fahrzeugbau, Metallverarbeitung, chemische Industrie, Eisenverhüttung, Erdölraffinerien). Durch die Industrie sind die Gewässer des Golfes von Izmit so stark verschmutzt, dass hier vom Baden abgeraten werden muss.

Erdbebenregion Izmit wurde oft von schweren Erdbeben getroffen. Zuletzt verwüstete 1999 ein Beben der Stärke 7,3 die dicht besiedelte, industrialisierte Marmararegion. Die meisten der im letzten Jahrzehnt illegal errichteten Hochhäuser fielen wie Kartenhäuser zusammen und begruben 20 000 Menschen unter ihren Trümmern.

Sehenswertes in Izmit und Umgebung

Izmit An historischen Bauwerken hat Izmit nur wenig zu bieten. Von der Stadtmauer, deren Anfänge in die hellenistische Zeit zurückreichen und die von den Römern, Byzantinern und Osmanen weiter ausgebaut wurde, sind lediglich Reste erhalten. Auch von der byzantinischen Zitadelle steht nur noch eine Ruine. Das schönste Bauwerk der Stadt ist die **Pertev-Paşa-Moschee** (1568), die vom osmanischen Baumeister Sinan (► Berühmte Persönlichkeiten) stammt. In der Veli Ahmet Mahallesi ist im Saatçi Efendi Pavillon, einem osmanischen Herrenhaus aus dem 18. Jh., ein **Ethnografisches Museum** untergebracht; in einem Jagdschlösschen des Sultans Abdülaziz befindet sich das **Archäologische Museum**. In der Nähe des Atatürk-Denkmals und des gegenüber liegenden Jagdhauses erhebt sich der **Uhrenturm** (Saat Kulesi), der zum 25. Jahrestag der Thronbesteigung des Sultans Abdulhamit II. 1901 durch einen Händler in Auftrag gegeben und im neoklassischen Stil errichtet wurde.

Sapanca Gölü Der Sapanca Gölü, ein 47 km² großer See im Osten von Izmit, dessen Grund 20 m tiefer als der Spiegel des Marmarameeres liegt, ist ein Paradies für Wasservögel und ein **Eldorado für Wassersportler**. An seiner Südseite – um die Kreisstadt Sapanca, wo der Moschee-Komplex Rüstem Paşa Külliyesi sehenswert ist – reihen sich malerische Dörfchen inmitten ausgedehnter Obstgärten aneinander.

★
Taraklı Die kleine Bergstadt mit Thermalquellen, rund 70 km südlich des Sapanca Gölü gelegen, steht wegen ihrer gut erhaltenen zwei- bis vierstöckigen Holzfachwerkhäuser im pontischen Stil, darunter beispielsweise das Rathaus, **größtenteils unter Denkmalschutz**.
Beachtenswert ist darüber hinaus die Yunus Paşa Camii (auch Kurşunlu Cami = Bleimoschee), die der Großwesir Yunus Paşa zwischen 1512 und 1521 im Stadtzentrum anlässlich eines Besuches stiftete. Der General wurde nach seiner Rückkehr von einem Ägyptenfeldzug auf Befehl Selims I. hingerichtet, weil er Kritik an dem Sultan geübt hatte.

Gebze Gebze hieß in byzantinischer Zeit Dakibyza. Der Ort im Hinterland des nördlichen Izmit-Golfes unterhalb des Gazi Dağı (305 m ü. d. M.) besitzt schöne Moscheen wie die prächtige, mit Fayencen geschmückte Orhan-Gazi-Moschee von 1519 und die Çoban-Mustafa-Paşa-Moschee mit dem frühosmanischen Kuppelbau samt der polygonalen Türbe (Grabbau) des Stifters.

Das Städtchen Hereke am Nordsaum des Izmit-Golfes, 30 km westlich von Izmit in einem Tal gelegen, hieß früher Charax. Hier starb in der nahen, zerstörten Burg Ankyron im Jahr 337 Kaiser Konstantin der Große. Die Bevölkerung betreibt neben Weinbau vor allem **Teppichweberei**, die die Tradition der Kaiserlichen Manufakturen von Istanbul und Bursa fortsetzt. Die Hohe Pforte hatte hier 1844 die erste Fabrikation für fein gewebte Seiden- und Wollteppiche eingerichtet, mit denen der Serail und hohe Würdenträger beliefert wurden. Spezielle Muster nach alten Vorgaben werden heute in den Teppichen von Hereke nachgewoben.

Hereke

Iznik

J 5

Landesteil: Marmaragebiet
Höhe: 90 m ü.d.M.

Provinz: Bursa
Einwohnerzahl: 22 000

Für Kunsthistoriker ist Iznik ein Fachbegriff, der in der osmanischen Geschichte und Kunst häufig in Verbindung mit Palastanlagen und deren Dekorationen auftaucht. Vor allem Wandfliesen und Keramik entstanden hier zwischen dem 16. und 18. Jahrhundert. Die reizvoll am Iznik-See gelegene Stadt bietet aber auch viele bauliche Überreste aus hellenistischer, römischer, byzantinischer, seldschukischer und osmanischer Zeit.

Die ca. 80 km nordöstlich der Provinzhauptstadt ▶Bursa, am Ostufer des 303 km² großen Iznik Gölu (Iznik-See) gelegene Fayencenstadt war in seldschukischer Zeit kurzzeitig Fürstensitz. Mit ihrem antiken Namen **Nikaia** hingegen ist sie aus der Religionsgeschichte des Christentums nicht wegzudenken (s. nachfolgend).

Stadt der Fayencen und religiöser Konzile

281 v. Chr.	Nikaia wird Hauptstadt von Bithynien.	Geschichte
325 n. Chr.	Erstes Ökumenisches Konzil	
787	Siebtes Ökumenisches Konzil	
1204 – 1261	Residenz der oströmischen Kaiser	

Iznik liegt an der Stelle der antiken Stadt Nikaia (Nicaea, Nizäa), die im 4. Jh. v. Chr. von Antigonos, dem Feldherrn Alexanders des Großen, gegründet wurde. Die Siedlung hieß zunächst Antigoneia und wurde 305 v. Chr. von Lysimachos, dem König von Thrakien, nach seiner Gemahlin Nikaia benannt. Nikaia war später Bischofsstadt, wo 325 das **Erste Ökumenische Konzil** (Konzil von Nizäa) stattfand. Bei diesem Konzil einigten sich die Kirchenoberen auf die Glaubensformel, dass Christus mit Gott wesensgleich und nicht nur

İznik Orientierung

Essen
① Konya Etli Pide Salonu
② Umut

Übernachten
① Çamlık Motel
② Hotel Aydın
③ Motel Burcum

gottähnlich sei. Im Jahr 787 gewann Nikaia als Ort des Siebten Ökumenischen Konzils, das bildliche Darstellungen Christi, Mariens sowie der Engel und Heiligen erlaubte und zur Verurteilung der Bilderstürmer führte, erneut geschichtliche Bedeutung. Von 1204 bis 1261, als Konstantinopel Hauptstadt des von Kreuzfahrern gegründeten Lateinischen Kaiserreichs war, residierten in Nikaia die oströmischen Kaiser. Im Jahr 1331 nahmen die Osmanen die Stadt ein. Unter ihrer Herrschaft wurde Iznik als Produktionsort herrlicher Fayencen bekannt, nachdem Sultan Selim I. 1514 zahlreiche Handwerker aus Täbris und Aserbeidschan hier angesiedelt hatte. Bei den griechisch-türkischen Kämpfen (1920 – 1922) gingen leider wichtige Monumente für die Nachwelt verloren.

Sehenswertes in Iznik

★★ Befestigungsanlagen

Vier Stadttore in dem hervorragend erhaltenen Mauerring gewähren Einlass in die bereits im 4. Jh. v. Chr. mit den Hauptachsen angelegte Stadt. Seit den letzten Veränderungen im 13. Jh. bildet der Schutzwall die größte Sehenswürdigkeit des alten Nikaia, obwohl er

IZNIK ERLEBEN

AUSKUNFT
Kılıçarslan Cad. Belediye Hizmet Binası Zemin Kat
Tel. u. Fax (02 24) 757 19 33

ESSEN
▶ **Preiswert**
① *Konya Etli Pide Salonu*
gegenüber der Hagia Sophia
Kleines Lokal mit sehr guter, billiger türkischer Pizza.

② *Umut*
Göl Sahil Yolu, Tel. (02 24) 757 07 38
www.umutresteurant.com
Direkt am Wasser gelegenes einfaches Lokal mit überdachter Terrasse.

ÜBERNACHTEN
▶ **Günstig**
① *Çamlık Motel*
Sahil Yolu
Tel. (02 24) 757 13 62, Fax 757 16 31
www.iznik-camlikmotel.com
Einfaches, aber empfehlenswertes Motel an der Uferpromenade mit unterschiedlich großen Zimmern. Das hoteleigene Restaurant ist sehr gut.

② *Hotel Aydın*
Kılıçaslan Caddesi 64
Tel. (02 24) 757 76 50
www.iznikhotelaydin.com
Bestes Haus der Stadt. Die Zimmer sind sehr sauber. Sechs der insgesamt 18 Zimmer haben Balkon.

③ *Motel Burcum*
Ali Riza Gündüz, Uferpromenade
Tel. und Fax (02 24) 757 10 11
Das Hotel verfügt über große Doppelzimmer mit Balkon, einen Garten und eigene Parkplätze.

---

teilweise verfallen und überwachsen ist. Ein beträchtlicher Teil der Befestigung entstand in seldschukischer Zeit. Die Innenmauer ist etwa 9 m hoch und 3,50 m dick und hatte oben einen Umgang mit Zinnen. 108 Türme springen aus ihr vor; sie sind von der Stadt her zugänglich.

Den nördlichen Abschluss der Ummauerung bildet das dem Lefketor ähnliche Istanbul-Tor, das im Kern aus einem römischen Bogen mit drei Durchgängen entstanden ist. Das um das Jahr 70 n. Chr. errichtete vierfache Lefketor liegt im Osten der alten Stadtbefestigung und erinnert ebenfalls an ein römisches Triumphtor. Vor dem Tor endet ein wahrscheinlich zur Zeit Justinians erbauter Aquädukt, der von Sultan Orhan erneuert wurde. Das weniger gut erhaltene Yenişehirtor begrenzt die Stadtbefestigung im Süden. Seine ältesten Partien stammen der Inschrift nach von Kaiser Claudius Goticus aus dem 3. Jh. n. Chr. Das Seetor im Westen ist zerstört.

◀ Istanbul-Tor

◀ Lefketor

◀ Yenişehirtor

Unweit nordwestlich vom Lefketor befindet sich mit der **Yeşil Cami** (Grüne Moschee) die schönste Moschee von Iznik. Sie entstand 1378 bis 1391 auf Anregung von Hayreddin, dem Großwesir von Sultan Murat I. Prächtig sind das Portal der Moschee und die von

★ **Grüne Moschee**

Kalligrafien umrahmten Fenster. Mit ihrem ornamentalen Schmuck gehört die Marmorgebetsnische zu den frühesten Beispielen der osmanischen Kunst.

Armenküche Westlich gegenüber der Grünen Moschee steht die ehem. Nilüfer-Hatun-Armenküche, die die Gemahlin des Sultans Orhan 1388 errichten ließ. Sie beherbergt heute das **Stadtmuseum** und zeigt griechische und römische Altertümer, Grabmäler, Inschriften, Fayencen und Münzen (Öffnungszeiten: tgl. 9.00 – 12.00, 13.00 – 17.30 Uhr).

Hagia Sophia Die Ruine der Hagia Sophia (Ayasofya Camii) liegt in der Stadtmitte an der Kreuzung der beiden Hauptstraßen, die zu den vier alten Stadttoren führen. Sie war wahrscheinlich der Versammlungsraum des Siebten Ökumenischen Konzils, das 787 in Nikaia abgehalten wurde. Die dreischiffige Basilika mit ihren kleinen kuppelüberwölbten Nebenräumen rechts und links neben der Apsis entstand 1065 als Nachfolgerin einer Kirche aus der Zeit Justinians. Sie wurde unter Sultan Orhan in eine Moschee umgewandelt und mit schönen Fliesen ausgeschmückt.

Koimesis-Kirche Im südöstlichen Teil der Altstadt liegt die Koimesis-Kirche. Diese ehemals bedeutende Kuppelbasilika wurde im 11. Jh. an der Stelle einer im Jahre 1065 durch das schwere Erdbeben in Nikaia zerstörten Vorgängerkirche aus dem 8. Jh. erbaut. Die im 18. Jh. durch einen Brand eingestürzte Kirche baute man Anfang des 19. Jh. wieder auf, sie erlitt aber bei den Kämpfen zwischen Türken und Griechen im Jahre 1922 schwere Beschädigungen und stürzte ein. Östlich nahebei steht ein als Baptisterium (Taufkirche) bezeichnetes Bauwerk aus dem 6. Jh., das als unterirdischer Kuppelraum angelegt ist.

Römisches Theater Im Südwestteil der Altstadt befindet sich das römische Theater, das angeblich der römische Statthalter Plinius im Jahre 112 n. Chr. erbauen ließ. Mächtige, schön gefügte Gewölbe, die sich schräg nach unten ziehen, tragen den Zuschauerraum, da kein natürlicher Abhang zur Verfügung stand.

Barbierfels Etwa 1 km östlich vom Lefketor erhebt sich der Barbierfels (Berber Kayası) mit den Resten eines 4 m langen Sarkophags. Von der Höhe kann man einen wundervollen Blick auf die Stadt Iznik und den Iznik-See genießen.

Umgebung von Iznik

Iznik Gölü Der 303 km² große Inik-See, dessen Ufer über weite Strecken mit Schilf bewachsen sind, eignet sich im Sommer allein schon wegen seiner angenehmen Wassertemperaturen (20 bis 25 °C) hervorragend zum Schwimmen. Allerdings ist das Wasser durch landwirtschaftliche Düngemittel, die in den bis an den See reichenden Olivenhainen und Obstplantagen eingesetzt werden, sowie fehlende städtische Kläranlagen stellenweise sehr verschmutzt. Die saubersten Uferabschnitte (Kiesstrände) findet man im Süden des Sees.

★ Kaş

J 13

Landesteil: Südwestküste (Mittelmeer)
Höhe: 0 – 50 m ü.d.M.
Provinz: Antalya
Einwohnerzahl: 9500

Feriendörfer mit Hunderten von Betten gibt es hier nicht, auch fehlen große Sandstrände, doch der Mittelmeerort hat seinen Gästen einiges zu bieten.

Der Hafenort Kaş liegt nahe der Südspitze Lykiens südöstlich von ▶ Fethiye idyllisch in einer Bucht. Im alten **malerischen Stadtkern**, hinter dem sich 700 m hohe, steile Berge erheben, gruppieren sich

Gemütlicher Ferienort in großer Bucht

▶ KAŞ ERLEBEN

AUSKUNFT
Cumhuriyet Meydanı 5
Tel. (02 42) 836 12 38, Fax 836 16 95

ESSEN

▶ Fein & teuer
Mercan Restaurant
Balıkçı Barınağı, Marina Kaş
Tel. (02 42) 836 12 09
www.mercankas.net
Am östlichen Teil des Hafens liegt das Restaurant mit einer Terrasse zum Hafenbecken hin. Am Eingang des Lokals schwimmen die angebotenen Fische in einem mit Wasser gefüllten Boot und können daher frischer nicht serviert werden.
Das auch von Einheimischen gern besuchte Haus gehört zu den teureren Lokalitäten im Ort.

Oba Restaurant
İbrahim Serin Cad. 26
Tel. (02 42) 836 35 66
In dem kleinen Restaurant in der Nähe des Postamts kocht man vorzügliche »Hausmannskost« (türk.: ev yemeği – so wie man zu Hause isst). In der offenen Küche kann man sich Anregungen für die eigene Bestellung holen und dann im schönen Restaurant-Garten bei einem Glas Rakı auf sein Essen warten.

ÜBERNACHTEN

▶ Komfortabel
Ekici Hotel
Arısan Sokak 1
Tel. (02 42) 836 14 17; 75 Z.
www.ekiciotel.com
Neben einem Swimmingpool gibt es in dem Hotel auch ein türkisches Bad und einen Nachtclub.

Medusa Oteli
Tel. (02 42) 836 14 08
www.medusahotels.com; 40 Z.
Alle Zimmer in dem Mittelklassehotel besitzen einen Balkon. Einen herrlichen Blick aufs Meer kann man auch vom Swimmingpool aus genießen. Frühstück und Abendesen als Büfett.

> **Baedeker TIPP**
>
> **Nur Sand und Wasser**
>
> Knapp 20 km westlich von Kaş – in Richtung Kalkan (Muğla) – liegt der herrliche Sandstrand von Kaputaş, zu dem Minibusse verkehren. Allerdings ist er in der Hauptsaison meist völlig überfüllt (s. auch ▶Fethiye, Umgebung: Kalkan).

die weiß getünchten, alten griechischen Häuschen – bis 1923 wohnten hier überwiegend Griechen – fächerförmig um den durch eine Mole geschützten alten Hafen, was vor allem vom Wasser aus einen grandiosen Anblick ergibt. Im Hafen, der zu einer Marina ausgebaut ist, werden täglich Bootstouren zu schönen und interessanten Plätzen an der buchtenreichen lykischen Südküste angeboten, u. a. auch zur südwestlich vor der Bucht liegenden (östlichsten) griechischen Insel **Kastellórizo** (türkisch: Meis). Früher war das reizvolle Kaş mit seinem tiefblauen Wasser ein Geheimtipp unter Rucksacktouristen, Seglern und Freunden des Tauchsports. Trotz der zahlreichen Restaurants und Kneipen sowie Schmuck- und Andenkenläden am Hafen, trotz der zunehmenden Bebauung, die auch an den Macchiahängen im Westen und Osten nicht Halt macht, und trotz des nicht sehr ruhigen Nachtlebens ist Kaş dennoch ein charmanter und recht gemütlicher Küstenort geblieben.

Sehenswertes in Kaş und Umgebung

Antike Relikte in Kaş

Am Ende der malerischen Hauptgasse steht auf einem Podest ein **lykischer Sarkophag** aus dem 4. Jh. v. Chr. Vorbei an den Resten der Stadtmauer erreicht man am Beginn der Halbinsel im Westen das gut erhaltene **antike Theater**, das einen prächtigen Blick über die Bucht und auf Kastellorizo / Meis bietet. Außerdem sind an dem die Stadt im Nordosten umgebenden Felsen **Kammergräber** zu sehen, die nachts beleuchtet werden.

> **Baedeker TIPP**
>
> **Bootsfahrten**
>
> Im Hafen liegen die Ausflugsboote der Kaş Kooferative, die täglich Bade- und Besichtigungsausflüge in die Umgebung anbieten. Ein schönes Erlebnis ist eine Tagestour ins östlich gelegene Kekova, dem »lykischen Atlantis«.

Direkt am Ort ist kein Strand zu empfehlen. Der nächstgelegene akzeptable Strand befindet sich 1,5 km außerhalb in östlicher Richtung: der Büyük Çakıl Plajı, ein Kieselstrand, auch **Big Pebble Beach** genannt. Am Ende der Bucht liegt der Liman Ağzı, ein Felsstrand, den man mit einem Schiffsdolmuş erreicht. Der beste Strand ringsum ist der **Kaputaş Plajı** (s. Baedeker Tipp, 306).

★ Kekova

Etwa 25 km östlich von Kaş liegt vor der Küste die **schmale Insel** Kekova (Dolichiste). Hauptsehenswürdigkeit dieses Eilands ist die **versunkene Stadt** (Sunken City; türkisch Batık Şehir) mit etlichen Unterwasserruinen und den Resten (Chor) einer byzantinischen

Kirche. Die teilweise 2000 Jahre alten Räume und Mauerzüge liegen bis zu 3 m unter der Wasseroberfläche. Wissenschaftler erklären, dass sich vermutlich die türkische Südküste unter dem Druck der afrikanischen Kontinentalplatte kontinuierlich in einem Zeitraum von 100 Jahren um ca. 15 cm absenkt. Man erreicht die Insel am besten auf einer **Bootsrundfahrt** von Kaş oder Üçağız aus, einem kleinen Fischerdörfchen auf dem Festland gegenüber der Insel, zu dem von der binnenwärts verlaufenden Küstenstraße eine gute Zufahrt besteht.

Das winzige, hauptsächlich aus Restaurants und Pensionen bestehende Fischerdorf Üçağız (alter Name: Tristomas) liegt in der zur offenen See sehr geschützten **Tristomas-Bucht** (östlich von Kaş) unmittelbar westlich neben der antiken Siedlung Teimiussa, die bereits im 4. Jh. v. Chr. unter der Oberherrschaft des lykischen Herrschers Perikles von Limyra stand. Neben den geringen Resten einer Akropolis, einer Wohnstadt im

An der Küste bei Kaş gibt es schöne Buchten.

Osten und einer 50 m langen Kaimauer (vor dem Dorf unter Wasser) findet man vor allem zwei Nekropolen im Norden und Osten mit Hausgräbern und Sarkophagen. Viele dieser Gräber gehörten Bürgern aus Myra und Kyaneai (s. nachfolgende Abschnitte).
An der östlichen Landzunge der Tristomas-Bucht ragt über dem Dörfchen **Kale Köy** (Burgdorf) eine mittelalterliche Burg empor. Der Küstenort, den man nur per Boot erreicht (u. a. von Üçağız aus), ist das alte Simena, das ebenfalls bereits im 4. Jh. v. Chr. existierte. Die Burg ruht auf den Fundamenten einer älteren Zitadelle, ein Teil des Dorfes liegt in der inneren Burg zusammen mit den Resten eines Tempels. Unterhalb schließt sich ein siebenstufiges Theater für ehemals 300 Besucher an, was andeutet, dass der Ort nie sehr groß war. Im Westen erstreckt sich das Stadtgebiet, und an der Küste unterhalb liegen die gut erhaltenen Ruinen der **Titus-Thermen** (79 – 81) im Wasser. Weiter westlich stößt man auf die Nekropole (meist römische Sarkophage vom lykischen Typ) und im Wasser auf einzelne Sarkophage und Baureste. Das nicht ans Straßen-

◄ Simena

Heeron von Trysa *Orientierung*

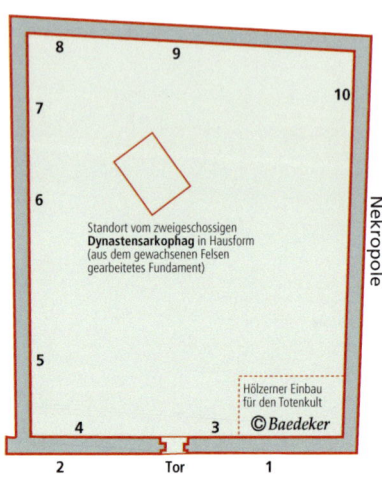

MOTIVE DER FIGURENFRIESE

ÄUSSERE SÜDWAND rechts vom Tor
1 Oben: Sieben gegen Theben
  Unten: Landungsschlacht

ÄUSSERE SÜDWAND links vom Tor
2 Oben: Amazonenkampf
  Unten: Kentaurenkampf

INNERE SÜDWAND rechts vom Tor
3 Viergespann
  Bellerophon
  Frauenraub

INNERE SÜDWAND links vom Tor
4 Oben: Freiermord
  Unten: Kalydonische Jagd

INNERE OSTWAND
5 Links: Landungsschlacht
6 Mitte: Stadtbelagerung
7 Rechts: Amazonenkampf

INNERE NORDWAND
8 Links: Leukippidenraub
9 Mitte oben: Jagdszenen
  Mitte unten: Kentaurenkampf

INNERE WESTWAND
10 Links oben: Perseus- und Theseustaten
   Links unten: Kentaurenkampf

Standort vom zweigeschossigen **Dynastensarkophag** in Hausform (aus dem gewachsenen Felsen gearbeitetes Fundament)

Hölzerner Einbau für den Totenkult

© Baedeker

Nekropole

Tor

---

netz angeschlossene Kale Köy, das überall zum Baden einlädt, zählt zu den idyllischsten Orten an der türkischen Südküste. Die dörfliche Ruhe wird hier nur gestört, wenn Ausflugsboote eintreffen und Ausflügler dann mittags und nachmittags den Ort bevölkern.

Kyaneai Unmittelbar nördlich der Küstenstraße oberhalb des Dorfes Yavu – 24 km östlich von Kaş, etwa auf halber Strecke zwischen Kaş und Kale / Myra – erhebt sich die steile Felswand des Stadtberges von Kyaneai. Diese lykische Stadt, ab dem 4. Jh. v. Chr. wohl Hauptort der mit zahllosen Gehöften und Kleinsiedlungen übersäten Region, war in byzantinischer Zeit Bischofssitz. Die gewaltige Stadtmauer besaß drei Tore, aus denen die mit zahlreichen Sarkophagen gesäumten Hauptausfallstraßen des Ortes führten. Kunstvoll gearbeitete **Felsgräber** unterhalb des Siedlungsberges zeugen vom einstigen Wohlstand und von der Bedeutung der Stadt. Neben Resten von Gebäuden, Marktanlagen und Zisternen auf der Akropolis der nicht ausgegrabenen Stadt sowie einem größeren Theater mit 25 Sitzreihen auf einem flachen Hang westlich außerhalb der Stadtmauern entschädigt eine hervorragende Aussicht (bis zur Kekova Adası) für den etwas mühsamen Aufstieg.

★ Trysa Etwa 7 km östlich von Yavu und nördlich der Küstenstraße 400 steigt hinter dem Dorf Gölbaşı nach Norden ein Schotterweg hinauf zur antiken Stadt Trysa. Das bekannteste Relikt der relativ großen Ruinenstätte ist ein **Heroon**, das Grabmal eines bedeutenden Dynasten aus Trysa aus dem 4. Jh. v. Chr. auf der Nordspitze der Akropo-

★ Knidos

D 12

Landesteil: Westküste (Ägäisches Meer)
Höhe: 0 – 285 m ü.d.M.

Provinz: Mula
Nächstgelegener Ort: Datça

Die Reste der einst durch Wissenschaft und Kunst berühmten antiken Stadt Knidos – 35 km westlich von Datça bzw. ca. 120 km westlich von Marmaris – liegen auf der weit in das Ägäische Meer zwischen die griechischen Inseln Rhodos und Kos vorspringenden schmalen Halbinsel Reşadiye.

Die steil zum Meer abfallende Westspitze der Halbinsel, das antike Kap Triopion, jetzt Deveboynu Burun, war einst eine Insel, die aber schon im Altertum durch eine schmale Landenge mit dem Festland verbunden war. Auf dieser ehemaligen Insel und später auch auf dem Abhang des Festlandufers lag die Stadt Knidos. Es ist ein langer Weg von ▶ Marmaris bis nach Knidos an der Spitze der Reşadiye-Halbinsel. Auf der Fahrt durch eine bezaubernde Landschaft passiert man auf der bis nach Datça gut ausgebauten Landstraße Engstellen, die nur wenige hundert Meter breit sind. Ab Reşadiye ist die Straße etwas schlechter, durch den 1175 m hohen Boz Dağı ziemlich kurvig und von Yazıköy bis zu den Ausgrabungen sogar nur geschottert. Am einfachsten erreicht man Knidos über das Wasser; so macht die berühmte »Blaue Reise« auf dem Weg von ▶ Bodrum in den Süden in Knidos' geschütztem Hafen Halt. Wer trotz der erwähnten Beschwerlichkeiten Knidos dennoch auf dem Landweg besucht, wird begeistert sein von der Lage des Ortes und von der ausgedehnten Stadtanlage mit ihrem berühmten Tempel der Aphrodite, deren Kultstatue – die **»nackte Aphrodite«** – der Stadt und dem Bildhauer Praxiteles unvergänglichen Ruhm bescherte.

Antike Ruinenstätte auf Halbinselspitze

Die Stadt Knidos, lateinisch Cnidus oder Gnidus, wurde etwa im 7. Jh. v. Chr. von Lakoniern (Lakedämoniern), aus dem Südosten des Peloponnes stammenden Griechen, gegründet. Durch Schifffahrt, Handel und Handwerk (u.a. Tonwaren) entwickelte sich der Ort rasch. Als Mitglied des Attischen Reiches blühte die Stadt und besaß eine **berühmte Ärzteschule**. Im 4. Jh. v. Chr. verlegte man die Stadt an die Spitze der Halbinsel, wo man sie mit Unterstützung des Mausolos von Halikarnassos nach dem hippodamischen Rasterplan aufbaute. Die kleine Insel Triopion wurde mit dem Festland durch einen Damm verbunden, so dass zwei Häfen entstanden. Dass Wis-

Geschichte

Knidos Orientierung

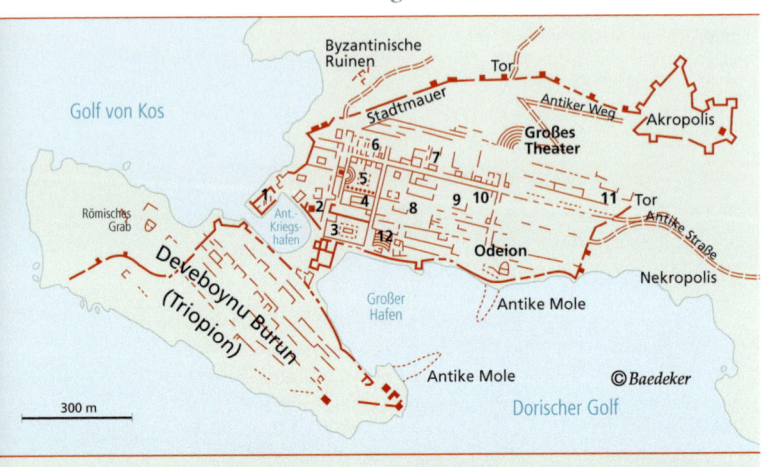

1 Agorá
2 Dorischer Tempel
3 Dionysostempel
4 Dorische Halle
5 Korinthischer Tempel
6 Gymnasion
7 Römische Gebäude
8 Römischer Bau
9 Musentempel
10 Dorischer Bau
11 Demeterheiligtum
12 Kleines Theater

senschaft und Kunst im 4. Jh. v. Chr. hier gepflegt wurden, zeigen die Namen des Astronomen Eudoxos und des Architekten Sostratos (Erbauer des Leuchtturms von Alexandria, eines der Sieben Weltwunder) sowie die **Knidische Aphrodite**, das berühmteste Werk des Bildhauers **Praxiteles** (eine Kopie davon befindet sich im Pariser Louvre), und die Demeter im Londoner Britischen Museum. Nach den Zerstörungen durch Erdbeben im 3. und 4. Jh. verlor die Stadt immer mehr an Bedeutung und verfiel.

Besichtigung der Ruinenstätte

★ Häfen

Knidos besaß zwei vorzügliche Häfen beiderseits der das Festland mit der ehemaligen Insel verbindenden Landenge. Der südliche Hafen hatte zwischen zwei massiven Hafendämmen eine etwa 145 m breite Einfahrt. In den im Nordwesten gelegenen, kleineren, jetzt ganz flachen, ehemaligen Kriegshafen führte eine nur 24 m breite Einfahrt, die durch einen prächtigen Rundturm gedeckt wurde. Auf der früheren Insel sind noch Terrassen und Reste der Stadtmauer zu sehen.

Antike Stadt

Der Stadtteil auf dem Festland, dessen Entstehungszeit sich nicht genau datieren lässt, besaß ein regelmäßiges Straßennetz, obwohl wie in ▶Priene das ansteigende Gelände überall Terrassenbauten erforderte. Nordwestlich von der Landenge, am Nordrand des Kriegshafens, lag vermutlich die Agorá. In der Nähe befanden sich Tempel, Hallen und vielleicht ein Gymnasion. Nördlich vom südöstlichen Hafen stand ein kleines Theater und oberhalb der Hauptstraße in Hangmitte das kaum noch sichtbare Große Theater. Ganz im Osten erstreckt sich ein heiliger Bezirk der Demeter (Göttin der Fruchtbarkeit) und ihrer Tochter Kore. Auf einer der Terrassen sind die Fundamente eines wohl Athena geweihten Rundtempels mit korinthischen Säulen entdeckt worden. Der Standort des berühmten **Aphrodite-Heiligtums**, das auch die Statue des Praxiteles beherbergte, ist unklar.

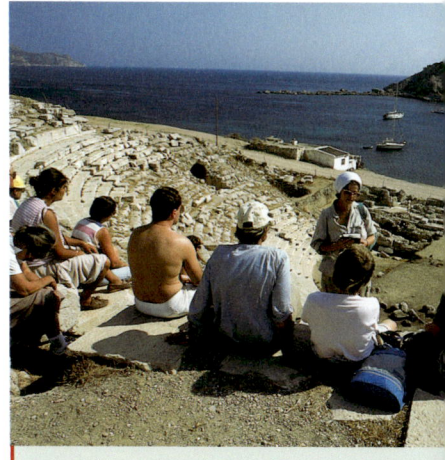

Es gibt viel zu erzählen über das Theater von Knidos.

Viele Mauerreste von Knidos liegen unter Wasser, da der Meeresspiegel seit der Antike beträchtlich gestiegen ist. Wer Lust auf ein Bad hat – das Wasser hier ist sehr klar!

Nördlich über dem Theater und dem Steilhang führt auf dem Bergkamm, den außen eine steile Schlucht begleitet, die vom Kriegshafen zur Akropolis (285 m ü. d. M.) im Nordosten ansteigende Stadtmauer, die noch heute mit ihren Blöcken und Türmen ein schönes Beispiel hellenistischer Befestigungen bietet.

Stadtmauer

★ Kuşadası

D 10

Landesteil: Westküste (Ägäisches Meer)　**Provinz:** Aydın
Höhe: 0 – 50 m ü.d.M.　**Einwohnerzahl:** 58 600

Die westtürkische Touristenhochburg, die ihren Namen (»Vogelinsel«) dem gegenüber liegenden Inselchen verdankt und die jährlich von Hunderten von Luxuskreuzfahrtschiffen angesteuert wird, bietet eine nette Altstadt, ein turbulentes Nachtleben und ausgedehnte Sandstrände an den nahen Küstensäumen.

Kuşadası liegt in der Mitte des großen Golfes von Kuşadası, in dessen südlichen Teil die griechische Insel Samos (türk. Sisam) hineinragt. Große Bedeutung hat das einstige Fischerdorf, das zum größten Touristenort der türkischen Ägäis geworden ist, durch die Nähe zu den antiken Highlights der südlichen Ägäis ►Ephesus, ►Milet und ►Didyma erlangt. Weitere Gründe für den großen Besucher-

Größter Touristenort der türkischen Ägäis

KUŞADASI UND UMGEBUNG ERLEBEN

AUSKUNFT
Liman Caddesi 13
Tel. (02 56) 613 12 03
www.kusadasi.com

ESSEN
▶ **Erschwinglich**

① *Kazım Usta*
Balıkçı Limanı, am Hafen
Tel. (02 56) 614 12 26
Kazım Usta, ein international preisgekrönter Meister am Herd, gehört zu den bekanntesten Köchen der Stadt. Das Fischrestaurant verfügt über ein großes Angebot an Vor- und Hauptspeisen. Wenn große Kreuzfahrtschiffe im Hafen von Kuşadası anlegen, ist ein Tisch oft schwer zu bekommen.

② *Ali Baba*
Belediye Turistik Çarşısı 5, am Hafen
Tel. (02 56) 614 15 51
Das sehr beliebte und immer gut besuchte Lokal bietet neben einer Vielzahl von kalten Vorspeisen und Meeresfrüchten gegrillte oder im Tontopf gebackene Krustentiere. Das Fischangebot ist allerdings auch nicht zu verachten.

③ *Toros*
am Anleger der Kreuzfahrtschiffe
Tel. (02 56) 614 11 44
www.kusadasitorosrestaurant.com
Eine bunte und große Auswahl an schmackhaften Meeresfrüchte-Entrees verwöhnt in diesem Fischlokal Auge und Gaumen.

④ *Ferah Restaurant*
Liman Cad. 10
Tel. (02 56) 614 12 81
Das »Ferah« liegt direkt am Meer, nahe dem Fährhafen, und bietet eine große Auswahl an Gerichten.

NACHTLEBEN
Die Kneipenmeile der Stadt ist die Barlar Sokağı (Pub Lane bzw. Bar Street) hinter der Hauptpost. In dieser Straße, in der in sommerlichen Nächten fast immer ohrenbetäubender Lärm herrscht, stößt man vorwiegend auf englische und irische Pubs.

ÜBERNACHTEN
▶ **Luxus**

② *Club Ephesus Princess Hotel*
Pamucak
Tel. (02 32) 893 10 11, Fax 893 10 38
www.princess.com.tr; 342 Z.
Eine der größten Hotelanlagen an der Westküste, am Sandstrand von Pamucak gelegen. Fünf Restaurants, Bars und Cafés; Schwimmbecken, Sauna, Hamam, Fitnesscenter, diverse Sportanlagen. Zusätzlich sind auch Outdooraktivitäten (Klettern, Wandern, Parasailing) möglich.

③ *Sürmeli Efes Hotel*
bei Pamucak
Efes Antik Şehir, Kuşadası Yolu
Tel. (02 32) 893 10 96
Fax 893 10 95; 432 Z. und 2 Suiten
www.surmelihotels.com
Ruhiges Luxushotel, am Sandstrand zwischen Pamucak und Kuşadası, gut geeignet für Familienurlaub. Restaurant, Bars am Pool und am Strand, Hamam, Sauna, Friseursalon, Boutiquen, diverse Sportanlagen.

④ *Hotel Korumar*
Gazi Begendi Mevkii
Tel. (02 56) 618 15 30, Fax 618 11 10
wwww.korumar.com.tr; 248 Z.
Direkt auf einem Felsvorsprung gelegenes Hotel mit Panoramablick auf das etwa zwei Kilometer entfernte Kuşadası. Klimatisierte Balkonzim-

Hotel Korumar: Meerblick vom Pool

mer mit Sat-TV, Minibar, teilweise mit Meerblick. Restaurants, Bars, Geschäfte; Sauna, Fitnessraum, Solarium, Hamam, Pool und weitere Sporteinrichtungen. Mit drektem Zugang zum Privatstrand.

▶ **Komfortabel**

① *Batıhan Hotel*
bei Kuşadası, Ilıca Mevkii 130
Tel. (02 56) 633 14 23
Fax 633 14 21
Ruhiges, kinderfreundliches Hotel (180 Z.), etwa 6 km südlich von Kuşadası. Fitnessraum, Sauna, türkisches Bad; Liegewiese, Sportplatz, eigener Sandstrand. Restaurant.

⑤ *Kısmet Hotel*
Gazi Beğendi Bulvarı 1
Tel. (02 56) 618 12 90, Fax 618 12 95
www.kismet.com.tr
Von einem Nachkommen des letzten Sultans erbaute stilvolle Unterkunft auf einer Landzunge. Hier logieren gern Reiche und Berühmte.

---

strom sind der moderne Jachthafen und die freundliche Atmosphäre des in den Sommermonaten Tag und Nacht sehr lebendigen Hafenortes, den die Passagiere der Luxusliner gern zum Shopping aufsuchen. Von der Urlaubsmetropole besteht mehrmals täglich eine Fährverbindung zur griechischen Insel Samos (Sisam).

Die Gründung der heutigen Stadt erfolgte im 13. Jh. durch italienische Kaufleute aus Genua und Venedig, die hierzu von Byzanz Privilegien erhalten hatten. Da der alte Hafen des nahen Ephesus von der Mündung des Kleinen Mäander (Küçük Menderes) bereits verlandet war, nannten sie den neuen Hafen Scala Nova (griechisch Nea Ephesus). Aus dieser Zeit stammt der regelmäßige Straßenraster der Altstadt. Erst in osmanischer Zeit erhielt der Ort den Namen Kuşadası (Vogelinsel). Der Griechisch-Türkische Krieg zwischen 1920 und 1922 leitete den Niedergang der Hafenstadt ein, bis in die Mitte der 1960er-Jahre dämmerte das Städtchen als stiller Fischerort vor sich hin. Doch mit der Entdeckung des Tourismus als eines äußerst lukrativen Geschäfts setzte ein gewaltiger Bauboom ein, der das Stadtbild so nachhaltig veränderte, dass vom alten Fischerdorf fast nichts mehr zu erkennen ist.

Geschichte

Sehenswertes in Kuşadası

Dem alten, rechtwinkligen Hafen, der Lebensader der Stadt, sind nordwestwärts zwei moderne Molen vorgebaut, an denen heute die größeren Seeschiffe festmachen. Gegenüber dem Molenfuß befinden

Hafen

Kuşadası Orientierung

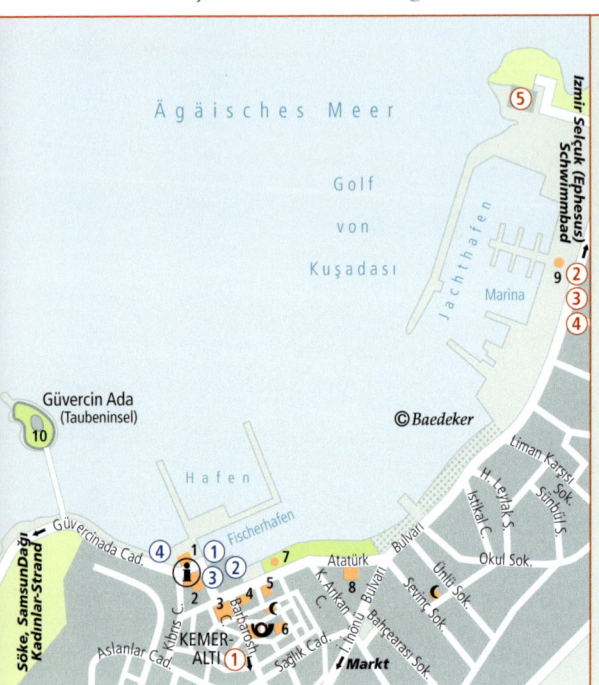

1 Hafenpolizei
2 Hafenmeisterei, Zollamt
3 Öküz-Mehmet-Paşa-Han
4 Rathaus (Belediye)
5 Polizeiwache
6 Türkisches Bad (Hamam)
7 Atatürk-Denkmal
8 Krankenhaus (Hastahane)
9 Schiffsmast
10 Byzantinischer Festungstu[rm]

Essen
① Kazım Usta Restaurant
② Ali Baba Restaurant
③ Toros
④ Ferah Restaurant

Übernachten
① Batıhan Hotel
② Club Ephesus Princess Hot[el]
③ Sürmeli Efes Hotel
④ Korumar Hotel
⑤ Kısmet Hotel

sich die Hafenmeisterei und das touristische Informationsbüro. Im Hafenbecken liegen zahlreiche Fischerboote. Entlang dem Hafenkai findet man etliche Fischrestaurants und Ladengeschäfte, in der Stadt laden **Basarstraßen** zum Einkaufen ein.

Han Das dominierende Gebäude in Hafennähe ist der 1618 von Öküz Mehmet Paşa erbaute Han, ein massiver, zinnengekrönter Bau von 12 m Höhe. Die frühere Karawanserei dient seit 1967 als Hotel (»Club Caravansérail«; www.kusadasihotelcaravansérail.com); man versäume auf gar keinen Fall, einen Blick in den von Palmen und anderen Pflanzen gezierten Innenhof zu werfen.

> ## Baedeker TIPP
>
> ### Abwechslungsreiche Erlebnisbäder
> Rund um Kuşadası gibt es zwei Aquaparks: den »Adaland Aquapark« (www.adaland.com) hinter dem Kuştur-Strand, 5 km nördlich der Stadt, und den »Aqua Fantasy« (www.aquafantasy.com) am Strand von Pamucak, 12 km nördlich von Kuşadası (s. Ephesus, Umgebung).

Südwestlich oberhalb dieses mächtigen Gebäudes stehen noch einige für die Küstenregion typische Fachwerkhäuser aus dem 19. Jahrhundert. Von der ehemaligen Stadtmauer ist lediglich das Südtor erhalten. Zu den schönsten Bauwerken der Stadt zählen die aus osmanischer Zeit stammende **Moschee Kale Içi Camii** und die Moschee **Hanım Camii**.

Unweit westlich vom Hafen gelangt man über einen 350 m langen Fahrdamm auf die reizvolle Insel **Güvercin Ada** (Taubeninsel), auf der sich ein Turm als Rest eines genuesischen Kastells (13. Jh.) erhebt. Im Innenhof der Meeresfestung sind heute eine Disko, mehrere Teehäuser und Restaurants untergebracht.

Vom Stadtzentrum am Hafen führt eine Uferstraße nordwärts am Stadtrand entlang zum Jachthafen »Setur Marina«, einem der modernsten des Landes, der über etwa 600 Liegeplätze verfügt und in dem viele Eigner aus aller Welt ihre Jachten überwintern lassen (www.seturmarinas.com).

★
Jachthafen

Umgebung von Kuşadası

An den Stränden von Kuşadası ist Wassersport in allen Variationen möglich, auch Parasailing wird angeboten. Der Stadtstrand kann jedoch nicht empfohlen werden; er ist nicht nur meist überfüllt, sondern auch schmutzig. Aber nördlich und südlich der Stadt dehnen sich schöne Strände aus: ca. 2 km südlich vom Hafen der feinsandige Kadınlar Denizi oder Kadınlar Plajı (»Frauenstrand«), 4 km weiter südlich die Strände Yavansu und Karaova Plajı sowie 6 km nördlich von Kuşadası der Badestrand Tusan. Allerdings ist vor allem der Kadınlar Plajı in der Hochsaison stark überfüllt. Die besten Strände in der Umgebung findet man im Nationalpark Samsun Dağı: die vier **Kalamaki-Kiesstrände**, die von Kuşadası aus alle 30 Minuten mit Dolmuş-Minibussen erreicht werden können.

★★
Badestrände

Der Nationalpark Samsun Dağı (offiziell **Dilek Milli Parkı**) auf der Dilek-Halbinsel südlich von Kuşadası, ein in steile Täler zerstückeltes Gebirge (bis 1237 m hoch), verfügt über viele Quellen und eine üppige Vegetation. Unter der artenreichen Fauna kommen neben wilden Pferden und Wildschweinen auch Stachelschweine, Luchse und Schakale vor, die man jedoch fast nie zu Gesicht bekommt.
Der Park bietet darüber hinaus idyllische Strände, die nur an Wochenenden überfüllt sind, und schöne, stille Wanderwege; ein Bergaufstieg lohnt durchaus, denn vom 1000 m hohen Kamm genießt man einen herrlichen Blick auf das Mäandertal und seine Lagunen.

★
Nationalpark Samsun Dağı

Im antiken Magnesia, am Nordrand der weiten Schwemmlandebene des Mäander (Büyük Menderes) rund 25 km östlich landeinwärts von Kuşadası, ließ der persische Satrap Oroites um 522 v. Chr. Polykrates, den berühmten Tyrann von Samos, ans Kreuz schlagen. Seit dem 6. Jh. v. Chr. gab es in der Stadt ein Heiligtum für die Göttin Artemis. Mit einem Amazonenfries und einer der

Magnesia am Mäander

Von Palmen gesäumte Shoppingmeile in Kuşadası

umfangreichsten **Reliefkompositionen** der Antike (Platten im Louvre, in Berlin und Istanbul) gehörte der Tempel zu den größeren Heiligtümern in Kleinasien. In der Mitte der Agorá stand ein kleiner ionischer Tempel des Zeus Sosipolis (3. Jh. n. Chr.), dessen Fassade im Berliner Pergamonmuseum aufgebaut ist. Große Teile des Geländes sind heute vom Schlamm des Mäander wieder überlagert.

Aydın, die moderne Provinzhauptstadt im Mäandergraben, rund 50 km östlich von Magnesia am Mäander, besitzt einige sehenswerte Moscheen: die im innerstädtischen Köprülü-Viertel gelegene Moschee Agaçarası aus dem Jahr 1565, die eine beachtenswerte Barockarchitektur zeigt, die Cihanoğlu oder Cihanzade Camii (1756), eine Moschee mit quadratischem Grundriss und ein Meisterwerk des türkischen Barockstils, und die barocke Süleyman Bey Camii (1683) nahe dem Bahnhof, die zu den schönsten sakralen Bauwerken der Stadt zählt. Nördlich der Stadt liegt auf einer steil abfallenden Bergterrasse die Ruinenstätte des **antiken Tralleis**, von dem nur noch spärliche Reste erhalten sind. Von der Bergterrasse hat man einen schönen Ausblick.

* Manisa

D 8

Landesteil: Westanatolien (Landesinneres)
Höhe: 50 – 100 m ü.d.M.

Provinz: Manisa
Einwohnerzahl: 279 000

Die Provinzhauptstadt Manisa liegt abseits der viel befahrenen Touristenrouten etwa 40 km nordöstlich von Izmir. Vermutlich im 8. Jh. v. Chr. gegründet, weist innerhalb der Stadt kein Bauwerk mehr auf die antike Vergangenheit hin. Heute prägt moderne Architektur den größten Teil der rasch gewachsenen Handels- und Handwerkerstadt. Im Süden von Manisa hat sich jedoch eine Altstadt erhalten, die mit ihren zahlreichen Bauten aus osmanischer Zeit ein Juwel an der türkischen Westküste darstellt.

> Manisa · **ZIELE** · 317

Berühmt ist die Stadt auch für das **Mesir-Fest** im April, bei dem vor der Sultan-Moschee in der Altstadt Bonbons aus einer nach einem Rezept des 16. Jh.s hergestellten Paste (mezir) in die Menge geworfen werden; mit dieser Paste wurde angeblich 1539 eine schwer kranke Sultanin geheilt, heute soll sie vor Krankheiten, Insekten- und Schlangenbissen schützen (www.mesirfestivali.com).

Moderne Metropole mit einzigartiger osmanischer Altstadt

Über die Entstehung der Stadt, die im Altertum Magnesia am Sipylos (zur Unterscheidung von Magnesia am Mäander) genannt wurde, fehlen bisher nähere Hinweise. Wie aus dem Felsrelief von Akpınar (s. nachfolgend) hervorgeht, scheint die Gegend unter dem Einfluss des hethitischen Großreiches (nach 1400 v. Chr.) gestanden zu haben. Von den arabischen Feldzügen verschont, erlangte Manisa unter dem byzantinischen Kaiser Johannes Dukas III. Bedeutung, der sich nach der Eroberung von Konstantinopel durch die Kreuzfahrer (1204) hierher zurückzog. Im Jahre 1313 besetzten die Seldschuken Manisa, und 1390 zogen die Osmanen in die Stadt ein, denen sie nach ihrer vorübergehenden Besetzung durch die Mongolen im Jahr 1402 endgültig zufiel. Im 15. und 16. Jh. avancierte Manisa zur »**Prinzenstadt**« des Osmanischen Reiches; so residierten u. a. die Sultane Murat II., Mehmet II. und Süleyman der Prächtige (▶ Berühmte Persönlichkeiten) in ihrer Jugend hier als Statthalter, um erste Erfahrungen als Regenten zu sammeln.

Geschichte

Sehenswertes in Manisa

Zu den sehenswerten Monumenten in Manisa gehören die Moscheen mit ihren Begleitbauten, von denen die älteste im Jahre 1374 am Hang über dem Ort als **Ulu Cami** (Große Moschee) westlich der osmanischen Altstadt erbaut wurde. Nach alter seldschukischer Bautradition errichtete man die **Hauptmoschee der Stadt** als großen rechteckigen Raum mit Reihen von stützenden Säulen, über denen kleine Kuppeln aufliegen, und einer großen Hauptkuppel über der

★ *Moscheen*

▶ MANISA ERLEBEN

AUSKUNFT
Ozel Idare Ishani Doğu Cad. 14/3
Tel. (02 36) 234 19 15, Fax 232 74 23

ESSEN
▶ **Preiswert**
Gülcemal Kebap
Banka Sok. 3, Tel. (02 36) 231 53 42
www.gulcemalkebap.spaces.live.com
Von Einheimischen gern besuchtes Lokal mit hervorragenden Kebabs.

ÜBERNACHTEN
▶ **Komfortabel**
Hotel Büyük Saruhan
2 km außerhalb von Manisa
an der Straße nach Izmir
Tel. (02 36) 233 02 72, Fax 233 26 48
www.hotelsaruhan.com.tr
Komfortabelste Unterkunft der Gegend (84 Z.). Swimmingpool, Fitnesscenter. Und es gibt mehrere ansprechende Restaurants.

Manisas älteste Moschee: Ulu Cami

Gebetsnische. Die Hofarkaden der aus einer Gebetsstätte und einer Koranschule bestehenden Gesamtanlage ruhen auf antiken Säulen mit byzantinischen Kapitellen. Westlich schließt sich mit Zellen und der Unterrichtshalle die Koranschule an, die östlich des Hofes auch das Grab des Ishak Çelbi, des Gründers der Moschee, enthält. Von dem sehr schön gelegenen Moscheenplatz aus hat man einen hervorragenden Blick über die gesamte Stadt mit ihren weiter unten gelegenen, von Grünflächen umgebenen übrigen islamischen Bauten, darunter die Sultan Camii mit dazugehöriger Medrese und weiter westlich ein türkisches Bad (Hamam).

Muradiye-Moschee

Durch einen Schüler Sinans, des bekanntesten Architekten aus der osmanischen Blütezeit (▶Berühmte Persönlichkeiten), wurde in den Jahren 1583–1586 die Moschee Murats III. in der unmittelbaren Nachbarschaft einer Koranschule und einer Armenküche errichtet. Eine mit Fayencen aus Iznik dekorierte Gebetsnische gehört zu den besonderen Ausstattungselementen der Gebetsstätte.

Museum von Manisa ▶

Die Vorhalle der Moschee und die übrigen Teile des Muradiye-Komplexes dienen heute als Museum. Die ausgestellten Objekte der **Antikensammlung** stammen z. T. aus lydischen Gräbern, vor allem aber handelt es sich hierbei um Funde aus Magnesia und aus Sardes, wo Werke aus der Zeit zwischen dem 7. Jh. v. Chr. und der byzantinischen Phase der Stadt ans Tageslicht gebracht wurden. Neben Kult- und Kriegsgerät sind auch Statuen und Büsten aus der bedeutendsten lydischen Stadt im Museum ausgestellt. Besonders kostbar ist ein kleiner Marmorsarkophag aus dem 6. Jh. v. Chr., der ebenfalls aus Sardes stammt (Öffnungszeiten: Di.–So. 9.00–17.00 Uhr).

Weitere Moscheen

Nahe den beiden zuvor genannten Moscheen ragt die Sultansmoschee (Sultan Camii; von 1552) empor – ebenfalls mit Schule und Krankenhaus. Vor dieser Moschee – einer Stiftung von Ayşe Hafisa Sultan, der Frau Selims I., die schwer erkrankte und mit Hilfe der von einem Arzt aus Manisa zubereiteten Mezir-Paste geheilt werden konnte – findet im April das **Mesir-Fest** statt (▶S. 89). Am Halk Evi (Volkshaus) stehen noch die Mauern einer ehemaligen Bibliothek aus dem 15. Jh. Bei der Bibliotheksruine erheben sich die Hatuniye Camii (von 1485) und die Çeşnigir Camii aus dem Jahr 1475.

Am Südwestrand der Stadt ragt ein Fels auf, der von der Bevölkerung wegen seiner menschenkopfähnlichen Form **»trauernde Niobe«** genannt wird. Diese Bezeichnung geht auf die Tantalossage zurück, die sich hier zugetragen haben soll und in der Niobe um ihren Vater Tantalos trauert.

Niobe-Fels

Umgebung von Manisa

Zum hethitischen Felsrelief von Akpınar, das fälschlicherweise als Kybele-Felsen bezeichnet wird, gelangt man auf der östlich nach Salihli führenden Straße (7 km von Manisa entfernt). Das von Pausanias als **»allerälteste Bildsäule der Göttermutter«** bezeichnete, aus der Zeit des hethitischen Großreichs stammende und stark verwitterte Relief in einer Felsnische, zu dem man 200 m steil bergauf klettern muss, stellt eine thronende Göttin dar, die von hier aus das Gediz-Tal überblickt.

★
Felsrelief von Akpınar

★ Marmaris

F 12

Landesteil: Südwestküste (Mittelmeer)   **Provinz:** Muğla
Höhe: 0 – 50 m ü.d.M.   **Einwohnerzahl:** 31 500

Der Hafenort Marmaris liegt malerisch am nördlichen Ufer der kreisrunden, gleichnamigen Bucht und ist vom internationalen Flughafen in Dalaman (ca. 100 km östlich) relativ leicht zu erreichen. Die von dunkelgrünen Kiefernwäldern gesäumte, im Süden von der vorgelagerten Halbinsel Yıldızada (auch Cennet Adası, »Paradiesinsel«) und den Inseln Bedirada und Keç Adası (Ziegeninsel) abgeschirmte Bucht zählt dank der traumhaften Küstenlandschaft, der schönen Badestrände, der vielen Inselchen sowie des sehr milden Klimas zu den beliebtesten Urlaubsorten in der Türkei.

Mit seinem eleganten Jachthafen (der Marina »Netsel« für fast 800 Jachten; www.netselmarina.com) ist der modernste Ferienort der Türkei auch das bekannteste Jachtzentrum der türkischen Mittelmeerküste. Marmaris ist aber auch der Ort, wo man die Türkei am wenigsten findet.

Ferienort mit zauberhafter Bucht

Schon lange genießt Marmaris den Ruf, eine westliche Enklave zu sein, in der die traditionellen Werte der Türkei keine Gültigkeit mehr besitzen. Hier herrscht **Massentourismus pur**. In den letzten beiden Jahrzehnten sind so viele Hotelanlagen – darunter einige der besten Hotels des Landes – und andere touristische Einrichtungen aus dem Boden gestampft worden, hat sich Marmaris so sehr in alle Richtungen, vorwiegend nach Südwesten ausgedehnt, dass das 12 km entfernte einstige Fischerdorf Içmeler, heute ein ebenfalls be-

MARMARIS UND UMGEBUNG ERLEBEN

AUSKUNFT

Iskele Meydanı 2
Tel. (02 52) 412 10 35, Fax 412 72 77

Flughafen Dalaman, Muğla
Tel. (02 52) 792 55 55, Fax 792 55 65
www.atmairport.aero

Datça, Hükümet Binası, Iskele Mah.
Tel. u. Fax (02 52) 712 35 46

Muğla, Marmaris Bulvarı 24
Tel. (02 52) 214 12 61, Fax 214 12 44

ESSEN

▶ Fein & Teuer
Mr. Zek
Yat Limanı
Barbaros Caddesi 49
Muğla
Tel. (02 52) 413 41 23
In der Hochsaison sollte man in diesem Lokal, das eine ausgezeichnete Küche bietet, reservieren. Von der Terrasse blickt man über die Marina.

▶ Erschwinglich
Akdeniz Restaurant
Datça, Iskele Meydanı
Tel. (02 52) 712 33 92
Sehr empfehlenswert der fangfrische Fisch, den das Restaurant am Hafen auftischt.

NACHTLEBEN

Hacı Mustafa Sokak heißt die Kneipenmeile von Marmaris, in der es vorwiegend englische und irische Lokale gibt. Schönere, aber auch teurere Kneipen findet man an der Marina.

ÜBERNACHTEN

▶ Komfortabel
Martı Resort de Luxe
Kumlu Örencik Mevkii
Içmeler Koyu, Marmaris
Tel. (02 52) 455 34 40, Fax 455 34 48
www.marti.com.tr
272 Z.
Ferienhotel, 8 km östlich von Marmaris im Vorort Içmeler mit Swimmingpools, Fitnessraum, Sauna und Hamam.

Anemon Hotel
Kemal Elgin Buvarı. 63
Tel. (02 52) 413 30 31, Fax 413 31 59
www.anemonhotels.com
90 Z.
Im Zentrum an der Hauptstraße gelegenes Hotel, ca. 100 m vom Strand entfernt. Das Haus verfügt über Hamam, Sauna und Swimmingpool. Frühstück und abends Büffet am Pool-Restaurant.

Magic Life Der Club Marmaris
Yalancı Boğaz Marmaris
Muğla
Tel. (02 52) 422 02 00
www.magiclife.com; 256 Z.
Bungalow-Anlage in großem Park, Ferienclub der Magic-Life-Kette. Zimmer mit Balkon oder Terrasse. Animationsprogramme, Restaurants, Pools, Spielplatz sowie Bars und Cafés am Strand.

Datça Tatil Köyü
Iskele Mah.
Datça
Tel. (02 52) 712 82 22
www.clubdatcahv.com
92 Z.
Schöne Hotelanlage mit großem Freizeitangebot und Sportmöglichkeiten an privatem Sandstrand. Für das leibliche Wohl sorgen ferner eine Sauna, ein türkisches Bad mit Massageangebot und ein Swimmingpool sowie ein Restaurant.

liebter Urlaubsort, in dem es etwas ruhiger zugeht als beim großen Nachbarn, nun fast schon zum Stadtgebiet gehört. Für Langeweile ist die Bucht nicht der rechte Ort. Wer sich nicht damit zufrieden gibt, nur am Strand zu faulenzen oder auf der langen Uferpromenade von Marmaris zu flanieren, wer Rummel und Abwechslung sucht, hat jede Menge Sport- und Freizeitmöglichkeiten zur Auswahl, wozu auch Bootstouren zu benachbarten Buchten und Orten, u. a. die »Blaue Reise« (▶ Baedeker Special, S. 200), gehören. Dass hier das Nachtleben bis in die frühen Morgenstunden tobt, versteht sich von selbst.

Das alles hat jedoch seinen Preis. So muss die Stadtverwaltung mit enormen Umweltverschmutzungsproblemen kämpfen, und der wild grassierende Bauboom hinterließ stellenweise hässliche Spuren. Auch das Leben ist hier etwas teurer als in der übrigen Türkei. Für Mitteleuropäer sind die Preise noch recht günstig, für den türkischen Normalverbraucher jedoch nicht, so dass die Türken, die ihren Urlaub in der Bucht von Marmaris verbringen, ohne Ausnahme sehr gut verdienenden gesellschaftlichen Schichten angehören.

Als historischen Vorläufer von Marmaris sieht man das einst zu Rhodos gehörende, um 1000 v. Chr. gegründete **Physkos** an, von dem auf dem nördlich außerhalb der heutigen Bebauung gelegenen Hügel Asartepe noch geringe Spuren aus hellenistischer Zeit auszumachen sind. Während des 14. Jh.s beherrschte die seldschukische Menteşe-Emirdynastie aus Milas den Ort, der dann dem Osmanischen Reich eingegliedert wurde. **Süleyman der Prächtige** (▶ Berühmte Persönlichkeiten) machte Marmaris 1522 zum Marinestützpunkt gegen Rhodos und andere griechische Inseln. Ansonsten döste das Städtchen jahrhundertelang als stiller Fischerort vor sich hin, bis in den 1980er-Jahren das Geschäft mit dem Tourismus begann, was dazu führte, dass die Bucht nun stellenweise zubetoniert ist.

Geschichte

Sehenswertes in Marmaris

Zum malerischsten Teil der Stadt, die an kulturhistorischen Bauten nur wenig zu bieten hat, zählen die weiß getünchten Fachwerkhäuser in den engen Gassen der Altstadt. Auf einer in die Bucht vorspringenden Halbinsel gruppieren sich die Fachwerkhäuser um ein **Hafenkastell** (1522), das aus der Zeit Süleymans des Prächtigen stammt und heute ein kleines **Museum** mit einer archäologischen und ethnologischen Sammlung beherbergt (Öffnungszeiten: Di. bis So. 8.00 – 12.00, 13.00 – 15.00 Uhr).

Altstadt

Am Fuße der Anhöhe erstreckt sich der Hafen mit etlichen Jachtliegeplätzen und den Schiffsanlegestellen (Rhodos-Fähre mit Kfz-Verladung, im Sommer Fährverbindung nach Venedig; Ausflugsboote z. B. nach Kaunos im Dalyan-Delta, Datça, Knidos oder Bodrum). Hier kann man die **palmengesäumte Uferpromenade** entlangspazie-

Bucht von Içmeler

ren, die in der Atatürk Caddesi im Osten ihren Anfang nimmt und über die autofreie Kordon Cad. am Hafen zur westlich gelegenen Netsel Marina führt, dem modernen Jachthafen von Marmaris; an der Promenade liegen auch die meisten Restaurants und Kneipen.

Zentrum Im Ortskern gibt es einige belebte, mit Planen überspannte Basarstraßen mit Teppichgeschäften und Souvenirläden. Im Zentrum steht auch die **Ibrahim Paşa Cami**, eine kleine, schöne Moschee, die aus dem Jahr 1789 stammt.

Umgebung von Marmaris

★ Badestrände in der Bucht Der Stadtstrand vor der Atatürk Caddesi ist nicht nur völlig überlaufen, auch die Wasserqualität lässt leider zu wünschen übrig; etwas sauberer wird das Wasser an den flach abfallenden Stränden in Richtung Içmeler, allerdings stehen viele der Strände nur den Hotelgästen zur Verfügung. Am angenehmsten baden kann man in den vielen, mit Ausflugsbooten erreichbaren Buchten rund um Marmaris. Schöne Strände bietet die südwestlich von Marmaris gelegene, in Richtung Rhodos weit ins Meer ragende, landschaftlich überaus reizvolle Halbinsel **Bozburun**. Dazu zählen die Kumlubükü-Bucht mit einem langen, grobkörnigen Sandstrand in der Nähe des Ferienortes Turunç und die wunderschönen Strände von Çiftlik weiter südlich. Für Kinder ideale Bedingungen findet man auf **Cennet Adası**, der einsamen Paradiesinsel: flaches Wasser, Sandstrand und Schatten spendende Bäume.

> Marmaris ZIELE 323

Der kleine Hafenstädtchen Bozburun, knapp 50 km südwestlich von Marmaris, setzt auf Jachttourismus und wird gern von Seglern angelaufen, die Ruhe und Beschaulichkeit suchen.

Bozburun

Rund 80 km westlich von Marmaris liegt der **Badeort** Datça. Man gelangt dorthin entweder per Schiff oder auf einer windungsreichen Bergstraße durch die schmale und lang gestreckte Reşadiye-Halbinsel, an deren westlichstem Ende sich die antike Ruinenstätte Knidos befindet. Das in der gleichnamigen, nach Südosten offenen Bucht an der Stelle der antiken Stadt Stadeia gelegene frühere Fischerdorf Datça ist der Hauptort der 100 km langen Reşadiye-Halbinsel. Datça verfügt über einen freundlichen Jachthafen, der gern von Seglern aufgesucht wird und wo Boote gechartert werden können, und bietet etliche Unterkunftsstätten, Restaurants und Ladengeschäfte. Noch ist die kleine Stadt nicht völlig vom Massentourismus vereinnahmt, hier geht es viel ruhiger zu als in Marmaris. Im Ortsbereich liegen zwei öffentliche Strände, nördlich und südlich des Hafens, wobei der nördliche Strand wegen der städtischen Abwässer nicht zu empfehlen ist. Die besten Badeplätze findet man in den zahlreichen **einsamen Buchten** an der Halbinsel, von denen viele von Datça aus mit dem Boot zu erreichen sind. Von dem etwa 10 km nordwestlich an der Nordküste der Halbinsel gelegenen Hafenplatz Körmen besteht ein regelmäßiger Fährverkehr (auch Kfz-Verladung) nach ▶Bodrum.

Datça

> ! *Baedeker* TIPP
>
> **Schöne Strände, herrliche Bucht**
>
> Wunderschöne und fast menschenleere Strände findet man bei Mesudiye, 13 km westlich von Datça, eine herrliche Bucht ist die von Palamutbükü, 24 km westlich von Datça (ebenfalls an der Südküste der Halbinsel). Palamutbükü hat auch einige gute Fischrestaurants zu bieten.

◄ Körmen

Gut 30 km Luftlinie östlich von Marmaris (im Sommer Ausflugsboote) befindet sich die Stätte des antiken Kaunos, das man zu Lande zunächst nordwärts über Gökova an der tief ins Land eingreifenden gleichnamigen Bucht entlang und dann ostwärts über Köyceğiz / Dalyan erreicht. Der idyllische **See von Köyceğiz** ist durch den Fluss Dalyan mit dem Meer verbunden. Etwa auf halbem Weg zwischen See und Küste kann man in der Ortschaft Dalyan mit kleinen Ausflugskähnen eine Fahrt auf dem Fluss unternehmen. Von Dalyan setzen Boote an das gegenüber liegende Westufer des hier durch ein verschilftes Sumpfdelta führenden Flusses zu den monumentalen **Felsgräbern** (4. Jh.v.Chr.)

★
Kaunos

> ! *Baedeker* TIPP
>
> **Preiswerte Fischlokale**
>
> In Dalyan, das als Ausgangshafen für einen Ausflug zum Schildkrötenstrand, dem Iztuzu-Strand, zu umstrittener Berühmtheit gelangt ist und dadurch einen kometenhaften Aufstieg als Urlaubsort erlebte, gibt es am Flussufer zahlreiche Fischlokale, die ihren Gästen sehr gute und auch preisgünstige Gerichte anbieten.

Von Dalyan aus starten Ausflugsboote ins weit verzweigte Flussdelta.

von Kaunos über, deren Tempelfronten schon von weitem am steilen Berghang zu sehen sind. Sehenswert in Kaunos, das ab dem neunten nachchristlichen Jahrhundert nicht mehr besiedelt war, ist u. a. das große Theater, das fast an der höchsten Stelle der hellenistisch-römischen Stadt, am Fuße der Akropolis, angelegt war.

◂ Iztuzu-Strand

Der 4 km lange, von **Meeresschildkröten** als Brutstätte bevorzugte Iztuzu-Sandstrand im Dalyan-Delta südlich von Kaunos kam in den 1990er-Jahren in die Schlagzeilen, als hier der Bau von Hotelanlagen geplant wurde. Ein derartiges Vorhaben konnte glücklicherweise abgewehrt werden. Doch schippern nun täglich unzählige Ausflugsschiffe zum Schildkrötenstrand und gefährden damit die Zukunft der vom Aussterben bedrohten Panzertiere, für die auf dem Strand eine badefreie Zone eingerichtet wurde. Wer sich nicht an der Naturzerstörung beteiligen möchte, sollte die öffentlich zugänglichen Abschnitte des zugegebenermaßen sehr feinsandigen und kinderfreundlichen Iztuzu Plajı meiden und sein Badevergnügen lieber am Kiesstrand in der westlich vom Dalyan-Delta gelegenen großen Bucht von Ekincik suchen.

★
Muğla

Die Fernstraße von Marmaris nach Izmir führt in weitem Abstand westlich an Muğla vorbei. So nimmt kaum ein Reisender Notiz von dem **malerischen Städtchen** mit seinen engen, z. T. steilen Gässchen und seinem reizvollen Basar. Die funkelnd weißen Altstadt-Wohnhäuser, die mit ihren gewaltigen, überkragenden Dächern zu den schönsten der Türkei zählen, schmiegen sich an die Flanke des Ikizce Dağı. Im Norden überragt eine mittelalterliche Festung und die Akropolis der antiken karischen Stadt Mobolla in 860 m Höhe den Ort. Fraglos hat man einen der schönsten Blicke auf den Ort von der alten, kaum befahrbaren, windungsreichen Straße, die von Muğla auf ein östlich höher gelegenes Plateau und dann weiter nach Kale durch ein eindrucksvolles, einsames Waldbergland führt.

Mersin

Landesteil: Südküste (Östliches Mittelmeer)
Höhe: 0 – 10 m ü.d.M.
Provinz: Mersin
Einwohnerzahl: 1,6 Mio.

Die Millionenstadt Mersin, zugleich Hauptstadt der gleichnamigen Provinz und jüngste Großstadt der Türkei, zählt mit seinem Hafen und seinen Industrien zu den wirtschaftlich bedeutendsten Städten im östlichen Mittelmeerraum.

Die jüngste Großstadt der Türkei wurde Mitte des 19. Jh.s mit dem Namen Myrte – wegen der vielen Myrtenbäume, die auch heute noch in der Stadt die Straßen zieren – als See- und Hafenstadt neu angelegt. Durch die enorme Zuwanderung von Bewohnern des ostanatolischen Raums ist Mersin zu einer Millionenstadt herangewachsen. Als **Verwaltungszentrum** der gleichnamigen Provinz verfügt der Ort über eine großzügig gestaltete Innenstadt mit hohen Büro- und Dienstleistungsgebäuden, hat jedoch keine kunsthistorischen Sehenswürdigkeiten zu bieten.

Jüngste Großstadt der Türkei

In Mersin entstand in den 1980er-Jahren der **erste »Wolkenkratzer« der Türkei**, der u. a. Büros und in den obersten Etagen das Hotel Ramada beherbergte. Die hübsche Uferanlage mit einer Palmenallee und dem Atatürk-Park ist Treffpunkt vieler Stadtbewohner, die insbesondere an Wochenenden bereits in den Morgenstunden hier anzutreffen sind. Im Osten der Stadt liegt der drittgrößte Hafen der Türkei, der in den 1950er-Jahren modern ausgebaut wurde und als Freihandelszone der Ausfuhr von Produkten der Kilikischen Ebene (Çukurova; v. a. Baumwolle, Weizen, Holz und Zitrusfrüchte) dient. In der **Messestadt** sind in den letzten Jahrzehnten große Hotels gebaut worden, und durch die Nähe zum Flughafen von Adana herrscht ein reger Betrieb von ausländischen wie einheimischen Geschäftsreisenden. Beschäftigung finden viele Bürger der Stadt in der Erdölraffinerie und im großen Containerhafen. Die Autofähre nach Gazi Mağusa (Famagusta in Nordzypern) verbindet das Festland mit dem türkischen Teil der Insel.

Im Westen der Stadt gibt es einige Badegelegenheiten, doch da das Wasser durch Industrie und Hafen sehr verschmutzt ist, sollte man

MERSIN ERLEBEN

AUSKUNFT
Ismet Inönü
Bulvarı Liman Girisi 5
Tel. (03 24) 238 32 71
Fax 238 32 72

ESSEN
▶ **Erschwinglich**
Sahil Restoran
Ismet Inönü Bul.
Große Auswahl an gegrilltem Fleisch und Fisch. Freundlicher Service. Für etwas längere Wartezeiten wird der Gast durch den sehr schönen Meerblick entschädigt.

ÜBERNACHTEN
▶ **Komfortabel**
Club Hotel Barbarossa
Çetin Özyaran Cad. Kızkalesi
www.barbarossahotel.com
Tel. (03 24) 523 23 64
Fax 523 20 90, 70 Z., 9 Suiten
Aus vier Gebäuden bestehendes Hotel mit Sandstrand und verschiedenen Pools. Einige Zimmer bieten einen schönen Blick auf die mittelalterliche Wasserburg.

Sahil Martı Hotel
Mezitli
Tel. (03 24) 358 37 00
www.sahilmartihotel.com
65 Z. und 15 Suiten
Strandhotel, verteilt auf zwei Häuser, 10 km westlich von Mersin. Die Zimmer und Suiten sind mit Klimaanlage, Satelliten-TV und Kühlschrank ausgestattet. Mit Sauna, Hamam, Sporthalle, Swimmingpool; Restaurant und Bars am Strand, auf der Terrasse und am Pool.

---

auf ein Bad an den Stränden von Mersin tunlichst verzichten. Knapp 15 km südwestlich von Mersin erreicht man den Ort **Viranşehir**, in dessen Nähe sich die Ruinen der antiken Hafenstadt **Soloi** befinden. Da die Ruinenstätte beim Aufbau der Stadt Mersin als Steinbruch diente, sind nur noch spärliche Reste zu sehen. Der Weg dorthin lohnt sich kaum.

★★ Milet

D 10

Landesteil: Westküste (Ägäisches Meer) **Provinz:** Aydın
Höhe: 2 – 63 m ü.d.M. **Ortschaft:** Balat

Als Mutterstadt von fast 90 Kolonien zählte Milet zu den prächtigsten antiken Stadtstaaten im östlichen Mittelmeer.

Bedeutendste ionische Hafenstadt in der Antike
»Arbeiter« nennt Herodot den Großen Mäander, der Milet durch seine Ablagerungen von der Küste entfernte, was schließlich bereits in der Antike zum Untergang der einst bedeutendsten ionischen Hafenstadt führte. Als **Mutterstadt von fast 90 Kolonien** zählte Mi-

let zu den prächtigsten Stadtstaaten im östlichen Mittelmeer. Heute liegen die Ruinen einsam in der Schwemmland-Ebene. Im Frühjahr und in der Regenzeit stehen einige Monumente im Wasser, der Boden ist an vielen Stellen oft stark morastig. Bis in die 1950er-Jahre hinein lebten die Bewohner von Balat noch auf dem Ruinenfeld, bis dann archäologische Grabungen sie zwangen umzusiedeln.

Geschichte

Ende des 7. Jh.s v. Chr.	Milet erlebt seine höchste Blütezeit.
römische Kaiserzeit	erneuter Aufschwung
byzant. Zeit	Bischofssitz

Milet soll zuerst von Kretern, dann im 11. Jh. v. Chr. etwas weiter südlich auf dem heutigen Kalabak Tepe von Ioniern gegründet worden sein. Es wurde bald der Haupthafen für weite Teile des Binnenlandes. Die Stadt beherrschte durch ihre Kolonien den Handel am Schwarzen Meer und konnte bis zum Beginn des 6. Jh.s v. Chr. auch auf den Ägäischen Inseln und in Ägypten bedeutende Städte gründen. Unter dem Tyrannen **Thrasybulos** erreichte Milet am Ende des 7. Jh.s v. Chr. seine höchste Blütezeit. In der römischen Kaiserzeit folgte wiederum ein Aufschwung, wie das mächtige Theater und andere bedeutende Ruinen bezeugen. Unter byzantinischer Herrschaft war Milet Bischofssitz. Unter den Osmanen, die 1501 die Iliyas-Bey-Moschee erbauten, behielt die Stadt zunächst ihre Bedeutung; doch als die Verschiebung der Küstenlinie den Seehandel immer mehr erschwerte, verloren die Sultane das Interesse an der Stadt und gaben diese dem Niedergang preis.

? WUSSTEN SIE SCHON …?

■ Milet ist die Heimat des griechischen Philosophen, Astronomen, Naturforschers und Mathematikers Thales (ca. 624 – um 546 v. Chr.; »Thaleskreis«) und seiner Schüler Anaximander und Anaximenes. Einem Kadmos aus Milet werden die ersten geschichtlichen Aufzeichnungen in Prosa zugeschrieben, und Hekataios (um 500 v. Chr.) nimmt unter den Historikern eine bedeutende Stellung ein. Thimotheos aus Milet war in der ersten Hälfte des 4. Jh.s v. Chr. als Dichter und Musiker geschätzt. Auch Hippodamos, der Städteanlagen mit rechtwinkligem Straßennetz im Piräus, in Thurioi (Unteritalien) und auf Rhodos schuf und den regelmäßigen Grundriss Milets geplant haben soll, war Milesier. Die feinsinnige und durch ihren Umgang mit Perikles bekannte Aspasia, die um 470 v. chr. geboren wurde, stammte ebenfalls aus Milet.

Besichtigung der Ruinenstätte

Die Orientierung auf dem Ruinenfeld von Milet wird dadurch erschwert, dass nur noch geringe Überreste der antiken Stadtanlage erhalten sind und die verbliebenen Ruinen heute im Schlamm des Mäander versunken liegen, so dass die günstige Lage auf der einstigen Halbinsel nicht mehr gut zu erkennen ist.

Öffnungszeiten: tgl. 8.30 – 20.00, im Winter bis 17.30

Milet Orientierung

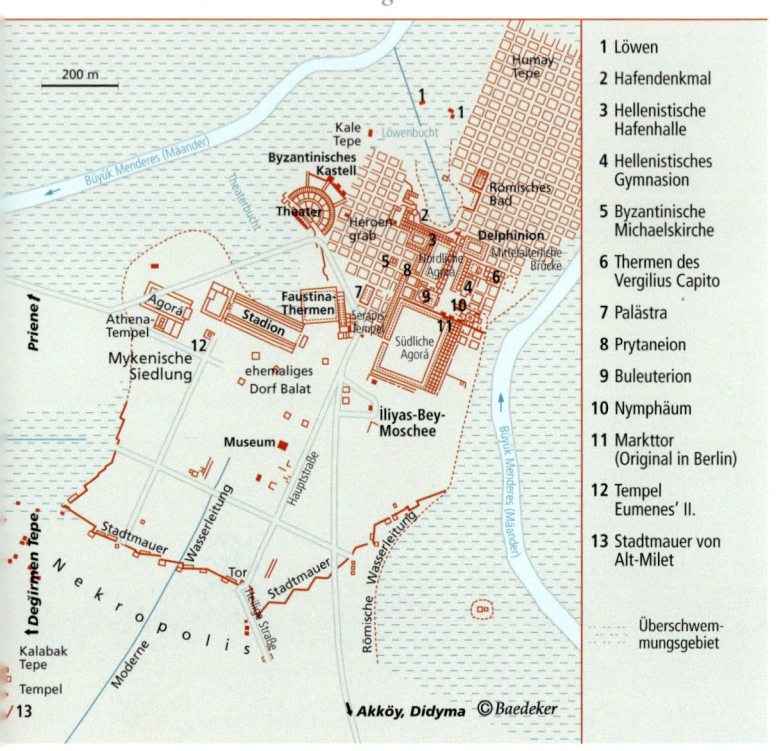

1 Löwen
2 Hafendenkmal
3 Hellenistische Hafenhalle
4 Hellenistisches Gymnasium
5 Byzantinische Michaelskirche
6 Thermen des Vergilius Capito
7 Palästra
8 Prytaneion
9 Buleuterion
10 Nymphäum
11 Markttor (Original in Berlin)
12 Tempel Eumenes' II.
13 Stadtmauer von Alt-Milet

Überschwemmungsgebiet

Theater ★★ Das am besten erhaltene und damit auffallendste Bauwerk der antiken Stadt ist das römische Theater, das mit 140 m Frontlänge und einem oberen Umgang von fast 500 m ein sichtbares Zeichen der vergangenen Bedeutung Milets bildet. Mit 25 000 Zuschauerplätzen – auf 3 × 18 Sitzreihen – gehörte die Anlage zu den **größten Theaterbauten der antiken Welt**. Die Ausstattung der Sitzreihen, der Orchestra und des Bühnenhauses fällt durch eine verschwenderische Verwendung von verschiedenfarbigem Marmor auf.

Byzantinisches Kastell ★ Auf der Höhe über dem Theater sind die Reste eines verfallenen byzantinischen Kastells zu erkennen, das zur mittelalterlichen Stadtmauer gehörte. Von hier aus kann heute die Ausdehnung der Stadt mit den verbliebenen Bauwerken am besten erfasst werden.

Löwenbucht Nordöstlich vom Theater ragte die Löwenbucht von Norden tief in die Halbinsel; sie war von zwei gewaltigen **Marmorlöwen**, den Wappentieren der Stadt, flankiert. An der innersten Bucht zog sich der

Hafenmonument ▶ 160 m lange Hafenkai mit Säulenhallen entlang. In dessen Mitte stand das berühmte, zur Zeit des Kaisers Augustus errichtete Hafenmonument, dessen Sockel noch zu sehen ist. Auf diesem Sockel ruhte ein steinernes Boot. Den Anlass für die Errichtung dieses Monuments gab vermutlich der Sieg des Pompeius über die Seeräuber 68 / 67 v. Chr.

Am südöstlichen Ende der Hafenkolonnade befand sich das Delphinion, das dem Apollon Delphinios als Hüter der Schiffe und Häfen geweihte **Zentralheiligtum der Stadt**. Der Oberbau bestand aus einer dreiseitigen Säulenhalle, die zusammen mit einer einfachen Stirnmauer den Temenos umschloss.

Delphinion

Zwischen der Hafenkolonnade und dem Delphinion gab das von sechzehn Säulen getragene Hafentor den Weg zu einer nach Südwesten verlaufenden Säulenhallenstraße frei, die, 30 m breit und 200 m lang, Gehwege von 5,80 m Breite aufwies.

Hafentor

Im Winkel dieser Straße mit der Hafenkolonnade lag die von zweistöckigen Arkadenhallen umgebene Nördliche Agorá. Die entlang der Straße verlaufende Säulenhalle besaß an beiden Seiten Läden.

Nördliche Agorá

Das römische Theater ist das auffälligste Bauwerk von Milet.

Milet

Thermen des Vergilius Capito
Südlich vom Delphinion lagen die aus der Zeit des Kaisers Claudius (10 v. Chr bis 54 n. Chr.) stammenden Thermen des Vergilius Capito, deren Mauern noch stehen. Dort sind auch die Reste eines türkischen Bades aus der Seldschukenzeit zu sehen.

Nymphaion
Südlich der Thermen stand ein Nymphaion, eine monumentale **Brunnenanlage** aus der Zeit des Kaisers Titus (79/80 n. Chr.). Das 20 m breite und dreistöckige Wasserreservoir war mit Marmorfriesen und zahlreichen Statuen in Mauernischen geschmückt.

Buleuterion
Den Thermen gegenüber stehen die Reste des nach einer Inschrift zwischen 175 und 164 v. Chr. errichteten Buleuterions. Dieses Gebäude ähnelt im inneren Aufbau einem Theater. Die Orchestra hatte einen Durchmesser von 8 m. Die von vier Treppenaufgängen durchschnittenen Sitzstufen boten etwa 500 Personen Platz.

Südliche Agorá
Die von Säulenhallen umrahmte Südliche Agorá, mit 196,5 m × 164 m der größte bekannte griechische Marktplatz, wurde in mehreren Baustufen errichtet und um die Mitte des 2. vorchristlichen Jahrhunderts fertig gestellt.

Faustina-Thermen
Beachtliche Reste einer Thermenanlage aus der Zeit um 150 n. Chr. stehen westlich der Südlichen Agorá. Faustina die Jüngere, die Gattin des römischen Kaisers Marc Aurel, stiftete das große Bad, in dem heute noch die einzelnen Räume mit ihren unterschiedlichen Funktionen zu erkennen sind.

Stadion
Westlich der Faustina-Thermen sind in der Nähe des Theaterhafens die Reste eines nicht mehr genau erkennbaren römischen Stadions erhalten, dessen Laufbahn 185 m lang war..

Gymnasion, Athenatempel
Westlich vom Stadion befand sich ein Gymnasion. Noch weiter im Südwesten wurde ein archaischer ionischer Athenatempel vom Anfang des 6. Jh.s ausgegraben, unter dem man mykenische Scherben und Hausmauern der ältesten, kretischen Besiedler Milets fand.

Hauptstraße
Von der Löwenbucht lief eine alte, im ganzen nur 4,30 m breite, mit Bürgersteigen von 0,60 m Breite versehene Hauptstraße fast geradlinig nach Süden zum Tor der Heiligen Straße nach Didyma. Eine der Querstraßen, die durch das ehemalige Dorf Balat führte, maß nach Erneuerung durch die Römer mit den je 2 m breiten Bürgersteigen 8 m in der Breite. Unter dem Fahrdamm verlief ein über 2 m tiefer, 1,50 m breiter **Kanal**, von dem, wie in modernen Abwässersystemen, Stichkanäle in die Häuser abzweigten.

Tor der Heiligen Straße
Das Tor der Heiligen Straße wurde in trajanischer Zeit wiederhergestellt; links im Torgang ist eine Inschrift des Kaisers über den Beginn des Wegebaus im Jahre 100 n. Chr. zu sehen. Auf beiden Seiten

> Pamukkale ZIELE 331

des Tors der Heiligen Straße schloss sich die mächtige hellenistische, in trajanischer Zeit erneuerte Stadtmauer an, die bis zu 10 m breit war. Südlich der Stadtmauer dehnte sich eine **Nekropole** aus, von der überall Reste sichtbar sind.

Stadtmauer

An der vom Theater südwärts führenden Straße befindet sich das Museum, in dem Grabungsfunde (Architekturteile, Keramik etc.) aus der neueren Zeit ausgestellt sind.

Museum

✴ ✴ Pamukkale

H 10

Landesteil: Westanatolien
Nächstgelegene Stadt: Denizli
(323 000 Einw.)

Provinz: Denizli
Höhe: 350 m ü.d.M.

Mit seinen von Oleanderbüschen gesäumten Travertinkaskaden und seinen großartigen Ruinen von Hierapolis zählt Pamukkale zu den eindrucksvollsten Reisezielen in der Türkei und ist eines der von der Unesco geschützten Kulturgüter.

Wie ein Gletscher wirkt das Naturphänomen von Pamukkale (»**Baumwollschloss**« oder »**Watteschloss**« genannt), wenn man vom 20 km südlich entfernten Denizli kommend auf die berühmten Kalksinterterrassen zufährt. Auf einer Länge von etwa 2 km und ei-

Naturphänomen

Nur hier ist das Baden erlaubt: im Thermalbad des ehemaligen Motels.

ner Breite von bis zu 300 m ragt der über 150 m hohe Block über das Lykos-Tal. Die Kalksinterstufen, die sich im Laufe von Jahrhunderten durch das herabfließende Wasser gebildet haben, wirken wie erstarrte Wasserfälle, die in größere und kleinere Becken fallen.

Entstehung der Kalksinterterrassen

Die **Sinterkalke** (Travertin) stammen von verschiedenen heißen Quellen (34–35 °C), die u. a. größere Mengen Kalziumbikarbonats enthalten. An der Erdoberfläche wandelt sich der gelöste Kalk in Wasser, Kohlendioxid und Kalziumkarbonat um, wobei sich Letzteres als grauweißer Kalkfilm ablagert und nach und nach das Bett des Baches auffüllt. Verzweigt sich der Wasserlauf, entstehen fächerartige Kalksinterflächen, die kleine Becken und Terrassen bilden und an steilen Stellen, ähnlich wie in Tropfsteinhöhlen, Stalaktiten oder auch wattebauschartige Wölbungen ausformen können. Die Thermalquellen, die neben gelöstem Kalk und Kohlensäure auch schweflige Säure, Eisen, Kochsalz und Magnesium enthalten, sind wegen ihrer heilenden Kraft beliebt und wurden früher sogar als Heiligtum verehrt.

Umweltprobleme und künstliche Terrassen

Da die umliegenden Hotels viele Jahre lang das Thermalwasser zum Verbrauch und als Poolwasser nutzten, wurden die Terrassen nicht mehr ausreichend überspült und wuchsen daher kaum noch nach. Weite Teile der Terrassen sind auch wegen der intensiven touristischen Nutzung längst nicht mehr weiß, sondern braun oder grau. Die wiederholt ausgesprochene Warnung, die Terrassen nicht zu betreten oder gar darin zu baden, wurde missachtet, so dass der **Abbau der Sinterschichten** weiter beschleunigt wurde. Um dieses seltene Naturschauspiel zu erhalten, wurden alle Hotels, Gaststätten und Geschäfte an den Sinterterrassen abgerissen. Die Kalksinterterrassen sind mittlerweile vollständig abgesperrt. Was der Besucher betreten darf, sind **künstliche Terrassen**, die die türkische Regierung anlegen ließ und die infolge der Überflutung durch das örtliche, kalkhaltige Wasser bereits die typische weiße Oberfläche der echten Terrassen angenommen haben. Allerdings werden Gäste nicht darauf hingewiesen, dass es sich bei den Besucherterrassen, die sehr plump gemacht wurden, um Nachahmungen aus Beton handelt.

> ! **Baedeker TIPP**
>
> **Noch ein Thermalbad**
>
> Auch beim ca. 5 km nördlich von Pamukkale gelegenen Ort Karahayıt sprudeln Quellen über eine Terrasse. Das sehr eisenhaltige und ca. 60–70 °C heiße Wasser hat das Gestein der 1,5 m hohen Terrasse rötlich verfärbt.

Besichtigung von Hierapolis

Stadtgründung

Eine erste Stadt wurde vom pergamenischen König Eumenes II. gegen 190 v. Chr. als Rivalin des nahen Laodikeia gegründet und wohl nach **Hiera**, der Gemahlin des Telephos aus dem pergamenischen

► Pamukkale · ZIELE · 333

PAMUKKALE UND UMGEBUNG ERLEBEN

AUSKUNFT
Pamukkale, Denizli Örenyeri
Tel. (02 58) 272 20 77
Fax 272 28 82
www.pamukkale.gov.tr

ESSEN
► Fein & teuer
Denizli Evi Restaurant
Denizli, Istiklal Cad. 12
Tel. (02 58) 263 14 43
Das Restaurant ist in einem alten Gebäude im traditionellen türkischen Stil untergebracht. Hier kann man in einer sehr angenehmen Atmosphäre authentische Landesgerichte genießen.

ÜBERNACHTEN
► Luxus
Richmond Pamukkale Thermal Hotel
Pamukkale, Kızılseki Mevkii
Karahayıt Köyü
Tel. (02 58) 271 42 94
Fax 271 40 78; 292 Z., 22 Suiten
www.richmondhotels.com.tr
Großes Thermalhotel, etwa 2,5 km von den berühmten Sinterterrassen entfernt. Garten; drei Restaurants, Bars. Schwimmbecken mit zum Teil 38 °C warmem Thermalwasser.

Hierapolis Thermal Hotel
Pamukkale, Karahayıt Kasabası
Tel. (02 58) 271 42 94
Fax 262 48 16; 212 Z.
Großzügig angelegte Hotelanlage mit Restaurants, Bars, Casino und Livemusik.

Das Hierapolis liegt 4 km nördlich von Pamukkale.

► Komfortabel
Melrose Hotel
Vali Vekfi Ertürk Cad. 8
Tel. (0258) 272 22 50, Fax 272 31 20
www.allgauhotel.com
Ein nettes Hotel mit sauberen Zimmern. Manche Räumlichkeiten mit Balkon. Das hoteleigene Restaurant bietet leckere Gerichte. Im Außenbereich zwei Pools.

Sagenkreis, Hierapolis genannt. Von dieser ersten Stadtanlage sind nur geringe Reste eines Theaters im Norden erhalten, da sie durch ein Erdbeben 60 n. Chr. zerstört wurde, woraufhin man weiter südlich eine neue Stadt anlegte. Auch die wieder aufgebaute Stadt wurde in ihrer Glanzzeit im 2. und 3. Jh. von weiteren Erdbeben heimgesucht. Als **Bischofssitz** erlebte die Stadt bis zum Eindringen der Seldschuken im 12. Jh. eine erneute Blüte. Danach verödete der Ort. Während seiner Blütezeit war Hierapolis ein **beliebter Kurort**, in dem viele glänzende Feste gefeiert wurden. Auch lockte die ungewöhnliche Quelle Besucher an. Das Wasser kam in römischer Zeit aus dem Plutonium, einer **Höhle**, die unterhalb des Tempels des Apollon, des Hauptgottes der Stadt, lag. Die Priester der Kybele, die lange vor Apollon hier verehrt wurde, führten die Aufsicht über diese Quelle und ließen Vögel und wohl auch Ochsen in die Höhle, wo die Tiere durch die aufsteigenden Gase getötet wurden, während die Priester selbst zum Staunen der Fremden unversehrt blieben, weil sie den Kopf oberhalb der bodennahen Kohlendioxidschicht gehalten hatten. Die Höhle ist heute nicht mehr vorhanden. Das Wasser tritt jetzt unterhalb des Theaters zu Tage und hat ungehindert den ganzen tiefer gelegenen Teil der Stadt bis zu 2 m hoch versintert.

Thermen Die gut erhaltenen Thermen des 2. nachchristlichen Jahrhunderts mit ihrer großen Palästra beherbergen heute das **Archäologische Museum** von Hierapolis, das Statuen, Baufragmente sowie weitere Fundstücke von der Ruinenstätte und aus der Umgebung zeigt (Öffnungszeiten: Di. – So. 9.00 – 12.30, 13.30 – 17.00 Uhr).

Quellteich Nördlich des Museums befindet sich innerhalb eines ehemaligen Motels der **Swimmingpool**, in dessen 38 °C warmem Wasser man zwischen und über antiken Säulen und anderen Architekturteilen umherschwimmen kann – sofern genügend Platz vorhanden ist, denn in der Regel tummeln sich in dem Wasserbecken die Tagesausflügler dicht an dicht.

Hierapolis/Pamukkale

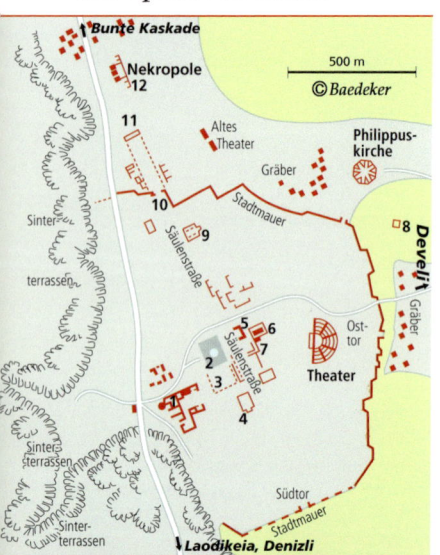

1 Große Thermen (Museum)
2 Quellteich
3 Agorá
4 Byzantinische Basilika
5 Nymphäum
6 Apollotempel
7 Plutonium
8 Römischer Wasserbehälter
9 Basilika
10 Byzantinisches Tor
11 Domitiansbogen
12 Nördliche Thermen

Parallel zur Terrassenkante verläuft vom nördlichen Tor eine etwa 1200 m lange gerade **Arkadenstraße** vorbei an einer byzantinischen Kirche und dem kaum noch erkennbaren Marktbereich (Agorá) zum Südtor. Die Straße ist über 13 m breit und wurde von 6 m tiefen Wandelgängen mit Ladenboxen begleitet.

Im Süden und Norden befinden sich **Nekropolen**. Vor allem die nördliche Nekropole zählt mit über 1000 Gräbern (hellenistische Tumuli, römische Sarkophage, Grabtempel und ganze Grabanlagen aus der frühchristlichen Zeit) zu den größten antiken Friedhöfen Anatoliens. Über 300 Inschriften

Die echten Terrassen von Pamukkale →

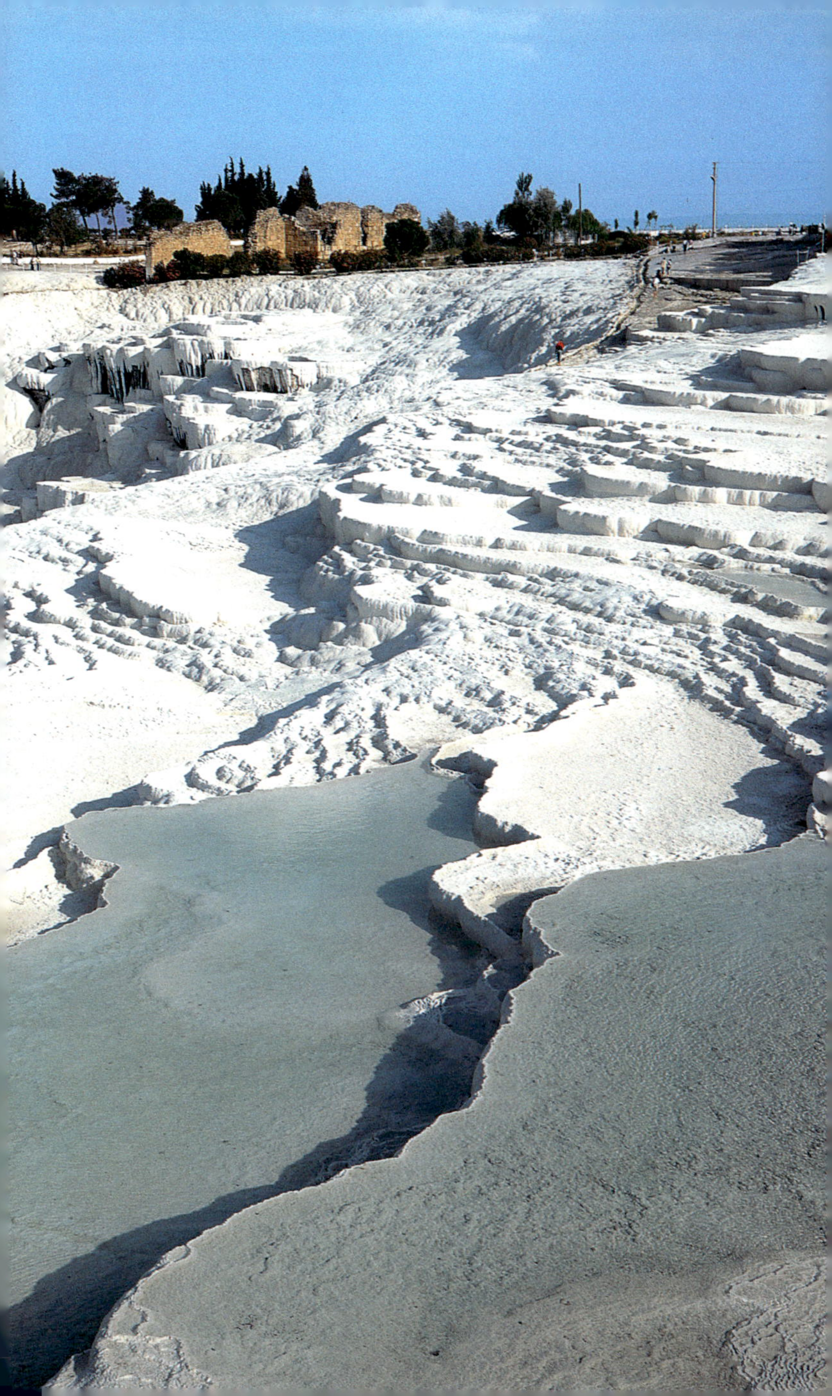

> **Baedeker TIPP**
>
> **»Ortsführer«**
> Sobald man das Gelände von Laodikeia betreten hat, tauchen Jugendliche auf, die allerlei Antiken verkaufen wollen. Am besten lässt man sich auf gar keinen Handel ein. Nützlich hingegen kann die Ortskenntnis der jungen Leute sein.

beschreiben die Friedhofsordnung und die Herkunft der Toten; sie sprechen auch Verwünschungen gegen diejenigen aus, die Gräber plündern und schänden.

Das sehenswerte, unter Kaiser Septimius Severus (146–211 n. Chr.) entstandene **Theater** liegt 300 m östlich der Quellen oberhalb der Stadt am Hang über den Resten des Apollon-Tempels. Das gut erhaltene Bauwerk verfügte über eine zentrale Kaiserloge und über Plätze für etwa 10 000 Besucher auf insgesamt 52 Sitzreihen.

Grabkirche Etwa 500 m nordöstlich des Theaters steht am Hang und bereits außerhalb der noch sichtbaren Stadtmauern die achteckige Grabkirche des in Hierapolis gemarterten Diakons Philippus. Der Bau entstand im 5. Jh. als Gedächtnisstätte, um die Räume mit unbekannter Funktion strahlenförmig angeordnet sind.

Umgebung von Pamukkale

Laodikeia Ca. 15 km südlich von Pamukkale erstreckt sich zwischen den Ortschaften Eskihisar, Ören und Goncalı die ganz überwucherte **Ruinenstätte** der antiken Stadt Laodikeia, die von Antiochos II. von Syrien (261–246 v. Chr.) gegründet und nach dessen Schwester-Gemahlin Laodike benannt wurde. Durch Handel, besonders aber durch seine Woll- und Tuchmanufakturen wurde der Ort eine der reichsten Städte Kleinasiens. Auffälligstes Monument ist das unter dem Kaiser Vespasian (9–79 n. Chr.) gebaute **Stadion** am Südwestrand des Ortes. Um das weitläufige Gelände der antiken Stadt zu erwandern, sollte man einen guten Orientierungssinn und v. a. festes Schuhwerk mitbringen.

★★ Pergamon (Bergama)

D 7

Landesteil: Westküste (Ägäisches Meer)	**Provinz:** Izmir
Höhe: 50–333 m ü.d.M.	**Einwohnerzahl:** 57 900 (Bergama)

Mit Pergamon assoziieren viele Deutsche in erster Linie das gleichnamige Museum in Berlin mit seinem berühmtesten Exponat, dem Zeusaltar, der im 19. Jh. nach der Entdeckung und Erforschung des antiken Pergamon durch deutsche Archäologen in die damalige Reichshauptstadt gelangte.

▶ Pergamon (Bergama) **ZIELE** 337

Die antike Stadt Pergamon liegt z. T. an der Stelle der heutigen Stadt Bergama etwa 30 km von der Westküste Kleinasiens entfernt. Als pergamenische Hauptstadt entwickelte sich der Ort innerhalb weniger Jahrzehnte zum Mittelpunkt eines der mächtigsten Reiche in Kleinasien. Die Reste der römischen Stadt sind größtenteils überbaut, während die **griechische Stadt** sich mit den großartigen Ruinen ihrer Königsburg auf dem in Terrassen abgestuften Abhang und der Kuppe des östlich über Bergama aufragenden Berges erstreckt.

Antike pergamenische Hauptstadt

Sehenswertes in Bergama

Auch die mittelgroße Provinzstadt Bergama, heute ein Marktflecken mit Teppichknüpfereien, Textil- und Lederindustrie, bietet einige Sehenswürdigkeiten, die bei einem Stadtbummel leicht zu entdecken

Archäologisches Museum

Pergamon/Bergama Orientierung

1 Rundbau
2 Asklepiostempel
3 Propylion
4 Bibliothek
5 Heiliger Brunnen
6 Theater
7 Virantor
8 Römisches Theater
9 Athenatempel
10 Römisches Amphitheater
11 Stadion
12 Basarviertel von Bergama
13 Seldschukisches Minarett, Rest einer Moschee
14 Rote Basilika (Serapistempel)
15 Tor zur Akropolis
16 Untere Agorá
17 Gymnasion
18 Thermen
19 Tempel der Hrea
20 Antike Straße
21 Demetertempel
22 Obere Agorá
23 Pergamenischer Zeusaltar
24 Ionischer Altar
25 Theater
26 Athenatempel
27 Bibliothek
28 Trajantempel
29 Garten der Königin
30 Kasernen
P Parkplatz

Essen
① Meydan Restaurant
② Pala

Übernachten
① Anıl Hotel
② Berksoy Hotel

BERGAMA ERLEBEN

AUSKUNFT
Zafer Mah., Izmir Cad. 54
Tel. u. Fax (02 32) 633 18 62

ESSEN

▶ **Erschwinglich**

① *Meydan Restaurant*
Istiklal Meydanı 4
Tel. (02 32) 633 17 93
Das »Meydan« serviert ausgezeichnete Meze, Grillgerichte und Köfte.

② *Pala*
Kasapoğlu Cad. 4
Tel. (02 32) 633 15 59
Das älteste Restaurant der Stadt, gilt als die beste Adresse für Köfte.

ÜBERNACHTEN

▶ **Komfortabel**

① *Anıl Hotel*
Ertuğrul Mah. Hatuniye Cad. 4
(Müze Karşısı)
Tel. (02 32) 632 63 52, Fax 632 63 53
www.anilhotelbergama.com; 12 Z.
Nettes Hotel ganz in der Nähe des Archäologischen Museums.

② *Berksoy Oteli*
Izmir Yolu 19
Tel. (02 32) 633 25 95, Fax 663 53 46
www.berksoyhotel.com
Große Hotelanlage (60 Z.) mit Restaurant und Pool an der Ausfallstraße nach Izmir.

---

sind. Stadteinwärts liegt neben einem schön angelegten Park an der Hauptstraße das Archäologische Museum mit Funden aus der Steinzeit bis zur byzantinischen Zeit sowie einer ethnografischen Abteilung (Öffnungszeiten: tgl. 8.30 – 12.00, 13.00 – 18.30 Uhr).

Seldschukisches Minarett
Bei einem Spaziergang durch die engen Gassen und das Marktviertel des geschäftigen Bergama führt der Weg an vielen kleinen Handwerksbetrieben vorbei zum Seldschukischen Minarett, dem Rest einer im frühen 14. Jh. erbauten Moschee.

★ Rote Basilika
Die mächtige Ruine eines Ziegelsteinbaus, der Roten Basilika (Kızıl Avlu = Rote Halle), eines durch Kaiser Hadrian (117 bis 138 n. Chr.) vermutlich dem ägyptischen Gott Serapis geweihten Tempels, der von den Byzantinern zu einer Kirche umgebaut wurde, steht unweit des Basars. Den nordwestlichen Turm benutzen die Bewohner der Stadt heute als **Moschee**.

★ ★ Ausgrabungsstätte Pergamon

Geschichte
Bedeutung gewann die wohl seit dem 5. Jh. v. Chr. besiedelte Stadt nach dem Tod Alexanders des Großen. Der seleukidische König Lysimachos (305 – 281 v. Chr.) bewahrte hier einen Schatz von 900 Talenten (etwa 60 Millionen €) auf, dessen Bewachung dem Pontier **Philhetairos** anvertraut war. Diesem gelang es beim Tod des Lysimachos, den Schatz für sich zu behalten, gegen alle Angriffe zu ver-

teidigen und sich schließlich als Herrscher eines Pergamenischen Reiches unabhängig zu machen (283–263 v. Chr.). Nach einer Allianz mit Rom gewann die Dynastie der Attaliden unter Eumenes II. (179 bis 159 v. Chr.) ihre größte Macht, ihr Reich die weiteste Ausdehnung. Wissenschaftliche Studien gediehen, Bildhauerei und Malerei gelangten zu hoher Blüte, auch das **Pergament** soll hier erfunden worden sein. 133 v. Chr., im Todesjahr des letzten pergamenischen Königs – Attalos III. – wurde Pergamon Rom testamentarisch vermacht, aus dem Pergamenischen Reich entstand die römische Provinz Asia. Das Christentum fasste Fuß, und Pergamon zählte zu **den sieben apokalyptischen Gemeinden Kleinasiens**. In osmanischer Zeit wurde die Siedlung auf dem Burgberg aufgegeben, während am Südfuß des Berges die neue Stadt Bergama entstand.

Es war der deutsche Ingenieur Carl Humann, der die ersten kostbaren Steinreliefs von Pergamon entdeckte. 1878 begann er hier mit systematischen Nachforschungen, barg elf Hochreliefs sowie 30 Bruchstücke von Relieffriesen und grub große Teile der Akropolis aus. In der Nähe des Zeustempels befindet sich das Grab von Carl Humann, der auf eigenen Wunsch hier bestattet wurde.

Man gelangt zunächst zur Unteren Agorá, die zu Beginn des 2. Jh.s v. Chr. von König Eumenes II. in Ergänzung zur bereits bestehenden Oberen Agorá angelegt wurde. Der gepflasterte Platz war von zweistöckigen Säulenhallen umgeben, in denen die Kaufleute ihre Waren anboten. **Untere Agorá**

Nördlich davon erstreckte sich das in drei Terrassen ansteigende Gymnasion. Auf der untersten Terrasse stand der Trakt für die Kinder zwischen 6 und 9 Jahren, die oberste Terrasse war als schönstes und größtes Gymnasion den Jünglingen über 16 Jahre, den Epheben, vorbehalten. **Gymnasion**

An der Nordwestseite der Anlage stand ein theaterähnliches Auditorium, in dem bis zu 1000 Personen den Vorträgen beiwohnen konnten. An der Südwestseite war ein gedecktes Stadion von 212 m Länge und 12 m Breite angelegt. **Auditorium**

Stadion

Nordöstlich des Gymnasions der Jünglinge stand eine Badeanlage, die mit ihrer Marmorverkleidung, zahlreichen Standfiguren in den Nischen und beheizbaren Mosaikböden prächtig ausgestattet war. **Badeanlage**

In geringer Entfernung nordwestlich des Bades erhob sich der Tempel der Hera mit einem schönen Mosaikfußboden. ◀ Tempel der Hera

Auf der antiken Straße, die in einer weiten S-Kurve zur Akropolis hinaufführt (Autostraße nördlich um den Berg herum zum oberen Parkplatz 4 km), erreicht man auf halbem Wege links die Reste des Demeterheiligtums. Das Heiligtum gilt als eines der **ältesten Bauwerke der Stadt**. **Demeterheiligtum**

★★ Akropolis

Vom Demeterheiligtum führt die Straße in einer weiten Rechtskurve bergan zur Akropolis. Diese besteht aus mehreren Terrassen, die sich bogenförmig um das große Theater am südlichen Burghang gruppieren. Am oberen Wegende erreicht man die ebenfalls terrassierte Obere Agorá, die im Süden und Osten von Säulenhallen gesäumt war.

Pergamon/Akropolis

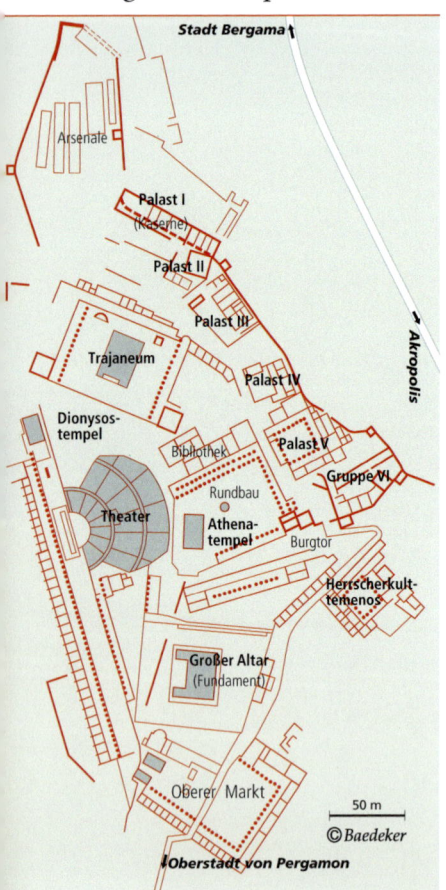

Über der Agorá liegt eine von Mauern gestützte trapezförmige Terrasse, auf der sich der berühmte pergamenische **Zeusaltar** erhob. Von dem zwischen 180 und 160 v. Chr. von Eumenes II. erbauten Altar, dessen maßstabgerechtes Modell mit einem Teil des Originalfrieses seit 1902 im Berliner Pergamonmuseum steht, sind nur die Fundamente zu erkennen. Über einem Unterbau erhob sich hufeisenförmig der mit einem 120 m langen und 2,30 m hohen Fries geschmückte Sockel und darüber der allseitig von ionischen Säulen umgebene Oberbau. In leidenschaftlich bewegten Ausdrucksformen ist auf dem Sockelfries der Kampf der Götter mit den Giganten abgebildet, der den Sieg des Griechentums über das Barbarentum symbolisiert. Dieser Darstellung lag wohl der erfolgreiche Kampf des Pergamenischen Reiches gegen die Galater zugrunde. Dagegen gab der Fries an der Säulenhalle die Telephossage und die Abstammung der Pergamener von Herakles wieder.

Vorbei an einem Heroon, einer Kultstätte für die vergöttlichten Vorfahren der Pergamener, betritt man durch das **Burgtor** an der Ostseite der Mauer die Oberstadt. Rechts entlang des Fußweges, der am Athenabezirk, der Bibliothek und dem Trajaneum nordwärts vorbeiführt, sind die Ruinen von **Palastanlagen** zu erkennen, die im Laufe von zwei Jahrhunderten entstanden sind und kunstvoll geschmückt waren.

► Pergamon (Bergama) **ZIELE** | 341

Athenatempel

Die Terrasse westlich des Burgtors betrat man durch ein großes Portal, das heute in Berlin wieder aufgebaut ist. Dieses Propylon führte zum Temenos, zum heiligen Bezirk der Athena, an dessen südwestlichem Rand sich der Athenatempel (4. Jh. v. Chr.) erhob.

Bibliothek

An die nördliche Säulenhalle des Athenahofes schloss sich die um 170 v. Chr. erbaute Bibliothek an, die mit 200 000 Bänden (im Gegensatz zu den Pergamentrollen wurden die gefalteten Pergamentbogen Volumina, d. h. »Bände«, genannt) zu den größten Schriftsammlungen der antiken Welt zählte. Der Bibliotheksbestand wurde später als Geschenk des Antonius an Cleopatra nach Alexandria gebracht.

★ **Trajantempel**

Weiter westlich erhob sich im Zentrum einer kolonnadengesäumten rechteckigen Terrasse der Trajantempel, ein in weißem Marmor errichteter korinthischer Tempel, der während der Regierungszeit Trajans entstand und später einem Erdbeben zum Opfer fiel. Von der zum Abhang hin offenen Terrasse bietet sich ein prächtiger Ausblick auf die tiefer liegenden Terrassen der Akropolis und das südwestlich vorgelagerte Theater mit der ausgedehnten Theaterterrasse, auf die Stadt Bergama und die umliegenden Berge.

Von dem am steilen Südwesthang gelegenen Theater hat man einen grandiosen Blick auf die Ruinenstätte und auf die Ebene.

Die Teilkonstruktion des Trajantempels entstand ab 1996.

Magazine In der Nordwestecke der Akropolis erstrecken sich nordwestlich der Kaserne die Magazine. Hier wurden Wurfgeschosse verschiedenen Kalibers gefunden, die heute in der Unteren Agorá neben dem Grabungshaus aufbewahrt werden. Das Gemäuer weist griechische, römische und byzantinische Stilmerkmale auf.

Theater Die Hauptsehenswürdigkeit der Akropolis ist das am steilen Südwesthang gelegene Theater, das wohl die **steilste Cavea der Antike** hat. Die schmale antike Treppe, die vom Athenatempel aus hinunterführt (Vorsicht ist geboten) war nicht der Hauptzugang. Als Eingang diente in erster Linie die untere Theaterterrasse mit dem Dionysostempel am Nordende. Auf den 80 Sitzreihen des aus der pergamenischen Königszeit stammenden Bauwerks fanden ca. 15 000 Zuschauer Platz.

Dionysostempel In der Nordwestecke der Theaterterrasse stand der ionische Tempel, der als Prostylos wohl zu Ehren des Dionysos, des mythischen Ahnherrn des pergamenischen Königshauses, gebaut wurde.

★ Asklepieion

Öffnungszeiten: tgl. 8.30 – 19.00, im Winter bis 17.00

Am westlichen Stadtrand von Bergama (Militärgelände; z. T. Fotografierverbot!) liegt das gut ausgegrabene Ruinenfeld des Asklepieion, das dem Asklepios (Äskulap; Gott der Heilkunde) geweiht war und im Altertum neben Epidauros und Kos zu den berühmtesten Kurorten zählte. Einer Inschrift zufolge soll im 4. Jh. v. Chr. der Pergamener Aristarch, der in Epidauros von einem Beinbruch geheilt worden war, aus Dankbarkeit das Asklepieion gegründet haben. Insbesondere in römischer Zeit, in der auch der Arzt **Galenus** (129–200 oder 216 n. Chr.), der nächst Hippokrates berühmteste

> ! *Baedeker* TIPP
>
> **Idyllischer Stausee**
>
> Der Weg zu den Magazinen auf der Akropolis verspricht einen herrlichen Blick auf den Stausee, der sich seit 1992 östlich des Burgbergs ausdehnt. Aber auch die faszinierend bearbeiteten Steine an der hellenistischen Außenmauer sollte man sich genau anschauen.

Arzt der Antike, hier wirkte, erlebte das Heiligtum eine hohe Blüte. So weilte u. a. auch **Kaiser Caracalla** hier zur Kur. Die Therapie umfasste Heilkräuter- und Honigkuren, Wasser- und Sonnenbäder, aber auch Traum- und Suggestionsbehandlungen. Daneben war das Asklepieion Wirkungsstätte bedeutender Philosophen.

Die als Heilige Straße bezeichnete Verbindung zwischen der Akropolis und dem Kurzentrum endet an einem säulengesäumten Vorhof, in dessen Mitte der Asklepiosaltar steht. Ein Relief mit einer um einen Stab gewundenen Schlange verweist auf die Kultstätte des Gottes der Heilkunst. Der Heilige Bezirk bildet ein ausgedehntes Rechteck, das im Norden, Westen und Süden von Säulenhallen umgeben war.

Asklepiosaltar

Das in den Hang gegrabene Theater bot auf vierzehn Rängen etwa 3000 Zuschauern Platz. Heute dient es alljährlich bei den **Bergama-Festspielen** Ende Mai / Anfang Juni (▶ Praktische Informationen, Feiertage, Feste und Events) der Aufführung klassischer Stücke. Hier werden aber auch Ärztekongresse und Tagungen veranstaltet.

Bibliothek Theater

Nördlich davon erhebt sich beim Propylon der Tempel des Asklepios, ein 20 m hoher kuppelgedeckter Rundbau, in dem die Patienten reiche Opfergaben darbrachten.

Tempel des Asklepios

Zwischen dem Asklepieion und dem Bergama Çayı erstreckt sich der noch wenig erforschte Bereich der ehemaligen Römerstadt, der von Sedimenten des Bergama Çayı bedeckt und teilweise wieder überbaut ist und Reste u. a. eines Theaters, eines Athenatempels und eines Amphitheaters aufweist.

Römerstadt

Umgebung von Pergamon

Ca. 25 km westlich von Bergama entfernt liegt der gepflegte, aber gesichtslose **Badeort** Dikili, in dem vorwiegend Türken ihren Urlaub verbringen. Attraktionen des Städtchens sind der im Sommer total überfüllte Strand und die von Cafés gesäumte Uferpromenade.

Dikili

Çandarlı Auch der rund 35 km südwestlich von Bergama gelegene Badeort Çandarlı (in der gleichnamigen weiten Bucht) ist weitgehend in türkischer Hand. Die restaurierte Burg wurde im 13. Jh. von genuesischen Rittern errichtet. Im Oktober tragen im Ort kräftige Männer **Ölringkämpfe** aus.

✶✶ Perge
L 12

Landesteil: Südküste (Östliches Mittelmeer)
Höhe: 10 – 50 m ü.d.M.
Provinz: Antalya
Ortschaft: Aksu

In der Antike gehörte Perge zu den größten griechischen Städten an der anatolischen Südküste. Sein Stadion ist nicht nur das größte, sondern auch das am besten erhaltene in der Türkei.

Antiker Ort oberhalb von Antalya Die Ruinenstätte der besonders in der römischen Kaiserzeit bedeutenden antiken Stadt Perge (Pergai, Pergae) liegt in der alten Landschaft Pamphylien, 18 km nordöstlich von ▶ Antalya in der Nähe des kleinen Dorfes Aksu an und auf einem steilen Hügel am Nordwestrand der Schwemmlandebene am Aksu Çayı. Die Lage von Perge – 4 km vom Flüsschen, 12 km vom Meer – ist charakteristisch für die Siedlungsplätze der griechischen Kolonisten: auf einem in Küstennähe gelegenen und durch einen schiffbaren Fluss mit dem Meer verbundenen, steil über einer leicht kultivierbaren Ebene aufragenden Tafelberg, auf dem Raum für die Akropolis war und an den sich später meist eine Unterstadt anlehnte. Wie bei den meisten antiken Kolonialstädten der west- und südkleinasiatischen Küste wurde auch der Stadt Perge mit der langsamen Versandung des Hafens allmählich eine wesentliche Lebensgrundlage entzogen, deren Verlust bereits während der byzantinischen Zentralherrschaft zum Untergang der Stadt führte.

Geschichte Perge wird erstmals um die Mitte des 4. Jh.s v. Chr. erwähnt. Zwischen 262 und 190 v. Chr. lebte in Perge **Apollonios**, einer der größten Geometer des Altertums, von dem ein grundlegendes Werk über Kegelschnitte und Irrationale Zahlen erhalten ist. Im Jahre 188 v. Chr. wurde Perge von den Römern besetzt, welche die Stadt dem König Eumenes II. von Pergamon übergaben. In der römischen Kaiserzeit gelangte Perge zu großer Bedeutung, wie aus überlieferten Ehreninschriften für Caligula, Claudius, Trajan, Hadrian sowie Gordian I., II. und III. hervorgeht; von dieser glanzvollen Epoche der Stadt legen die erhaltenen Bauten und deren Ausschmückungen beredtes Zeugnis ab. Der Ort zählt auch zu den **ältesten Christengemeinden Kleinasiens**; der Apostel Paulus kam mit seinem Begleiter Barnabas nach seiner Flucht aus Antiochia in Pisidien hierher, und hier sprach er das **»Wort zu Perge«** (Apostelgeschichte 14,25). Zahlreiche Bischöfe aus Perge gingen in die Kirchengeschichte ein. Über das spätere Schicksal Perges, das stark schrumpfte und schließlich nur noch den Burgberg einnahm, ist wenig bekannt. Die Bewohner der durch Arabereinfälle bedrohten Stadt wanderten spätestens mit der seldschukischen Eroberung nach Antalya ab.

Besichtigung der Ruinenstätte

200 m südwestlich vor dem eigentlichen Besichtigungsgelände steht das in den Berghang hineingebaute Theater. Das im 2. Jh. n. Chr. errichtete, mit Marmor verkleidete Bauwerk umfasste in zwei Teilen 42 Ränge für etwa 14 000 Zuschauer. Ab 1920 wurde das Theater als Steinbruch benutzt. So ist das Bühnenhaus, das zur Straße hin durch ein vorgebautes Nymphaion mit zahlreichen Statuennischen verschönert wurde, bis auf das Erdgeschoss zerstört. Da der Innenbereich des Theaters momentan nicht zu betreten ist, muss der Hinweis auf die reiche Bühnendekoration mit Reliefdarstellungen aus der **Dionysos-Legende** genügen. Teile des hervorragend erhaltenen Frieses sind im Archäologischen Museum von Antalya ausgestellt.

Theater
Öffnungszeiten:
tgl. 8.00 – 18.00,
im Winter bis 17.30

Dionysos-Fries im Theater von Perge

Stadion Ebenfalls noch außerhalb des Museumsgeländes und damit auch jenseits der hellenistischen Stadtmauer wurde am damaligen Stadtrand das Stadion angelegt. Die im 2. Jh. n. Chr entstandene Wettkampfstätte ist gut erhalten Die hufeisenförmige Anlage ist 234 m lang und 34 m breit; sie bot auf den Sitzreihen 15 000 Zuschauern Platz – etwa bei den Spielen, die zu Ehren der Artemis Pergaia jährlich stattfanden. Im 3. Jh. n. Chr. wurde die Südseite des Stadions durch eine Mauer abgetrennt und als Arena für die damals beliebten **Gladiatorenkämpfe** genutzt. Unter den Galerieumgängen befinden sich dreißig Räume, die früher als Ladenlokale gedient haben.

Perge Orientierung

1 Toranlagen
2 Thermen
3 Hellenistisches Tor mit den Resten zweier Rundtürme
4 Agorá (mit Rundtempeln)
5 Kirchenreste
6 Straßenübergänge
7 Palast des Gaius Julius Cornutus
8 Nymphäum
9 Aufgang zur Akropolis
10 Tempel (der Artemis?)
11 Türkischer Friedhof

--- Einstiger Küstenverlauf

Auf der 50 m über der Ebene aufragenden **Akropolis** lag der ummauerte älteste Teil von Perge, dessen einziger Zugang sich an der Südseite des Berges befindet. Von den Akropolisbauten ist nicht mehr viel erhalten geblieben. Ob es sich bei den Ruinen im südöstlichen Teil des Burgplateaus um die Reste des berühmten, von Strabon erwähnten Artemistempels handelt, ist ungewiss. Dagegen sind die Kirchenruinen eindeutig in die spätantike, byzantinische Zeit zu datieren, als das untere Stadtgebiet unsicher war und man Schutz in der Oberstadt suchte.

Die **Unterstadt** wird im Norden vom Burgberg (Akropolis), im Westen von einer Bergrippe und im Südosten von einem lang gestreckten zweiten Tafelberg umrahmt. Sie war nach Westen, Osten und Süden von einer einst turmbewehrten Stadtmauer umgeben, deren Verlauf im Gelände noch deutlich zu erkennen ist.

Tortürme Agorá ▶ Man betritt das Ruinenfeld von der Südseite her durch ein in der römischen Kaiserzeit entstandenes Portal, wobei der Blick auf die Reste zweier Rundtürme eines weiteren Tores aus hellenistischer

Zeit fällt. Rechts davon liegt die gut erhaltene Agorá mit einem Rundtempel in der Mitte, der für die Stadtgöttin Tyche errichtet wurde. Dieser Marktplatz entstand ebenfalls zur Zeit der Römerherrschaft, die hellenistische Stadtmauer wurde an dieser Stelle überbaut. Der zwischen den beiden Toranlagen geschaffene Platz war auf der westlichen Seite mit einem monumentalen Brunnen und daran anschließend mit einem Propylon als Zugang zu den dahinter liegenden Thermen bebaut. Diese aufwändige Platzgestaltung entstand im 3. Jh., als Perge zu den **wichtigsten Städten an der Südküste** zählte. Ein Wettstreit mit Side um den Titel der »ersten Stadt« in Pamphylien ist auf Inschriften und auf Münzen belegt.

Innerhalb der runden hellenistischen Türme wurde 120 – 122. n. Chr. durch eine vornehme Dame mit dem Namen Plancia Magna, die wohl auch den Tempeldienst für das Heiligtum der Artemis versah, ein sehr dekorativ gestalteter Hof geschaffen, in dem Statuen von verdienten Bürgern sowie von Göttern aufgestellt waren. Einige dieser Statuen sind ebenfalls im Museum von Antalya zu sehen.

Etwa in der Mitte des Geländes verläuft eine 20 m breite Säulenstraße, die sich am Fuße der Akropolis in einem west-östlich gerichteten Zweig fortsetzt. Über die seitab gelegenen Ruinen ist noch wenig Genaues bekannt; an mehreren Stellen trifft man auf Reste von Thermenanlagen sowie von byzantinischen Kirchen. ◄ Säulenstraße

Freigelegt ist im nordwestlichen Teil der Unterstadt der von Gaius Iulius Cornutus dem römischen Kaiser Claudius geweihte Palast aus dem 1. Jh. n. Chr. ◄ Palast des Gaius Iulius Cornutus

Westlich, südlich und östlich der Unterstadt liegen ausgedehnte Nekropolen. In der westlichen Nekropole wurden 1946 bei einer Versuchsgrabung 35 aus dem 3. Jh. n. Chr. stammende Sarkophage mit überwiegend griechischen und einigen lateinischen Inschriften geborgen, die im Museum in Antalya zu besichtigen sind. ◄ Nekropolen

★ Priene

Landesteil: Westküste (Ägäisches Meer)
Höhe: 36 – 130 m ü.d.M.
Provinz: Aydın
Nächste Ortschaft: Güllübahçe

Priene bietet dem Besucher das unverfälschte Bild einer hellenistischen Stadt. Den Archäologen ist es zu verdanken, dass die Bauten heute nahezu wieder ihr ursprüngliches Aussehen besitzen.

Priene wurde – 15 km südwestlich von Söke und 130 km von ► Izmir entfernt – auf der Südseite des Berges Mykale (Samsun Dağı) auf einer Felsterrasse über dem Mäandertal gegründet. Überragt wird die untere Stadt von einem steil aufsteigenden Kalksteinfelsen, auf dem die »Teloneia« genannte Akropolis in etwa 370 m Höhe angelegt war. In südlicher Richtung erstreckt sich die weite Schwemm- **Typisch hellenistische Stadt**

Priene Orientierung

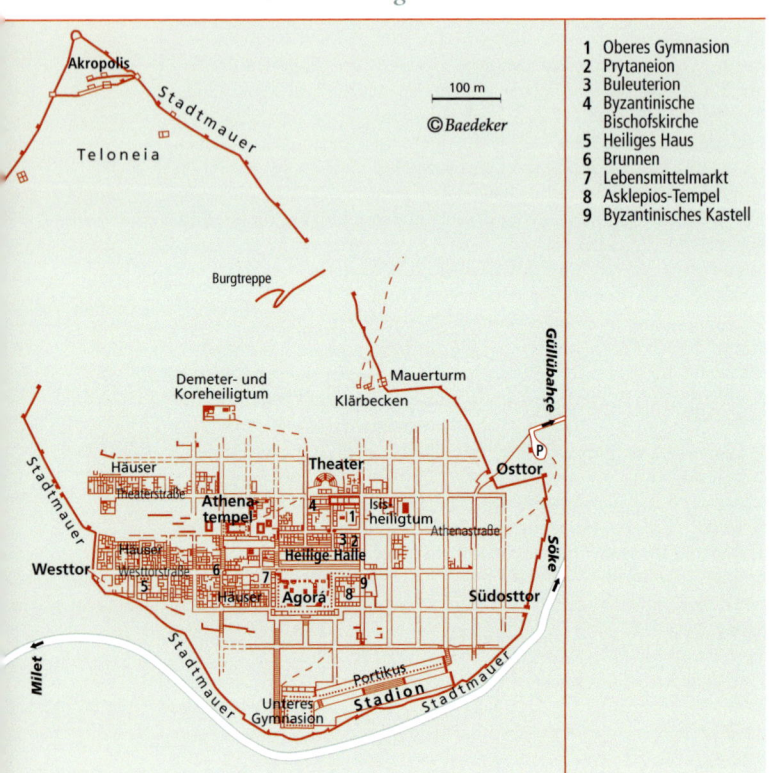

1 Oberes Gymnasion
2 Prytaneion
3 Buleuterion
4 Byzantinische Bischofskirche
5 Heiliges Haus
6 Brunnen
7 Lebensmittelmarkt
8 Asklepios-Tempel
9 Byzantinisches Kastell

landebene des Büyük Menderes (Großer Mäander), die durch Verlandung des in antiker Zeit tief ins Landesinnere greifenden Latmischen Meerbusens entstand. Wahrscheinlich ist Priene nie eine Hafenstadt gewesen. Der Zugang zum Meer und damit zum Seehandel wurde durch das nahe Naulochos gewährleistet. Athen, das mit seinem Hafen Piräus eine ähnliche Struktur aufwies, soll die Neugründung der Stadt Priene im 4. Jh. v. Chr. an dieser Stelle veranlasst haben. Priene muss von der Ebene her einen malerischen Anblick geboten haben. Auf Terrassen erhoben sich übereinander die Häuser, die Stadtmauer, das Stadion und das Gymnasion (36 m ü. d. M.), die Agorá (79 m), der Athenatempel (97 m) und das Heiligtum der Demeter (130 m); darüber ragte der Burgfelsen auf.

Geschichte Ihre Gründung führt die Stadt, die einen karischen Namen trägt, auf das Königshaus der Athener zurück. Wo genau dieses alte, ionische Priene lag, ist unbekannt; wahrscheinlich stecken die Reste tief im Schwemmland des Mäander. Auf Anweisung Athens entstand das neue Priene an der heutigen Stelle. Auch **Alexander der Große** stiftete 334 v. Chr. Geld für Baumaßnahmen und nahm dann selbst die Weihe des Haupttempels der Athena vor. Unter osmanischer Herrschaft (ab Ende des 13. Jh.s) wurde Priene bald aufgegeben.

Besichtigung der Ruinenstätte

Die schön geschichtete, 2 m starke und 6 m hohe Stadtmauer, die eine Länge von 2,5 km aufweist, zieht sich zum Burgberg empor. Vier Tore gewährten Einlass in die im Norden durch den Burgfelsen geschützte Stadt. Außer der Akropolismauer ist in der Oberstadt wenig erhalten, auch fehlen Reste des Heiligtums des Heros Telon, nach dem die Burg benannt wurde.

Stadtmauer Akropolis
Öffnungszeiten:
tgl. 8.00 – 19.00,
im Winter bis 17.00

Das Terrain der Unterstadt wurde nach dem sog. **Hippodamischen System** durch rechtwinklig sich schneidende Straßen in etwa 80 gleich große Rechtecke von ca. 35 m × 47 m geteilt. Ein Privatgebäude nahm gewöhnlich das Viertel eines Rechtecks ein. Die west-östlich verlaufenden Hauptstraßen waren 5 – 6 m breit. Zwei von ihnen führen zu den Haupttoren im Westen und Osten, eine zu einem Nebentor, das einer Quelle wegen angelegt war.

Stadtanlage

Vom Parkplatz am Ende der von Güllübahçe (Söke) kommenden Stichstraße betritt man von Osten die Ruinenstadt. Westwärts gelangt man auf einer gestuften und kanalisierten Straße hinauf zum Mittelpunkt der Stadt, zur Agorá. Der im Verhältnis zur Größe der Stadt sehr weitläufige Platz war auf drei Seiten von dorischen Säulenhallen umgeben. In der Mitte dieses Markt- und Versammlungsplatzes erhob sich ein vermutlich Hermes geweihter Altar. Im nördlichen Abschluss der Agorá erhob sich auf sieben Stufen eine zweischiffige, 116 m lange und 12,5 m breite Halle mit dorischen Außensäulen und ionischen Innensäulen. Als heilig angesehen wurde dieser um 150 v. Chr gestiftete Versammlungsort wohl, weil sich in einer der rückwärtigen Kammern die **Kultstätte für die Göttin Roma und Augustus** befand. Die Westwand ist im Berliner Pergamonmuseum wieder aufgebaut worden.

Agorá

Das **Buleuterion**, der Sitzungssaal für die Ratsversammlung, gehört zu den interessantesten und besterhaltenen Gebäuden in Priene.

Ehrenbank im Theater von Priene

Um 200 v. Chr. errichtet, weicht seine eckige Form von den in Kleinasien sonst üblichen halbrunden Buleuterien ab. Vom viereckigen Rednerplatz mit einem reliefierten Altar in der Mitte steigen auf drei Seiten Sitzstufen empor, die auf 13 Reihen für 640 Personen Platz boten.

Prytaneion

Das Prytaneion (Amtssitz des Prytanen, des städtischen Aufsichtsbeamten) gleich neben dem Ratssaal war das Amtslokal der Behörde und hatte ebenfalls große Bedeutung im politischen Leben der Polis. Um einen Hof gruppieren sich verschieden große Räume, die in römischer Zeit verändert wurden. Auf einem großen aufgemauerten Herd, dem Stadtherd, brannte das ewige Feuer.

Asklepios-Heiligtum

An die östliche Schmalseite der Agorá grenzte das Asklepios-Heiligtum, das man durch einen Propylon (Torbau) betrat. Innerhalb des Heiligtums stand ein ionischer Anten-Tempel aus dem 2. Jh. v. Chr. Der nordöstliche Bereich des Heiligtums ist von Resten eines byzantinischen Kastells aus dem 13. Jh. verdeckt.

★
Theater

Von der Wegkreuzung an der Ostecke des Prytaneinons führt ein Sträßchen nordwärts zum sehr gut erhaltenen Theater (4. Jh. v. Chr.). Trotz römischer Veränderungen hat die nur zum Teil ausgegrabene Anlage ihr griechisches Aussehen bewahrt. Die in den Hang eingebettete Cavea besitzt die für hellenistische Theaterbauten typische Form eines Hufeisens.

Oberes Gymnasion

Südlich des Theaters liegt ein älteres, in römischer Zeit umgebautes oberes Gymnasion; rechts davon dehnt sich der Bezirk der **Isis** und der ihr verwandten Gottheiten mit einem kleinen Propylon im Nordwesten, einer Säulenhalle an der Westseite und einem großen Altar aus.

Heligtum der Demeter und Kore

Vom Theater aus führt ein Pfad hinauf zum versteckt im Pinienwald liegenden Heiligtum der Demeter und ihrer Tochter Kore, einem überdachten Tempel mit zwei dorischen Säulen. Zur Ausstattung gehörten ein bankartiges Podium für die Aufstellung von Votivgaben und Opfertische.

Wasserleitung

Östlich vom Demetertempel liegen an einem Turm der Stadtmauer die Sammelbassins der Wasserleitung, in denen das Wasser auch gereinigt wurde. Das Wasser wurde vom Berg Mykale in die Stadt geführt.

★
Wohnhäuser

Westlich der Hauptkirche folgen auf dem Weg zum Athenatempel einige beachtenswerte Privathäuser, deren Entstehung bis ins 4. Jh. v. Chr. zurückreicht und die ein gutes Beispiel für das Wohnhaus der klassischen Zeit darstellen. Die Grundrisse sind bei dem schwierigen Terrain recht verschieden gestaltet. Gemeinsam ist allen ein

Alexander der Große weihte den Athenatempel von Priene.

rechteckiger Hof, in dem sich das Familienleben abspielte; daran schließt sich eine nach Süden geöffnete Vorhalle an, hinter der sich ein Saal befindet. Darum gruppieren sich eine weit geöffnete Exedra, Esszimmer, Schlafgemächer und Kammern. Ein zweites Stockwerk war des Öfteren, meist als Frauenwohnung, auf einem Teil des Unterstocks gebaut. Die Wände sind manchmal bis zu zwei Metern Höhe erhalten und bestehen auf der Straßenseite aus schönen Rusticaquadern oder verputztem Bruchsteinmauerwerk; Fenster fehlen, da das Licht über den Innenhof einfiel. Das direkt in den Hof führende Tor liegt meist in einer Nebengasse.

Folgt man der Athenastraße oberhalb von Prytaneion und Buleuterion nach Westen, gelangt man zur Terrasse des **Haupttheiligtums von Priene**. Auf einer massiven Stützmauer erhebt sich das klassische Modell für einen ionischen Peripterostempel (6 : 11 Säulen). Einer Inschrift zufolge, die sich jetzt in London befindet, wurde der durch Pytheos, den Erbauer des Mausoleums von Halikarnassos, errichtete Tempel von Alexander d. Gr. im Jahre 334 v. Chr. der Athena Polias geweiht. Das fast 7 m hohe Kultbild war der Athena Parthenos des Phidias nachgebildet.

✶ **Athenatempel**

Unmittelbar an der südlichen Stadtmauer wurden im 2. Jh. v. Chr. auf der untersten Terrasse ein Stadion und ein unteres Gymnasion angelegt. Das 191 m lange Stadion, das sich den Geländevorgaben

Stadion

anpasst und damit vom eigentlichen Stadtraster abweicht, hat nur auf der Nordseite von einem Portikus abgeschlossene Sitzreihen. Vor dem Übergang zum Gymnasion sind im Boden die eingefassten Startschranken für die Läufer erhalten.

Unteres Gymnasion
Das untere Gymnasion aus dem 2. vorchristlichen Jahrhundert liegt um einen viereckigen Hof mit Säulenhallen, hinter denen sich auf zwei Seiten Umkleide- und Wascbräume befinden. In der Mitte hinter der nördlichen, doppelten Säulenreihe geben in dem Ephebensaal unzählige Namen an den Wänden Auskunft über die Stammplätze der ehemaligen Sportler. Weiter links sind in einem schönen Raum an den Wänden Waschbecken erhalten, in die aus zierlichen Löwenköpfen Wasser lief.

★★ Sardes

F 9

Landesteil: Westanatolien (Landesinneres)
Ortschaft: Sart

Provinz: Manisa

Wer mit dem Namen Sardes nichts anzufangen weiß, kennt jedoch mit Sicherheit den Namen Krösus, das Synonym für einen sehr reichen Menschen. Sprichwörtlich berühmt war die lydische Hauptstadt für ihren Wohlstand, und ihre Bewohner trieben als Erste Tauschhandel mit Münzen. Reich war auch Krösus bzw. Kroisos (um 591/590 – um 541 v. Chr.), ihr letzter König, der auszog, um ein großes Reich zu zerstören, dabei aber auf einen überlegenen Gegner stieß, welcher nun seinerseits das lydische Imperium zerstörte.

Stadt des Krösus
Die alte lydische Hauptstadt Sardes, Stadt des Krösus, war nicht nur für ihren Reichtum, sondern auch durch ihr **Artemisheiligtum** berühmt. Die für Besucher täglich geöffnete Ruinenstätte liegt etwa 100 km östlich von Izmir bei dem kleinen Dorf Sart.

Geschichte

556 – 541 v. Chr.	Herrschaft von König Kroisos
546 v. Chr.	Perser erobern Sardes.
1402	Mongolen zerstören die Stadt.

Die Entwicklung von Sardes hängt eng mit der Entstehung des lydischen Großreiches zusammen. In der Zeit von König **Gyges** (regierte vermutlich von 680 bis 644 v. Chr.) bis **Kroisos** (um 590 bis 541 v. Chr.) blühte die Stadt auf, sowohl wegen ihrer Lage am Endpunkt eines uralten Handelsweges und des regen Orienthandels als auch

Prachtfasade des Gymnasiums von Sardes mit griechischer Inschrift

wegen der Ausbeutung der Goldablagerungen des Flusses Paktolos. Im Jahre 546 v. Chr. wurde Sardes von den Persern unter Kyros erobert und war dann bis 499 v. Chr. Residenz persischer Satrapen. Dann wurde Sardes griechisch, später fiel die Stadt an das Reich von Pergamon, danach an die Römer, unter denen sie einen neuen Aufschwung erlebte. Schon früh fand das Christentum Eingang in die Stadt, vermutlich durch den Apostel Paulus. Sardes gehörte zu den in der Offenbarung des Johannes genannten **sieben apokalyptischen Gemeinden**. Gegen Ende des 11. Jh.s kam die Stadt unter seldschukische Herrschaft. Von da an verfiel sie zusehends, bis sie 1402 schließlich von den Mongolen unter Timur-Leng in Schutt und Asche gelegt wurde.

Besichtigung der Ruinenstätte

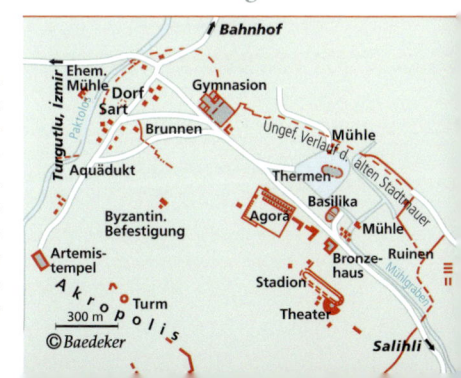

Im Bereich der lydisch-griechischen Stadt erheben sich westlich am Fuße des Akropolishügels die Reste des berühmten **Artemistempels**, der im 6. Jh. v. Chr. von König Kroisos errichtet, 498 v. Chr. von den Griechen zerstört und unter Alexander d. Gr. wieder aufgebaut wurde. Der Bau hat mit einer Abmessung von 100 m × 48 m eine außergewöhnliche Größe. Der eigentliche Tempel war in römischer Zeit durch eine Quermauer in zwei Hälften geteilt, um auch als Kultplatz für die göttliche Roma oder den vergöttlichten Augustus zu dienen.

> **! Baedeker TIPP**
>
> **Das Herrenhaus von Birgi**
> Einen Abstecher lohnt das ca. 30 km südlich gelegene Birgi (Richtung Ödemiş), ein malerisches Dorf mit osmanischen Häusern des 18. und 19. Jh.s, die zum Teil aus Naturstein und viel Holz gebaut sind. Unbedingt besuchen sollte man den Çakıraǧa Konaǧı an der Hauptstraße gegenüber dem Bachbett, ehemals das stattliche Wohnhaus eines reichen Grundbesitzers (heute Museum).

Von der **Akropolis** auf dem Burgberg ist wegen der weit fortgeschrittenen Verwitterung und Abspülung des Gesteins bis auf geringe Mauerreste nahezu nichts mehr vorhanden.

Nordöstlich vom Dorf Sart, an der Straße nach Salihli, befindet sich ein **Gymnasion** aus dem 2. Jh. n. Chr. mit einer Prunkfassade, die schon aus großer Entfernung sichtbar ist. An das Thermen-Gymnasion mit der riesigen Palästra schließt sich südlich eine Synagoge aus dem beginnenden 3. Jh. n. Chr. an. Die Handel treibenden Bürger der Stadt waren als Zugereiste zu einem großen Teil ursprünglich jüdischen Glaubens gewesen. Die Restaurierung der ehemaligen Synagoge wurde durch Spenden jüdischer Gemeinden in den USA finanziert.

Umgebung von Sardes

Tire Die Kreisstadt Tire, 90 km südwestlich von Sardes, war im Mittelalter ein wichtiger Karawanenhalteplatz. Noch heute findet man hier **fünf Karawansereien** aus der osmanischen Blütezeit: Bakır Hanı, Dellaloǧlu Hanı, Kulu Hanı, Lütfü Paşa Hanı und Savran Hanı. Das interessanteste dieser Bauwerke, einen zweistöckigen Komplex mit Arkaden-Innenhof, findet man im Süden der Bahnstation schräg gegenüber dem achtfach überkuppelten, zentralen Basarbau.

✶ Side

M 12

Landesteil: Südküste (Östliches Mittelmeer)
Höhe: 0 – 15 m ü.d.M.
Einwohnerzahl: 3000

Provinz: Antalya
Ortschaft: Side · Selimiye

Das antike Side (»Granatapfel«) bzw. der Badeort Selimiye ist das wohl größte Ferienzentrum an der Türkischen Riviera und steht insbesondere bei deutschen Urlaubern hoch im Kurs.

> Side ZIELE 355

Side / Selimiye – etwa auf halbem Weg zwischen den Städten ▶ Antalya und ▶Alanya – bietet auch Außergewöhnliches. Hier bilden antike Bauwerke die Kulissen für moderne Ferienanlagen, Restaurants, Boutiquen, Souvenirläden und Diskos sowie für ausgedehnte Sandstrände; denn das frühere Fischerdörfchen Selimiye breitet sich inmitten des von Pflanzen überwucherten und vom Dünensand verschütteten Ruinenfeldes der einst bedeutenden hellenistischen Stadt Side aus, die auf einer 300 – 400 m breiten und ca. 800 m in das Mittelmeer vorspringenden felsigen Halbinsel liegt.

Badeort in antikem Ruinenfeld

! **Baedeker** TIPP

Frisch gepresste Köstlichkeit
In der anatolische Sprache Luwisch war »Side« das Wort für »Granatapfel«. Die in der Gegend gut gedeihende Frucht wird, frisch gepresst, als Erfrischungsgetränk angeboten, das man unbedingt probieren sollte.

War Selimiye noch in den 1960er-Jahren ein verschlafenes Nest, so zählt es heute zu den **meistbesuchten Orten in der Türkei**. Die größten Besuchermagneten des Ortes sind die vielen Sehenswürdigkeiten und die schönen Sandstrände, die sich westlich von Side (bis nach Kumköy) und östlich (bis nach Titreyengöl) kilometerlang ausdehnen und an denen sich große Hotelanlagen aneinander reihen. Beide Strände sind ca. 150 m breit, sehr feinkörnig, windstill und, da sie flach abfallen, für Kinder sehr gut geeignet.

Am Küçük Plajı, dem Stadtstrand östlich des Dorfkerns, der mehr von Einheimischen bevorzugt wird, stehen sogar antike Ruinen in den Dünen, dafür sind die Bademöglichkeiten auch etwas beschei-

Side Orientierung

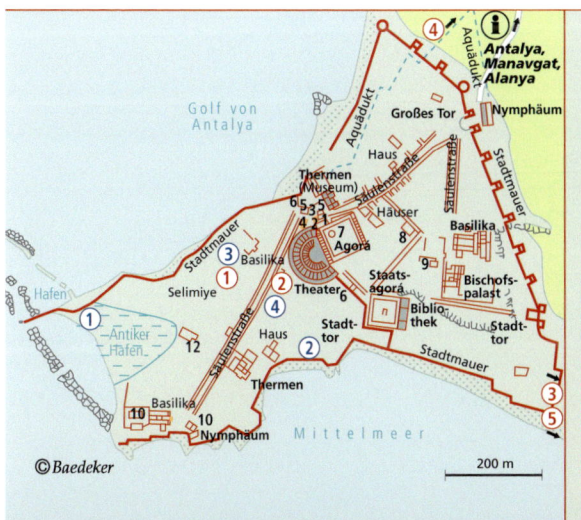

1 Brunnenhäuser
2 Vespasiandenkmal
3 Triumphbogen
4 Dionysostempel
5 Zisternen
6 Spätantike Stadtmauer
7 Rundbau
8 Byzantinisches Gebäude
9 Baptisterium
10 Tempel

Essen
① Aphrodite
② Soundwaves
③ Deutsches Steakhouse
④ Uğur Lokantası

Übernachten
① Kleopatra
② Onur Pansiyon
③ Blue Waters Resort Side
④ Pension Kassiopeia
⑤ Kaya Hotel Side

© Baedeker

SIDE UND UMGEBUNG ERLEBEN

AUSKUNFT
Side Yolu Üzeri
an der Straße nach Manavgat,
2 km vor Side / Selimiye
in der Nähe der Busstation
Tel. (02 42) 753 12 65
Fax 753 26 57
www.side-info.de

ESSEN
▶ Erschwinglich
① *Aphrodite Restaurant*
İskele Caddesi
Nettes Lokal, direkt am Hafen.
Fischspezialitäten, nicht zu teuer.

② *Soundwaves Restaurant*
Barbaros Caddesi
Altetabliertes Restaurant unter
türkisch-australischer Leitung am
Hafen. Fisch- und Steakgerichte.
Nicht ganz billig, aber stets gut
frequentiert.

③ *Deutsches Steakhouse*
Yasemin Sokak
Tel. (02 42) 753 36 14
Der Renner unter deutschen Urlaubern: deutsche Spezialitäten auf einer Terrasse mit herrlichem Blick auf das Meer.

▶ Preiswert
④ *Uğur Lokantası*
Orkide Sokak
Einfaches Lokal mit traditioneller türkischer Küche.

ÜBERNACHTEN
▶ Luxus
① *Kleopatra Hotel*
Side, Turgutreis Caddesi
Tel. (02 42) 753 10 33, Fax 753 37 88
www.hotel-kleopatra.com; 44 Z.
Sehr komfortabel, sehr guter Service – mit entsprechenden Preisen.

⑤ *Kaya Hotel Side*
Side
Titreyengöl Mevkii
Tel. (02 12) 444 52 92
www.kayatourism.com.tr; 432 Z.
Große Hotelanlage etwa 3 km östlich von Side. Sport- und Wassersportmöglichkeiten. Hamam, Sauna; Boutiquen; zwei Restaurants. Animation für Kinder, abends Unterhaltungsprogramm.

③ *Blue Waters Resort Side*
Manavgat
Tel. (02 42) 756 94 64
Fax 756 95 56
www.bluewaters.com.tr; 654 Z.
Badehotel östlich des antiken Side. Die Hälfte der Balkonzimmer hat Meerblick. Garten, drei Restaurants, Bars, Sauna, Hamam, Boutiquen, Internet-Café; zwei Pools; Fitnessraum, Sporthalle, Sportplätze und Sandstrand.

▶ Komfortabel
② *Onur Pansiyon*
Side
Sümbül Sok. No. 3
Tel. (242) 753 23 28, Fax 753 11 75
www.onur-pansiyon.com
Hierher kommen gerne Stammgäste. Helle Zimmer.

④ *Pension Kassiopeia*
Side
Yali mah. Cami Arkasi 2
Tel. u. Fax (02 42) 753 44 45
www.pension-kassiopeia.de
Gemütliche, sehr empfehlenswerte Pension, die von der deutschen Inhaberin Jutta Höfling geführt wird. Alle acht Zimmer sind mit Balkon ausgestattet – für Langschläfer wird das Frühstück gerne auch noch mittags im Garten serviert.

dener als an den großen Strandabschnitten. Und noch etwas macht den Reiz von Side aus: das quirlige Leben und die vielen Einkaufsmöglichkeiten.

Die für den Autoverkehr gesperrte Altstadt, die so klein ist, dass an keiner Stelle die Entfernung zum Meer mehr als 200 m beträgt, quillt vor Geschäften und natürlich auch Restaurants und Kneipen fast über. Bedenken sollte man allerdings beim Einkaufen, dass Side zu den teuersten Städten des Landes zählt.

7./6. Jh. v. Chr.	Ankunft griechischer Kolonisten
7./10. Jh.	Side wird aufgegeben.
1895	Türken aus Kreta lassen sich hier nieder.

Geschichte

Bereits um 1000 v. Chr. hatten sich auf dem Landvorsprung erste Siedler niedergelassen. Im 7. oder 6. Jh. v. Chr. tauchten griechische Kolonisten aus der westkleinasiatischen Stadt Kyme auf, die jedoch bald mit der einheimischen Bevölkerung verschmolzen. In römischer Zeit entwickelte sich Side zu einer bedeutenden und wohlhabenden Handelsstadt, in der zahlreiche, heute nur noch als Ruinen vorhandene repräsentative Bauten errichtet wurden. Wie in ▶Perge und anderen antiken Küstenstädten führte jedoch die Strömung an der Küste allmählich zur Versandung des Hafens und zusammen mit dem Niedergang der römischen Herrschaft letztlich zur Verödung der Stadt. Zwischen dem 7. und 10. Jh. wurde die im 1. Jh. christianisierte Stadt mit ihren Basiliken und Kirchenbauten schließlich aufgegeben.

Eine Wiederbelebung erfuhren die Ruinen von Side, als ehemals auf Kreta ansässige Türken 1895 ihre Heimatinsel verließen und sich hier eine neue Bleibe innerhalb der antiken Reste suchten.

Besichtigung der Ruinenstätte

Im Osten der Halbinsel verläuft die ursprünglich turmbewehrte hellenistische Stadtmauer. Vor dem früher mehrstöckigen nördlichen Stadttor (Großes Tor) liegt außerhalb der Stadt ein ehemals dreistöckiges, über 50 m breites Nymphaion (2. Jh. n. Chr.), zu dem von Norden ein Aquädukt (ebenfalls aus dem 2. Jh. n. Chr.) führt.

Stadtmauer

◀ Nymphaion

Am Großen Stadttor begannen zwei Kolonnadenstraßen: Die eine führte südwärts zur Basilika, einer kleineren Kirche und dem späteren Bischofspalast, die andere in südwestlicher Richtung an Peristylhäusern des 1. Jhs. v. Chr. vorbei zur Agorá und zum Theater.

Kolonnadenstraße

Nach etwa 350 m auf der älteren Südweststraße erreicht man die annähernd quadratische Agorá, die ringsum mit Arkaden (für Läden) umgeben war. Das Fundament eines kleinen korinthischen

Agorá

Rundtempels, den man wahrscheinlich der Stadt- und Schicksalsgöttin Tyche geweiht hatte, ist in der Platzmitte zu erkennen.

Agorá-Thermen

An der Nordwestseite der Agorá liegen die stattlichen sog. Agorá-Thermen, die erst relativ spät, im fünften nachchristlichen Jahrhundert, eingerichtet wurden und in denen ein **archäologisches Museum** untergebracht ist. In der Palästra und den fünf Räumen der Badeanlage werden die wertvollsten der bei den Ausgrabungen gefundenen Statuen, Reliefs, Sarkophage, Urnen u. a. ausgestellt. Folgende Ausstellungsobjekte sind besonders bemerkenswert: Im Frigidarium zwei römische Altäre, ein hethitischer Säulensockel, eine römische Sonnenuhr und ein Waffenrelief vom östlichen Stadttor. Im Durchgangsraum sind sehenswert: Mädchen- und Frauenfiguren (darunter einer Skulpturengruppe der »Drei Grazien«). Im Großen Caldarium beeindrucken ein Prunksarkophag mit umlaufendem Erotenfries, Statuen des Herakles (mit dem Apfel der Hesperiden in der Hand), des Gottes Hermes und des römischen Kaisers Licinius; im Kleinen Tepidarium: eine große Statue der Siegesgöttin Nike; im Palästra-Garten: Reliefs und Medusenhäupter (Öffnungszeiten: tgl. 8.00 – 17.00 Uhr).

Side *Agorá-Thermen*

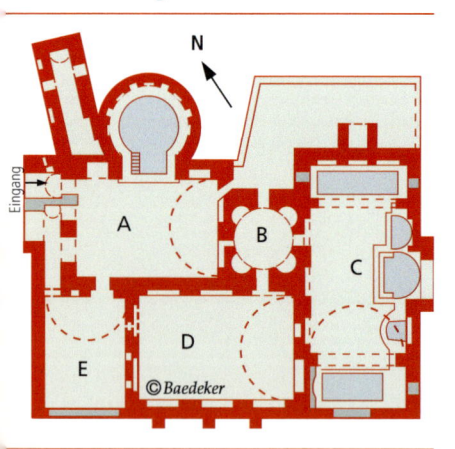

A Frigidarium (Kaltwasserbad)
B Laconicum (Dampfbad)
C Caldarium (Heißwasserbad)
D Großes Tepidarium (Warmwasserbad)
E Kleines Tepidarium (Museumsvorraum)

Südwestlich der Agorá-Thermen befinden sich ein **Triumphbogen**, ein **Denkmal für den römischen Kaiser Vespasian** und verschiedene Brunnenanlagen, u. a. der sog. **Drei-Becken-Brunnen**. Die großen Zisternen der Stadt lagen einst hinter diesen Brunnen.

An der Südwestseite der Agorá erhebt sich das mächtige **Theater** aus dem 2. Jh. n. Chr., das als das größte in Pamphylien galt und auf 49 Rängen rund 15 000 Zuschauern Platz bot. Obwohl mehrere Gewölbebögen beim Einsturz erhebliche Teile des Tribünenbaus mit sich rissen, stellt die Ruine dennoch ein sehr beeindruckendes Zeugnis römischer Baukunst dar. Das Bühnengebäude war in der unteren Zone einst mit Reliefs aus der Kaiserzeit verziert, die die Dionysoslegende wiedergaben und mit den kostbaren Marmorfiguren der Nischen eine reich gegliederte Schaufassade bildeten.

Ortschaft Selimiye

Vom Theater verlief die Fortsetzung der Kolonnadenstraße in südwestlicher Richtung quer über die Halbinsel und endete bei einem dem Mondgott Men geweihten halbkreisförmigen Tempel am Meer. Heute hingegen führt die Hauptstraße des Ortes Selimiye, die von zahlreichen Restaurants und Souvenirläden gesäumt ist, direkt auf das Hafenbecken zu. Folgt man der kleinen Promenade nach Osten, erreicht man schließlich auf der Halbinselspitze die Reste der beiden Haupttempel der antiken Stadt, die vermutlich der Athene und dem Apollon geweiht waren.

Staatsagorá Bibliothek

Östlich des Marktplatzes und ca. 200 m südöstlich vom Theater befindet sich die sog. Staatsagorá, die nach dem Rückzug der Bewohner und der Verkleinerung der Stadt ebenfalls außerhalb der Mauern verblieb. Ihre Ostseite erfüllt ein mächtiger, einst zweistöckiger Bau, dessen drei Räume man als Bibliothek deutet.

Byzantinische Kirchenbauten

Im Bereich zwischen Staatsagorá und östlicher Stadtmauer liegen die umfangreichen Ruinen des Bischofspalastes, der Hauptbasilika und eines Baptisteriums. Diese frühchristlichen Bauten aus byzantinischer Zeit waren zwischen dem 5. und dem 10. Jh. entstanden.

Auch abends herrscht auf der Shoppingmeile von Side reges Treiben.

Umgebung von Side

Manavgat

Ein lohnender Ausflug führt von Side 8 km nordöstlich in das etwas landeinwärts gelegene Städtchen Manavgat. Durch den anhaltenden Touristenstrom, der Side Jahr für Jahr heimsucht, hat Manavgat als eigentlich unbedeutender kleiner Ort profitiert, wie auch schon andere Dörfchen, die im Dunstkreis von Touristenattraktionen einen gewissen Aufschwung erlebten. Die Innenstadt des am gleichnamigen wasserreichen Fluss gelegenen Ortes wurde verschönert und zu einer Fußgängerzone mit Souvenirläden und Boutiquen ausgebaut. Manavgat bietet heute den Urlaubsgästen, die vor den Menschenmassen in Side fliehen möchten, eine ruhige Alternative für Einkäufe und Unterhaltung.

> ! **Baedeker TIPP**
>
> **Smaragdgrüne Stauseen**
>
> Ein schönes Ausflugsziel sind die beiden Stauseen rund 20 km nördlich von Manavgat. Beeindruckend ist die hohe Staumauer des smaragdgrünen Oymapınar Barajı. Es gibt einige Uferrestaurants, und Bootsfahrten werden angeboten.

Manavgat Wasserfälle ▶

Der in den Seytanbergen des Taurus entspringende Fluss bildet 5 km oberhalb von Manavgat Wasserfälle (Manavgat Şelalesi). Im Areal eines Gartenlokals kann man auf Wegen und Stegen bis unmittelbar zwischen die Kaskaden des Büyük Şelale, des größeren der beiden Wasserfälle, gelangen.

Seleukeia

Rund 16 km nördlich von Manavgat liegen die in einem Pinienwald versteckten, recht gut erhaltenen und wenig besuchten Ruinen einer Seleukeia genannten **antiken Stadt** (es gibt noch weitere Orte mit

Bei Deutschen sehr beliebt: Strand von Side

Gelegenheit zum Verweilen an einem der beiden Manavgat-Wasserfälle

dem Namen Seleukeia an den Küsten der Türkei). U. a. entdeckt man hier eine Agorá, eine zweistöckige Fassade eines Marktgebäudes und eine Badeanlage, die aus fünf überwölbten Räumen besteht. Auf dem Weg nach Seleukeia sollte man einen Abstecher zum **Oymapınar-Stausee** machen – allein wegen der atemberaubenden Aussicht von der Staumauer auf die Umgebung.

Silifke

R 13

Landesteil: Südküste (Östliches Mittelmeer)
Höhe: 50 m ü.d.M.

Provinz: Mersin
Einwohnerzahl: 50 300

Das ruhige Provinzstädtchen Silifke ist den Türken vor allem durch ein Volkslied bekannt, das von dem guten Joghurt dieser Stadt schwärmt (»Joghurt aus Silifke, ach wer hat dich geboren...«). Die für ihre Trachten und Tänze berühmte Stadt ist Austragungsort des alljährlich im Mai stattfindenden Internationalen Folklorefestivals.

Silifke liegt zwischen ▶Alanya und ▶Tarsus ca. 10 km vom Mittelmeer entfernt in der Schwemmlandschaft des Göksu Nehri. Aufgrund der kontinuierlichen Besiedlung der Stadt sind aus der Antike relativ wenige Spuren erhalten geblieben. Das Theater und das Sta-

Stadt der Trachten, Tänze und des Joghurts

SILIFKE ERLEBEN

AUSKUNFT
Göksü Mah. Gürten
Bozbey Cad. 6
Tel. (03 24) 714 11 51
Fax 714 53 28

ESSEN

▶ **Erschwinglich**
Kale Restaurant
Kalenin Yanı
Das Lokal liegt auf dem Hügel neben der Burg und bietet zur traditionellen türkischen Küche einen wunderschönen Blick über Silifke.

ÜBERNACHTEN

▶ **Komfortabel**
Mia Resorts Pinepark Holiday Club
Yeşilovacık 4
Tel. (03 24) 747 55 18, Fax 747 50 66
www.miaresorts.com; 68 Z.
Ferienanlage in einer schönen Bucht beim Ort Yeşilovakık, etwa 40 km westlich von Silifke, mit drei Restaurants, Bars am Swimmingpool und am Strand, einem Mini-Zoo und vielen Sportmöglichkeiten (Tennis, Fußball, Basketball, Surfen, Tauchen und Kanufahren).

---

dion dienten den Bewohnern als Quelle für neues Baumaterial, von den prächtigen Tempeln ist nichts mehr übrig geblieben. Von den drei Brücken über den Göksu stammt diejenige in der Stadtmitte ursprünglich aus dem 1. Jh. n. Chr. Der Wiederaufbau im Jahr 1875 und Restaurierungen im 20. Jh. haben das einstige Aussehen der Brücke allerdings stark beeinträchtigt. Es sind auch nicht Bauwerke aus vergangenen Zeiten, die einen Besuch von Silifke lohnenswert machen – der Reiz der Stadt, die kaum auf Tourismus eingestellt ist, basiert auf dem traditionellen türkischen Leben im Zentrum, auf der Geschäftigkeit im Basarviertel, in dem man auf malerische Häuser und Geschäfte trifft.

Geschichte Silifke wurde als Seleukeia Tracheia von Seleukos Nikator (um 358–281 v. Chr.) gegründet. In erster Linie zum Stützpunkt gegen die gefährlichen Taurosstämme bestimmt, entwickelte sich der Ort mit seinen berühmten Tempeln für Apollon und Athena in der römischen Kaiserzeit zu einer wichtigen Handelsstadt. Die spätere christliche Stadt Seleukeia erlebte viele Belagerungen durch die Sarazenen und wurde erneut als Bollwerk gegen feindliche Völker ausgebaut. Im 15. Jh. eroberten die Osmanen die Stadt.

Sehenswertes in Silifke

Camardesium Über der Stadt erhebt sich die alte Akropolis, die seit dem Mittelalter durch eine Burganlage gekrönt ist. Camardesium nannte man die **Kreuzfahrerfestung**, deren Ursprünge in die Zeit der byzantinisch-arabischen Kriege vom 7. bis 10. Jh. zurückgehen und die später Hauptsitz eines türkischen Fürstengeschlechts wurde.

Am Fuß des Burgberges wurde eine aus dem Felsen geschlagene byzantinische **Zisterne** entdeckt (Tekiranbarı Sarnıcı), die – 45 m lang, 23 m breit und 15 m tief – durch eine Wendeltreppe zugänglich ist.

Das kleine **Archäologische und Ethnografische Museum** an der Straße nach Antalya, an der Verlängerung der Inönü Caddesi, zeigt eine Münzsammlung aus der Antike, römische Skulpturen, Keramikarbeiten aus unterschiedlichen Epochen sowie Webwaren und Trachten (Öffnungszeiten: Di. bis So. 9.00 – 17.00 Uhr).

Umgebung von Silifke

Geeignete **Badestrände** in der Umgebung von Silifke findet man in Boğsak (20 km westlich) und **Susanoğlu** (vor einiger Zeit in Atakent umbenannt; 15 km südlich).

Silifke wird von einer Burg bewacht.

Atakent bietet einen weiten feinsandigen, allerdings auch mit 10-stöckigen Häusern verbauten Strand. Der feine Sandstrand von **Boğsak** in der Bucht von Taşucu (Boğsak Körfezi) ist im Sommer sehr überlaufen. Auch im nordöstlich benachbarten Hafenstädtchen **Taşucu**, in dem die Fähren nach Zypern ablegen, gibt es einen schönen Strand; allerdings ist das Wasser durch die umliegende Industrie stark verschmutzt.

Der wasserreiche Göksu Nehri (»Blaues Wasser«) entspringt an den Hängen des mächtigen Ak Dağı und erlangte eine gewisse Berühmtheit als der Fluss, in dem am 10. Juni 1190 **Kaiser Friedrich I. Barbarossa** während des Dritten Kreuzzuges ertrank; an der Straße oberhalb des Flusses (Silifke – Karaman / Konya) wurde auf Betreiben der Deutschen Botschaft in Ankara im Jahr 1971 ein Gedenkstein errichtet (▶Baedeker Special, S. 366).

Göksu Nehri (Saleph)

Etwas mehr als eine halbe Stunde südlich von Silifke liegt – mit der Stadt durch einen in den weichen Fels gehauenen Treppenweg verbunden – auf der nach Osten vorspringenden Höhe Meriamlık einer der meistbesuchten **Wallfahrtsorte der frühchristlichen Zeit**. Die hl. Thekla, Schülerin des Apostels Paulus, soll hier in einer Höhle gewohnt haben und vor ihren Verfolgern in der Erde verschwunden

Meriamlık (Aya Tekla)

sein. Von den zahlreichen Kirchen, Klöstern und zugehörigen Bauten steht nur noch die Apsis der großen Säulenbasilika am Südende des Plateaus aufrecht. Unter dem Bau daneben erstrecken sich die im 2. Jh. zu einer dreischiffigen Krypta ausgebauten heiligen Höhlen, die heute noch ein Wallfahrtsziel darstellen.

Demirçili

Etwa 7 km nördlich von Silifke passiert man am Weg nach Uzuncaburç eine Nekropole mit gut erhaltenen **Tempelgräbern** des 2. und 3. Jh.s. Inschriften am Tympanon (Tempelgiebel) oder Figuren der Giebelfront geben Auskunft über die Verstorbenen, die mit großer Wahrscheinlichkeit der wohlhabenderen Gesellschaftsschicht von Seleukeia (Silifke) zuzurechnen sind.

Olba, Diocaesarea

Etwa 30 km nördlich von Silifke liegt östlich der Landstraße nach Kırobası auf dem hügeligen Hochland des südlichen Taurus in etwa 1100 m Höhe der Sitz eines ehemaligen Priesterfürstentums des 2. und 3. Jhs. v. Chr. mit dem Namen Olba. Bekannt war die Stadt für ihren **Zeus-Tempel**, der in einiger Entfernung außerhalb der Stadt stand und zu dem eine heute noch erkennbare Straße von Olba aus führte. Im 1. Jh. n. Chr. wurde die Tempel-Stätte, neben der sich im Laufe der Zeit eine Siedlung gebildet hatte, zur Stadt erhoben und erhielt den Namen Diocaesarea.

Die zwei unabhängigen Städte entwickelten sich in byzantinischer Zeit zu Bischofssitzen. Während Diocaesarea heute ein sehenswertes antikes Städtchen mit einer neuzeitlichen Besiedlung zwischen den Ruinen ist, bietet Olba außer einigen baulichen Relikten, die schwer zu identifizieren sind, nicht viel.

★ Korykische Grotten

Von Narlıkuyu führt eine Abzweigung (2 km) bergauf zu den türkisch Cennet ve Cehennem (**»Himmel und Hölle«**) genannten zwei Korykischen Grotten mit einer Marienkapellen-Ruine tief unten in der Himmelsgrotte. Die zwei riesigen Einsturzdolinen (Obruk) liegen über einem **Höhlensystem** mit einem unterirdischen Gewässer, das unterhalb, in der Bucht von Narlıkuyu, wieder als Karstquelle austritt (bei ruhiger See auf der Wasserfläche erkennbar). Während die runde »Hölle« (Cehennem, 75 m weiter östlich, 120 m tief) nicht zugänglich ist, führt in die größere, täglich von Sonnenaufgang bis Sonnenuntergang geöffnete Cennet-Höhle (135 m tief, 100 m breit, 550 m lang) ein Stufenweg. Die zunächst offene Senke des »Himmels« (250 m lang) geht im unteren und hinteren Teil in eine echte Höhle (Typhonshöhle, 300 m lang, bis zu 75 m hoch) über. An ihrem Rand steht eine **Marienkapelle** aus dem 5. Jh., die

Sportliche Naturen können zur mächtigen Ruine der Inselburg Kizkalesi auch hinüberschwimmen.

den Eingang zur Unterwelt beschützt, in dem angeblich das Ungeheuer Typhon mit 100 Drachenköpfen und Schlangenfüßen hauste.

Etwa 4 km nordöstlich von Narlıkuyu erhebt sich die mächtige Ruine der Landburg der antiken Stadt Korykos gegenüber der malerischen Inselburg Kızkalesi (»**Mädchenschloss**«). Die befestigte Insel dürfte im Mittelalter eine der berüchtigtsten Korsarenburgen der Mittelmeerküste gewesen sein. Der heutige Name hängt mit einer Sage zusammen: Einem Sultan soll durch eine Weissagung verkündet worden sein, dass seine Tochter einen tödlichen Schlangenbiss erleiden würde. Zu ihrem Schutz habe er auf der Insel das Schloss erbauen und zur Abwehr mit vielen Mauern umgeben lassen. Doch als er selbst seiner Tochter einen Korb schöner Früchte schickte, habe eine darin verborgene Schlange sie getötet. Die imposante Inselburg kann mit einem Boot besucht werden. Man kann auch zur Festung hinüberschwimmen, denn vor Kızkalesi erstreckt sich einer der schönsten Sandstrände im östlichen Mittelmeer, der an heißen Tagen verständlicherweise vollkommen überlaufen ist.

★ **Korykos Kızkalesi**

Etwa 40 km nordöstlich von Silifke biegt eine Zufahrt links zur etwa 3 km entfernten **Ruinenstätte** des 1852 wieder entdeckten antiken Kanytelleis ab. Sie liegt um einen tiefen Felskessel, in den man über einen schmalen Pfad hinuntersteigen kann. Der Ort besaß starke Befestigungen und zahlreiche Profan- und Sakralbauten, von denen

★ **Kanlıdivane**

◀ weiter auf S. 368

Der 1971 aufgestellte Gedenkstein für Kaiser Barbarossa an der Straße oberhalb des Göksu-Flusses

TOD IN DEN FLUTEN

Im Jahr 1190 verstarb unerwartet Friedrich Barbarossa während des Dritten Kreuzzuges auf dem Weg ins Heilige Land. Über die Todesursache in den Fluten des Saleph (Göksu) waren sich die mitreisenden Chronisten uneinig. An drei unterschiedlichen Stellen wurden die sterblichen Überreste des Kaisers, nach dessen Ableben sich das Kreuzfahrerheer auflöste, bestattet. Doch nur in der Nähe seines Todesortes gibt es einen Gedenkstein.

Am 10. Juni 1190, einem Sonntag, stand ein deutsches Heer rund 8 km vor **Seleukia**, der heutigen Stadt Silifke an der östlichen Mittelmeerküste. Es war ein Kreuzfahrerheer, das mit etwa 15 000 Mann, darunter 3000 Rittern, am 11. Mai 1189 in Regensburg aufgebrochen war, um die christliche Herrschaft am Heiligen Grab wiederzuerrichten und vor allem die Städte Jerusalem und Akkon, die der muslimische Sultan Saladin 1187 in seine Gewalt gebracht hatte, zurückzuerobern. Knapp sechs Wochen hatten die Kreuzfahrer nach der Überfahrt auf den asiatischen Kontinent am Eingang der Dardanellen bei Gallipoli (heute Gelibolu) für ihren **strapaziösen Gewaltmarsch** durch die westliche Türkei benötigt. Angeführt wurde die Streitmacht von einem Mann, der dem Ritter- und Herrscherideal jener Zeit sehr nahe kam: von dem 67-jährigen deutschen König und römischen Kaiser Friedrich I. (1122 – 1190), der später wegen seines rötlichen Vollbarts den Beinamen Barbarossa (Rotbart) erhalten sollte.

»Er kam elend um«

An diesem Tag setzte die Hitze schon sehr früh ein. Das Heer hatte einen beschwerlichen Abstieg zur Küste vor sich, und nach und nach löste es sich in mehrere Abteilungen auf. »Als wir weitermarschierten... zogen wir zum Saleph (Göksu)... Der Herr Kaiser überschritt auf einer Abkürzung in den Tälern der Berge ein reißendes Wasser, das ihn heil an das andere Ufer ließ. Nach den unendlichen und unerträglichen Strapazen... hielt er ein Mahl. Als er dann in diesem Wasser baden wollte und es zur Erfrischung durchschwamm, versank er bei einem beklagenswerten Unfall durch Gottes verborgenen Ratschluss«, schrieb später einer der drei Teilnehmer des Kreuzfahrerheeres, die Berichte vom Dritten Kreuzzug (1189 – 1192) hinterließen.

Bis heute bleibt die Todesursache des Stauferkaisers ungeklärt. Ertrank er oder erlag er einem Herzversagen? Es ist davon auszugehen, dass der Göksu bei dem tragischen Vorfall wenig Wasser führte. Der Kölner Chronist und die übrigen Chronisten verweisen ja auf die anhaltende Hitze, was eher gegen einen hohen Wasserpegel spricht. Vermutlich starb Friedrich I. an einem Herzschlag beim Baden.

Das Heer löst sich auf

Der unerwartete Tod des Kaisers läutete das Ende des Dritten Kreuzzuges ein. Viele Mitstreiter hatten sich mehr dem Kaiser als der Kreuzzugsidee verpflichtet gefühlt; kurz nach seinem Ableben machten sich die ersten Kreuzfahrer auf den Heimweg. Von denen, die unter dem Oberbefehl von Barbarossas Sohn, Herzog Friedrich von Schwaben, noch weitermarschierten, wurden viele durch **Seuchen** dahingerafft; nur ein paar hundert Deutsche konnten sich bis zu der vom muslimischen Widersacher Sultan Saladin besetzten Stadt Akkon (im heutigen Nordisrael), dem eigentlichen Ziel des Kreuzzuges, durchschlagen.

Dreifach bestattet

Im Mittelalter war es Brauch, dass bedeutende Persönlichkeiten an unterschiedlichen Orten teilbestattet wurden: Das Herz seines Vaters ließ Herzog Friedrich in der Kathedrale von Tarsus beisetzen; das Fleisch, durch Kochen vom Skelett gelöst, bestattete man in der Kathedrale von Antiochia (Antakya); die Gebeine wurden im heutigen libanesischen Tyrus zu Grabe getragen. Doch in der Moschee von Tarsus, die später an die Stelle der Kathedrale gesetzt wurde, erinnert heute nichts an Friedrich Barbarossa; die Kathedrale von Antiochia fiel bald der Zerstörung anheim; und auf den Ruinen von Tyrus wurde eine neue Stadt errichtet, unter der irgendwo die **Gebeine des Stauferkaisers** ruhen. Seit 1971 erinnert aber ein schlichter, von der deutschen Botschaft in Ankara aufgestellter Gedenkstein in der Nähe des Todesortes an das Ableben des deutschen Kaisers. Die Inschrifttafel, laut der dieser ertrank, als er »an der Spitze seines Heeres auf dem Weg nach Palästina« war, befindet sich oben an der Staatsstraße zwischen Karaman und Silifke. Von hier aus erreicht man nach ca. 15 Min. Fußweg das Ufer des Flusses bzw. die Stelle, wo, wie der deutsche Historiker und Diplomat Ekkehard Eickhoff nach gründlichen Recherchen herausgefunden hat, Friedrich Barbarossa wohl gestorben war.

Quellenzitat aus: Peter Milger, Die Kreuzzüge (Bertelsmann, 1988)

noch ansehnliche Ruinen stehen. Dazu zählen fünf alte Kirchen, darunter zwei größere Basiliken (8./9. Jh.). An der Südseite fällt ein kräftiger hellenistischer Turm auf, den man um 200 v. Chr. zu Ehren von Zeus erbauen ließ. Der Ort war noch bis vor einigen Jahrzehnten von **Yürüken** (Nomaden oder Halbnomaden) bewohnt, deren einfache Dorfbauten einschließlich eines Friedhofs man innerhalb der Ruinen überall findet.

Tarsus

Landesteil: Südküste (Östliches Mittelmeer)
Höhe: 0 – 15 m ü.d.M.

Provinz: Mersin
Einwohnerzahl: 228 000

In Tarsus verliebten sich Kleopatra und Antonius ineinander, und hier wurde der Apostel Paulus geboren.

Geburtsort von Apostel Paulus

Von der einstigen Bedeutung des alten Ortes, der seinen Namen Tarsos seit der Antike fast unverändert behalten hat, ist heute nicht mehr viel zu spüren. Ihre Lage am Südausgang der verkehrswichtigen, seit alters berühmten Kilikischen Pforte wie auch ehemals an einer Lagune der Mittelmeerküste gaben der Stadt ihre Bedeutung. Doch der einst so wichtige Hafen wurde durch die Schwemmmassen benachbarter Flüsse völlig unbrauchbar. Inzwischen ist die Lagune gänzlich versumpft und die Küste weiter vorgerückt, das unangenehme schwül-heiße Klima hat lediglich Vorteile für die **Landwirtschaft**, von der die Stadt heute hauptsächlich lebt. So ist Tarsus in erster Linie Marktort und Umschlagplatz der Anbauprodukte in der Ebene (v. a. Baumwolle). Dem Fremden hat die wenig charmante Stadt kaum etwas zu bieten, da keine größeren Sehenswürdigkeiten mehr vorhanden sind..

Geschichte

3. Jt. v. Chr.	Stadt erhält Mauerring.
64 v. Chr.	römische Provinzhauptstadt Kilikiens
um 10 n. Chr.	Apostel Paulus wird geboren.

Grabungen auf dem Gözlükule legten Siedlungsschichten frei, die von der Zeit um 5000 v. Chr. bis zur römischen Epoche reichen. Im dritten vorchristlichen Jahrtausend war die Stadt erstmals ummauert, und in der hethitischen Blütezeit bildete sie einen wichtigen Handelsstützpunkt. 64 v. Chr. wurde Tarsus zur römischen Provinzhauptstadt Kilikiens. In der Kaiserzeit besaß der Ort einen bedeutenden Hafen, in dem **Antonius** die äyptische Herrscherin **Kleopatra** 41 v. Chr. empfing, was der Beginn einer großen Liebe wer-

TARSUS ERLEBEN

ÜBERNACHTEN

▶ **Komfortabel**
Mersin Hotel Tarsus
Kemalpaşa Mah.
Şelale Mevkii
Tel. (03 24) 614 06 00
Fax 614 00 33; 50 Z.
Sympathisches Hotel in der Nähe des Tarsus-Wasserfalls mit Sporthalle, Sauna, Swimmingpool, Massageraum sowie drei Restaurants. An Wochenenden werden Hochzeiten und andere Festivitäten gefeiert.

▶ **Günstig**
Hotel Zorbaz
Eski Belediye Karşışı
Tel. (03 24) 622 21 66
50 Z.
Billige und akzeptable Unterkunft. Wegen des Straßenlärms sollte man ein Zimmer nach hinten nehmen.

den sollte, die Oktavian, der spätere Kaiser Augustus und Antonius´ politischer Widersacher, schließlich beendete. Die Universität (besonders die Philosophenschule) wetteiferte mit den Bildungszentren Athen und Alexandria. Der **Apostel Paulus**, der wohl berühmteste Sohn der Stadt, wurde im ersten nachchristlichen Jahrzehnt als Sohn eines Zeltmachers geboren. Trotzdem fand das Christentum hier erst im ausgehenden 4. Jh. n. Chr. größere Verbreitung. Mit der Eroberung der Stadt durch die Osmanen 1515 nahm die politische Geschichte des Ortes ein Ende. Seither besteht Tarsus ohne seine wichtigen Funktionen als Gebietshauptstadt und Hafenstadt nur noch als relativ unbedeutende Stadt weiter.

Sehenswertes in Tarsus und Umgebung

Von den großen Bauten aus dem Altertum, besonders aus der Blütezeit der Stadt in den ersten nachchristlichen Jahrhunderten, ist so gut wie nichts mehr erhalten. Die antike Stadt liegt 6 – 7 m tief unter dem Schwemmland des Tarsus Çayı begraben. Ausgrabungen wurden bisher nur in geringem Maße vorgenommen. Ein noch aus römischer Zeit stammendes Stadttor auf einer Verkehrsinsel der Landstraße zwischen Adana und Mersin wird als **Kleopatra-Tor** bezeichnet, das zum Andenken an den Besuch der ägyptischen Pharaonin in Tarsus errichtet wurde.

Beim Bau des Gerichtsgebäudes in der Atatürk Cad. kam 1948 ein Fußbodenmosaik ans Tageslicht, das in das Mosaikenmuseum von Antakya gebracht wurde. Bei 1998 begonnenen Restaurierungsarbeiten an zwei wichtigen Straßen der Stadt, am **Paulus-Brunnen** und der ehemaligen **Pauluskirche** (heute Eski Cami) wurden Teile der antiken und mittelalterlichen Stadt freigelegt. In der Nähe des Paulus-Hauses mit dem oben erwähnten Brunnen grub man außerdem einen römischen Straßenabschnitt mit Resten von Wohnhäusern

Tarsus

Das Kleopatra-Tor in Tarsus – erbaut zum Andenken an den Besuch der ägyptischen Pharaonin während der römischen Kaiserzeit

aus. Im Südosten der heutigen Stadt fand man die Reste einer **Stoá** (Säulenhalle) und eines römischen Theaters. Am Markt steht vermutlich an der Stelle der ehemaligen Kathedrale Hagia Sophia die **Ulu Cami** (Große Moschee) aus dem Jahre 1385 mit einer Türbe und Medrese aus dem 15. Jahrhundert.

Nahe der Stadt ragt am rechten Ufer des Tarsus Çayı die 5–6 m hohe, mächtige Ruine des Dönek Taş empor, nach dem sagenhaften Gründer von Tarsus **Grab des Sardanapal** genannt, vermutlich der Unterbau eines gewaltigen Tempels (108 m × 52 m; 10:21 Säulen) aus der römischen Kaiserzeit.

Wasserfall ▶ Bei dem als Ausflugsziel beliebten Wasserfall (Şkelale) des Tarsus Çayı, etwa 20 Minuten oberhalb der Stadt, liegt die Stelle, wo **Alexander der Große** im Jahr 333 v. Chr. ein Bad nahm und sich dabei wohl ein heimtückisches Fieber holte, das zwei Monate anhielt.

★
Kilikische Tore Gut 50 km nördlich von Tarsus verengt sich das Flusstal des Tarsus Çayı zum Engpass Gülek Bogazı (1050 m ü. d. M.), der die berühmten Kilikischen Tore (Kilikische Pforte; lateinisch Pylae Ciliciae) bildet, eine **Felsschlucht** von einigen hundert Metern Höhe und kaum 20 m Breite, durch die der Fluss strömt. Die antike Straße, die oft in der Weltgeschichte eine Rolle gespielt hat und u. a. von Semiramis, Xerxes, Dareios, Kyros dem Jüngeren, Alexander dem Großen, Harun al-Raschid und Gottfried von Bouillon benutzt wurde, verlief teilweise auf Balken vorgebaut an der östlichen Felswand entlang, während eine neuzeitliche Straße in die westliche Felswand gesprengt ist; die in jüngerer Zeit entstandene Fernstraße umgeht die Schlucht unweit östlich. Gleich südlich hinter den »Toren« erhebt sich der burgartige Fels Gülek Kale Dağı, 600 m höher gekrönt von der Ruine der alten **Burg Assa Kaliba**.

Troia

Landesteil: Westküste (Ägäisches Meer)
Höhe: 8 – 40 m ü.d.M.
Provinz: Çanakkale
Ort: Tevfikiye, Hisarlık

Im 19. Jahrhundert von dem Archäologie-Pionier Heinrich Schliemann entdeckt, hat Troia – eine der weltweit berühmtesten antiken Stätten – auch nach fast 150 Jahren Ausgrabungsgeschichte noch längst nicht alle seine Geheimnisse preisgegeben.

Troia – herkömmlich Troja, türkisch **Hisarlık** (Siedlungshügel mit Burg), altgriechisch Ilios oder Ilion, lateinisch Ilium –, die Ausgrabungsstätte des durch **Homers »Ilias«** berühmt gewordenen Hauptortes der alten Landschaft Troas, liegt unweit südlich der Mündung der Dardanellen in das Ägäische Meer auf einem heute etwa 35 m hohen Hügel. Dieser bildet den keilförmigen Ausläufer eines sich nach Osten hin verbreiternden Hügellandes, das steil zur Aufschüttungsebene des Küçük Menderes, des Skamandros der Griechen, und des Dümrek Çayı (Simoeis) abfällt.

Homers Ilion

Der aus der Schwemmlandebene herausragende Sporn gab einen strategisch günstigen Standort für die Anlage einer Burg ab, da seine Entfernung vom Meer vor Überraschungsangriffen Schutz bot, andererseits eine Kontrolle der Dardanelleneinfahrt ermöglichte. Auf dem Hügel stand im 2. Jt. v. Chr. die Akropolis, während sich die Stadt nach den neuesten Grabungsergebnissen nach Süden hin auf dem plateauartigen Gelände ausbreitete. Diese Lage verhalf der Stadt schon frühzeitig zur Blüte, war aber auch die eigentliche Ursache immer neuer Angriffe und Zerstörungen, so dass heute keinerlei aufragende Gebäude, sondern nur freigelegte Siedlungsschichten zu sehen sind. Ende 1996 ließ die türkische Regierung Troia zum »Historischen Nationalpark« erklären. Seit 1998 befindet sich die grandiose Ausgrabungsstätte nun auch auf der **Unesco**-Liste des Weltkulturerbes.

3. Jt. v. Chr.	Erste Siedlung	*Geschichte*
1800 – 1250 V. Chr.	Homerisches Troia	
ab 14. Jh. n. Chr.	Troia verödet.	
ab 1868	Grabungen durch Heinrich Schliemann	
1998	UNESCO-Weltkulturerbe	

Wie ungebrochen das Epos vom Kampf um Troia immer noch ist, zeigt der 200 Mio. US-Dollar teure Hollywood-Film **»Troja«** (2004) des deutschen Regisseurs Wolfgang Petersen. Der Film – mit Brad Pitt als Achilles in der Hauptrolle – eroberte in den Vereinigten Staaten am Startwochenende die Spitze der US-Kinocharts, auch in

»Kampf um Troia«

Deutschland war der Streifen ein Riesenerfolg. Doch auch die Wissenschaft interessiert sich zunehmend für Homers »Ilias«, in der erzählt wird, wie 100 000 Soldaten Griechenlands die Festung Troia bestürmten. Beschreibt das älteste Stück Weltliteratur etwa doch, wie lange Zeit bezweifelt, wahre Vorkommnisse? Immer mehr Ausgrabungsfunde u. a. in Troia und Hattuşaş deuten darauf hin, dass um 1190 v. Chr., am Ende der Bronzezeit, ein großer Schlagabtausch stattfand – zwischen Orient und Europa, zwischen Anatolien und Attika. Zu dieser Zeit war Troia wohl ein Vasall des mächtigen, über Anatolien herrschenden **Hethiterreiches**, bis die Griechen kamen, die plündernd über Kleinasien herfielen. Die Folge: Hattuşaş, die Hethiterhauptstadt, verschwand von der Bildfläche, und das Altertum fiel in ein dunkles Zeitalter, das die Fähigkeit zu schreiben verlor. Erst 400 Jahre später, im 8. Jh. v. Chr., wurde der Kampf um Troia erstmals niedergeschrieben. Bei **Homer**, dessen Aufzeichnungen auf mündlich überliefertem Wissen beruhen, geschieht das Gemetzel allerdings, um eine schöne Frau – Helena – zu gewinnen. Der in Smyrna, dem heutigen Izmir, geborene Dichter hatte keine andere Wahl: Seine Zeitgenossen – mittlerweile in Kleinasien lebende Griechen – hätten mit Sicherheit nicht gern gehört, dass die eigenen Ahnen einst marodierend und mordend ins Land eingefallen waren.

Das Trojanische Pferd am Eingang des Ausgrabungsgeländes

Troias Perioden

Troia I
10 Schichten
(3000 – 2500
v. Chr.) ▶

Aus den Grabungen geht hervor, dass auf dem Hügel Hisarlık vor ca. 5000 Jahren eine befestigte Ansiedlung aus großen, langen Häusern bestanden hat. Diese Siedlung, die einen Durchmesser von etwa 90 m hatte, fiel einem Feuer zum Opfer. Die Stadtmauer ist in gutem Zustand erhalten, von den Häusern existieren jedoch nur noch Bruchstücke.

Troia II
7 Schichten
(2500 – 2400
v. Chr.) ▶

Um die Mitte des dritten vorchristlichen Jahrtausends wurde die Anlage von Troia I nach Südwesten erweitert. Die 8000 m² umfassende Siedlung war von einer Befestigungsmauer umgeben, die dreimal erneuert wurde. In der Mitte des Mauerrings standen die Paläste der Herrscher. Der deutsche Forscher **Heinrich Schliemann** (▶ Berühmte Persönlichkeiten) fand im oberen Teil der Schicht Troia II (also in der »Verbrannten Stadt«) den von ihm so genannten **Schatz des Priamos** (Gold- und Silbergeschirr, Geschmeide usw.), der auf etwa 2400 v. Chr. datiert wird. Schliemann war bis kurz vor seinem Tode überzeugt, in dieser zweiten Grabungsschicht die von

> ! *Baedeker* TIPP
>
> **Infos aus erster Hand**
>
> Die neu gewonnenen Erkenntnisse der Grabungen in Troia erscheinen alljährlich in den »Studia Troica«. Darüber hinaus gibt der Theiss Verlag in Stuttgart einen Führer der Grabungsleitung heraus, der im Buchhandel, aber auch in Troia selbst erhältlich ist.

Homer besungene Stadt Troia / Ilios gefunden zu haben. Troia II wurde wie Troia I durch ein Feuer zerstört; auch der Schatz des Priamos zeigt Spuren einer Brandkatastrophe.

Der Brand hinterließ eine 2 m hohe Schutt- und Schlackenschicht. Die unmittelbar nachfolgenden Siedler bewohnten einfache Hütten. Die Siedlung dehnte sich immer weiter nach Süden aus. Die letzte Schicht enthielt dann Hinweise auf die Brandkatastrophe.

Troia III – V
◀ 13 Schichten (2400 – 1800 v. Chr.)

Die neue Burg, deren mächtige Mauern aus glatt behauenen Quadern den bemerkenswertesten Überrest Troias bilden, erlebte ihre größte Blütezeit zwischen dem 15. und 13. vorchristlichen Jahrhundert. Das 200 m x 300 m große Gebiet war von einem mächtigen, einstmals mindestens 10 m hohen Mauerring umgeben. In seinem Inneren sind nahe den Burgmauern mehrere Paläste in ihren Fundamenten erhalten. Eine Untersiedlung erstreckte sich etwa 400 m weit auf dem Plateau nach Süden.

Troia VI
◀ 8 Schichten, »Homerisches Troia« (1800 – 1250 v. Chr.)

Nach – wie man vermutet – einer Erdbebenkatastrophe (um 1250 v. Chr.) scheint die Stadt wieder aufgebaut worden zu sein. Die Lebensgewohnheiten der Bevölkerung hatten sich nicht geändert, jedoch gab es jetzt auch kleine Häuser im Burgbereich. Aber bereits ein Jahrhundert später wurde die Stadt ein zweites Mal zerstört.

Troia VII a
◀ (ca. 1250 – 1180 v. Chr.)

Nach der gravierenden Zerstörung von Troia VII a wurde Hisarlık von Einwanderern aus dem Balkan besiedelt. Vielleicht waren die letzten Einwanderer die Dardaner, von denen sich der Name Dardanellen ableitet. In den folgenden beiden Jahrhunderten war der Ruinenhügel bestenfalls schwach besiedelt.

Troia VII b
◀ (ca. 1180 – 1000 v. Chr.)

Seit dem 8. Jh. v. Chr. ist eine griechische Kolonie bezeugt. Um 730 v. Chr. beschrieb **Homer** Ereignisse aus dem Troianischen Krieg des 13. vorchristlichen Jahrhunderts. Seitdem wurde Troia als heilige Stätte angesehen. Spätestens ab archaischer Zeit gab es bis in die römische Epoche hinein ein Heiligtum im Südwesten des Burgberges. Im Jahre 652 v. Chr. zogen die Kimmerier nach ihrem Sieg über

Troia VIII
◀ (8. Jh. – 85 v. Chr.)

Troia Siedlungshügel Hisarlık

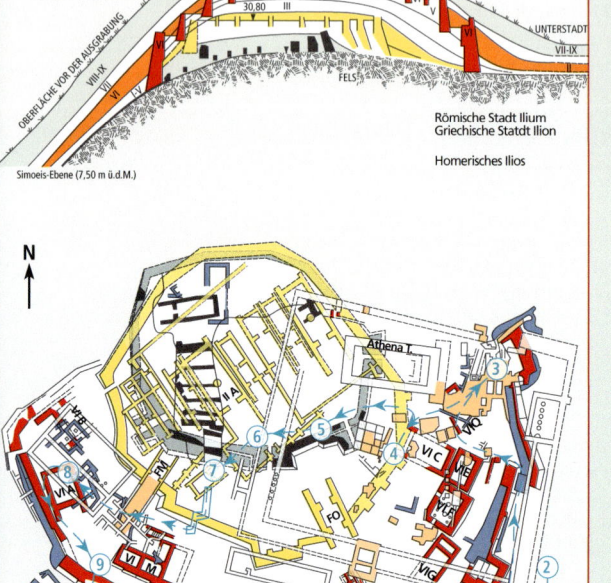

Troia IX	85 v. Chr. - 500 n.
Troia VIII	8. Jh. - 85 v. Chr.
Troia VII	1250 - 1000 v. Ch
Troia VI	1800 - 1250 v. Ch
Troia III-V	2400 - 1800 v. Ch
Troia II	2500 - 2400 v. Ch
Troia I	3000 - 2500 v. Ch

Rundgang durch die Ruinen
(Informationspunkte 1 - 12)

Zeichnung: Monika Möck
© Projekt Troia

den Lyderkönig Gyges in die Troas ein, ohne jedoch die Griechen zu vertreiben. Im Jahre 547 v. Chr. gliederte König Kyros Troia der persischen Satrapie Phrygien an. 334 v. Chr. zog **Alexander der Große** nach Überquerung der Dardanellen in Troia ein und brachte der Athene Ilios Opfer dar. Um 300 v. Chr. baute Lysimachos der Stadt an der Skamandros-Mündung einen Hafen und ersetzte den Athenatempel durch einen prächtigen Marmorbau. Die Unterstadt von

Ilion legte man planmäßig an. Spätestens bei diesen Baurbeiten wurden die Hauptgebäude der Epochen Troia VII und Troia VI auf der Hügelgruppe eingeebnet. Zwischen 278 und 270 v. Chr. beherrschten die **Kelten** (Galater) die Stadt. Die Akropolis und die Unterstadt im Süden wurden 85 v. Chr. durch Römer zerstört.

Gründete sich bis dahin die Bedeutung Troias auf den Athenatempel, der dem Artemistempel von Ephesus gleichgestellt war, so genoss die Stadt in der Folgezeit die Gunst der Römer, die sich auf Grund der Aeneas-Sage als die politischen Erben Troias fühlten. Allenthalben entfaltete sich eine rege Bautätigkeit.
Bis zur Eroberung durch die **Goten** um 262 n. Chr. erlebte die Stadt eine hohe Blütezeit und konnte ihr Ansehen bis in die Frühzeit des Byzantinischen Reiches wahren. **Konstantin der Große** wollte Troia sogar zu seiner Hauptstadt machen. Doch mit der Erhebung des Christentums zur Staatsreligion verfielen die heiligen Stätten, und der Ruhm Troias schwand schnell dahin.

◀ Troia IX
(85 v. Chr. –
500 n. Chr.)

Im Mittelalter war Troia etwa bis zum 13. Jh. **Bischofssitz**. Nach der Eroberung durch die Osmanen im Jahre 1306 verödete der Ort jedoch sehr rasch. Die Ruinen wurden als Steinbrüche für Hausbauten und Grabstelen benutzt. Über die Trümmer des Ortes breiteten sich Felder. Troia geriet vollkommen in Vergessenheit.

◀ Troia X
(12. – 14. Jh.)

Geschichte der Ausgrabungen

Im Jahre 1865 grub der ortsansässige Engländer Frank Calvert auf Hisarlık dort, wo auch Griechen und Römer die Stadt Troia vermutet hatten. Drei Jahre später (1868) kam der aus dem mecklenburgischen Neubukow stammende Kaufmann **Heinrich Schliemann** (1822 – 1890) in die Troas und unternahm in den Jahren 1871 bis 1890 sieben Ausgrabungen auf Hisarlık. Die Grabungen wurden in einer Form durchgeführt, die dem damaligen Stand der Wissenschaft entsprach. Bis 1882 wurde vergleichsweise wenig entdeckt und konserviert und, besonders durch den breiten Nord-Süd-Graben, vieles für immer zerstört: Die Grabungen setzte zuerst der deutsche Architekt und Archäologe **Wilhelm Dörpfeld** (1853 bis 1940) und später, in den Jahren 1932 bis 1938, Carl W. Blegen von der Universität Cincinnati (USA) fort. Im Jahr 1988 wurden unter der Leitung des Tübinger Professors **Manfred Korfmann** (1942 bis 2005) die Grabungen in Troia wieder aufgenommen und seit dem dem Tod Korfmanns von dessen Tübinger Kollegen **Ernst Pernicka** weitergeführt.

Forscher

Rundgang durch die Ruinenstätte

Am Eingang der Ruinenstätte steht ein Nachbau des legendären Troianischen Pferdes, mit dem die Griechen, wie Homer in seiner

Troianisches Pferd

Luftaufnahme des Grabungsgeländes von Troia mit eingezeichneten Informationspunkten

Öffnungszeiten:
tgl. 8.00–19.00,
im Winter bis 17.00

»Odyssee« erzählt, den Krieg gegen Troia für sich entschieden. Nachdem die Griechen im Kampf um die vom troianischen Königssohn Paris nach Troia entführte **Helena**, die Gattin des Spartanerkönigs Menelaos, zehn Jahre lang Troia belagert hatten, täuschten sie einen Abzug vor, ließen aber vor den Toren der Stadt ein riesiges hölzernes Pferd zurück, in dessen Bauch bewaffnete Krieger saßen. Die nichts ahnenden **Troianer** sahen in dem hölzernen Ungetüm ein Geschenk und schafften es in die Stadt. In der folgenden Nacht kletterten die griechischen Kämpfer aus dem Pferd heraus, öffneten ihren vor den Mauern der Stadt wartenden Gefährten die Tore, und gemeinsam machten sie dann Troia dem Erdboden gleich.

Das 20 m hohe Holzross kann auch bestiegen werden. Vor dem Eingang zum Ruinengelände steht außerdem die für einen Film über Schliemann nachgebaute Hütte des Hobby-Archäologen. In einem **kleinen Museum** werden Plandarstellungen von Troias Perioden sowie Keramiken und andere Kleinfunde gezeigt.

Informationspunkt 1

Der Rundgang folgt dem von der Grabungsleitung empfohlenen Weg mit insgesamt **zwölf Stationen**. Nach dem allgemeinen Informationspunkt 1 bietet sich der Gang die Treppe hoch auf den Wall zu Punkt 2 an, in dem sich die römische Umfassungsmauer des Tempelareals verbirgt.

Informationspunkt 2

Von dort aus hat man den **Blick auf die Gesamtanlage**. Die Ostmauer der Verteidigungsanlage von Troia VI bestand aus einem einstmals annähernd 6 m hohen und 5 m dicken, mit einer Böschung versehenen und nach außen sichtbaren Unterbau. Darauf erhob sich, von 1 m über dem Burgboden ab, ein senkrechter Oberbau aus flachen viereckigen, fast regelmäßig gearbeiteten Steinen.

Obenauf muss man sich Mauern aus Lehmziegeln vorstellen. Der **Südostturm** war ehemals zweistöckig. In diesem Bereich trifft man auf die für die Ringmauer charakteristischen Vorsprünge, die im Abstand von 9 bis 10 m wiederkehren.

Jenseits von Mauer und Turm erkennt man große Häuser vom mykenezeitlichen Troia; zunächst das Haus VI G, dann, nordöstlich anschließend und von der Ringmauer etwas abgelegen, das Haus VI F und weiter nördlich die Häuser VI E und VI C. Die Häuser der Schicht VI lagen in mehreren konzentrischen Terrassen um den Hügel herum. Auf dem höchsten Punkt hat man sich wohl den **Palast des Königs** vorzustellen. Das Gebäude VI F hatte Säulen, die auf ein weiteres Stockwerk hinweisen. Beim Gang durch das Tor erkennt man, dass das Haus besonders gut gebaut war. Bedenkt man, dass zur Zeit der Errichtung dieser palastähnlichen Gebäude Eisen noch nicht verwendet wurde, dann beeindruckt die Qualität der Steinmetzarbeiten umso mehr.

◄ Häuser des mykenezeitlichen Troia VI

Die Mauerzunge des Osttores ist überlagert von einer römischen Quadermauer, die die Säulen der Osthalle des Tempelbezirks trug. Mit der von Süden kommenden Verteidigungsmauer ergab sich ein gebogener, rund 10 m langer und 1,80 m breiter Torgang.

◄ Osttor

Von einem der über 20 Altäre aus Kalkstein, die den ehemaligen Athenatempel umgaben, schaut man auf den gewaltigen Nordostturm der mykenezeitlichen Mauer.

Informationspunkt 3

Auf dem 8 m hohen Unterbau aus schönen Quadern ragten einst noch senkrecht Lehmziegelmauern empor, so dass der Turm weithin alles beherrschte. In seinem Innern war ein lange benutzter, viereckiger Felsbrunnen, der tief hinab zu einer Wasserader führte.

◄ Nordostbastion

Hinter der Nordseite des Turmes wurde in der Zeit der Periode Troia VIII eine Treppe zu einem Brunnen außerhalb des Turms hinabgeführt. Die große Stützmauer im Südosten gehörte in die römische Zeit. Im Hintergrund sieht man die **Cavea des Theaters** des griechischen und römischen Ilion, davor die Ebene des Dümrek Çayı, der einst den Namen Simoeis trug.

Nur noch die Altäre und deren Höhen erinnern an die Lage des **Athena-Tempels**. Man muss sich ihn westlich und nördlich der Altäre vorstellen. Den von Alexander d. Gr. versprochenen glänzenden Neubau hat Lysimachos ausgeführt; doch ist davon nur noch wenig erhalten. Säulen und Teile der Kassettendecke sowie andere Architekturteile aus Marmor des unter Augustus erneuerten Baus haben sich im Verlauf der Grabungen nach unten bewegt, bis auf das Niveau von Troia II. Dort werden die Architekturteile zusammengestellt, um genauere Informationen über den Tempelbau zu erhalten. Von hier oben hat man einen schönen Blick auf die Dardanellen und die europäische Küste sowie auf die Flussebene des Menderes (Skamander). Unten erkennt man den Horizont der **»Verbrannten Stadt«** (Troia II), die Schliemann für die Stadt des Priamos hielt.

Informationspunkt 4

Informationspunkt 5

Punkt 5 zeigt einen Ausschnitt der Befestigung von Troia I mit einem turmartigen Vorsprung, hinter dem das Südtor dieser Bauperiode lag. Die Torgasse war nur 2 m breit. Troia I war unmittelbar auf dem Felsboden erbaut worden. 4 m hohe Schutzschichten lassen auf eine lang andauernde Siedlungsperiode schließen (ca. 3000 bis 2500 v. Chr.). Die Siedlung von Troia I war die flächenmäßig kleinste. Direkt oberhalb des Turmes liegt ein kleines **Propylon der Periode Troia II**. Seine mächtige, 3 m lange und 1,10 m breite Steinschwelle befindet sich noch an Ort und Stelle.

Informationspunkt 5 a ▶

Beim Informationspunkt 5 a blickt man auf die Außenseite der Burgmauer von Troia II und III, ca. 2500–2200 v. Chr. (Schliemanns »Verbrannte Stadt«). Die Rekonstruktion aus handgeformten und gebrannten Lehmziegeln konserviert die in gleicher Höhe (ca. 4 m) erhaltene originale Lehmziegelsubstanz, die sich im Inneren dieser Mauer verbirgt. Durch Einwirkung von Feuer entstand im oberen und äußeren Teil der Mauer eine Rotfärbung, die auch in der Rekonstruktion wiedergegeben ist.

Informationspunkt 5 b ▶

Direkt dahinter, im Inneren der Burganlage, befindet sich ein in den Jahren 1998/1999 ausgegrabenes Vorhallengebäude aus Lehmziegeln auf Steinfundament (**Megaron**). Das parallel zur Burgmauer angelegte Gebäude war bei der Auffindung noch bis zu einer Mauerhöhe von über 1,50 m erhalten. Anhand von im Gebäude gefundenen verkohlten Gerstenkörnern wurde durch Radiokarbondatierung das Ende der Nutzungszeit zwischen 2290 und 2200 v. Chr. ermittelt. Das durch Brand zerstörte Gebäude zeichnet sich durch einen zentralen runden Herd von 1,20 m Durchmesser aus. Im Inneren

Besichtigungstour durch das Grabungsgelände von Troia

waren die Wände noch weiß verputzt, und auf dem Kalkfußboden waren Abdrücke von Schilfmatten zu erkennen. Das reiche Fundrepertoire deutet auf eine zumindest teilweise kultische Funktion hin. Direkt nördlich an dieses Gebäude schließen sich weitere Megara an, die nur teilweise ausgegraben wurden. Diese Gebäudegruppe ist nicht der Periode Troia II zuzuordnen, offensichtlich handelt es sich hier um eine jüngere Phase am Übergang zwischen Troia II und III. Das westlich gelegene Hauptor FO war zur Zeit der Erbauung dieser Gebäude bereits nicht mehr in Funktion. Durch das 2003 errichtete Schutzdach kann das Lehmgebäude der Öffentlichkeit zugänglich gemacht werden, ohne dass die Substanz gefährdet wird.

Direkt oberhalb des Troia I-Turmes liegt ein kleines **Propylon** der Periode Troia II. Seine mächtige, 3 m lange und 1,10 m breite Steinschwelle befindet sich noch an Ort und Stelle. Das Propylon bildet den Zugang zu einer Gebäudegruppe in der Mitte der Burg Troia II, die man wohl als Hof der Herrschaft bezeichnen darf. Auf den mit Kies belegten Vorplatz öffneten sich die Paläste/Kultbauten der Burgherren. Der Hauptbau genau gegenüber dem Propylon, das Megaron II A, setzt sich aus einer Vorhalle und dem Saal zusammen, in dessen Mitte ein Herd stand. Die Mauern, deren Struktur man hier besonders deutlich (in teilweiser Rekonstruktion) sieht, sind 1,44 m dick. Die einstige Höhe des Saales ist unbekannt. Die einzige Öffnung in dem flachen Erddach befand sich wohl über dem Herd. Rechts lag ein kleineres Gebäude, das sich aus Vorhalle, Mittelzimmer und Hintergemach zusammensetzte. Rechts und links öffnen sich noch andere ähnliche Gebäude auf den Hof. Die Gebäude waren verbrannt und hinterließen eine 2 m mächtige Schuttschicht. In dieser Schicht kamen auch verschiedene Schatzfunde zutage (►Informationspunkt 8).

Informationspunkt 6
◄ Troia II-Residenz

In dem auf Schliemanns Veranlassung ausgehobenen großen **Nord-Süd-Graben**, der hier zwischen den Häusergruppen der zweiten Burg zu erkennen ist, sind von den uralten Siedlungen der ersten Schicht einige Hausmauern aus kleinen Steinen und Erdmörtel erhalten. Über eine Holzbrücke, die drei verschiedene Züge der Ringmauer von Troia II überbrückt, gelangt man, vorbei an dem Unterteil eines griechisch-römischen Brunnenschachtes, auf ein (neues) Steinpodest, von dem aus eine Holztreppe hinauf auf den Horizont der Periode Troia VI/VII führt, zu Punkt 8.

Informationspunkt 7
◄ Schliemann-Graben

Von dem Standpunkt direkt oberhalb der Steinrampe von Troia II sieht man hinauf zum Tor FM. Die Rampe führt aus dem Gebiet einer Untersiedlung zu dem inneren Burghügel hinauf. Die Burg hatte einen Umfang von ca. 300 m und ist fast ganz aufgedeckt. Die Schuttschichten dieser Anlage waren 1 bis 2 m mächtig.
Zu beiden Seiten der Rampe erstreckt sich die **Ringmauer der Burg**. Sie bestand aus einem Unterbau von 1 bis 4 m Höhe aus fast unbe-

Informationspunkt 8
◄ Prähistorische Burg

◄ Rampe »Skäisches Tor«

»Schatz des Priamos« ▶ arbeiteten Kalksteinen mit Erdmörtel. Etwa 6 m nordwestlich der Rampe hat Schliemann, in einem Hohlraum des Lehmziegel-Oberbaus der Ringmauer verbaut, den »Schatz des Priamos« gefunden, der dann in das Museum für Vor- und Frühgeschichte in Berlin kam und seit Ende des Zweiten Weltkriegs verschwunden war. Erst 1994 wurde bekannt, dass Teile des Schatzes im Moskauer Puschkin-Museum aufbewahrt sind. Längst weiß man, dass es sich nicht um den legendären Schatz des Priamos handelt, sondern um einen 1000 Jahre älteren Schatz.

Informationspunkt 9

Die Reste der III., IV. und V. Schicht bieten dem Laien relativ wenig. Von der VI. Schicht haben sich jedoch die Hauptmonumente der Burg erhalten, von der VII. Schicht hauptsächlich die Hausmauern auf der Burgmauer von VI und zwischen dieser und den ersten Palastmauern, die gleichzeitig Terrassierungsmauern waren.

Küchengebäude Palasthaus VI M ▶ Die eindrucksvolle, 27 m lange Stützmauer des Hauses VI M, das sicherlich zur Palastanlage der Burg von Troia VI gehörte, erhebt sich im Inneren des Mauerrings. Dieses große, auf 4 m hoher Terrasse gelegene Gebäude der mykenezeitlichen Schicht wird nach den großen Pithoi (Vorrats-Tongefäße) und anderen Funden in einem der Räume auch »Küchengebäude« genannt. Im Innern führte eine Treppe zu einem weiteren Stockwerk.

Informationspunkt 10

Die Altäre des Heiligtums im Südwesten zeigen, dass schon sehr früh nach der griechischen Besiedlung und von da an kontinuierlich bis weit in die römische Zeit hinein Kulthandlungen außerhalb der Mauer des »Heiligen Ilion« stattfanden. Nach neuesten Grabungsergebnissen datiert der tiefstgelegene Altar in die archaische, der höchstgelegene (aus Marmor) in augusteische Zeit, in der die Gesamtanlage von Ilion erneuert wurde. Die ältere Heiligtum-Anlage gliedert sich in zwei Bezirke. Im Westen wurden bei jüngsten Grabungen die Fundamente von großen hellenistischen (und älteren) Gebäuden freigelegt, die offenbar mit der Kultanlage in Verbindung standen. Besonders wichtig ist hier jedoch die Aufdeckung eines Stadtviertels aus der Zeit des **Troianischen Krieges** (Troia VI – Spät / Troia VIIa).

Informationspunkt 10 a Unterstadtviertel ▶ Entlang einer gepflasterten Straße, die von der Skamander-Ebene aus zur Burg führte, standen dicht aneinander gebaute Wohnhäuser. Im Westen sind Gebäude aus der Zeit von Troia VI-Spät freigelegt und restauriert. Nördlich der gepflasterten Straße befindet sich ein mehrräumiger Gebäudekomplex aus der Zeit von Troia VII a. Unmittelbar vor der Troia VI-Burgmauer liegt ein Haus aus der Periode Troia VII b, das aus kleinzelligen Räumen bestand (nicht zugänglich).

Informationspunkt 10 b Quellhöhle ▶ Die Quellhöhle und das Wasserbecken weiter südlich in der Unterstadt – bereits von H. Schliemann teilweise ausgegraben – wurden in den Jahren 1996 bis 2001 vollständig freigelegt. Die Quellhöhle sicherte neben zahlreichen Brunnen die Wasserversorgung der Be-

Ausgrabungsarbeiten in Troia

wohner. Naturwissenschaftliche Datierungen der Sinterschichten an den Höhlenwänden zeigen, dass die Höhle bereits zur Zeit von Troia II (ca. 2500 v. Chr.) angelegt und kontinuierlich bis in die römische Zeit genutzt und erweitert wurde. Die Höhle verzweigt sich ca. 20 m hinter dem Eingang in drei Arme, der nördliche wurde in römischer Zeit erweitert und verbindet eine ca. 100 m weiter östlich gelegene **Zisterne mit dem Quellhöhlensystem**. Vor dem Eingang befinden sich mehrere Wasserbecken. Die ältesten sind einfache in den Fels eingetiefte Gruben, die gemauerten Wasserbecken stammen aus römischer Zeit und dienten zur Fischzucht.

Am Rande der ehemaligen Agorá lagen das Odeion, ein kleines Theater, in dem musikalische Veranstaltungen stattfanden, sowie (weiter östlich) das Buleuterion, das ehemalige Rathaus römischer Zeit. Das Odeion hat eine halbkreisförmige Orchestra, die von der Skene, dem Bühnengebäude, abgeschlossen wird. Die Sitzreihen sind in keilförmige Abschnitte unterteilt. Bei Ausgrabungen in der Säulenvorhalle des Odeions wurde 1997 ein gut erhaltener Marmorporträtkopf von **Kaiser Augustus**, der wohl das Theater stiftete, gefunden; eine Marmorstatue von **Kaiser Hadrian**, der Troia im Jahre 124 n. Chr. besucht hatte, wurde 1993 ebenfalls hier gefunden (beide Funde befinden sich jetzt im Museum Çanakkale).

Informationspunkt 11
◄ Odeion und Buleuterion

Vom Südtor, das vermutlich das Haupttor der mykenezeitlichen Burg war, ist heute nur der gepflasterte Torweg (1,30 m breit; in der Mitte ein abgedeckter Wasserkanal) erhalten. Links hinter dem Südturm zeigt ein Pfeiler die Lage des »Pfeilerhauses« an, das mit 27 m × 12,5 m Grundfläche eines der größten Häuser in Troia VI war. Vor dem Südtor fallen Steinstelen (wohl kultischer Funktion) auf.

Informationspunkt 12
◄ Südtor

Unterstadt

Das Plateau der Unterstadt (unzugänglich) im Süden unterhalb des Burgberges war im ausgehenden 2. Jahrtausend (Troia VI / VII) besiedelt. Die Stadt war gegen Angriffe (durch Streitwagenkämpfer?) mit einem **Verteidigungsgraben** gesichert; auch von einer Umfassungsmauer ist auszugehen. Untersiedlung und Burg können damit als wichtige Residenz und Handelsstadt interpretiert werden. Die Fläche betrug etwa 200 000 m². Hier dürften ca. 7000 Menschen gewohnt haben, eine für die Bronzezeit ausgesprochen hohe Zahl. Das Kultgeschehen der Stadt hatte überregionale Bedeutung. Das u. a. hierfür benötigte große **Theater** im Nordosten bot ca. 6000 Personen Platz.

> ! *Baedeker* TIPP
>
> **Schönster Inselstrand**
>
> Der schönste Strand von Bozcaada ist Ayazma im Inselsüden. Das klare Wasser ist flach, und es gibt etliche Restaurants. Vom Inselort erreichbar mit dem Dolmuş.

Umgebung von Troia

Alexandreia Troas

33 km südwestlich, auch über Ezine (unweit der Hauptstraße) zu erreichen, liegt das einsame **Ruinenfeld** der bedeutenden antiken Stadt Alexandreia Troas (auch nur Troas; heute Eski Istanbul) aus der Zeit des Lysimachos. Die mächtigen Trümmer (Thermen mit schönen Portalen) stammen fast überwiegend aus römischer Zeit.

Bozcaada

Bozcaada, südwestlich von Troia, ist neben Gökçeada (▶ Çanakkale / Gökçeada) die einzige bewohnte ägäische Insel, die zur Türkei gehört. Wie auf Gökçeada stellten auch auf Bozcaada bis 1923 die Griechen die Bevölkerungsmehrheit. Das stets windumtoste, doch überaus reizvolle Inselchen, das nur 6 km mal 5 km misst, ist vor allem für seinen Wein bekannt. Seinen Besuchern bietet das ruhige Eiland ein malerisches Städtchen sowie schöne Strandabschnitte im Süden. Fähren vom Festland legen in Yükyeri Iskelesi, 5 km westlich von Geyikli (südlich von Troia), ab.

∗ Xanthos

H 13

Landesteil: Südwestküste (Mittelmeer)
Höhe: 80 – 150 m ü.d.M.

Provinz: Mula
Ortschaft: Kınık

Die Ruinenstätte von Xanthos wurde bereits im Jahr 1988 in die Liste des Unesco-Weltkulturerbes aufgenommen. Aus der Zeit, als der Ort Hauptstadt des Lykischen Bundes war, sind vor allem Grabmonumente geblieben.

Hauptstadt des Lykischen Bundes

Das landschaftlich sehr reizvolle und auch in der Antike als sehr fruchtbar beschriebene, rund 80 km südlich von Fethiye gelegene Xanthostal war zur Zeit der lykischen Besiedlung Lebensraum für mehr als fünf Städte (Xanthos, Letoon, Patara sowie – bei ►Fethiye – Pinara und Tlos), die trotz ihrer Zugehörigkeit zum Lykischen Bund (168 v. Chr.), der gern als die **älteste Republik der Erde** angesehen wird, ein relativ unabhängiges Dasein führten.

Die Ruinenstätte des alten Xanthos, einst Hauptstadt des Lykischen Bundes und heute **Unesco-Weltkulturerbe**, liegt am Unterlauf des früher gleichnamigen Flusses (bei der Ortschaft Kınık) und besaß mit Patara als Hafenort eine Verbindung zum Mittelmeer und damit zum Seehandel.

Öffnungszeiten:
tgl. 9.00–18.00
im Winter bis 17.00

Geschichte

545 v. Chr.	Erster kollektiver Selbstmord
168 v. Chr.	Lykischer Bund
42 v. Chr.	Zweiter kollektiver Selbstmord

In die Geschichte ging Xanthos als **Stadt tragischer Helden** ein. Zweimal innerhalb von 500 Jahren verübten die Bewohner **kollektiven Selbstmord**, um nicht unter fremde Herrschaft zu geraten. Der erste Kollektivselbstmord ereignete sich bei der Eroberung der Stadt durch die **Perser** 545 v. Chr. Bei dieser Auseinandersetzung sollen nach Herodot bis auf 80 Familien, die nicht anwesend waren, alle Xanther auf grausamste Weise den Tod gefunden haben. Die Männer töteten zunächst ihre Familienmitglieder, steckten die Stadt in Brand und kämpften dann heldenhaft bis zu ihrem eigenen Tod. Ähnliche furchtbare Szenen spielten sich 42 v. Chr. ab, als der von Oktavian, dem späteren römischen Kaiser Augustus, gejagte Cäsarmörder **Brutus** mit seinem Heer in die Stadt eindrang. Der erschreckte Brutus, der auf Beute aus war und keine Zerstörung wollte, befahl daraufhin seinen Männern, die Xanther zu retten, was schließlich 150 Stadtbewohner vor dem Tod bewahrte. Die Stadt der tragischen Helden erholte sich rasch wieder, und in byzantinischer Zeit war Xanthos Bischofssitz, doch mit den arabischen Einfällen zwischen dem 7. Jh. und 10. Jh. setzte das Ende der einst mächtigen Metropole ein.

Pfeilergräber in Xanthos

Besichtigung der Ruinenstätte

Pfeilergräber Die auffälligsten Denkmäler von Xanthos sind die lykischen Pfeilergräber, die weder in der griechischen noch in der orientalischen Grabbauweise anzutreffen sind und zwischen dem 6. und 4. Jh. v. Chr. in Gebrauch waren. Südlich des einst von Säulen umgebenen römischen Forums stehen am Beginn des Theaterrunds zwei hochragende Pfeilergräber, die zur ehemaligen Nekropole gehörten und bei der Stadterweiterung an Ort und Stelle belassen wurden. Das nördliche ist der sog. Harpyienpfeiler (um 480 v. Chr.), ein **turmartiger Monolith** von 5 m Höhe auf rechteckigem Sockel. Kopien der Original-Reliefplatten (die in London aufbewahrt werden) umgeben die einstige Grabkammer, die auf diesen Aufbau folgte. Die Abbildungen zeigen Szenen aus dem Leben des hochrangigen Toten: Der Verstorbene tritt vor einen orientalischen Herrscher und übernimmt sein Amt; daneben sieht man, wie er ins Totenreich eintritt, wo die Seelen von Harpyien emporgetragen werden. Der Glaube an Vogeldämonen, die die Seelen von Verstorbenen himmelwärts tragen, wird als Anlass für die Entstehung der Pfeilergräber gesehen. Das südlichere Pfeilergrab trägt auf einem aus Platten zusammengesetzten Sockel, der ebenfalls als Grabkammer diente, einen hausförmigen Sarkophag mit Giebeldach (wohl 4. Jh. v. Chr.).

Beliebtes Segelziel: der Hafen von Kalkan

XANTHOS UND UMGEBUNG ERLEBEN

ESSEN

▶ **Erschwinglich**

Akın Restaurant
Das beliebte Restaurant liegt in der Nähe des Hafens von Kalkan.

Alternatif Restaurant
Yaliboyu Mah., Kalkan
Tel. (02 42) 844 36 31
Gemütliches Lokal im Ortszentrum.

ÜBERNACHTEN

▶ **Komfortabel**

Club Xanthos Hotel
Kalkan
Kalamar Koyu
Tel. (02 52) 844 23 88, Fax 844 23 55
www.clubxanthos.com
Direkt am Strand in der nahen Bucht Kalamar gelegenes Hotel mit 63 Zimmern, Hamam und Tennisplatz.

Beyhan
Patara
Tel. (02 42) 843 50 96; 132 Z.
Im einzigen größeren Hotel Pataras stehen den Gästen ein großer Pool, eine Diskothek und zwei Restaurants zur Verfügung.

An der Nordseite des Marktplatzes steht ein Grabmonument mit eingemeißelten Textzeilen, das für die Entzifferung der lykischen Schrift bedeutsam ist. Die aus dem 5. Jh. stammende Stele berichtet in lykischer (längste bisher entdeckte lykische Inschrift) und griechischer Schrift vom Sieg des Kherei über eine athenische Flotte (429 v. Chr.) im Peloponnesischen Krieg. Die Grabkammer und die Statue des Dynasten sind leider verloren.

Südlich des gut erhaltenen Theaters befand sich an der Stelle der späteren byzantinischen Festungsanlage die lykische Akropolis. Rechts von der modernen Auffahrt, die zur Ausgrabungsstätte führt, stand etwa gegenüber der hellenistischen Toranlage das sog. Nereïdengrabmal aus dem 4. Jh. v. Chr. Ein ionischer Tempelaufbau krönte mit reichem plastischen Schmuck (heute im Britischen Museum in London) einen im oberen Bereich mit Reliefplatten verkleideten Sockel. Zwischen den Säulen des Tempelaufbaus waren die Nereïden, die als Seelenbegleiter auf Tieren schwebten, im Relief dargestellt.

Lykische Akropolis

◂ Nereïdengrabmal

Umgebung von Xanthos

Nach wenigen Kilometern auf der Straße nach Fethiye zweigt ein Weg ab zum Haupttheiligtum der Lykier, zum **Heiligtum der Leto** und ihrer beiden Kinder Apollon und Artemis. Das Letoon, wohl das berühmteste lykische Heiligtum, entstand an der Stelle des Xanthos-Flusses, an der Leto einst ihre Kinder auf der Flucht vor der eifersüchtigen Hera wusch. Reste von drei Tempelanlagen wurden

Letoon

Erholung am Strand von Patara

freigelegt; die Fundamente der Tempel mussten mühsam aus dem sumpfigen Gelände herausgeholt werden. Noch heute sind Teile des Geländes im Frühjahr überflutet, was den zahlreich hier lebenden Wasserschildkröten und Fröschen sehr willkommen ist, die, glaubt man Ovid, nicht ganz freiwillig hier leben. Denn der römische Dichter berichtet, Leto sei von böswilligen Hirten der Zugang zum Fluss verwehrt worden, woraufhin Wölfe ihr zu Hilfe gekommen wären; zum Dank nannte die Göttin das Gebiet »Lykien« (von griech. lykos = Wolf; tatsächlich leitet sich die Bezeichnung Lykien vom Volk der Lukki ab) und verwandelte die Hirten in Frösche, deren Nachfahren heute ihr Schicksal laut quakend beklagen.

Eine hier gefundene, in drei Sprachen (aramäisch, griechisch, lykisch) verfasste Stele, die heute im Museum von ►Fethiye aufbewahrt wird, hat viel zur Entzifferung des Lykischen beigetragen.

Patara Rund 10 km südlich von Xanthos wurde an der Mündung des Flusses Xanthos die Hafenstadt Patara angelegt, die als **Geburtsort des hl. Nikolaus**, des Bischofs von Myra (►Finike, Umgebung), gilt. Das bekannte **Apollon-Heiligtum** von Patara galt nach dem Orakel in Delphi und dem Didymaion (►Didyma) zusammen mit dem Tempel auf Delos als drittgrößtes Kultzentrum des Apollon. Die hauptsächlich aus der römischen Epoche stammenden Ruinen liegen weit verstreut und wurden mittlerweile größtenteils vom Flugsand befreit, der lange Zeit die antiken Mauern bedeckt hatte. Besichtigt werden können u. a. ein dreitoriger Triumphbogen, Anfang des 2. Jhs. zu Ehren des römischen Statthalters Mettius Modestus errichtet, die Reste von Thermen, Speichern, einer Zisterne mit einem Fassungsvermögen von ca. 500 000 Litern, eines Theaters mit 34 Sitzreihen und die Fundamente von Geschäfts- und Wohnhäusern.

Weiter in Richtung Antalya auf der von Xanthos (Kınık) kommenden Küstenstraße erreicht man nach der Überquerung eines kleinen Passes schließlich den malerisch in einer Bucht gelegenen **Fischerort** Kalkan (bis 1922 griechisch Kalamaki), der in den letzten Jahren, ähnlich wie ▶ Kaş, zu einem beliebten Ziel für Individualreisende geworden ist und in dem vor allem an Sommerabenden das Leben erwacht. Doch ist der Ort, dessen weiße Häuser und enge Gassen sich an einen Hang schmiegen, weit beschaulicher als das östlich gelegene Ferienziel. Vom kleinen, modernen Jachthafen verkehren täglich Boote zum Kaputaş-Strand (s. unten) und zur weiter östlich gelegenen, durch das Wasser in tiefblauem Licht leuchtenden »**Blauen Grotte**« (Mavi Mağara), die ansonsten nur schwimmend zu erreichen ist (Vorsicht: zeitweise sehr starke Wellen können unvorsichtige Schwimmer an die scharfkantigen Felsen schleudern!).

★ Kalkan

! *Baedeker* TIPP

Strand der Superlative

Nach der Besichtigung von Patara sollte man eine kleine Pause im Restaurant am Ende der Fahrstraße einlegen, bevor es an den von Meeresschildkröten bevorzugten Strand geht – einen wunderschönen, 8 km langen und mehr als 100 m breiten Sandstrand, an dem Bauverbot herrscht und der zum Schutz der Schildkröten nachts gesperrt ist.

Die schönsten Badestrände in der Umgebung – Kalkan selbst besitzt nur einen ganz kleinen städtischen Strand – sind der **Strand von Patara** (▶Baedeker Tipp auf dieser Seite) und der **Kaputaş Plajı**, 4 km östlich des Ortes (▶Baedeker Tipp, S. 306), der unterhalb der Küstenstraße nach Kaş liegt und nur vom Parkplatz aus über eine steile Treppe zugänglich ist. Auch kann man den Strand mit Booten von Kalkan aus erreichen, jedoch ist die Bucht von Kaputaş im Hochsommer sehr überfüllt. Am etwas weiter entfernten Strand von Patara findet man hingegen immer ein freies Fleckchen.

◀ Badestrände

GLOSSAR

Agorá (gr.) Marktplatz, Mittelpunkt des öffentlichen Lebens einer Stadt
Akropolis (gr.) Oberstadt
Amphore (gr.) Enghalsiges Gefäß zur Aufbewahrung von Wein, Öl, Honig etc.
Ante (gr.) Pfeilerartige Ausbildung einer vorspringenden Mauer
Antentempel (gr.) Tempel mit Säulen zwischen den Antenmauern an der vorderen Schmalseite
Apsis (gr.) Meist halbrunder Raum am Ende eines Kirchenraumes
Architrav Säulenordnungen
Basilika Drei- oder fünfschiffige Grundform christilchen Kirchenbaus
Basis Säulenordnungen
Bedesten (türk.) Markthalle türkischer Städte
Buleuterion (gr.) Sitz des städtischen Rates
Caldarium (lat.) Warmwasserbad in röm. Thermen
Cami (türk.) Große Freitagsmoschee im Unterschied zur kleineren ►Mescit
Cavea (lat.) Muschelförmiger Raum der Sitzreihen eines römischen Theaters
Cella (lat.) Hauptraum im antiken Tempel
Dipteros (gr.) Tempel mit doppelter Säulenringhalle
Dorische Ordnung ►Säulenordnungen
Exedra (gr.) Meist halbkreisförmiger Raum mit Sitzbänken
Frigidarium (lat.) Kaltwasserbad in röm. Thermen
Gymnasion (gr.) Anlage für sportliche Übungen sowie der Erziehung überhaupt (von griech. »gymnos« = nackt); ein rechteckiger oder quadratischer Hof, von Säulenhallen umgeben, an die sich Räume verschiedener Größe und Zweckbestimmung anschließen.
Hamam (türk.) Türkisches Bad
Han (türk.) Karawanserei
Hippodrom (gr.) Elliptische Bahn für Rennen von Pferdegespannen
Imaret (arab.) Armenküche
Ionische Ordnung ►Säulenordnungen
Kapitell (lat.) Kopfstück von Säule und Pfeiler
Kenotaph (gr.) Grabdenkmal für eine an einem anderen Ort bestattete Person
Konche (gr.) Muschelförmiger Gebäudeteil
Korinthische Ordnung ►Säulenordnungen
Kreuzkuppelkirche Kirchenbautyp mit einer Zentralkuppel über dem Schnittpunkt von vier gleich langen Kreuzarmen
Krypta (gr.) Unterirdische Grabanlage unter dem Chor von romanischen und gotischen Kirchen
Linear B Aus 87 Silbenzeichen bestehende mykenische Schrift (15.–11. Jh. v. Chr.)
Liwan (türk.) In der islamischen Baukunst überwölbte Halle, die sich mit großem Bogen zu einem Innenhof öffnet
Medrese (arab./türk.) Lehranstalt, Koranschule
Megaron (gr.) Hauptraum mykenischer Paläste; wird oft als Grundform des griechischen Tempels angesehen
Mescit (arab./(türk.) Kleinere Moschee im Unterschied zur ►Cami

Metope ▶Säulenordnungen
Minarett Turm für den Gebetsruf des Muezzin an einer Moschee
Narthex (gr.) Vorhalle einer byzantinischen Kirche
Nekropole (gr.) Totenstadt, Begräbnisplatz
Nymphaion (gr.) Ein den Nymphen geweihter Bezirk; eine reich ausgestattete Brunnenanlage
Odeion (gr.) Musiktheater, meist überdacht
Oinochoe (gr.) Weinkanne mit Henkel
Opistodomos (gr.) Raum hinter der Cella eines Tempels
Orchestra (gr.) Ursprünglich der Tanzplatz des Chores; runde oder halbrunde Fläche zwischen Bühne und Zuschauerraum
Palästra (gr.) Sportkampfstätte
Peripteros (gr.) Tempel mit rings umlaufenden Säulenreihen
Peristyl (gr.) Säulenumgang, Säulenhalle, Säulenhof
Pilaster (lat.-fr.) Wandpfeiler
Portikus (lat.) Säulenhalle
Pronaos (gr.) Vorhalle eines Tempels
Propylon (gr.) Torhalle
Proskenion (gr.) Vorbühne im Theater
Prostylos (gr.) Tempel mit Säulenvorhalle
Säulenordnungen In der griechischen Tempelbaukunst werden drei Säulenordnungen unterschieden.
1. Dorisch: Leicht geschwellter Säulenschaft mit Kanneluren (rillenförmige Vertiefungen) ohne Basis (Fuß der ionischen und korinthischen Säule) auf dem Stylobat (Unterbau), Kapitell mit Echinus (Wulst) und Abakus (viereckiger Deckplatte); im Architrav (auf der Säule aufliegender waagrechter Steinbalken) ein Fries mit abwechselnd Triglyphen (dreischlitzigen Platten) und Metopen (Figurenreliefs)
2. Ionisch: Schlanke Säulenschäfte mit durch Stege getrennte Kanneluren auf einer Basis, Kapitell mit Voluten (Spiralelement), Architrav mit durchgehendem Relieffries.
3. Korinthisch: Ähnelt der ionischen Ordnung bis auf das Kapitell mit zwei Ringen aus Akanthusblättern und kleinen Voluten
Skene (gr.) Bühnengebäude
Spolien (lat.) Wiederverwendete Bruchstücke älterer Bauten
Stoá (gr.) Säulenhalle
Temenos (gr.) Heiliger Bezirk
Tepidarium (lat.) »Lauwarmes Bad«, Übergangsbad zwischen Heiß- und Kaltbad in den röm. Thermen
Türbe (arab.) Islamischer Grabbau, oft rund mit kegelförmigem Dach
Volute ▶Säulenordnungen
Votiv (lat.) Opfergabe

REGISTER

a

Adana **146**
Adramyteion **230**
Ägäis **21**
Akkum-Sandstrand **294**
Akçay **229**
Akpınar **319**
Akyarlar **199**
Alanya **152**
Alarahanı **159**
Alexandreia Troas **382**
Alibey Adası **231**
Altınoluk **229**
Anadolu Kavağı **207**
Anamur **160**
Anamur Kalesi **162**
Anavarza (Anazarbus) **151**
Andriake **255**
Anemurion **160**
Angeln **109**
Anreise **68**
Antakya (Hatay) **162**
Antalya **167**
Antandros **229**
Aphrodisias **180**
Arykanda **252**
Aspendos **183**
Assos **226**
Atakent **363**
Atatürk, Mustafa Kemal **57**
Auskunft **72**
Autohilfe **127**
Avşa **244**
Aydın **316**
Ayvalık **230**

b

Badestrände **74**
Bafa Gölü **255**
Bağla **199**
Balçova **294**
Behindertenreisen **76**
Behramkale **226**
Belceğiz **250**
Belek **179**
Bergama **336**
Berühmte Persönlichkeiten **56**
Bevölkerung **25**
Birgi **354**
Bitez **199**
Bodrum **188**
Boğsak **363**
Bosporus **203**
Botschaften und Konsulate **72**
Bozburun **322, 323**
Bozcaada **382**
Burgaz Ada **286**
Bursa **208**
Byzanz **36, 50**
Büyük Ada **285**

c

Çanakkale **215**
Çandarlı **344**
Camping und Caravaning **119**
Cennet Adası **322**
Çeşme **294**
Çevlik **167**
Chimaira **179**
Çiftlik **322**

d

Dalyan **323**
Dardanellen **221**
Datça **323**
Demirçili **364**
Demre **254**
Didim Plajı **225**
Dikili **343**
Dilek Milli Parkı **315**
Düdenbaşı Mağarası **175**

e

Edremit **229**
Edremit Körfezi (Golf von Edremit) **226**
Egegebiet **21**
Ein- und Ausreisebestimmungen **69**
Elektrizität **76**
Ephesus **231**
Erdbeben **17, 18**
Erdek **243**
Erdoğan, Recep Tayyip **57**
Essen und Trinken **81**
EU-Beitritt **45**
Euromos **138**

f

Fauna **23**
Feiertage **88**
Feneri **199**
Feriendörfer **118**
Fethiye **245**
Finike **252**
Flora **22**
Folklore **54**
Foça **299**

g

Gazipaşa **159**
Gebze **300**
Geld **92**
Gemiler Adası **249**
Geschichte **32**
Gesundheit **94**
Golf von Edremit **226**
Goltz, Colmar Freiherr von der **60**
Göcek **249**
Gökçeada **221**
Göksu Nehri (Saleph) **363**
Gölköy **199**
Griechen **49**
Gümbet **199**
Gümüşlük **199**
Gündoğan **199**
Güvercin Ada **315**

h

Hain von Daphne **166**
Halikarnassos **188**
Haus der Maria **239**
Herakleia am Latmos **255**
Hereke **301**
Hethiter **33, 47**
Heybeli Ada **285**
Hierapolis **332**
Hierapolis Kastabala **152**
Hisarönü Köy **251**
Höhle der sieben Schläfer **239**
Hotels **117**

i

Içmeler **320**
Incekum **158**
Inciraltı **294**
Industrie **31**

► Register

Internet **73**
Iotape **159**
Iskele **229**
Iskenderun **258**
Istanbul **260**
Izmir **286**
Izmit (Kocaeli) **300**
Iznik **301**
Iznik Gölü **304**
Iztuzu Plajı **324**

j

Jonaspfeiler **259**
Jugendunterkünfte **119**

k

Kadırga **229**
Kale **254**
Kale Köy **307**
Kalkan **387**
Kanlıdivane **365**
Kanytelleis **365**
Kap Baba **226**
Kapıdağı-Halbinsel **243**
Kaputaş Plajı **306, 387**
Kara Ada **199**
Karain Mağarası **176**
Karaincir **199**
Karataş **150**
Karatepe **152**
Kargı **199**
Kaş **305**
Kaunos **323**
Kayaköy **249**
Kekova **306**
Kemal, Yaşar **61**
Kemalismus **28**
Kemer **177**
Kilikische Tore **370**
Kınalı Ada **286**
Kinder **94**
Kırkgöz **176**
Kızıl Adalar **285**
Klima **105**
Knidos **309**
Knigge **95**
Kocain Mağarası **176**
Körmen **323**
Köyceğiz Gölü **323**
Korykische Grotten **364**
Korykos Kızkalesi **365**
Krankenversicherung **71**

Krösus **352**
Küçukkuyu **229**
Kumluca **252**
Kunst und Kultur **46**
Kurden **25**
Kuşadası **311**
Kyaneai **308**
Kyzikos **243**

l

Landwirtschaft **30**
Laodikeia **336**
Lara Plajı **174**
Letoon **385**
Levissi **249**
Limyra **253**
Literaturempfehlungen **98**

m

Magnesia am Mäander **315**
Manavgat **360**
Manavgat-Wasserfälle **360**
Manisa **317**
Marmara Adası **243**
Marmaragebiet **21**
Marmaris **319**
Medien **100**
Meriamlık (Aya Tekla) **363**
Mersin (Içel) **325**
Mietwagen **127**
Milas **138**
Milet **326**
Misis (Mopsuhestia) **150**
Mittelmeergebiet **21**
Muğla **324**
Murad IV. **61**
Musa Dağı **166**
Museen **100**
Myra **254**

n

Nasreddin Hoca **55**
Nationalitäten **25**
Nationalpark Köprülü Kanyon **186**
Nationalpark Kuş Cenneti **244**
Nationalpark Samsun Dağı **315**
Nationalparks **101**
Naturland **178**
Naturraum **17**
Nesin, Aziz **62**

Nikaia **301**
Nizäa **301**
Notdienste **102**
Nysa **141**

o

Olba Diocaesarea (Uzuncaburç) **364**
Oliven-Riviera **226**
Ölüdeniz **250**
Ören **230**
Osmanen **52**
Osmanisches Reich **37**
Ovacık **251**
Oymapınar-Stausee **361**
Oyuktepe **248**

p

Pamucak **243**
Pamukkale **331**
Panayır Dağı **239**
Paragliding **110**
Patara **386**
Pergamon **337**
Perge **344**
Perser **34**
Phaselis **178**
Phokäa **299**
Pinara **251**
Pınarbaşı **176**
Politik **27**
Post **103**
Preise und Vergünstigungen **104**
Priene **347**
Prinzeninseln **285**

r

Radfahren **110**
Rafting **110**
Reiseversicherungen **71**
Reisewetter **105**
Reisezeit **105**
Reiten **110**
Religion **25**
Restaurants **87**
Reyhanlı **166**
Römer **35, 50**
Roxelane **62**
Rumeli Feneri **206**
Rumeli Kavağı **205**

s

Sakal Tutan, Strandpass des Xenophon 259
Saklıkent **175**
Saklıkent (Schlucht) **251**
Samandağ **167**
Sapanca Gölü **300**
Sarıyer **205**
Sardes **352**
Sarmısak **231**
Schliemann, Heinrich **63**
Schmetterlingstal **112**
Schutzimpfungen **71**
Segeln **110**
Seldschuken **37, 51**
Seleukeia **361**
Seleukeia Piereia **167**
Selge **186**
Selimiye **355**
Selinous **159**
Selçuk **240**
Serapsuhanı **159**
Seyhan-Stausee **150**
Shopping **107**
Sicherheit **109**
Side **354**
Sieben Weltwunder des Altertums **49**
Silifke **361**
Simena **307**
Sinan **64**
Şirince **233**
Sivri Ada **286**
Şövalye Adası **249**
Soloi **326**
Souvenirs **107**
Sprache **112**

Straßenverkehr **121**
Surfen **111**
Süleyman I. **64**

t

Taraklı **300**
Tarsus **368**
Tauchen **111**
Teimiussa **307**
Telefon **103**
Telekommunikation **103**
Telmessos **247**
Termessos **174**
Tersane Adası **249**
Tiere **70**
Tımarhane **228**
Tire **354**
Tlos **251**
Toprakkale **152**
Torba **199**
Tourismus **31**
Traditionelle Sportarten **55**
Tralleis **316**
Troia **371**
Trysa **308**
Turgutreis **199**
Turunç **322**
Türkbükü **199**
Türkische Küche **81**
Türkische Republik Nordzypern **45**
Türkische Riviera **176**

u

Übernachten **117**
Üçağız **307**

Uludağ (Mysischer oder Bithynischer Olymp) **214**
Uluçınar **258**
Urlaub aktiv **76**

v

Veranstaltungen **89**
Verkehrsvorschriften **125**
Volkstänze **54**

w

Wettertipps **107**
Wintersport **112**
Wirtschaft **29**

x

Xanthos **382**

y

Yakacık **260**
Yalıkavak **199**
Yalova **214**
Yassica Adası **249**
Yenifoça **299**
Yenişehir-See **166**
Yılanlıkale **151**
Yumurtalık **151**

z

Zeit **127**
Zollbestimmungen **70**

VERZEICHNIS DER KARTEN & GRAFISCHEN DARSTELLUNGEN

Top-Reiseziele **2**
Regionen der Türkei **22**
Lage der Türkei in Europa / Asien **26**
Historische Landschaften **36**
Klassische Säulenordnungen **48**
Prinzenmoschee in Istanbul **53**
Klima **106**
Tourenüberblick **131**
Tour 1 **137**
Tour 2 **139**
Tour 3 **140**
Tour 4 **142**
Adana, Cityplan **147**
Alanya, Cityplan **153**
Antalya, Cityplan **169**
Antalya, Archäologisches Museum **174**
Aphrodisias, Ausgrabungsplan **182**
Aspendos, Ausgrabungsplan **187**
Bodrum, Cityplan **188**
Bodrum, Kreuzritterkastell **197**
Bosporus, Übersichtskarte **204**
Bursa, Cityplan **208 / 209**
Didyma, Grundrissplan des Didymaions **224**
Ephesus und Selçuk, Übersichtsplan **232**
Ephesus, Ausgrabungsplan **235**
Fethiye, Cityplan **245**
Istanbul, Cityplan **262 / 263**
Istanbul, Topkapı Sarayı **270**
Istanbul, Hagia Sophia **275**
Istanbul, Blaue Moschee **276**
Prinzeninseln, Lagekarte **285**
Izmir, Cityplan **287**
Iznik, Cityplan **302**
Heroon von Trysa **308**
Knidos, Lageplan **310**
Kuşadası, Cityplan **314**
Milet, Ausgrabungsplan **328**
Pamukkale / Hierapolis, Lagekarte **334**
Pergamon, Gesamtübersichtsplan **337**
Pergamon, Akropolis **340**
Perge, Ausgrabungsplan **346**
Priene, Ausgrabungsplan **348**
Sardes, Ausgrabungsplan **353**
Side, Übersichtskarte **355**
Side, Agorá-Thermen **358**
Korykische Grotten, Schnitt **364**
Troia, Querschnitt und Grundriss **374**

BILDNACHWEIS

AKG S. 32, 38, 46, 56, 59, 63, 64, 65, 80, 84, 194, 195 (rechts unten), 196, 218, 219, 220
akg/Günther S. 99
Buness S. 267
DuMont Bildarchiv/Spitta S. 86 (oben), 137 (links unten), 137 (rechts unten), 137 (rechts oben), 139, (links oben), 141, 166, 200, 230, 244, 255, 256, 259, 289, 296, 307, 345, 349, 367, 370
DuMont Bildarchiv/Wrba S. 9 (unten), 10/11, 11, 124, 126, 150, 155, 157, 158, 173, 175, 178, 180, 198, 202, 228, 247, 248, 251, 253, 295, 316, 322, 324, 335, 359, 360, 378, 383, 384, 386, U2, U4
Eisenschmid S. 195 (links)
Feltes-Peter S. 86 (unten), 137 (rechts Mitte), 185 (links oben), 185 (rechts Mitte), 253, 329, 333, 342
Fieselmann S. 282
Four Seasons S. 268
Hackenberg S. 7, 55, 140 (links), 140 (rechts oben), 142 (rechts unten), 142 (oben), 143, 149, 161, 318, 331, 353, 363, 365
Höhfeld S. 165
IFA/Kohlhas S. 139 (rechts unten)
Jansen S. 376, 381
laif/Harscher S. 12, 14 (oben), 96, 102, 131 (links oben), 273 (rechts unten), 273 (rechts Mitte), 273 (links unten), 277
laif/Müller S. 131 (links unten), 250
laif/Ogando S. 236
laif/Tophoven S. 3, 5 (oben), 13 (unten), 14 (Mitte), 15, 58, 66/67, 94, 111, 118, 184, 185 (rechts unten), 186, 191, 192, 206, 211, 213, 215, 237 (links unten), 237, (rechts unten), 238, 341
laif/Türemiş S. 13 (Mitte), 272

Liese S. 9 (oben), 130, 139 (rechts oben), 257
LOOK/Pompe S. 5 (unten), 261, 274
Merten S. 6 (oben), 74, 131 (rechts oben), 313
Mielke S. 4 (rechts oben), 14 (unten), 23, 24, 28, 31, 51, 70, 82, 88, 135, 140 (rechts unten), 154, 199, 217, 265, 271
Oswaldpress/Marcus S. 137 (links oben), 142 (links unten), 145, 372
Oswaldpress/Stuhler S. 67, 246
picture-alliance S. 185 (rechts unten)
picture-alliance/dpa S. 99
picture-alliance/dpa/dpaweb S 177
picture-alliance/Göbel S. 237 (rechts unten)
picture-alliance/Gouliamaki S. 18
picture-alliance/KPA/Hackenberg S. 85
picture-alliance/Lessing S. 273 (rechts unten), 273 (links unten)
picture-alliance/Pilick S. 61
picture-alliance/Schindler S. 93
picture-alliance/Schleep S. 1, 237 (links oben)
picture-alliance/Settnik S. 60
picture-alliance/Tinazay S. 20
picture-alliance/Wimmer S. 195 (rechts oben)
picture-alliance/ZB S. 30
Thiele S. 4 (links unten), 8, 34, 42, 79, 131 (rechts unten), 139 (links unten), 144/145, 190, 223, 239, 242, 278, 311, 351
Thomas S. 13 (unten), 16, 68, 91, 108, 120, 128/129, 132, 134, 361
Topkapı Sarayı Müzesi/Linde S. 280
Wrba S. 6 (unten), 298

Titelbild: Avenue Images/agefotostock/ Adam Woolfitt (Ruinen Kargi Bay)
Hintere Umschlagklappe: Hackenberg (Anamur Kalesi)

IMPRESSUM

Ausstattung: 212 Abbildungen, 47 Karten und grafische Darstellungen, eine große Reisekarte
Text: Ralf Becks (Troia), Achim Bourmer, Astrid Feltes-Peter, Heide Marie Karin Geiss, Dr. Volker Höhfeld, Yüksel Ilhan, Prof. Dr. Manfred Korfmann (Troia), Reinhard Zakrzewski
Bearbeitung: Baedeker Redaktion (Achim Bourmer)
Kartografie: Franz Huber, München; Falk Verlag, Ostfildern (große Reisekarte)
3D-Illustrationen: jangled nerves, Stuttgart
Gestalterisches Konzept: independent Medien-Design, München (Kathrin Schemel)

Sprachführer in Zusammenarbeit mit Ernst Klett Sprachen GmbH, Stuttgart, Redaktion PONS Wörterbücher

Chefredaktion: Rainer Eisenschmid, Baedeker Ostfildern

11. Auflage 2011

Urheberschaft: Karl Baedeker Verlag, Ostfildern
Nutzungsrecht: MairDumont GmbH & Co KG, Ostfildern
Der Name Baedeker ist als Warenzeichen geschützt. Alle Rechte im In- und Ausland sind vorbehalten. Jegliche – auch auszugsweise – Verwertung, Wiedergabe, Vervielfältigung, Übersetzung, Adaption, Mikroverfilmung, Einspeicherung oder Verarbeitung in EDV-Systemen ausnahmslos aller Teile des Werkes bedarf der ausdrücklichen Genehmigung durch den Verlag Karl Baedeker GmbH.

Anzeigenvermarktung:
MAIRDUMONT MEDIA
Tel. 0049 711 4502 333
Fax 0049 711 4502 1012
media@mairdumont.com
http://media.mairdumont.com

Printed in China
Gedruckt auf 100% chlorfrei gebleichtem Papier

i atmosfair

nachdenken • klimabewusst reisen
atmosfair

Reisen bereichert und verbindet Menschen und Kulturen. Jedoch wer reist, erzeugt auch CO_2. Dabei trägt der Flugverkehr mit bis zu 10% zur globalen Erwärmung bei. Wer das Klima schützen will, sollte sich somit nach Möglichkeit für die schonendere Reiseform entscheiden (wie z. B. die Bahn). Wenn keine Alternative zum Fliegen besteht, kann man mit atmosfair handeln und klimafördernde Projekte unterstützen.
atmosfair ist eine gemeinnützige Klimaschutzorganisation unter der Schirmherrschaft von Klaus Töpfer. Die Idee: Flugpassagiere spenden einen kilometerabhängigen Beitrag für die von ihnen verursachten Emissionen und finanzieren damit Projekte in Entwicklungsländern, die dort den Ausstoß von Klimagasen verringern helfen. Dazu berechnet man mit dem Emissionsrechner auf **www.atmosfair.de** wieviel CO_2 der Flug produziert und was es kostet, eine vergleichbare Menge Klimagase einzusparen (z.B. Berlin – London – Berlin 13 Euro). atmosfair garantiert die sorgfältige Verwendung Ihres Beitrags. Auch der Karl Baedeker Verlag fliegt mit *atmosfair*. Unterstützen auch Sie unser Klima. Alle Informationen dazu auf www.atmosfair.de.

BAEDEKER VERLAGSPROGRAMM

- Ägypten
- Algarve
- Allgäu
- Amsterdam
- Andalusien
- Argentinien
- Athen
- Australien
- Australien • Osten
- Bali
- Baltikum
- Barcelona
- Bayerischer Wald
- Belgien
- Berlin • Potsdam
- Bodensee
- Brasilien
- Bretagne
- Brüssel
- Budapest
- Bulgarien
- Burgund
- Chicago • Große Seen
- China
- Costa Blanca
- Costa Brava
- Dänemark
- Deutsche Nordseeküste
- Deutschland
- Deutschland • Osten
- Djerba • Südtunesien
- Dominik. Republik
- Dresden
- Dubai • VAE
- Elba
- Elsass • Vogesen
- Finnland
- Florenz
- Florida
- Franken
- Frankfurt am Main
- Frankreich
- Fuerteventura
- Gardasee
- Golf von Neapel
- Gomera
- Gran Canaria
- Griechenland
- Griechische Inseln
- Großbritannien
- Hamburg
- Harz
- Hongkong • Macao
- Indien
- Irland
- Island
- Israel
- Istanbul
- Istrien • Kvarner Bucht
- Italien
- Italien • Norden
- Italien • Süden
- Italienische Adria
- Italienische Riviera
- Japan
- Jordanien
- Kalifornien
- Kanada • Osten
- Kanada • Westen
- Kanalinseln
- Kapstadt • Garden Route
- Kenia
- Köln
- Kopenhagen
- Korfu • Ionische Inseln
- Korsika
- Kos
- Kreta
- Kroatische Adriaküste • Dalmatien
- Kuba
- La Palma
- Lanzarote
- Leipzig • Halle
- Lissabon
- Loire
- London
- Madeira
- Madrid
- Malediven
- Mallorca
- Malta • Gozo • Comino
- Marokko
- Mecklenburg-Vorpommern
- Menorca
- Mexiko
- Moskau
- München
- Namibia

- Neuseeland
- New York
- Niederlande
- Norwegen
- Oberbayern
- Oberital. Seen • Lombardei • Mailand
- Österreich
- Paris
- Peking
- Piemont
- Polen
- Polnische Ostseeküste • Danzig • Masuren
- Portugal
- Prag
- Provence • Côte d'Azur
- Rhodos
- Rom
- Rügen • Hiddensee
- Ruhrgebiet
- Rumänien
- Russland (Europäischer Teil)
- Sachsen
- Salzburger Land
- St. Petersburg
- Sardinien
- Schottland
- Schwäbische Alb
- Schwarzwald
- Schweden
- Schweiz
- Sizilien
- Skandinavien
- Slowenien
- Spanien
- Spanien • Norden • Jakobsweg
- Sri Lanka
- Stuttgart
- Südafrika
- Südengland
- Südtirol
- Sylt
- Teneriffa
- Tessin
- Thailand
- Thüringen
- Toskana
- Tschechien
- Tunesien
- Türkei
- Türkische Mittelmeerküste
- Umbrien
- Ungarn
- USA
- USA • Nordosten
- USA • Nordwesten
- USA • Südwesten
- Usedom
- Venedig
- Vietnam
- Weimar
- Wien
- Zypern

BAEDEKER ENGLISH

- Andalusia
- Austria
- Bali
- Barcelona
- Berlin
- Brazil
- Budapest
- Cape Town • Garden Route
- China
- Cologne
- Dresden
- Dubai
- Egypt
- Florence
- Florida
- France
- Gran Canaria
- Greece
- Iceland
- India
- Ireland
- Italy
- Japan
- London
- Mexico
- Morocco
- New York
- Norway
- Paris
- Portugal
- Prague
- Rome
- South Africa
- Spain
- Thailand
- Tuscany
- Venice
- Vienna
- Vietnam

LIEBE LESERINNEN, LIEBE LESER,

ein herzliches Dankeschön, dass Sie sich für einen Baedeker Allianz Reiseführer entschieden haben. Er wird Sie zuverlässig auf Ihrer Reise begleiten und Sie nicht im Stich lassen.
Natürlich beschreibt er die wichtigen Sehenswürdigkeiten, aber er empfiehlt auch die schönsten Strände, dazu Hotels für den großen und kleinen Geldbeutel, gibt Tipps für Restaurants, Shopping und für vieles mehr, was eine Reise zum Erlebnis macht. Dafür haben unsere Autoren Sorge getragen. Sie sind für Sie regelmäßig an die türkische Mittelmeerküste gereist und haben all ihre Erfahrungen und Kenntnisse in diesen Reiseführer gepackt.

Trotzdem: Die Erfahrung zeigt, dass Fehler und Änderungen nach Drucklegung, für die der Verlag keine Haftung übernehmen kann, nicht ausgeschlossen werden können. Für Kritik, Berichtigungen und Verbesserungsvorschläge sind wir Ihnen außerordentlich dankbar. Schreiben Sie uns, mailen Sie uns oder rufen Sie an:

▶ **Verlag Karl Baedeker GmbH**
Redaktion
Postfach 3162
D-73751 Ostfildern
Tel. (0711) 4502-262, Fax -343
E-Mail: info@baedeker.com

Besuchen Sie uns auch im Internet unter www. baedeker.com. Hier finden Sie jeden Monat den aktuellen Reisetipp der Redaktion und das gesamte Verlagsprogramm. Hier können Sie auch lesen, wer Karl Baedeker war und wie er seinen ersten Reiseführer geschrieben hat. Mit seinen über 180 Jahren ist der Karl Baedeker Verlag der älteste Reiseführer-Verlag der Welt.

www.baedeker.com

◯ ZU GEWINNEN: STADTREISE NACH LONDON

Unter allen Einsendungen verlost der Verlag am Jahresende – unter Ausschluss des Rechtswegs – eine Städtekurzreise für zwei Personen nach London.
Freuen Sie sich auf ein spannendes Wochenende in London. Natürlich ist ein Baedeker Allianz Reiseführer London auch dabei!